コミュニケーションの方言学

小林隆 編

熊谷智子
篠崎晃一
中西太郎
小林隆
岸江信介
杉村孝夫
松田美香
久木田恵
太田有紀
琴鍾愛
沖裕子
甲田直美
尾崎喜光
三宅和子
日高水穂
森勇太
井上文子

まえがき
コミュニケーションの方言学に向けて

方言を通して見るコミュニケーション

　東日本大震災の被災地では復興への努力が続けられている。ただ、観光産業について言えば、かならずしも順調に回復しているわけではなさそうである。「被災地観光の根深い課題」と題する産経新聞のデジタルニュースが目に留まった。東北の観光産業には、表面化しにくい深刻な問題があるというのである。記事を引用してみよう。

　　「飲食店で旅行客が『温かいお茶ありますか』と聞いたら、店主が『ありません』と答えていた。お茶なんて、『ちょっと待ってください』といって沸かせばいいだけなのに…」

　　復興支援担当として現地に赴任していた大手企業の社員はため息をつく。観光客の意見でも、東京の観光地で当然のサービスが東北では注文しないとないことがたびたびあるが、「あまり念押しすると、こちらの方がわがままを言っている雰囲気になるので我慢している」とあった。

　　こうしたコミュニケーションやサービスでの「スタンダードの違い」は、外部から人を呼び込むことで成り立つ観光分野では致命的だ。好意的にとらえれば、東北人の特徴でもある「奥ゆかしく」「おおらか」な面が出ているのだが、そこに居心地の悪さを感じる人もいるだろう。

　　　　　　　　　　　　　（産経デジタル iza ニュース、2016.4.12 閲覧）

観光に携わる人たちの接客態度が経済活動の障害となっている。ここには、サービスの中身だけでなく、言葉で相手にどう接するかという問題も含まれているように思われる。"おもてなし"の一環としての会話サービスに対する意識の違いである。

　こうしたコミュニケーションギャップの問題は、近年盛んになりつつある実践方言学の格好のテーマとなりうる。しかし、それ以前にこの記事は、そも

そも日本の方言にコミュニケーションレベルの地域差が存在することを教えてくれる。会話における相手との向き合い方にも方言差が存在するのである。

　この記事の記者は、観光産業の活性化のためには、東北でも関西や東京の観光地のようなサービス精神にあふれた接客が必要だと訴えている。しかし、ことはそう容易ではなかろう。『ものの言いかた西東』で述べたように、コミュニケーションのとり方の違いは、単に現象面に現れた言葉遣いの違いにとどまるものではない。その背景には地域の人々の言葉に対する考え方・発想法の違いが横たわっている。さらにそうした考え方・発想法の後ろには地域ごとのコミュニケーション環境の異なりが存在し、さらにその背後には社会構造の違いが控えている。そうした多重の影響関係の中で育ってきたものの言い方は、簡単には変えることが難しいかもしれない。

　観光の接客に代表されるような会話の巧みさは「対話型言語」の特徴である。それは歴史的には関西を中心とした西日本で発達してきたものであり、東日本は東京を除くと概してそうした性質は弱い。特に、東北は対話重視の方向性からは取り残されている。東北人は相手との関わりの中で自分の立場や役割を調整することが苦手で、往々にして言いっ放しのつぶやき的な会話になる。コミュニケーションの発達においては「自己と話し手の分化」ということが重要であると『ものの言いかた西東』で指摘したが、東北人は自己と話し手が一体化しており、会話の場でうまく話し手に化けることができない。そこへいくと関西人は、それらの分化が上手で、本来の自己とは異なる、話し手としての「私」を会話の場に登場させることができる。自己と話し手を分化させ、対話における効果や効率をいかに追求するか、そうしたことへの志向性の違いが日本列島にコミュニケーションの地域差を生んできたと言える。

　少々話を先に進め過ぎたかもしれない。もう少しスタートラインに引き戻すとして、まず、日本には音韻・アクセントや文法、語彙など従来知られている分野だけでなく、コミュニケーションのとり方にも地域差が存在することを認識する必要がある。研究分野で言えば、言語行動や談話といった世界の話であり、それらの分野においても日本語はけっして一枚岩ではなく地域

的多様性を抱えている。これは、すなわち、そうした分野を開拓する方言学を興していく必要があるということでもある。

　私たちのなすべきことは、コミュニケーションの地域差について研究を切り拓いていくことであろう。そして、そうした研究は、事実・現象の解明とその背後に潜む社会的・文化的要因の探索とを両輪として進行させなければいけない。なぜなら、上でも指摘したように、この分野では言語のあり方が社会・文化のあり方と密接に結びついているからである。方法論的には、他の分野と同様に、方言学のさまざまなアプローチを試みてみたいが、同時に、言葉の世界の外に出て、社会や文化に関する隣接科学の知見を取り込んでいく必要があるだろう。そこがコミュニケーションの方言学のひとつの面白みでもある。

本書が目指すところ

　本書はコミュニケーションの方言学をテーマとした論文集である。コミュニケーションの方言学に向けて、編者はこれまで次のような著作を世に送り出してきた。

　　小林隆・篠崎晃一編（2010）『方言の発見―知られざる地域差を知る―』
　　　ひつじ書房
　　小林隆・澤村美幸（2014）『ものの言いかた西東』岩波書店
　　小林隆・川﨑めぐみ・澤村美幸・椎名渉子・中西太郎（2017）『方言学の
　　　未来をひらく―オノマトペ・感動詞・談話・言語行動―』ひつじ書房

　最初の『方言の発見』は、未知の地域差についてトピック的な興味を引き出そうとして編んだものであり、中に言語行動や談話に関する論考を含んでいる。上でも言及した『ものの言いかた西東』は、さまざまな事例を取り上げ、コミュニケーションの地理的傾向を指摘したものである。言葉の背後にある発想法や社会構造の地域差をも視野に入れながら、言語運用の方言形成を説明する仮説を提示した。最後の『方言学の未来をひらく』は、副題にある新しい研究分野について、これまでの研究を概観し、方法論や資料・課題を整理しつつ分析の実践例を披露したものである。テキスト的な性格を備え

た専門書と言ってもよい。

　これまで、このように突破口を切り拓き、進むべき方向を指し示し、研究をサポートする基盤を整備してきたが、コミュニケーションの方言学を活性化するためには、まだ足りないものがあると感じた。それは、研究のバラエティや興味のありかを教えてくれる具体的な論考の集積である。個々の分析や考察が輝きを放ち、読者をこの分野に引き込むような魅力をもった論文を集めることで、コミュニケーションの方言学への関心を一気に高めたいと考えた。

　本書はそのような意図のもとで編んだ論文集である。言語行動・談話といった分野の研究者に対して、それぞれの関心に従って、今後の研究の先駆けとなったり、基礎を築いたりするような論文を提供してくれるよう依頼した。その際、理論研究や一般日本語研究（共通語研究）、日本語史研究の専門家からも、方言学に対して有益な提言をもらえないかと考えた。方言を専門としない方々も執筆者に名を連ねているのはそのためである。方言学でコミュニケーションを扱うことのおもしろさを、多角的に発掘することが本書のねらいと言える。

　本書の評価は読者に委ねるしかないが、私としては執筆者の意気込みが伝わる興味深い論考が集まったと感じている。私の面倒な注文に対して、すばらしい論考で応えてくださった執筆者の方々に厚く感謝申し上げる。また、ひつじ書房の松本功社長、森脇尊志さん、渡邉あゆみさんには、本書刊行の面倒を見ていただき、毎回のことながらお礼を申し上げたい。

　読者のみなさんには、本書の中からさまざまなアイデアを発見し、新しい分野に一緒にチャレンジしてくださることを期待したい。本書がコミュニケーションの方言学の発展に少しでも役立つことを願う。

　最後に、本書にはひつじ書房から同時に刊行する兄弟のような書、『感性の方言学』がある。本書同様、新たな方言学を目指した論文集であり、合わせてお読みいただければ幸いである。

小林　隆

目次

まえがき　iii

I　研究のための視点

第1章　コミュニケーションの地域差の研究に向けて
　―試論―
　　　　　　　　　　　　　　　　熊谷智子　　3

第2章　言語行動の変異を捉える
　―多角的な観点からの検討―
　　　　　　　　　　　　　　　　篠崎晃一　　21

第3章　あいさつの方言学のこれまでとこれから
　　　　　　　　　　　　　　　　中西太郎　　37

第4章　儀礼性と心情性の地域差
　―弔問の会話に見る―
　　　　　　　　　　　　　　　　小林　隆　　65

II 方言コミュニケーションの姿

第 5 章 「断り」という言語行動にみられる特徴
―全国通信調査データから―

岸江信介　95

第 6 章 大分県方言の依頼談話

杉村孝夫　115

第 7 章 大分方言談話に見るコミュニケーション力

松田美香　153

第 8 章 愛知県方言談話に見られる話者交替についての考察
―会話を楽しむ―

久木田恵　179

第 9 章 モノローグ場面に見られるあいづちの出現間隔の違い
―大阪と東京の雑談の対比から―

太田有紀　205

第 10 章 若年層における談話展開の方法の地域差
―東京方言、大阪方言の比較を中心に―

琴　鍾愛　229

III　コミュニケーションに見る方言

第 11 章　長野県方言敬語の発想と表現
―敬意終助詞が担う親しみと敬い―

沖　裕子　251

第 12 章　接続詞の語形変化と音変化
―方言談話資料からみた接続詞のバリエーション―

甲田直美　271

第 13 章　テレビインタビューの応答場面に見られる方言使用
―30 年前の岡山県における引用の助詞「と」の省略―

尾崎喜光　293

第 14 章　LINE の中の「方言」
―場と関係性を醸成する言語資源―

三宅和子　319

IV　歴史の中のコミュニケーション

第 15 章　関西における掛け合い型談話の由来と展開
―漫才と日常会話の相互作用―

日高水穂　341

第 16 章　近世・近代における授受補助動詞表現の運用
　　　と東西差
　　　―申し出表現を中心に―
　　　　　　　　　　　　　　　　　　　森　勇太　365

Ⅴ　将来のための資料論

第 17 章　ロールプレイ会話による参加型方言データ
　　　ベース構築の試み
　　　　　　　　　　　　　　　　　　　井上文子　389

索引　411
執筆者紹介　417

I　研究のための視点

第 1 章
コミュニケーションの地域差の研究に向けて―試論―

熊谷智子

1. はじめに

　近年、方言研究は従来の音韻・語彙・文法など言語体系的な面だけでなく、言語行動や談話展開といった対人コミュニケーションの分野にも広がりを見せている。筆者は方言学にはまったくの門外漢であるが、言語行動や談話の分析に携わる者として、この方向での研究の進展に大きな関心と期待を寄せている。

　コミュニケーションの地域差の研究とそれによってもたらされる知見は、2つの大きな意義をもつ。1つは、日本語の地域差について、これまでの言語体系面での成果の蓄積に加え、言語行動や会話の仕方など新たな面での解明がなされていくということである。そしてもう1つは、言語行動や談話の研究にとっての意義である。これまでに言語間での対照研究が数多くなされてきたが、そこでは他言語との対比における「日本語の言語行動・談話行動」があたかも一枚岩であるかのように扱われることが多かった。しかし、日本の中での地域差が具体的に示されていくことで、言語間対照研究の新たな課題や着眼点（たとえば、日本の〇〇地域と△△語のコミュニケーションの類似性など）が生まれる可能性もある[1]。

　小林・澤村（2014）は、言語行動や談話の地域差に関するこれまでの研究を見渡し、ものの言い方やコミュニケーションの違いを考える観点として、以下の7つの「言語的発想法」を提案している。

発言性：あることを口に出して言う（言葉で伝える）かどうか
定型性：場面に応じて決まった言い方をするかどうか
分析性：場面ごとに専用の形式を言い分けるかどうか
加工性：直接的でなく間接的に（手を加えて）言うかどうか
客観性：感情を抑制して客観的な話し方をするかどうか
配慮性：相手への気遣いを言葉によって表現するかどうか
演出性：話の進行に気を配り、会話を演出しているかどうか

　これらは、「コミュニケーション上の特徴」を漠然と考えるのでなく、発話行動のどういった側面に的をしぼるかをより具体的に認識させてくれる。その意味で、同じ言語内での地域差を見る場合だけでなく、言語間対照の観点としても非常に有用なものである。
　しかしその一方で、そうした観点に関わる違いをどのようにして浮き彫りにするかについては、手探りの部分も少なくない。篠崎・中西（2017）は、各地域のコミュニケーション上の特徴はイメージとして語られているが、そのイメージ形成のもととなっているものを特定し、検証するための方法はまだ未成熟で、どのようなデータをどのように分析し、比較すればよいかはよく分かっていないと指摘している。それは、これまで方言研究で扱われてきた言語の体系的な諸側面と言語行動・談話行動との研究対象としての違いによるところも大きいであろう。こうしたことを受けて、本論では、筆者になじみのある言語行動や談話の分析手法も参照しながら、地域差の特定や検証に役立ち得ると思われることを試論的に提案してみたい。
　以下、2節ではコミュニケーションの地域差の研究に必要なデータとその収集方法について概観する。続く3節では、分析手法や分析概念を取り上げる。既に言語行動や談話展開の地域間対照にも用いられている発話機能分析、特定の表現形式や談話標識への着目に加え、まださほど多く用いられていないポライトネス理論、および会話スタイルの分析について検討する。4節では、コミュニケーションの地域差への1つのアプローチとして、調査データから出発する従来の方法とは異なる、エスノグラフィー的な記述の蓄

積について提案を行う。そして5章で今後への期待とともにまとめを述べる。

2. コミュニケーションの地域差を研究するためのデータ収集

　コミュニケーションの地域差をとらえるためには、どのようなデータが必要だろうか。地域間の比較対照であるからには、何より重要なのは代表性である。音韻や語彙、文法と比べて、依頼や謝罪などをどのように行うか、会話をどのように運営するかは、個人による違いが格段に大きい。そのため、少数の話者の発話例をもってその地域のコミュニケーションの特徴ということはできず、一定量のデータ[2]をとることが不可欠となる。

　量的データの収集には、アンケート調査が最も便利であろう。日頃のコミュニケーション行動についての内省や、使いそうな言語形式についての回答を収集して量的な分析を行えば、地域間で傾向を比較したり全国的な見取り図を得たりすることができる。ただし、選択肢式の場合、処理が簡便な一方で、得られる情報も単純なものになりがちである。また、調査者の発想の範囲内にとどまる選択肢が、異なるコミュニケーション・パターンをもつ回答者を戸惑わせる場合もないわけではない。

　コミュニケーションの様相を知るには、実際の発話に近い、談話（文以上のまとまり）の形をしたデータがより多くのことを語ってくれる。場面を設定して、そこでの発話を問う方式でのデータ収集は、自由記述式アンケートを用いてよく行われてきた。面接調査は、アンケートほど大量にはできないが、発話回答の録音などによって文字回答よりも情報量の多いデータが得られる。また、ロールプレイを用いれば、やりとりの形でデータを採ることができる。

　自然談話データは、録音・録画の許諾を取る必要上、完全に「自然」というわけにはいかないが、それでも最も実際のコミュニケーションに近い姿をとらえることができる。ただし、話題程度の指定はできても、言語行動の種類や場面を統制できないため、調査回答に比べてデータ内容もまたその分析

方法も多様となる。

　次節では、談話データを分析する手法[3]や理論的概念をいくつか取り上げ、コミュニケーションの地域差の先行研究とも関連させながら論じる。

3. コミュニケーションの地域差を分析する手法・概念

3.1 発話機能の単位による分析

　言語行動や談話は、ことばによる働きかけの連鎖として成り立っている。謝罪、依頼、断りなど、1つの言語行動と目されるものであっても、実際の発話状況では私たちは複数の働きかけを用いながらその言語行動を遂行していることが多い。たとえば、「悪いけど、急な会議が入ったんで、これすぐにコピーしてくれる？」と言った場合、「悪いけど、」という＜恐縮＞[4]、「急な会議が入ったんで、」という＜理由説明＞、「これすぐにコピーしてくれる？」という＜直接的依頼＞の3つの要素（発話機能的単位）が依頼の行動を構成している。したがって、この発話は「＜恐縮＞＜理由説明＞＜直接的依頼＞」という単位の連鎖としてとらえられる。発話機能的単位は、「意味公式 (semantic formula)」(Beebe et al. 1990、藤森 1995)、「機能的要素」(熊谷・篠崎 2006)、「要素」(沖 2006) などと呼ばれている。

　発話機能の単位に分割して機能の名称のラベルを付与することで、アンケートやロールプレイで得られた発話文は一段階抽象化した機能の連鎖に置き換えられる。この処理は、機能ごとに使用頻度を集計したり、連鎖構造を図式的に明示化したりするための基礎的分析となり、異なるグループ間の相違点や、共通するパターン（型）の発見などにも役立つ。

　この種の分析は、1980年代頃から第二言語習得研究で盛んに行われるようになった。たとえば、日本人英語学習者の英語での断りと英語母語話者の断りを比較して、どのような機能がどのような順序で用いられるかに関する違いを探り、英語のコミュニケーション教育に役立てるといった形で用いられた。同時に、言語行動の異言語間・異文化間対照研究にも役立てられてきている。

コミュニケーションの地域差についても、沖 (2006) が「要素」の単位をもとに隣人に対する結婚の祝いのあいさつに関する各地のデータを分析し、談話型の抽出を行うとともに、使用される要素の東西差を指摘している。熊谷・篠崎 (2006) は仙台・東京・京都・熊本での面接調査データから、依頼の言語行動を構成する機能的要素の使用特徴や連鎖パターンを分析した。また、井上編 (2014) は、ロールプレイによって収集した各地の方言談話データ[5]を発話機能の観点から分析し、文句、慰め、勧誘など各種の言語行動の談話構造について報告している。

発話機能による分析は、1 節で述べた小林・澤村 (2014) の「言語的発想法」でいうと、発言性（ある要素を言うかどうか）、定型性（挨拶などの定型表現が使われるか、用いられる機能の種類や並び方に定型性があるか）、配慮性（恐縮や感謝など対人配慮的な機能を用いるかどうか）などに関することを調べる上で有効と考えられる。その一方で、機能という抽象的カテゴリーを通してデータをとらえるこの方法は、発話内容や表現の対人行動的な意味合いや効果にまでは踏み込まないため、加工性や客観性、演出性など具体的な表現の仕方に関わる面では別の分析方法が必要となる。

また、これは個人的な見解になるが、発話機能のレベルのみでの分析は、言語や文化によって言語行動様式がかなり異なる場合には差異が見出しやすいが、国内の地域差を見る上では一定の限界があるのではないかと感じている。熊谷・篠崎 (2006) でも、世代差に比べて地域差はさほど明確には見えてこなかった。もちろん、上述の研究例のようにこの方法で地域差がうまくとらえられる側面はあるのだが、分析で浮き上がらせたい差異のありようがこの方法とマッチした性質のものなのか、よく見きわめた上で用いることが重要であろう。

3.2　特定の表現形式に着目した分析

特定の表現形式の出現に着目した地域差の分析として既によく知られているものに、方言による談話展開の方法の違いを明らかにした久木田 (1990) および琴 (2005) がある。いずれも、談話における接続詞や「ネ」「デ

ショー」などの談話標識の出現傾向や頻度を分析し、地域間比較（久木田(1990)では東京と関西、琴(2005)では東京と大阪と仙台）を行っている。こうした要素の現れ方を談話の流れの中に位置づけ、発話内容とも関連させながら丹念に分析することは、説得や説明における働きかけ方、相手との情報の共有の仕方の特徴を示す上で有効と考えられる。

　また、尾崎(2013)では、知らない人に道を教える場面での発話を調査し、「そこを右に曲がったら」の部分に授受表現を用いるかどうかを全国で比較している。その結果、「曲がったら」がいずれの地域でも優勢であるものの、近畿およびその周辺（東海・近畿・阪神・中国・四国）では「曲がったら」の使用率が低く、その一方で「曲がってもらったら」の使用率が目立って高いことを報告した。そして、道を教えるという恩恵を与える行為をしている側であるにもかかわらず、相手の動作について「～てもらう」を用いるというのは、"道理に合わない"授受表現使用だとしている。これについて尾崎(2013)は、愛知県岡崎市での面接調査の結果をもとに、相手に対する丁寧さを表す表現として用いられていると指摘している。

　表現形式の用法の変化やその地域差は、コミュニケーションにおいて気づかれやすい部分であり、小林・澤村(2014)の述べた加工性や客観性、配慮性などに関わる地域差をとらえる上で有効な着眼点となり得る。ただし、単体の表現形式の使用・不使用に関する調査結果を一足飛びに話し手（あるいはその話し手の属する地域）のコミュニケーションの特徴や姿勢に結びつけることができないのは言うまでもない。たとえば、授受表現が相手への配慮や丁寧さを示す表現であっても、言語的に配慮を示す手立ては他にも数多く存在するので、授受表現だけで配慮の有無や度合いは語れない。したがって、たとえばある地域に「～てもらう」の使用が多いという結果から指摘できるのは、何らかの配慮を示す際に当該地域では授受表現がその手段（の1つ）として使用されやすいということであろう。

3.3　ポライトネス理論による分析

　陣内(2010)は、Brown and Levinson (1987)のポライトネス理論を援用し

て対人配慮の地域差を論じ、関西のコミュニケーションは日本の中でもポジティブ・ポライトネスの傾向が強いとしている。管見の限りではコミュニケーションの地域差の分析にポライトネス理論を用いた例は他にあまりないようであるが、言語行動研究、特にその対照研究でもよく用いられているポライトネスは有用な分析概念となると考える。

　Brown and Levinson（1987）は、文化や言語にかかわらず人は2つのフェイス（欲求）をもつとした。人から認められたい、受け入れられたいというポジティブ・フェイスと、自分の領域や自由を侵害されたくないというネガティブ・フェイスである。両者は、他者に近づくか、距離を置くかという逆の指向性であり、誰もが2つの欲求のバランスを適度にとりながら対人行動をしているということになる。

　しかし、人は互いに関わり合う中で必然的に他者のフェイスを侵害する行為（face threatening act: FTA）をしてしまう。たとえば、誘いを断ることは相手のポジティブ・フェイスを傷つけることになり、依頼をすれば、行動を促すことで相手のネガティブ・フェイスを脅かす。そこで、何らかの手段によって相手のフェイスに手当てし、侵害を軽減しようとする。それがポライトネスであり、ポジティブ・フェイスに配慮するポジティブ・ポライトネス（断りつつも、「でもまた誘ってね」と言うなど）と、ネガティブ・フェイスに配慮するネガティブ・ポライトネス（依頼に「もしできたら」とやわらげを添えるなど）がある。前者は相手を受け入れ、親しく近づいていくものであり、後者は相手の領域に踏み込まないよう一定の距離を保つ対人行動の仕方である。

　小林・澤村（2014）は、配慮性との関連で、お金を借りる依頼に用いられる恐縮表現を取り上げているが、依頼の際に「申し訳ない」などのことばを添えるのは典型的なネガティブ・ポライトネス・ストラテジーである[6]。また、依頼に応じて相手がお金を貸してくれた際に、恩恵に対してどのようなことばで感謝や喜びを表すかも、相手のポジティブ・フェイスを満たすポジティブ・ポライトネスの実現方法としてとらえることができる。

　沖（2006）が分析した隣人に対する結婚の祝いのあいさつも、ポライトネ

スの観点から非常に興味深い。祝いのあいさつは＜確認＞＜祝い＞などの要素で構成されるが、地域によっては＜尋ね＞が添加される。相手の家の結婚について質問するという行動は、「相手のことに関心を示す」というポジティブ・ポライトネス・ストラテジーにあたる。沖（2006）は、＜尋ね＞をさらに結婚式の日取りを尋ねるような＜実質的尋ね＞と、花嫁の出身や年齢、紹介者などを質問する＜社交的尋ね＞に下位分類している。後者は、強い関心や親近感を示すポジティブ・ポライトネスと考えることもできる一方、プライバシーに踏み込むネガティブ・フェイス侵害にもなり得る。ポジティブ・フェイスとネガティブ・フェイスが対人的に正反対の方向性をもつ欲求であるため、当然考え方次第でどちらにもとらえ得るのだが、＜社交的尋ね＞がなされる地域では＜社交的尋ね＞をされた側もそれに応じて盛んに話を展開していくということなので、当事者双方にポジティブ・ポライトネスとして認識されているということであろう。

　また、沖（2006）は相手の家の結婚についてふれない＜ゼロ形態＞型についても述べている。言及しないという選択は、FTAとなり得る行為自体の回避である。正式な訪問などでない道端の立ち話で相手の家の結婚を話題にすることが相手のネガティブ・フェイスに抵触する行為ととらえられていると考えられる。これは、上述の＜社交的尋ね＞をどうとらえるかと同様に、ポライトネス理論が述べている普遍性と個別性の好例となっている。人が2つのフェイスをもち、ポライトネスによって互いのフェイスに配慮することは文化や社会を超えて普遍的であるが、何をするとフェイスの侵害になるか、何をすればポライトネスの実現につながるかは文化や社会によって異なる、というのがポライトネス理論でいう普遍性と個別性である。同じ場面でも、それをポジティブあるいはネガティブ・フェイスとどのように関連づけてとらえるか、そこでの発話が相手へのポライトネスとしてどのように機能するか、ポジティブとネガティブ、どちらのポライトネスが好まれる傾向にあるかなど、地域社会によるコミュニケーションの姿勢や言語行動の選択の違いを分析する上で、ポライトネスの概念は役立つと考えられる。

3.4　会話スタイルの分析

　小林・澤村 (2014) には、話の仕方の地域差についての観察や経験が述べられている。たとえば、以下のような記述がある。

> 東日本大震災の被災地の一つ、気仙沼市の避難所で支援者と被災者のコミュニケーションギャップについて調査した折のことである。新潟から派遣された保健師が避難所の一室で住民の血圧測定をしていると、「ケツアツー」と大きな声で言いながら入ってくる年配の男性がいた。「用件わかってるでしょ」といった感じで。その直接的な表現にこの保健師はたいそうびっくりしたという。　　　　　　　　　　　　　　(pp.2–3)

前置きなどはすべて抜きで、ポイントだけを端的に言うということであろうか。簡潔ということでは、次のような記述もある。

> 大阪出身の別の同僚は、東北人の話が短く感じるという。今話していた話題が終わったとは思えず、「それで？」と続きを聞こうとすると、「もう終わりだ」と言われた経験が何度もあるという。東日本出身の筆者も、関西出身の仲間から話の短さを指摘されたことがある。
> 　　　　　　　　　　　　　　　　　　　　　　　　　(pp.153–154)

こうしたことは、自分の話や相手とのやりとりを、時には演出も含めてどのように展開させるかの違いであろう。話題への関心や会話参加者としての協調性などとはまた別の、そもそもの会話の仕方の違い、すなわち演出性（小林・澤村 2014）に関わるものと考えられる。

　Tannen (2005) は、著者自身を含む友人6人による感謝祭の晩餐での会話を録音し、分析した。そして、各人の発話速度、ターンの取り方、発話の重なり、話題の選び方、エピソードの語り方、相手の発話への反応の仕方などさまざまな面からの分析の結果、「高関与スタイル (high-involvement style)」と「高配慮スタイル (high-considerateness style)」という2つの異なる会話

スタイルを見出している。

「高関与スタイル」の主な特徴としては、以下のことが挙げられる。

・話し方が速く、ターン交替が間をおかずになされる。
・声の大きさや声質の変化、抑揚などによる表出性が高い。
・相手の発話への共感的なあいづちや協力的な重なり[7]が見られる。
・矢継ぎ早の質問（マシンガン・クエスチョン）を発する。
・話題をよく転換し、個人的な話題もよく出す。
・「語り」(story)をよく行い、人の行った「語り」に続けて関連した類似の話をする。

「高関与スタイル」は、会話や話し相手に積極的に関わり、関心や共感を盛んに示すものであるが、反面、テンションが高く、勢いが強い話し方でもある。それに対して、「高配慮スタイル」は、テンポも速くなく、相手が話し終わるまでは発言を始めないような、より控えめでおっとりした話し方である。したがって、「高配慮スタイル」の話し手が「高関与スタイル」の話し手と会話していると、なかなか口がはさめないといったことも出てくる。

Tannen (2005)の分析の結果、6人の話者は3人ずつが2つのスタイルに分かれた。「高関与スタイル」の男性2人と女性1人はいずれもニューヨーク出身でユダヤ系であった。「高配慮スタイル」の3人のうち、男性2人はカリフォルニア出身、女性1人はロンドン生まれのイギリス人で、その女性が最も「高配慮スタイル」の特徴を示していた。このことからTannen (2005)は、もちろんこの程度の少数例では今後検証すべき仮説に過ぎないとしつつも、生育地や民族的背景などが会話スタイルに関係する可能性を示唆している。

本節の冒頭で引用した東北と関西の話の仕方の違いにも、会話スタイルの違いが深く関わっていると思われる。実際、Tannen (2005)でも、「高配慮スタイル」の女性がその日の昼食時にあった「びっくりしたこと」について語ろうとするのだが、話のもっていき方やテンポが違うために「高関与スタイ

ル」の3人が彼女の語りのオチをつかみかね、それでも話を盛り上げようとしてちぐはぐな質問を連発し、それがまたかえって語りを滞らせた様子が分析されている。

　会話スタイルやその諸特徴は、「あなたは人の発話に重ねて話すことが多いですか」「人に矢継ぎ早に質問することがありますか」といった質問を設けてアンケートをしたくなるような魅力を備えているかもしれない。しかし、全国比較を可能にする手っ取り早い方法であっても、こと会話スタイルに関しては、この種の内省をアンケートの選択肢で問うやり方には大きな限界がある。会話スタイルとはあくまで度合いの問題であり、個々人は異なる特徴を取り合わせながら自分のスタイルを実現している。また、場面や話す相手の会話スタイルに反応してその都度調整したりもする。そもそも、自分がどれだけ人の発話に重ねて発話しているか、自分の重なりが他の人と比べて多いのかどうかなど、なかなか的確に認識・判断できるものではない。会話は、文字化をはじめデータ整備に手間がかかり、大量データの分析も困難で、回り道のように思われるかもしれない。だが、それでないと見えないものがあるのも確かである。東北出身者がどのように話をし、関西出身者がなぜそれを短くてもの足りないと感じるのか、そしてその逆の場合はどうなのかなど、たとえばそれぞれの地域出身者のエピソード語りや両地域の話者間の会話のデータを収集し、Tannen (2005) の挙げた特徴も参考にしつつ分析してみると、両地域の話の仕方について数多くの興味深い発見があるのではないだろうか。

4. コミュニケーションのエスノグラフィー的記述

　3節では、コミュニケーションの地域差の研究で用いられてきた、あるいは今後利用されれば有効と思われる分析手法について述べたが、いずれの手法を用いる場合も、まず出発点として想定されるのは分析・比較のための調査データを収集するということではないだろうか。本節では、それとはやや異なるアプローチとして、エスノグラフィー的な記述を蓄積することからコ

ミュニケーション研究を展開させる可能性について考えてみたい。

　言語行動の対照研究の典型的な方法は、依頼なり謝罪なりの行動の種類を決め、異なる言語話者グループに調査を行い、そのデータを分析するというものである。国内の言語行動の地域差研究でも、一般にその手順が踏襲されてきた。一定数のデータをもとに対照分析を行うことは、極めて正統な方法と言える。しかし、先験的に「この行動を見よう」と決めて最初から複数地域を比べること以外にも、何か方法はないだろうか。まずは個々の地域ごとに、言語生活で観察される「他の地域とは違うと感じられる」発話の仕方、やりとりのパターンなどを記述していき、それらを見渡して、浮かび上がってくるコミュニケーションの特徴をつかまえる、といったやり方もあるのではないか[8]。

　特定の地域のコミュニケーションの記述としては、尾上（2010）がすぐれたお手本として挙げられるであろう。同書は、大阪の対人行動文化論であり、大阪的な言語コミュニケーションのエスノグラフィー的記述・考察である。

　尾上（2010）に、客である著者と梅田の地下街の店の人との次のようなやりとりが紹介されている。

> 「黒のカーフの札入れで、マチがなくて、カードが二枚ほどはいって、キラキラした金具がなんにもついてないやつで、ごく薄くてやわらかあい、手ざわりのええのん、無いやろか」
> 「惜しいなあ、きのうまであってん」　　　　　　　　　　　　（p.27）

注目すべきは店の人の発話である。東京ではこのような受け答えに出会う可能性は皆無に近い。「すみません、ちょっとないですねえ」といった「まっとうな」返事が一般的ではないだろうか。発話機能による分析では、これらはどちらも＜質問＞に対する＜答え＞としかならないが、東京の＜答え＞に比べ、大阪のこの発話がコミュニケーションとして含んでいる意味合いは各段に深い。「あるかないか」の問いに直球で答えるのでなく、その外し方の

妙が「そうきたか」という笑いを誘い、否定で終わってしまわないのでコミュニケーションがさらにつながっていく余地を残している。尾上（2010）が「そのようにしてひととの間に会話をふくらませて行く」（p.29）としている発話の例である。

　尾上（2010）は他にも、「そない言わんと、まあ、堪忍したって」や「（満員のバスから降りようとして）ちょっと降ろしたって」といった言い方を挙げて、「実際は対立的な関係にある場合でも、まるで自分と相手とが同じ立場に立っているかのようなものの言い方」、「頼む自分と頼まれる相手とが百八十度向き合ってしまうのを避けたいという感覚」（いずれも p.55）と説明している。また、駅の出札窓口で駅員が、客の言った「福島」（福島県）を大阪の福島と自分が勘違いしたことに気づいて、「なんや、福島県の福島でっか。えらいちがいや、はっはっはっ……」と笑ったという例を紹介して、「わかったとたん、フイと第三者の位置に視点を転換して、客と一緒にこの事態のおかしさを笑う」（p.95）ものだとしている。これらはともに、自分という立場からすっと相手のそばへ、あるいは第三者的な位置に移るもので、このコミュニケーション上の技を尾上（2010）は"当事者離れ"と呼んでいる。

　先に挙げた店の人の「惜しいなあ、きのうまであってん」もまた、"当事者離れ"の要素を含んでいるように感じる。「きのうまであってん」の信ぴょう性はご愛嬌として、「惜しいなあ」と言えるのは完全に第三者のスタンスである。東京人は店員という立場から抜けられないので、「すみません」と詫びる以外のもの言いはまず思いつかない。そもそも共通語で発話した場合、「惜しいなあ」自体、大阪弁で醸し出されるユーモアはなく、何か無責任で不真面目な印象になってしまうのではないだろうか。

　尾上（2010）では、大阪における人々の会話への姿勢についても数々の具体例を挙げて、次のように述べている。

　　会話というものは、ただ用件が伝わればよいというものではない。相手とのやりとりを自分も積極的に求め、楽しんでいるという姿勢を表現し

てこそ、それが会話というものだ、というのが大阪の人間の感覚である。せっかく自分にものを言ってくれている相手に対して、ただ黙って聞いているだけではあいそがない。そこで、用件の本筋に関係のないところでごじゃごじゃと相手にからんで楽しむ会話というものが、よく現れる。 (p.29)

関西特有と言われるボケとツッコミも、3.4 でふれた東北や東日本出身者の「話の短さ」に対する関西出身者の違和感も、このような会話への姿勢と無関係ではあるまい。

　以上、尾上 (2010) に見られる記述をいくつか挙げた。これらは、量的な調査研究に裏付けられた結果というわけではない。しかし、読み手にとってそれぞれが思いあたる、感覚的に納得できることであり、今後の研究にとっても多くの示唆を与えてくれるものである。たとえば、"当事者離れ"に代表されるような話し手の位置取りや視点の軽やかな転換は、大阪のコミュニケーションの特徴を考える上で非常に重要なポイントになると考えられる。それは、日常会話に見られる何気ないもの言いにも、ボケやツッコミの仕方にも、エピソードを語る中でのユーモアのストラテジーとしても、さまざまな形で見出せるのではないだろうか。また、上記の引用に見られる会話への姿勢は、「高関与スタイル」と通じるものや、陣内 (2010) も指摘したポジティブ・ポライトネス指向を感じさせる。大阪出身者の実際の会話を分析して、「高関与スタイル」の発話特徴や、ポジティブ・ポライトネスあるいはネガティブ・ポライトネスのストラテジーの出現傾向を調べることも非常に興味深いだろう。加えて、こうした記述を見渡すことを通して、大阪のコミュニケーションを形づくる諸要因や、他の地域と量的に比較対照してみたいと思う具体的な項目が見えてくるということも十分に考えられる。

　ある地域のコミュニケーションの興味深い点に気づくことは、その地域の出身者であってもなくても可能である。尾上 (2010) は自身の生育地についての記述であるが、小林・澤村 (2014) で挙げられていた「ケツアツー」という簡潔なもの言いや、話の続きがあるのかと思いきや、そうではなかった

というようなことは、当該地域の出身でない人からの指摘によるものである。ただ、いずれにせよそこには常に「異なるもの」との比較が前提となっている。東北の話の短さを指摘した関西出身者だけでなく、尾上（2010）の記述も大阪だけを見てなされたのではなく、東京をはじめとする他の地域で出会った人々のコミュニケーション・パターンとの違いから意識させられたことも少なくないはずである。

　1つの地域について記述する上でも、やはり何らかの形で他との比較対照が関わってくる。だが、それはあくまで特定の地域のコミュニケーションのありようをつかまえるための比較である。その点が、従来の言語行動の対照研究、すなわち比較対照そのものが目的となっている場合とは異なる。そしてもう1つの違いは、記述的アプローチは特定の言語行動や現象に限定することなく、当該の地域で特徴的と思われるもの言いやコミュニケーション行動を収集していき、それらさまざまなものを見渡す中で、共通する姿勢やストラテジーなどを探ろうとするものだということである。

　個々の地域のエスノグラフィー的記述を蓄積するという方法は、調査による地域間比較に比べると悠長な作業に感じられるかもしれない。しかし、両者はどちらがよりすぐれているとか、どちらかを優先すべきというものではなく、相互補完的なアプローチとして併行して進んでいくとよいのではないかと考える。記述を蓄積することで、地域のコミュニケーションの鳥瞰図のようなものが得られる。それが、特定の言語行動に分析を限定する場合とはまた異なる景色を見せてくれる。さらに、さまざまな地域について同様の記述が蓄積されれば、どのような地域の間で何を比較対照するかを検討する材料が豊かになり、調査の新たな質問項目や場面設定の発見にもつながり得る。そうした意味で、2つのアプローチは互いに情報を提供し合い、刺激し合うことのできるものだと考える。

5．おわりに

　以上、コミュニケーションの地域差を調べるための分析手法を検討すると

ともに、地域ごとのエスノグラフィー的記述をさらに進めることについても提案を述べた。門外漢の知識不足による不備も少なからずあるかと思われる。諸氏のご教示、ご批正を請いたい。

コミュニケーションの仕方のバリエーションについては、地域間の違いだけでなく、同じ話し手の中でのレパートリーやゆれも興味深い。若年層を中心として、方言話者の多くが共通語とのバイリンガルになっているが、それらの人々は方言で話す場合と共通語で話す場合で、意識的にせよ無意識にせよ、コミュニケーションの仕方は変わっているのだろうか。さらには、「惜しいなあ、きのうまであってん」式のもの言いが共通語ではうまくいきにくいように、特定のコミュニケーションの仕方は特定の方言の使用が伴ってはじめてその本領を発揮するといったような、方言とコミュニケーション・パターンの連動はどの程度あるのだろうか。こうした問いの解明や、地域間の違いに起因する誤解や摩擦の軽減も含め、コミュニケーションの地域差の研究は今後、多様な展開と寄与の可能性を秘めている。

注
1. 対照先の言語でも言語行動などの地域差の解明が進めば、地域単位での言語間対照研究も可能になるであろう。
2. ただし、どれだけの数をとれば「量的データ」として十分かは議論が分かれるところであろうし、データの種類や分析方法などによる違いもあるので、一概には決められないであろう。
3. 手法としての談話分析と会話分析、あるいは両者の違いなどについては、熊谷(2016)で論じている。
4. 発話機能的要素の名称(ラベル)をここでは＜　＞でくくって示す。機能の名称の付け方は研究者によって異なり得る。
5. 井上編(2014)で報告されている共同研究プロジェクトの成果の一部として、「方言ロールプレイ会話データベース」が公開されている。
http://hougen-db.sakuraweb.com/index.html
6. ポジティブ・ポライトネス・ストラテジー、ネガティブ・ポライトネス・ストラテジーの種類や詳細は、Brown and Levinson (1987)およびその訳書にゆずる。

7. 発話の重なりは、妨害的な重なり（人の発話中に割り込んで遮るようなもの）と、協力的な重なり（人の発話に重ねて「そうそう、ほんとに」などとあいづちをうつような場合）とに大別される。
8. 地域ごとのエスノグラフィー的な記述の蓄積は、西尾 (2008) の提言にある「言語行動社会の類型化」の基礎作業にもなり得ると考える。

文献

井上文子編 (2014)『方言談話の地域差と世代差に関する研究　成果報告書』大学共同利用機関法人　人間文化研究機構 国立国語研究所

沖裕子 (2006)『日本語談話論』和泉書院

尾崎喜光 (2013)「"道理に合わない"授受表現の使用と動態―愛知県岡崎市での経年調査および最近の全国調査から」相沢正夫編『現代日本語の動態研究』pp.104–126. おうふう

尾上圭介 (2010)『大阪ことば学』岩波書店 (岩波現代文庫)

久木田恵 (1990)「東京方言の談話展開の方法」『国語学』162：pp.(1)–(11). 国語学会

熊谷智子 (2016)「第9章　会話分析と談話分析」加藤重広・滝浦真人編『語用論研究法ガイドブック』pp.239–260. ひつじ書房

熊谷智子・篠崎晃一 (2006)「依頼場面での働きかけ方における世代差・地域差」国立国語研究所『言語行動における「配慮」の諸相』pp.19–54. くろしお出版

琴鍾愛 (2005)「日本語方言における談話標識の出現傾向―東京方言、大阪方言、仙台方言の比較」『日本語の研究』1 (2)：pp.1–18. 日本語学会

小林隆・澤村美幸 (2014)『ものの言いかた西東』岩波書店

篠崎晃一・中西太郎 (2017)「言語行動の東西差―準備調査から傾向を探る―」『東京女子大学紀要「論集」』67 (2)：pp.83–113. 東京女子大学

陣内正敬 (2010)「ポライトネスの地域差」小林隆・篠崎晃一編『方言の発見　―知られざる地域差を知る』pp.93–106. ひつじ書房

西尾純二 (2008)「言語行動の多様性に関する研究の射程」山口幸洋博士の古希をお祝いする会編『山口幸洋博士古希記念論文集　方言研究の前衛』pp.161–177. 桂書房

藤森弘子 (1995)「日本語学習者にみられる「弁明」意味公式の形式と使用―中国人・韓国人学習者の場合―」『日本語教育』87：pp.79–90. 日本語教育学会

Beebe, Leslie M., Tomoko Takahashi, and Robin Uliss-Weltz. (1990) "Pragmatic Transfer in ESL Refusals" In Scarcella, R.C., E.S. Andersen, and S.D. Krashen. (eds.) *Developing Communicative Competence in a Second Language*. pp.55–73. Boston: Heinle & Heinle Publishers.

Brown, Penelope and Stephen C. Levinson. (1987) *Politeness: Some Universals in Language Usage*. Cambridge: Cambridge University Press. (ブラウン、P.・レヴィンソン、S.C. 田中典子監訳(2011)『ポライトネス　言語使用における、ある普遍現象』研究社)

Tannen, Deborah. (2005) *Conversational Style: Analyzing Talk among Friends* (*New Edition*). New York: Oxford University Press.

第 2 章
言語行動の変異を捉える
―多角的な観点からの検討―

篠崎晃一

1. はじめに―言語行動の変異研究の意義

　世間では一般に、「○○地方の人は楽天的」「○○地方の人はせっかち」といったステレオタイプ的に県民性や県民気質といったものが示されることがある。これらは、何らかの地域的特徴に支えられた地域イメージである。一方、「都会の人は冷たい」「学生は敬語がうまく使えない」といった印象は、地理的な差異とは異なり、コミュニティの性質や社会経験など別の指標で捉えるべき視点である。

　こうしたイメージは、コミュニケーション上の特徴に関わるものであり、当然、日常的なコミュニケーションの具体的なあり様がイメージ形成に深く関わっている。しかし、なぜそういったイメージを想起させるのか、それらの背景にある言語的特徴がどのようなものかという点は、まだほとんど明らかにされていないと言ってよい。それは、これらのイメージ形成の要因を捉えるための、言語研究上の着眼点や検証方法の未成熟、それに伴うデータ不足といった事情もある。

　そこで、本稿では、全国的な規模で行った言語行動のアンケート調査の結果を用い、言語行動の運用レベルでの変異の解明に向け、どのような観点が必要かを洗い出す取り組みの一端として、地域差のみならず、性差、年代差、都市規模の差などの有効性を検討してみたい。

2. 言語行動の変異研究の現状

　これまでの言語行動の変異に関しては地域差の面からいくつかの指摘がなされており、それらの蓄積から地域性を特徴づけるための観点を見出すことが出来る。

　例えば、熊谷・篠崎(2006)、篠崎(2010)では、当該場面における目的遂行のための表現様式の選択の仕方に地域差があることが指摘されている。どのような機能を持った要素をどのような順序でどう組み合わせて目的となる働きかけをするかという観点であり、この組み合わせの仕方には、言語的な配慮をどう示すかという点、すなわち〈配慮性〉が現れるということである。

　また、特定の言語行動で選択される表現形式には、言語表現と非言語表現があり、非言語表現を伴うか否かといった点でも地域差がある(篠崎1998)。さらに、当該場面での言語行動を回避する(ゼロの言語行動)といった選択の有無にも地域差があることが明らかになっている(徳川1985、篠崎1996など)。これらの指摘からは、ある場面で、伝えたいことをどれだけ言語表現以外に託すかという〈動作顕示性〉がその地域を特徴づけていると言える。それはそもそも言語表現を使って何らかのアクションを起こすかどうかという〈発言性〉の面で地域差が存在していることにもなる。

　さらに、これまでのあいさつ表現の研究からは、ある場面で交わすあいさつに一定の型がある地域と、特に決まった表現がない地域があることが明らかになっている(三井2006など)。これは、〈定型性〉の面での地域差と言える。

　直接的な表現を好むか、間接的な表現を好むか、という点からの地域差も存在する。真田(1983)では、依頼の際に肯定形式を使うか否定形式を使うかの地域差を調査している。否定形式を用いるということは、直接性を和らげ、間接性を高めるということである。つまり、〈間接性〉という点での地域差を観点として見出せる。

　尾崎(2011)では、国内でのコミュニケーションに関する地域差の調査が行われているが、その中では、コミュニケーションへの〈積極性〉の現れ方の違いを見出すことができる。

小林・澤村（2014）では、言語的発想法の地域差という理論の下、その地域差導出の軸となる発言性、定型性、分析性、加工性、客観性、配慮性、演出性の7つの観点が提示されている。

篠崎・中西（2017a）では、それらに〈動作顕示性〉、〈積極性〉の観点を反映した調査項目を設定して具体的な検証を試みている。

以上のように、言語行動の地理的な変異に関してはいくつかの研究が蓄積されてきているが、社会方言学的観点での特徴からの検証はほとんど行われていない。

3. 言語行動の変異―多角的な観点での分析

本節では、地域差・性差・年代差・都市規模による差で特徴が見られた言語行動の具体事例の結果を示し、それぞれの観点での分析の有効性、可能性を示す。

ここで用いるデータは、2015年〜2017年にかけて全国各地で実施した1419件のアンケート調査に基づくものである。調査票の設計に際しては、予備調査（篠崎・中西 2017a に掲載）の結果をもとに、様々な変異が見込まれる質問項目を検討した。例えば、ある場面で積極的に発言するかどうかという〈発言性〉、発言が決まりきったものか具体的なものかという〈定型性〉、相手への配慮を示す言いかたをするかどうかという〈配慮性〉、目立つ動作を伴うかどうかという〈動作顕示性〉、発言内容の〈間接性〉、コミュニケーションに対する〈積極性〉などである。

本稿では、それらのデータの一部を用いている。

3.1 言語行動の地域差

ここでは、言語行動の地域差の観点から特徴が見られる項目を取り上げて紹介する。具体的には、親しい相手への「呼びかけ」を取り上げる。

図1は、兄弟と街を歩いている際に、通りがかりの店で以前から探していた商品を見つけたが、身内がそれに気づかず先に行ってしまったとき、ど

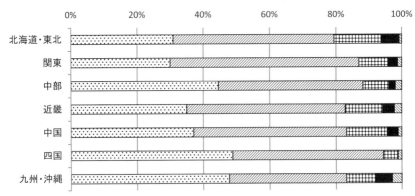
図1　親しい相手への呼びかけの言語行動

のように行動するのかを尋ねた結果である。この設問では、親しい相手に呼びかける際の表現の〈間接性〉を見ていることになる。

全体的に「名前を呼ぶ」と「おい」「ねえ」などの呼びかけの表現が、それぞれの地域において大きな割合を占めている。ただし、その割合には、地域によって若干の差が見られる。中部地方、四国地方、九州・沖縄地方では、「名前を呼ぶ」の割合がその他の地域に比べて高い。また、「おい」「ねえ」などの呼びかけの表現を使う割合は、関東地方で最も高くなっており、全国の平均を10％以上上回る。そして「無言で追いつき止める」、「あきらめる」のように、言語表現を用いた手段を選択しないという割合は、総じて東北地方が高くなっている。このように、親しい相手への「呼びかけ」の場面の言語行動では、一定の地域差が見られると言える。ただし、ここで気を付けなければならないのは、対人場面における「親疎」の観点である。

図2は、乗合いバスで近くに座った中年の女性がハンカチを落とし、そのことを女性に知らせるとしたら、どのように行動するかを尋ねた結果である。この設問でも、呼びかける時の表現の〈間接性〉を見ているが、相手を「見知らぬ中年の女性」と設定し、疎の相手への「呼びかけ」の場面での言語行動を見ている。

すべての地域で「すいません」という定型表現が90％前後に及んで回答

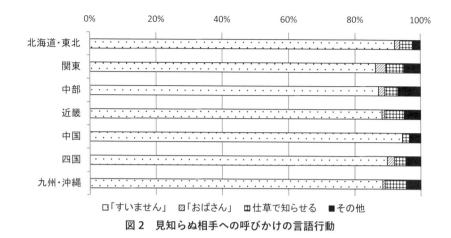

図2　見知らぬ相手への呼びかけの言語行動

されており、大きな地域差というのは見られない。つまり、これらの結果の比較から「呼びかけ」の場面での言語行動の地域差を洗い出すには、相手との親疎などの心理的距離に配慮しなければならないということである。

　言い換えれば、この場面のような初対面の相手に対する「呼びかけ」行動は全国的に定型性が高く、地域差を見出し得る場面設定にも配慮する必要がある。

3.2　言語行動の性差

　次に、性差が見られる言語行動の項目を取り上げる。

　図3は、友人と別れる場面で、「バイバイ」「じゃあね」「さよなら」のような定型的な言葉に加え、「気をつけて」などの気遣いの言葉を言うかどうかということを尋ねた結果である。この設問では、別れの場面での気遣いの表現を添加するかどうかを尋ねることになり、〈配慮性〉、〈定型性〉を測ることになる。今回の調査では、北海道・東北地方、中部地方、どちらの地域でも、男性は定型的な言葉だけをかけるという回答の割合が高く、女性は定型＋気遣いの言葉を添えるという割合が高いという結果になった。また、同性同士を地域間で比べると、中部地方の女性の方が、気遣いの言葉を添える割合が高く、中部地方の男性の方が、定型的な言葉だけをかけるという割合

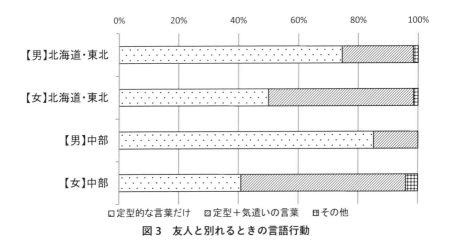

図3 友人と別れるときの言語行動

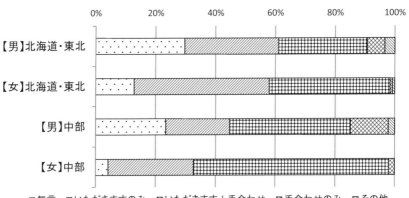

図4 食事前の言語行動

が高い。

「バイバイ」「じゃあね」「さよなら」などの定型的な言葉に留める割合が高い男性が〈定型性〉が高く、「気をつけて」などの気遣いの言葉を添える割合が高い女性の方が〈配慮性〉が高いということが言える。

次に紹介するのは食事前の言語行動のデータである。

図4は食事前の場面で、「いただきます」という言葉を言うかどうかに加

え、手を合わせる動作を行うかどうかという非言語行動の有無を尋ねた結果である。この設問では、日常場面での儀礼的な行動を題材に〈発言性〉、〈動作顕示性〉を見ることになる。まず、「無言」、「手合わせのみ」の選択肢に関しては、どちらの地域でも男性の方が女性より割合が高いことがわかる。一方、「「いただきます」の言葉だけ」、「「いただきます」に加えて手を合わせる」の割合は、いずれの地域でも女性の方が男性より高い値を示している。また、東北地方と中部地方という対比でみると、中部地方の方が、「いただきます」に「手合わせ」を組み合わせた回答の割合が高いことが見て取れる。これらの結果から、食事前の言語行動には性差、地域差があることがうかがえる。

　さらにここで特筆すべきなのは、「手合わせ」の割合（「「いただきます」に加えて手を合わせる」＋「手合わせのみ」）を男女で比べてみた場合である。いずれの地域でも、男性より女性の方が、「手合わせ」の割合が高い。つまり、食事前の言語行動においては、非言語行動の面で性差が見られるということである。

　次に紹介するのは、感謝の言語行動に対する規範意識である。

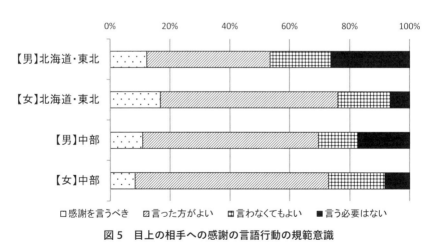

図5　目上の相手への感謝の言語行動の規範意識

　図5は、数日前に食事をごちそうした後輩と会った時、後輩は「先日は

ありがとうございました」という言葉を自分に対して言うべきかを尋ねた結果である。性差に関しては、北海道・東北地方で、「言わなくてもよい」、「言う必要はない」の合計値で男性の方が女性よりも20％以上高く、「感謝を言うべき」、「言った方がよい」の合計値で女性の方が男性より20％以上高く、この点で性差が見られるといってよい。

　一方、中部地方では、多勢を占める「感謝を言うべき」、「言った方がよい」の値は、男女でほとんど差がなく、「言わなくてもよい」、「言う必要はない」の値でも、10％弱、相互に大小がある程度である。この点で、中部地方ではほとんど性差が見られないと言える。つまり、同じ調査項目でも、性差が見られる地域と見られない地域があるということである。

3.3　言語行動の年代差

　ここでは、言語行動の年代差の観点で特徴が見られる項目を紹介する。ただし、本稿における年代差とは、実年齢による差ではなく、特に社会経験の差という点を重視した年代差を意味する。すなわち、学生か、社会人かということである。これは、多くの言語行動の特徴が、単語レベルの方言とは異なり、当該コミュニティの社会慣習に触れたりコミュニケーションの機会が増えることで、後天的に具わると考えるからである。そこで、この社会経験の差を意味する年代差を社会年齢差、18歳以降に最も長く住んでいた地域を言語行動特徴形成基準地域と呼ぶことにする（篠崎・中西 2017b）。以下のデータの社会人の出身地域は、この言語行動特徴形成基準地域を反映させているが、18歳以前と18歳以後の居住地域が同一であることを条件としている。

　図6は、初対面の相手に接するときの切り出しのあいさつで「お世話になっております」と言うことがあるかを尋ねた結果である。実際には世話になっていない段階で定型的な表現を使うかを尋ねている。

　結果を見ると学生は、「ある」という傾向（「よくある」＋「たまにある」）が30％未満と少ないのに対して、社会人では、関東、近畿両地域で、50％弱となっており、社会年齢差による言語行動の差が現れている。特に関東地方は、社会人で「よくある」の値が高く、近畿地方の社会人と比べても定型

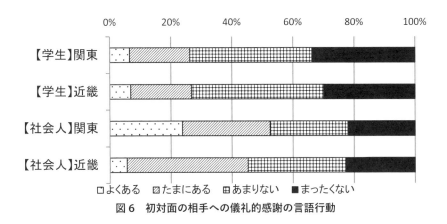

図6　初対面の相手への儀礼的感謝の言語行動

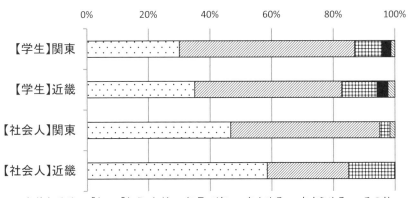

図7　親しい相手への呼びかけの言語行動（関東：近畿／学生：社会人）

的な表現を用いる傾向にあるといってよいようである。

「お世話になっております」のようなあいさつ表現は、社会との接点を持つことで習得されるものと言われるが、この結果においてもそれが実証されている。

次に示す例は、「お世話になっております」のようにビジネスシーンでの出現が予想される典型的なタイプではないが、社会年齢差による違いがある程度見られた例である。

図7は、3.1節でも取り上げた、親しい相手への「呼びかけ」の場面の言語行動の調査の結果である。
　学生においては、身内を呼び止めるとき、「おい」「ねえ」などの呼びかけの表現が最も大きな割合を占めていたが、社会人においては、それぞれの地域で「名前を呼ぶ」の割合が増し、近畿地方の社会人は、「名前を呼ぶ」が最も高い割合を示している。
　また、わずかな差ではあるが、関東地方では、学生から社会人になるにつれ、「無言で追いつき止める」の割合が減じているのに対し、近畿地方では、学生から社会人になるにつれ、「無言で追いつき止める」の割合が増している点も特徴的である。
　総じて、学生と社会人の間では、親しい相手への「呼びかけ」の言語行動において、社会年齢差による差があるといってよいだろう。
　次に取り上げるのは、地域によって社会年齢差の有無が分かれる例である。

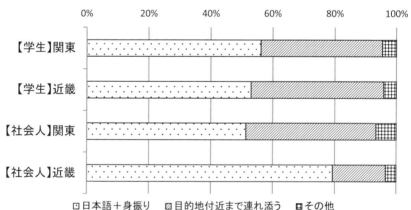

図8　言葉が通じない外国人に道を聞かれたときの言語行動

　図8は、言葉が通じない外国人に道を聞かれたときの場面で、どのような対応をするかを尋ねた結果である。この設問では、人助けのときの〈説明指向〉（メッセージを伝えようとするか行動で示すか）、メッセージを伝える

ときの〈動作顕示性〉を見ることを意図している。今回の調査結果では、学生では「日本語＋身振り」という回答が「目的地付近まで連れ添う」という行動重視の回答より多く、かつ、関東地方と近畿地方でほぼ同じ回答傾向を示しており、あまり地域差が見られない。なお、篠崎・中西（2017a）で示した準備調査の結果では、関東地方では、日本語と身振りで何とかメッセージを伝えようとする説明重視の割合が多く、関西地方では目的地まで連れ添うという行動重視の割合が多いという結果だった。今回の調査では、両地域の回答割合の差が小さくなりはしたが、差のあり方は合致している。

　今回の調査で新たに明らかになった社会人の結果に目を転じると、関東地方の社会人は、同地方の学生と同じ回答傾向を示しており、関東地方では社会年齢差が見られない。ところが、近畿地方の社会人は、「日本語＋身振り」の回答が 80％近くを示し、同地方の学生に比べて 20％強も上回っており、社会年齢差による言語行動の差が現れている。つまり、同じ調査項目でも、社会年齢差が見られる地域と見られない地域があるということが明らかになった。

3.4　都市規模による言語行動の差

　言語行動は言語の運用を対象にする分野であり、通勤・通学や買い物などの行動圏や、コミュニティの性格なども含めた居住環境など、生活の基盤となる社会背景が言語行動の実現に密接に関わると考えられる。

　例えば、西尾（2009）では、話者の居住地域の「人口」、「交通環境」、「地域構造」など、様々な尺度の分類から分析が行われており、それらの観点の言語行動の分析に対する有効性が示されている。また、中西（2015）では、あいさつの言語行動について、居住地域の人口密度分類による分析で、運用実態に差が見られることを指摘している。そこで本節では、共時態における都市規模を捉えるひとつの指標として人口密度に着目し、言語行動を支える社会的要因の一つとしての都市規模の観点の有効性を示す。

　具体的には、都市規模を人口密度（1 平方 km（人 /km^2）あたりの人数）を基準に小都市地域（399 人 /km^2 以下の地域）、中都市地域（400 〜 3999 人 /

km² の地域)、大都市地域 (4000 人 /km² 以上の地域) の 3 段階に分けた (篠崎・中西 2017b)。

なお、分析に当たっては、それぞれの回答者の言語行動特徴形成基準地域(前掲)の人口密度をもとに、データを 3 分類した。人口密度のデータは、総務省統計局による平成 22 年度国勢調査、市町村別人口密度の値を参照した。

図 9 は、友人があなたに 100 円を借りたことをすっかり忘れていて返してくれないときに、どのように対応するかを尋ねた結果である。ここではまず、比較のために地域別の観点で整理した結果を示す。

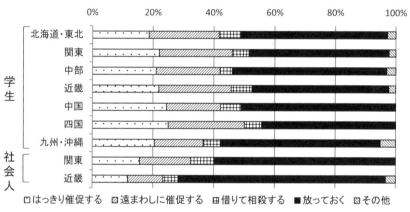

図 9 貸したお金を催促するときの言語行動

学生は、全国的に「放っておく」が約 50%、「遠まわしに催促する」が約 20%、「はっきり催促する」が約 20% と、ほぼ地域差がうかがえない。社会人に関しても、近畿地方が「放っておく」が 10% 弱関東より高く、その分少しずつ他の選択肢の割合が減っているというだけで、大きな地域差とはいえない。

このデータを都市規模の観点から分類した結果は次のようになる。

図 10 では、まず、学生において、小都市から大都市になるにつれて「放っておく」の割合が減っていくという傾向が見える (その他の選択肢にははっ

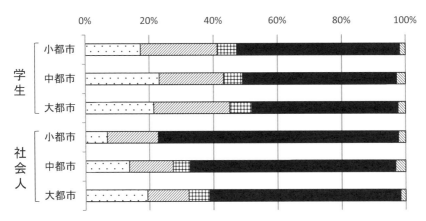

図10　貸したお金を催促するときの言語行動（都市規模×社会年齢）

きりとした傾向は見られない）。

　さらに社会人のデータに目を転じると、その傾向は少しずつ目立ってきており、「放っておく」の割合は、小都市で75％、中都市で65％、大都市で60％と、都市規模の大きさに反比例して減じているのがわかる。これは、「放っておく」に比べ減少の割合こそ少ないものの、「遠回しに催促する」にも通じる傾向である。そして、それと対称的に「はっきり催促する」の割合は、小都市から大都市になるにつれ、増えていく傾向が見られる。さらに「借りて相殺する」も、小都市を0％として捉えれば、都市規模が大きくなるにつれ値を増やしていると言える。

　つまり、都市規模と「催促」の言語行動の間には相関があり、都市規模が大きくなるほど、何らかの形で貸したお金を催促する言語行動をとる人が多くなるということが言えるのである。

　これは、地域差に着目した分析の観点では見えなかった特徴が、都市規模の観点で整理したことによって見えてきたということを意味しており、こうした観点での分析が、言語行動の変異の背景を解き明かすのに重要だということを意味している。

4. おわりに

　本稿では、言語行動の運用レベルでの変異の解明とその理論の構築という視座の下、全国的な規模で行った言語行動のアンケート調査の結果を用い、地域差のみならず、性差、年代差、都市規模の差など、多角的な観点から、その背景を検証した。

　これらの結果から、言語行動の変異を扱い地域差を見出すには、社会方言の観点からの検討が必要だということがわかる。また、従来の研究で主として扱われてきた属性による差のみならず、本稿で検討を行った人口密度による「都市規模」の差など、地域の社会構造を反映した視点も検討に必要となることが分かった。これは、アンケートなどの調査実施にあたって、協力者の属性などのバランスを調整するとき、社会構造を反映した観点への配慮が必要になるということも意味している。

文献

尾崎喜光（2011）『国内地域間コミュニケーション・ギャップの研究―関西方言と他方言の対照研究』科学研究費補助金成果報告書

岸江信介（2009）「注意喚起時における言語行動の地域差と場面差―テキストマイニングによる分析を中心に」『月刊言語』38（4）：pp.24–31．大修館書店

熊谷智子・篠崎晃一（2006）「第3章 依頼場面での働きかけ方における世代差・地域差」国立国語研究所『言語行動における「配慮」の諸相』pp.19–54．くろしお出版

国立国語研究所（1984）『言語行動における日独比較』三省堂

小林隆・内間早俊・坂喜美佳・佐藤亜実（2014）「言語行動の枠組みに基づく方言会話記録の試み」『東北文化研究室紀要』55：pp.1–35．東北大学大学院文学研究科東北文化研究室

小林隆・内間早俊・坂喜美佳・佐藤亜実（2015）「第四章　言語生活の記録―生活を伝える方言会話集―」大野眞男・小林隆編『方言を伝える3・11東日本大震災被災地における取り組み』pp.89–116．ひつじ書房

小林隆・澤村美幸（2014）『ものの言いかた西東』岩波新書

真田信治（1983）『日本語のゆれ』南雲堂
篠崎晃一（1996）「家庭におけるあいさつ行動の地域差」言語学林 1995–1996 編集委員会編『言語学林 1995–1996』pp.547–558．三省堂
篠崎晃一（1998）「気づかない方言 12 気づかない挨拶行動」『日本語学』17(4)：pp.93–95．明治書院
篠崎晃一（2002）「言語行動の方言学」日本方言研究会編『21 世紀の方言学』pp.226–234．国書刊行会
篠崎晃一（2010）「働きかけ方の地域差」小林隆・篠崎晃一編『方言の発見―知られざる地域差を知る』pp.107–118．ひつじ書房
篠崎晃一・小林隆（1997）「買物における挨拶行動の地域差と世代差」『日本語科学』2：pp.81–101．国書刊行会
篠崎晃一・中西太郎（2017a）「言語行動の東西差―準備調査から傾向を探る」『東京女子大学「論集」』67(2)：pp.83–113．東京女子大学論集編集委員会
篠崎晃一・中西太郎（2017b）「言語行動の変異の解明に向けて」『2017 年度日本語学会春季大会予稿集』：pp.73–80．日本語学会
徳川宗賢（1985）「日本の風土性」九学会連合日本の風土調査委員会編『日本の風土』pp.51–70．弘文堂
中西太郎（2015）「言語行動の地理的・社会的研究―言語行動学的研究としてのあいさつ表現研究を例として」『方言の研究』1：pp.77–102．ひつじ書房
西尾純二（2008）「言語行動の多様性に関する研究の射程」山口幸洋博士の古希をお祝いする会編『方言研究の前衛』pp.161–177．桂書房
西尾純二（2009）「再検討・日本語行動の地域性」『月刊言語』38(4)：pp.8–15．大修館書店
日本語記述文法研究会（2009）『現代日本語文法 7 第 12 部談話第 13 部待遇表現』くろしお出版
野田尚史・高山善行・小林隆編（2014）『日本語配慮表現の多様性―歴史的変化と地理的・社会的変異』くろしお出版
三井はるみ（2006）「おはようございます、こんばんは」『月刊言語』35(12)：pp.80–83．大修館書店

参考 URL

Wendell Cox「DEMOGRAPHIA WORLD URBAN AREAS」『DEMOGRAPHIA』WENDELL COX CONSULTANCY.〈http://www.demographia.com/db-worldua.

pdf.〉2017.2.1

総務省統計局「総務省統計局平成 22 年国勢調査」『総務省統計局ホームページ』総務省統計局〈http://www.stat.go.jp/data/kokusei/2010/index.htm.〉2017.2.20

付記

本稿は、平成 27 年度科学研究費補助金（基盤研究（C）、課題番号 15K02576）の研究成果を利用している。

なお、アンケートの実施にあたっては、新井小枝子氏、岸江信介氏、椎名渉子氏、ジスクマシュー氏、清水勇吉氏、田附敏尚氏、津田智史氏、堤良一氏、鳥谷善史氏、二階堂整氏（50 音順）の協力を得た。また、データの整理には中西太郎氏の協力を得た。記して感謝申し上げる。

第 3 章
あいさつの方言学のこれまでとこれから

中西太郎

1．はじめに

　本稿では、「あいさつ」の方言学を、その運用までを射程に入れた「あいさつコミュニケーション」の方言学へ昇華させるために、今後どのような展開が必要なのか、先行研究を精査、整理し、今後、求められる課題を示す。
　まず初めに、本稿におけるあいさつの捉え方について確認する。研究者によって、捉える範囲が異なるあいさつの範囲を定めるには、まずその機能に着目するのがよい。本稿では、機能によって定められた、典型的なあいさつ言葉も含む、あいさつの機能を担う表現を総じて「あいさつ表現」と呼ぶ。
　あいさつの機能については、日本語学の分野のみならず、動物行動学や文化人類学など、様々な分野で様々な観点から検討され、提唱されている。
　例えば、動物間では、他個体との接触時に、相手の攻撃衝動を宥和することを目的として行われるとされる。さらに詳細にその機能を見れば、仲間を確認したり、仲間内での序列を確認したり、相手を威嚇したりなど、個体間の関係調整の行動として働いている。
　人と人との関係においては、さらにその行動が複雑多様に発達し、接触時（出会い）のあいさつを基本として、それのみならず、その他に別れ、謝罪、感謝、慰労、見舞いなど、生活の様々な場面において、交わされている表現もあいさつとされる。それゆえに、日本語学の分野では、あいさつの機能や定義について、次のような概括的な説明にとどまっている。

(1) 挨拶：人と人とが出会ったときや別れるときに、相互の存在や集団内の社会的関係を認め合ったり、新たに社会的関係を構築するために行われる表現活動。　　　　　　　　　　　　　　（加藤久雄 2014: 1–2）

　ゆえにここに示される「社会的関係を認め合う」や「社会的関係を構築する」ということが、具体的にどのように機能しているのかには解釈の余地があり、その結果、あいさつの範囲にも幅が出てくる。
　一方、中西（2008）では、典型的なあいさつ言葉を含む出会い時の言語行動を、一定期間収集し、それを統計的に分析することで、出会い時の言語行動が、総体として待遇的機能を担うことを実証した。この分析から、待遇的性質に沿った記述の重要性を示した。したがって、あいさつの研究をコミュニケーションのレベルで考えるには、あいさつ表現の待遇的側面の性格を明らかにすることが必要だと言える。
　つまり、これまでの研究において、あいさつというものがどのように取り上げられてきたかを概観する上でも、待遇的観点について、どれほど記述が行き届いているか見ていくことが重要だということを意味している。

2. 日本語あいさつ研究の始まりと変遷

　さて、日本語学において、本格的にあいさつ言葉を研究対象として扱う気運が高まってきたのは主に戦後だといえよう。そのきっかけとなったのは、あいさつ言葉の地域差への気づきだと思われる。その関心は、民俗学者柳田国男の指摘に端を発した（柳田 1946（参照は柳田 2004））。柳田の概説的な説明にも散見されるような、あいさつの特徴への興味・関心に端を発し、国語学の研究分野においてあいさつは、様々な観点から研究対象とされるようになった。例えば、柳田の指摘には次のような研究の視点が見られる。

(2)　a.　意味内容の希薄化
　　　b.　形態的変種（摩滅形）の存在

c. 用法の地域的差異
   d. 意味内容の地域的差異
   e. 都市化との関係
   f. 他場面で用いられる表現との関係

　柳田が指摘したような、あいさつの諸特徴は、他の分野に比しても特徴的なものであり、その後のあいさつ研究の流れにおいても、議論の主たる題材となってきた。なお、柳田の観察にも待遇的観点の指摘がなくはないが、むしろ、その重点は地域ごとのバリエーションの違いを紹介することに重点が置かれている。もちろん、地域差を示すのが氏の第一の関心事であっただろうからやむを得ないことだが、他の観点への気づき、言及が多いのに対して待遇的観点への扱いは冷淡である。結果として、運用を視野に入れた記述として十分とは言えないことは明らかである。
　ここで、特に留意しておかねばならない点は、最初にあいさつについてまとまった記述を行ったのが、近代日本語研究の文脈からではなく、民俗学者柳田であったことだろう。つまり、地域差に関心を寄せる柳田が、その興味に沿った記述を行ったことで、日本語のあいさつ研究は、地域差という観点と切り離しがたい文脈の中で、研究を進めていくことになったと捉えられる。これは、その後のあいさつ研究の流れに対して、功と罪、両面で評価しうる。
　あいさつ研究が柳田の文脈の下に記述が始まったという経緯は、出発点から、地域差を考慮に入れて行われてきた、と捉えることができる。日本語あいさつ表現の総体的記述を目標とするなら、当然、地域差を念頭に置いた記述は欠かせないものであり、その意味で、あいさつ研究は、スタート地点から地域的差異を射程とする枠組みを持ちえたと評価できる。
　しかし、一方で、共通語の（共通語でなくてもある一言語、一体系でもいいが）あいさつ表現をつぶさに観察し、その機能及び機能の実現の仕方を見極めるという作業を欠いてしまったがために、まず目につきやすい、形態の差、発想の差などに主たる関心が及び、運用を念頭に置いた総体的な記述の

ための枠組みの洗練が遅れる原因となってしまったということも否めないだろう。例えば、氏の指摘する諸特徴は、その後に続く先行研究の分析の観点となって、それぞれの観点のみでも、一定の記述、考察をなし得させた。例えば、あいさつ「おはよう」は何を指しているかわからないといった意味内容の希薄化や、様々な形態的変種（摩滅形）の存在、「ただいま」が地域によって異なる場面で用いられるといった用法の地域的差異の存在は、あいさつ個々の表現について取り上げて考察する時のトピックとなりえた。そして、ある地域では、朝「起きたか」と言い、ある地域では「早いな」と言うような意味内容の地域的差異は、ある場面ごとの表現の地域差を抽出し、比較する研究として培われた。さらに、朝は「おはよう」と言うが、同地域でも、昼なら天気のことを言うといったような、同地域内の他場面―待遇的観点を主としない―で用いられるあいさつへの関心は、ある一言語におけるあいさつの体系を包括的に記述する研究として結実した。それゆえ、あいさつの研究が隆盛したにも関わらず、共通語のあいさつ研究に、待遇的観点での示唆を還すということは積極的にはなかった。

　また、共通語の研究においては、近年まで伝達を念頭においた文法的機能の研究が主流であった。命題的な意味がなく、文法の研究の中においては雑多なものとして捉えられたあいさつは、共通語の研究の文脈の中では顧みられず、主に対照研究の中で注目され、他言語との差が注目されることが多かった（国立国語研究所1984ほか）。そこでは、特定の場面における比較で、表現形式、表現様式の差異に注目が集まり、その比較結果自体で研究が成り立ちえた。そのため、それぞれの個別言語において、自然な運用を可能にすることを念頭に置いた実態の記述を行うという発想には至らなかった。それは、共通語のあいさつに関する文献の記述の不足に見出せる。

　例えば、我々が利用できる、個別のあいさつについての記述がある身近な資料として、辞典がある。特に、文法、語彙など、様々な項目でいち早く研究が行われてきた共通語に関しては、『日本国語大辞典』など、あらゆる項目を収めた辞典のみならず、共通語の決まり文句を幅広く集めたあいさつの辞典もある。その代表的なものが奥山益朗（1970）である。そのバリエーショ

ンの記述範囲は幅広く、収録されるあいさつ語の数において、他の一般的な辞書の追随を許さない。以下にその記述の例を挙げる。

（３）　おはよう【お早う】朝の出会いに際しての一般的なあいさつ語。「おはようございます」。また、予期したより早く帰ってきた人などにも用いる。　　　　　　　　　　　　　　　　　　　（奥山 1970: 62）
　　　　こんにちは【今日は】人に会ったとき、また訪問したときのふつうのあいさつ語。昼前から夕刻まで使えるあいさつ語だが、敬語を付け加えることができないことばである。　　　　　　　（奥山 1970: 71）

　このように、膨大なあいさつ言葉を収録する専門的な辞典でさえ、上記のような記述にとどまる。「おはようございます」は記述されていても、「おはようさん」などの記述はなく、また、「おはよう」や「おはようございます」が、現実にどんな相手に用いられるのかといった記述も見られない。「こんにちは」についても、敬語を付け加えることができないとあるが、その結果、「こんにちは」自体がどういった待遇性を帯びており、どんな相手に用いるのかが明らかでない。

3．あいさつの方言学的資料、研究の類型

　本節では、このようなあいさつ研究の始まりと変遷を踏まえ、具体的にあいさつを扱った方言学の諸先行研究を、運用を念頭に置いたときの問題意識に沿って検討を行うため、類別を試みる。
　あいさつ記述のアプローチ法と言う点から大別すると、大きく見て２つの方向があると言える。ひとつは、あるあいさつ「X」がどのような場面で用いられるか、「X」について、その用法を洗い出すという視点である。言ってみれば、個別の表現に関して記述を行うものである。
　もうひとつは、ある場面について、どのようなあいさつが行われるか（「X」「Y」「Z」…）記述するという視点である。言ってみれば、ある場面に

現れる表現を記述するものである。こういったアプローチ法は、一般的に、ある場面について、等価に扱われる表現の記述や、「X、Y。」のように表現を組み合わせて用いられる場合の発話の組み合わせの洗い出しに有用である。

それぞれ、運用の側面からの記述ということに関わらせて言えば、前者は、「X、X（敬体1）、X（敬体2）」などの常体・敬体などの待遇的観点でのバリエーションに関する記述の充実、ひいては、待遇的場面ごとの用例把握への展開が期待できる。

後者は、あいさつについて言えば、「出会い」「別れ」などの場面の検討の延長で、待遇的場面ごとの記述への視点も生まれやすいと言ってよいだろう。それと同時に、待遇的に等価の表現の洗い出しや、相手に相応しい、個別表現の組み合わせによる発話バリエーションの記述にも役立つと言える。

このように、それぞれのアプローチ法は、それぞれに、あいさつコミュニケーションを念頭に置いた記述に発展し得るものである。その意味で、それぞれのアプローチ法での先行研究ごとに記述の成熟度を検討する必要がある。

さらに、それぞれのアプローチ法の研究は、あいさつそれ自体を収集することを目的とした資料と、何らかの研究上の目的であいさつを扱った研究論文に分類できる。

以上のような、ミクロな観点であいさつを研究したものとは別に、柳田の指摘を皮切りに、方言研究の文脈の下、大いに発展したあいさつ研究には、巨視的な観点で、地理的差異を扱った記述資料や研究論文などが豊富にあり、それらを概略的・網羅的に扱う研究書も存在する。これらについても、別個に検討する必要がある。さらに近年では、あいさつの運用の地域差を射程に入れた研究論文も見られ始めた。

以上をまとめ、あいさつに関する資料の関係を以下のように示す。

（4） あいさつの方言学的研究資料の類別

  a.　個別の表現を扱う $\begin{cases} 資料（辞典など）（4.1節） \\ 研究論文（4.2節） \end{cases}$

b．場面ごとの表現を扱う $\begin{cases} 資料（市町村史、会話集など）（5.1 節） \\ 研究論文（5.2 節） \end{cases}$

　　c．場面網羅的・概略的研究（6 節）

　　d．巨視的に地理的差異を扱う $\begin{cases} 資料（7.1 節） \\ 研究論文（7.2 節） \end{cases}$

　　e．あいさつの運用の地理的差異を扱う研究論文（7.3 節）

　次節からは、これらの研究資料の記述の充実具合を順に検討していく。

4．個別の表現を扱う資料・研究論文について

4.1　個別の表現を扱う資料

　まず個別の表現についての記述がある資料を見る。先述の通り、あいさつは全国に差があることが指摘されており、その土地土地では、各地の方言を豊富に収録した、いわゆる方言辞典が編まれている。このような方言に関心を寄せ記述した資料も、運用に即した記述になっているか、その内容を検討しておく必要があるだろう。

　近年刊行された大規模な方言辞典には、方言語彙十万語を所収した『鹿児島方言大辞典』などがある。『鹿児島方言大辞典』は、県内の地域差に加え、幼児語、婦人語、青年語、麓語（士族語）といったような使用層による区分についても触れている貴重な資料である。そこに収められるあいさつ言葉の記述を取り上げる。

（5）　オヤットサァ　　感○お疲れさま。ご苦労さま。人の労をねぎらう挨
　　　　拶語。薩出（東）。水。児。阿。日。揖。囎曽。肝。姶。伊。諸小。
　　　　西。北。都。
　　　　オヤットサァオジャヒタ感〈成〉お疲れさまでした。労をねぎらう
　　　　挨拶語。諸小。西。　　北。
　　　　オヤットサアグワシタ感〈成〉お疲れさま。ご苦労さま。人の労を

ねぎらう挨拶語。ヤットは副詞のヤットの名詞化したもので、かろうじての意。サアはサマ（様）の転訛。㊀児。日。枕（別府俵積田）。㊁曽。肝。姶。㊂小。　　　　　　　　　　　　　　　（橋口滿 2004: 359）

　この記述によると、「オヤットサァ」が共通語の「お疲れさま」に相当するということがわかる。さらには、「㊀出」は、薩摩郡の出水市で用いられることを意味し、どこの地域で使われるかという情報も豊富なことが見て取れる。続く2項目も、「オヤットサァ」の変種であり、例えば諸方郡の小林市などでは併用されるようにも取れる。「オヤットサァオジャヒタ」に注目すると「お疲れさまでした。」と当てられていることから、「オジャヒタ」が敬体であることが推測できる。一方、「オヤットサアグワシタ」は「お疲れさま」と当てられており、共通語訳を介して理解すると、「オヤットサァ」と変わらない待遇度だと推測できる。しかし、それぞれの表現が、実態として、どのように使い分けられているかといった情報を読み取るのは難しい。

4.2　個別の表現を扱う研究論文

　個別の表現を扱う研究論文について、ここでは、数ある研究のうち、とくに運用に関する記述が豊富だと思われる住田（2000）の記述を取り上げる。氏は、北九州市域における「どこへ行く（ている）のか？」という表現のバリエーションについて、「使うとすれば、どのような相手に対して使うのか」という質問で女子大生にアンケートを行っている。その結果は次のようなものである。

(6)　1　〜イク　ン　　　　　　　…家族・対等・目下・親
　　 2　〜イキヨルンデス　カ　　…親戚・対等・目上・親・土地っ子
　　 3　〜イクンデス　カ　　　　…親戚・目上・親・初対面（疎）も
　　 4　〜イッテルンデス　カ　　…親戚・目上・初対面（疎）も・改まり
　　 5　〜イカレルンデス　カ　　…親戚・目上・初対面（疎）も・改まり・
　　　　　　　　　　　　　　　　　敬意

6　〜オデカケデス　カ　…目上・疎・皮肉の場合も・なじまない
　　なお、この調査で、「初対面」という回答があるのは、「あいさつことば」という枠から離れて、一般的に、相手に対して「どこへ行くのか？」と尋ねる表現と理解されたものと思う。いずれにしても尊敬表現であると判断して、ここに取り上げた。　　　　　（住田 2000: 10）

　このような記述は、待遇的観点での使い分けに関する情報が豊富に見られ、コミュニケーションに資する資料に見える。しかし、氏も指摘するように、話者の回答内容は「あいさつことば」としての枠を離れた「どこへ行くのか」という行き先尋ねの使い分け実態と捉えられる。そもそも、質問が「どこへ行く（ている）のか？」と尋ねる前提のもとに行われているが、どのような相手に対しても、あいさつことばとして行き先尋ねのような表現を行うことが自然ではない可能性があることを示唆している。
　住田の記述の問題点に代表されるように、個別の表現の記述は、そもそも運用面の記述に乏しいものや、仮に詳しい記述を行っていたとしても、表現が複数組み合わさった時どのような待遇的性格を持つか、同じ場面で用いられる他の表現との関係はどうかといったように、他の表現との関係に関する考察を欠く点があり、運用の側面に関して、十分な記述が得られないことが確認された。

5. 場面ごとの表現を扱う資料・研究論文について

　次に、場面ごとの記述を行う先行研究を概観する。これらは、現実の場面に即した表現を積極的に抽出する視点に長け、結果的に、要素ごとではなく、談話単位を扱い得るという特徴がある。

5.1　場面ごとの表現を扱う資料

　ある場面ごとにあいさつを整理した記述資料としては、方言概説書、方言集、市町村史、会話集などにまとまった記述が見られることがある。しか

し、分けても近年の資料として優れたものとして、東北大学方言研究センター（2014、2015、2016、2017）がある。この資料は、目的別言語行動の種類の豊富さ、ロールプレイ調査により得られたやり取りの自然さ、会話の自然な終了までの一連のやり取り（「スクリプト」）を収録している点、さらに非言語行動まで射程に入れ、一部の場面の談話の動画での記録などを行っている点が優れた特徴として挙げられる。多様な言語行動の中には、あいさつ場面も含まれており、あいさつ発話や、その発話の後の一連のやりとりまで捉えている点、あいさつ表現を分析するための資料として価値が高く、そのスクリプトまでを捉えるという、新たな記述の方向性の一つを示すものである。

（7）　朝、道端で出会う－②女性→男性
　　　001A：｛足音｝アラ。
　　　　　　｛足音｝あら。
　　　002B：アラ。
　　　　　　あら。
　　　003A：ナント オメハン ドコサ イグドゴダベ。
　　　　　　なんと お前さん どこに 行くところだろう。
　　　004B：イーマネ（A ウン）センキョノ（A ア）トーショーサ
　　　　　　今ね　　（A うん）選挙の　　（A あ）投票に
　　　　　　イグベドオモッテダノ。
　　　　　　行こうと思っているの。
　　　005A：コゴ。〔3〕
　　　　　　ここ？
　　　006B：ウン。
　　　　　　うん。
　　　007A：ア。ナント ハイェゴド。
　　　　　　あ。なんと 早いこと。

008B：ンダッテー アノー ハヤグ キメナエド オジズガネガラ。
　　　　そうだって あの　早く　決めないと 落ち着かないから。
　　　（以降略）

（東北大学方言研究センター 2017: 92–93）

　（7）のやり取りからは、朝の出会い時には最初に「ドコサイグドゴダベ」というように行き先尋ねで声を掛けることがわかる。しかし、それだけに終わらず、さらに続いて所作の早さを述べる「ハイェゴド」とも続けている。ここから最初の一言からどう展開するかというスクリプト単位での遇し方が窺える。
　ただし、目的別の観点を優先的にし、多様な場面を多く捉えるべく調査項目を設定しているため、待遇的場面別の把握についてはやや乏しい。また、同一話者が役割を演じ分けるロールプレイである点、実際の人間関係からどれだけ離れて自然な使い分けができているか、今後、検証が必要となる。

5.2　場面ごとの表現を扱う研究論文

　場面ごとの表現を扱う研究論文では様々な場面を網羅し、ある地域の言語体系のあいさつを総体的に取り扱おうとした研究が見られる。それらを局地的記述研究と呼ぶことにする。局地的記述研究は、室山（1969、1993）、寺島（1986、1993、2016）、瀬戸口俊治（1987）、神鳥（1992）、新垣（2000）、瀬戸口修（2004、2009）などがある。その手法の特徴は、ある特定の地域のあいさつの総体把握に力を注ぎ、その地域独特の場面事情をすくい取る点にあり、その意味で、運用に資するあいさつ表現記述が大いに期待される。
　ここでは、神鳥（1992）を取り上げる。神鳥は、広島県安芸郡熊野町のあいさつについて、朝、昼、夕、謝辞、訪問時、正月、結婚成立に対するあいさつ、葬儀での会葬者のあいさつ、食前、路上での別れ、商店に入るとき、朝・昼・夕の路上でのあいさつ、食事時以外に訪問したとき、訪問先からの辞去、出かけるときなどを記述している。氏は、「「どのような場において、どのような表現を用いるものなのか」ということを明らかにする」と目的を

掲げ、次のような記述をしている。

(8) a. 朝のあいさつ

　朝のあいさつのうち、改まった場合の表現としては、以下のようなものがある。備後地域の南部を除く広島県の老年層の人々が、相手の人に最も高い敬意をもってあいさつする場合には、次のように言う。
○オハヨー　ガンシタ。(老男)
　やや敬意の下がった言い方としては、
○オハヨー　ガンス。(老男)
のように言う。この抑揚は、これらのあいさつ表現を用いる地域では同じようである。この二例とも、備後北部の東城町のものである。

　「ガンス」を用いている地域でも、日常生活において上記のような「ガンス」を用いたあいさつ表現をしていることは、今では、ごく稀である。1991年に調査したところでは、70歳以上の人々からは、「朝のあいさつをどう言いますか」と尋ねると、「ガンス」を用いたあいさつ表現を答えてくれる。しかし、普段の生活を観察するかぎり、ほとんど聞くことはない。記憶にあるあいさつ表現の形式とでも言えるものであろうか。80歳くらいの人々どうしでは、割合に用いられているけれども、他所者に対してとか、より若い人々に対してとかには、次のようなあいさつ表現を用いることが多い。
○オハヨー　アリマシタ。(老女)
○オハヨー　アリマス。(老男)
　この例は、山県郡千代田町のものである。中年の人々も、「アリマス」の形を用いている。「ガンス」を用いた表現から、「アリマス」を用いた表現に変化しつつあることもわかる。「ガンス」の場合と同様に「〜タ」を用いた表現のほうが、より高い敬意を表している。

(神鳥 1992: 51–52)

　この記述では、どのような人物がその表現を使うかといった点まで言及し

表1　神鳥（1992）をもとにした待遇的場面別使い分け（筆者が作成）

話者	相手	備後南部以外	山県郡千代田町	佐伯郡沖美町	備後南部	福山市加茂町
老年層	最上	オハヨーガンシタ	－	オハヨーガシタ？	－	－
	同年	オハヨーガンス	－	オハヨーガス？	オハヨーゴザイマス	オハヨーゴザイマス？
	他所者	オハヨーアリマシタ？	オハヨーアリマシタ	－	－	オハヨーアリマス？
	若い人	オハヨーアリマス？	オハヨーアリマス	－	－	－
中年層以下	最上	オハヨー、オス？				
	同年					
	他所者					
	若い人					

た、細やかな資料を提供している。さらに相手についても、待遇的観点からの分析が見られ、「「〜タ」を用いた表現のほうが、より高い敬意を表している」といった待遇法の観察・記述も窺える。しかし、氏の指摘をもとに、対象地域とその周辺の使い分けの実態を描こうとすると、表1のようになる。語形に「？」が付いているものは記述から解釈すると当該枠に入ると推測されるもの、「－」は言及がないものである。表1を見る限りでは、それぞれの地域であいさつの自然な運用が可能になるとは言えない。つまり、神鳥の言う「「どのような場においてどのような表現を用いるものなのか」ということを明らかにする」ことには、待遇的観点での網羅が含まれていなかったということである。また、中年層以下の記述には簡素で、「オハヨー」、「オス」の指摘に留まり、その実態は分からない。

　このように局地的記述研究においても、管見の限り、運用面での十分な記述に応える例は見られない。

6. 場面網羅的、概略的研究

　藤原（1992）は、多数の場面について全国的な記述を行った大著といえる。方言世界でのあいさつことばを発想法・表現型・分布の見地から概観し、あいさつことばとは何か、などを考察した方言のあいさつことばの基礎的研究と位置づけられる。

氏は、朝、日中、晩、途上の別辞、謝礼、断り、途上出あい、途上別れ、出かける時、帰着、人家訪問、人家辞去、親類づきあい（婚礼、出産祝い、建築祝い、くやみ、病気見まい、訪家）、近所づきあい、天気・時候、労作関係、年中行事関係、物売りの声、買物ことば、返事ことば、と多種多彩な場面について、全国の特徴的な表現に言及している。
　とくに朝のあいさつについては豊富な記述があり、47都道府県それぞれについて記述がある。その記述は以下のようなものである。

(9)　1　鹿児島県
　　　朝のあいさつことばの、「お早う。」的表現の諸相の、わけても特異なものを示すのは、この鹿児島県下である。（中略）薩摩半島南端では、
　　○ハヨ　メガ゜　サメヤイモシタ　ナー。
　　　　早く目がさめなさいましたねえ。　　（中以上おもに女　上）
　　○ハヨ　メガ゜　サメヤッタ　ナー。
　　　　早く目がさめなさったねえ。
　　○ハヨ　メガ゜　サメダ　ナー。
　　　　早く目がさめたねえ。　　（青以上）
　　のような言いかたが行われている。（瀬戸口俊治氏も教示）（中略）
　　　　　　　　　　　　　　　　　　　　　　　（藤原1992: 17–20）

　このように、語形によっては"（中以上おもに女　上）"といった、中年層以上の女性が目上へ使うという用法の記述が窺われる。しかし、中には、枕崎の「ハヨ　サメヤンシタ　ガー。」の例のように、語形の指摘にとどまるものや、またその後の記述を追うと、「コンニチワ　ワダッ　ゴアシター。」「ワダッ　ゴアシター。」のようなものも指摘され、これらが待遇的場面の差ごとに、どのように用いられるか定かではない。
　さらに、鹿児島県のように特異な俚言形あいさつの行われる地域は記述も豊富であるが、一方で、簡素な県の記述は、次のようになる。

(10) 1　神奈川県
　　　県下に、「オハヨ　ゴザイマス。」がふつうにおこなわれている。
　　　『全国方言資料』第 2 巻の「神奈川県愛甲郡宮ヶ瀬村」の条には、
　　　　ｍモー　オキラレテカヨ
　　　　　もう　起きておられるかい。
　　　が見える。これに、「レル・ラレル」敬語法がある。当方面の地ことばである。
　　　　　　　　　　　　　　　　　　　　　　　　　　（藤原 1992: 62）

　ここからは、当該地方での使い分けの実態は知ることができない。以上の通り、藤原の記述の関心はあいさつの発想法や分布にあり、待遇的観点での記述が相対的に少なく、本稿の目的である「あいさつコミュニケーション」の方言学にかなうものではないことが確認された。

7．巨視的に地理的差異を扱う資料・研究論文

7.1　地理的差異を扱う資料

　前節までで検証した通り、個別に表現を扱う資料や場面ごとに表現を扱う資料、それぞれにおいて、運用、特に待遇的観点からの記述が成熟していないことがわかった。また、概略的・網羅的に全国のあいさつを見渡す研究書においても、運用に資する記述は十分とは言えなかった。それに対し、国立国語研究所など、研究者が組織だって、統一された観点で、地域差を捉えるために調査を行った結果を扱った資料なども存在する。柳田の指摘を受けて地域差への関心が当初より高かったためか、地域差を捉えた報告は、むしろ共通語以上に記述が行き届き、資料が豊富である。

　広島大学方言研究会編（1963）『方言研究年報』の「あいさつことば特集」に始まり、平井昌夫・徳川宗賢編（1969）『方言研究のすべて』、『言語生活』（1981～82）掲載の「あいさつお国めぐり」、方言研究ゼミナール幹事団編（1991）『方言資料叢刊第 1 巻祝言のあいさつ』、方言研究ゼミナール幹事会編（1997）『方言資料叢刊第 7 巻方言の待遇表現』、日本放送協会編（1999）『全

国方言資料：CD-ROM版第1〜11巻』、そして、国立国語研究所編（2002（第5集）2006（第6集））『方言文法全国地図』（以降「GAJ」と略する）などが挙げられる。これらは、地域的なバリエーションの記述を蓄積し、あいさつ言葉の多様性を知らしめるのに大きな役割を担った。

　それぞれ様々な場面を取り扱い、見るべきものがあるが、ここでは特に、運用に資するという目的に沿った検討の材料として、方言研究ゼミナール幹事会編（1997）『方言資料叢刊第7巻　方言の待遇表現』を取り上げる。この資料では、図1に示される日本国内33地点の待遇行動の様相を統一の調査票にもとづき明らかにしている（話者はいずれも、70歳前後のその土地生え抜きの女性）。中でも、調査項目「Ⅳ-3.位相による待遇表現」では、以下のような調査文で挨拶行動について尋ねている。

(11)　調査文と設定場面
　　　朝9時頃に、近くの道路で、次に挙げる人に出会ったとき《A》どのように挨拶しますか。そして、その後《B》「どこへ行くのか」を尋ねるのにどのように言いますか。実際に出会ったときのことを想像したり、思い出しながら、詳しく教えてください。
　　1.お寺の住職さん　2.校長先生　3.見知らぬ年配の男性　4.見知らぬ年配の女性　5.顔見知りの年上の男性　6.顔見知りの年上の女性　7.10歳ほど年下の見知らぬ男性　8.10歳ほど年下の見知らぬ男性　9.同級生の男性　10.同級生の女性　11.10歳ほど年下の顔見知りの男性　12.10歳ほど年下の顔見知りの女性　13.近所の中学生の男の子　14.近所の中学生の女の子

　このようにして得られた資料は、一定の手法で、細やかな待遇的場面差に沿って、全国の挨拶行動の様相を記述したという点で、運用に資する貴重な資料と言える。そこで7.3節では、本資料を活用し、全国的なあいさつ表現運用の実態に迫ろうとした研究論文を取り上げる（齋藤ほか2001）。

　他に、さらに密に調査地点を設定し、地域差を捉えた特筆すべき資料とし

て GAJ がある。GAJ に所収される、あいさつ言葉に関する調査結果は、第 5 巻 270 図「ありがとう」、第 6 巻 349 図「おはようございます」、350 図「こんばんは」の 3 場面である。この資料の待遇的側面から見た性質については、次節で 349 図を扱い考察を行った三井 (2006) を紹介する中で検討す

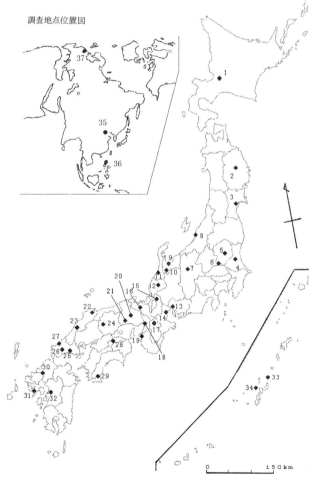

図1　『方言資料叢刊第 7 巻　方言の待遇表現』調査地点地図
（方言研究ゼミナール幹事会編 1997: p10）

る。

7.2　地理的差異を扱う研究論文

　最後に巨視的な観点で、地域差を扱った研究論文として、一連の方言地理学的研究を取り上げる。いくつかのあいさつの言語地図においては、その地理的分布から、形成過程への貴重な提言が窺える。

　さて、あいさつの全国の地理的分布に関して、もっとも資料が豊富なのは、朝の出会い時のあいさつである。独自の調査結果や先述の GAJ の資料を用い、全国的な分布について扱った研究は、朝の出会いの場面に関してだけでも、加藤（1973）、徳川（1978）、真田（1981、1985）、篠崎（1996）、江端（1997、1999、2001）、三井（2006）などがある。ここでは GAJ を資料として用いた三井（2006）の研究をとりあげる。この調査結果は、地域ごとの表現の違いを一定の方法で抽出し、描き出した貴重な成果と言える。

　調査質問文は「朝、近所の目上の人に道で出会ったとき、どんなあいさつをしますか。ふつう良く使う言い方を教えてください。」というものであり、待遇価としては目上の人、である。この地図の結果を見れば、鹿児島県には「コンニチャマダゴワシタ」という表現が広がっており、その表現が当該地域で目上の相手へ行われる自然な表現だとわかる。

　さらに三井は GAJ 第 349 図「朝のあいさつ」の分布（図 2）をもとに、朝の出会いのあいさつについて、次の（12）のようなことを指摘した。

(12)　「おはようございます」や「こんばんは」にあたる定型的表現を持たない地域が存在する。
　　　　天候を話題とするイーテンキダ類、相手の行く先を尋ねるドコエイクカ類、デカケルカ類も琉球まで広がりつつ類似の分布を示す。（中略）これらが回答されているということは、出会いの際のやりとりが、一言の定型的なあいさつことばに集約されてはいない、という事情を反映する。

第 3 章　あいさつの方言学のこれまでとこれから　55

図 2　GAJ349 図「おはよう」の解釈地図（三井 2006: p81）

(12)は、あいさつの成立経緯についてまとめたものであり、このような分布からは、その場面で交わす地域ごとの適切な表現内容ばかりでなく、あいさつが古くは決まり切った言い方ではなかったという成立過程が読み取れる。ただし、GAJにおいては朝のあいさつに関する場面はこの一場面のみで、待遇価の異なる親しい相手などに、どのようにあいさつするかということは直接的には知れない。

　しかし、この点については、他場面の調査の重要性を示す興味深い調査結果がある。例えば、真田監修・岸江他編著(2009)では、大阪における親しい相手に対する朝のあいさつの調査結果が示されている。

　大阪は、図2では、一様に「オハヨー」類が行われている。しかし、親しい相手に対する場面の場合、図3を見て分かるように、大阪南部の泉南地域では「ハヤアンナ」「ハヤイネ」「ハヨイクン」などの「ハヤイネ」類が盛んに行われているのである。

　これは、3つの点で興味深い示唆が見られる。1つには、場面を変えて、このようなミクロな視点で見れば、あいさつ表現の分布パターンが異なる可能性があるということである。つまり、ここからは、運用の面から言って、各々の地域での待遇的場面の差ごとの使用実態把握の重要性が窺えるのである。さらに、図3では、大阪府内の中心地では「オハヨー(ゴザイマス)」が見られ、周辺部であいさつの定型化において1段階前の「ハヤイネ」類が見られる。この分布の構造は、当該地域での周圏分布を想起させる。「ハヤイネ」類を持つ泉南地域が、開発が進んでいる大阪府の中心部に比べて郊外だという点を考慮すれば、このような分布が形成されているのは都市化の度合いの差を反映しているという可能性が考えられる。つまり、都市化の度合いとあいさつの定型化の度合いの関係が窺えるのである。最後に、親しい相手への場面に観察される表現は、GAJ349図に見られるあいさつ形成過程の1段階前の表現が多いということが示唆する事実である。大阪という「オハヨー」波及の中心地に限りなく近いと目される地域でも1段階前の表現が見られるということは、このように他場面での表現について、全国的な分布が解明されれば、あいさつ形成過程に関する新たな事実が判明するかもし

第 3 章　あいさつの方言学のこれまでとこれから　57

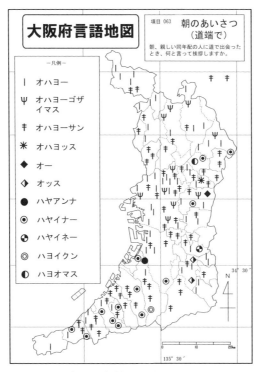

図 3　朝のあいさつ（道端で）（真田監修／岸江ほか編著 2009: p80）

れないということである。つまり、あいさつの形成過程解明に資する資料を得るといった点からも、待遇的場面の差ごとの使用実態の把握とミクロな地域差に配慮した記述が重要だということが言える。

　このように、方言地理学的研究は、個々の研究者の興味・関心によって、地域差と待遇的場面の差を掛け合わせた、貴重な資料が集まりつつある。例えば、江端（1997、1999、2001）は、家族に会ったときの朝のあいさつの全国的な調査結果を示している。しかし、現時点においては、待遇的場面の差ごとに精緻な地理的把握で使用実態を捉えた資料が全国的に十分に集まっているとは言えない。つまり、研究者の手によるあいさつ研究資料も、自然な運用に十分に応えうるものとはなっていないと言える。

7.3 あいさつの運用の地理的差異を扱う研究論文

近年では、従来の研究の問題点を踏まえ、地域差をもその観点の一つとして捉え、さらに男女差、年齢差などの観点、ないし言語行動学的観点を併せ持った、―すなわち、従来の研究の観点を複合化した―社会言語学的研究が見え始めた。これらは、運用も射程に入れた論文に発展する可能性を持つという意味で、コミュニケーションの方言学への展開の点から見て価値が高い。

本節ではそれらの研究のうち、地域差の観点を持った研究を取り扱うことにする。篠崎・小林(1997)は、従来の研究における場面把握が個別的である点に問題意識をもち、言語行動論の立場から"買い物"という一連の流れに沿った挨拶行動について、その地域差を考察した。その一連の流れの中のそれぞれの場面で、あいさつの発達度合いに地域差があること、その分布の形成過程には従来の方言地理学的研究の理論が適用できるものがあること、県境、都市化の度合いなど、社会的背景との関係を考える必要があるものがあることなどが明らかになった。場面間の関係を視野に入れた研究を促す先駆的な研究として考えられる。塩田(2002)は、「おはよう」や「こんばんは」といった使用時間帯の境界があいまいなあいさつについて、その使用時間帯の境界の地域差を全国的に調査している。実用本位を目指した研究の一つとして位置づけられるだろう。ただし、これらの研究はいずれも待遇的観点に踏み込むものではなかった。

一方、齋藤ほか(2001)は、既存の資料『方言資料叢刊』(7.1節)を利用し、各地のあいさつの選択規則とも言うべき原理を明らかにすることを試みている。その選択規則のパターンは概して東西対立をなし、西部の複雑パターン、東部の単純パターンに分けられる、と指摘する。

これらの研究は、運用を前提にした記述であり、その結果から、あいさつとは何かを考察するのに有用な様々な資料を提供してくれる。ここでは、その記述の手法を取り上げ、検討する。

(13) 5　栃木県塩谷郡氏家町上岡久津

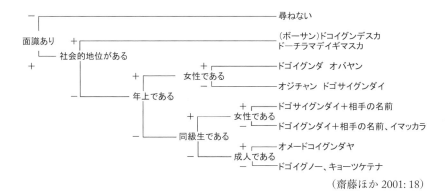

（齋藤ほか 2001: 18）

　これは挨拶行動の運用ということを念頭に置いたときに大変有用な記述である。さらに各地のフローチャートの類型化作業を総合して、次のようなことを指摘している。

(14)　①大きな男女差は認められない。
　　　②面識があって年齢が同じか年下の場合は敬語を用いることが少ない
　　　③最も敬意が表現される部分は動詞である。
　　　④動詞には社会的地位や年齢差が影響される。
　　　⑤助詞を用いるか否かは、④のほかに現在教育機関に関与しているか否かが関わっていると思われ、関わっている相手に対しては、規範文法を意識して発話する傾向にある。
　　　⑥どちら系を用いるか否かは、④⑤＋面識の有無が関係するものと考えられる。

　齋藤ほか（2001）の提示する選択規則の記述は、自然な運用に資する記述という目的にとって、大変有用なものとなる。仮に、その方言の母語話者でなくても、先に挙げた栃木県塩谷郡氏家町上岡久津の挨拶行動の選択規則のようなフローチャートをもとにすれば、どのようなあいさつ表現が自然であ

るのか、概ね運用の検討をつけられる。したがって、このような実際の場面での運用に適した記述が、「あいさつコミュニケーション」の方言学の目指す記述のあり方の一つだと言える。しかし、齋藤ほか（2001）の用いた、運用規則洗い出しのためのデータ、『方言資料叢刊』には、いくつかの点で十分でない点が見られる。

(15) a. 話者は高年層にとどまり、年代差への視点がない。
 b. 質問文が、当該地域で必ずしも自然な内容とは限らない行先尋ねの表現で聞くことを前提としている。
 c. あいさつ表現として冒頭に来るもの《A》と、次に来るもの《B》の関係をどう捉えるか、すなわち、あいさつ表現の発話構造における待遇法に関する検討がされていない。
 d. 各都道府県のうち代表数地点の把握にとどまっている。
 e. 非定型表現使用地域（青森県・秋田県・宮崎県・鹿児島県など）の記述が少ない。

齋藤ほか（2001）は、あいさつ表現の運用を念頭に置いた、理想的な記述のあり方の一つを示したという点で、大変意義ある研究だと言える。しかし、一方で(15)のような課題を残すものであった。

8. おわりに

本稿では、まず、これまでのあいさつ研究において、あいさつがどのように取り上げられてきたかを概観し、あいさつの方言学的研究における運用面での記述の不足を検証してきた。

一方、記述のあり方については、待遇的観点での実態把握を試みた『方言資料叢刊第7巻　方言の待遇表現』を利用し、各地のあいさつ表現の選択規則とも言うべき原理を明らかにした齋藤ほか（2001）を見た。それは、待遇的観点に関して、その言語を母語としない者にも分かるような形で一言っ

てみれば、他言語話者がその言語であいさつを行おうとしたとき、適切なあいさつ表現の運用をできるような形で—使用実態の解明を目指しているものであった。これは「あいさつコミュニケーション」の方言学に資する有用な記述の一形態であるとともに、この方向で研究を進めることが、あいさつ表現の変遷過程の解明など、さらに深い分析に資する有用な記述となると言える。

　以上、本稿の整理を踏まえ、今後、「あいさつ」の方言学を、運用までを射程に入れた「あいさつコミュニケーション」の方言学へ昇華させるためには、次のような課題の解決が必要だと導き出した。

(16) a.　待遇的場面別の記述をさらに充実させる必要があること。
　　　b.　a を念頭にして、非定型表現使用地域の記述を行う必要があること。
　　　c.　a を念頭にして、年代差の記述を行う必要があること。
　　　d.　a を念頭にして、「スクリプト」を捉える記述を行う必要があること。
　　　e.　a から c を踏まえて、あいさつ表現の変化を捉える研究を行う必要があること。
　　　f.　d をもとにあいさつ表現の発話構造の分析を行う必要があること。

　中西(2015)では、(16) a、b、e の課題に取り組み、一定の成果を挙げた。また、東北大学方言研究センター(2014、2015、2016、2017)には、(16) d、f の課題に応える新たな記述のあり方の示唆が窺える。
　一方、中西(2011)では、(16) c の課題解決の目的で、陸羽東線沿線地域の年代別の調査結果を示し、若い世代ほど、あいさつ表現が共通語化、画一化している実態を明らかにした。つまり、今まさに進行する使用実態の変化の中で、あいさつ表現の使用実態の地域差を掬い取れる機会が減じているということである。あいさつコミュニケーションの方言学を成立させるためにも、まずは、全国的な規模での待遇的場面の差ごとの使用実態の把握が急務だと言えよう。

文献

新垣公弥子(2000)「沖縄県那覇市の挨拶ことば」『日本語学』19(8)：pp83–92．明治書院

江端義夫(1997)「挨拶言葉の分布と歴史―家族との朝の出会いの挨拶」『国文学解釈と教材の研究』42(7)：pp62–65．学燈社

江端義夫(1999)「あいさつ交換儀礼の研究」『日本語学 11 月臨時増刊号地域方言と社会方言』18(13)：pp230–236．明治書院

江端義夫(2001)「日本のあいさつ表現とあいさつ行動の地理言語学的研究」『社会言語科学』3(2)：pp27–38．社会言語科学会

奥山益朗(1970)『あいさつ語辞典』東京堂出版

加藤久雄(2014)「挨拶」佐藤武義・前田富祺編集代表『日本語大事典 上』pp1–2．朝倉書店

加藤正信(1973)「全国方言の敬語概観 6 挨拶ことばと敬語」林四郎・南不二男編『敬語講座第 6 巻現代の敬語』pp25–83．明治書院

神鳥武彦(1992)「地域語に見られる地方人の表現心意―広島県を中心とする地域のあいさつ表現について」広島大学大学院学校教育研究科創設十周年記念論文集刊行委員会編『広島大学大学院学校教育研究科創設十周年記念論文集』pp49–60．広島大学校教育学部

国立国語研究所(1978 ～ 1987)『方言談話資料』全 10 巻、秀英出版

国立国語研究所(1984)『言語行動における日独比較』三省堂

国立国語研究所(2002)『方言文法全国地図第 5 集』大蔵省印刷局

国立国語研究所(2006)『方言文法全国地図第 6 集』財務省印刷局

小林隆・澤村美幸(2014)『ものの言いかた西東』岩波新書

小林隆・内間早俊・坂喜美佳・佐藤亜実(2015)「第 4 章 言語生活の記録―生活を伝える方言会話集―」大野眞男・小林隆編『方言を伝える 3・11 東日本大震災被災地における取り組み』pp89–116．ひつじ書房

齋藤孝滋・森節子・工藤香寿美(2001)「『方言資料叢刊』を用いた全国挨拶行動の言語行動学的・方言学的研究」『玉藻』37：pp12–25．フェリス女学院大学国文学会

真田信治(1981)「あいさつ言葉の地域差」文化庁編『ことばシリーズ 14 あいさつと言葉』pp73–83．大蔵省印刷局

真田信治(1985)「あいさつ言葉と方言―地域差と場面差―」『日本語学』4(8)：pp43–52．明治書院

真田信治監修／岸江信介・中井精一・鳥谷善史編著(2009)『大阪のことば地図』和泉書院

塩田雄大(2002)「「よろしかったでしょうか」はよろしくないか」NHK 放送文化研

究所編『放送研究と調査』52（3）：pp64–87．日本放送出版協会
篠崎晃一（1996）「家庭におけるあいさつ行動の地域差」言語学林 1995–1996 編集委員会編『言語学林 1995–1996』pp547–558．三省堂
篠崎晃一・小林隆（1997）「買物における挨拶行動の地域差と世代差」『日本語科学』2：pp81–101．国立国語研究所
住田幾子（2000）「北九州市域における尊敬表現法（1）：あいさつことば「どこへ行く（ている）のか？」（目上へ）の現況」『日本文学研究』35：pp1–11．梅光学院大学
瀬戸口修（2004）「種子島方言のあいさつ表現（1）」『研究紀要』25（1）：pp51–64．志學館大学人間関係学部
瀬戸口修（2009）「種子島方言のあいさつ表現法研究（part2・前編）（人文・社会科学編）」『鹿児島女子短期大学紀要』44：pp169–182．鹿児島女子短期大学
瀬戸口俊治（1987）『南九州方言の研究』和泉書院
寺島浩子（1986）「京ことばにおける「あいさつ表現」」宮地裕編『論集日本語研究（一）現代編』pp319–360．明治書院
寺島浩子（1993）「京都町家におけるあいさつ表現―年代差に着目して―2―」『京都橘女子大学研究紀要』20：pp25–64．京都橘女子大学
寺島浩子（2006）『町家の京言葉―明治 30 年代生まれ話者による』武蔵野書院
寺島浩子（2016）『「あいさつ言葉」の魅力 京言葉を起点として』武蔵野書院
東北大学方言研究センター（2014）『生活を伝える被災地方言会話集―宮城県気仙沼市・名取市の 100 場面会話―』東北大学大学院文学研究科国語学研究室
東北大学方言研究センター（2015）『生活を伝える被災地方言会話集 2―宮城県気仙沼市・名取市の 100 場面会話―』東北大学大学院文学研究科国語学研究室
東北大学方言研究センター（2016）『生活を伝える被災地方言会話集 3―宮城県気仙沼市・名取市の 100 場面会話―』東北大学大学院文学研究科国語学研究室
東北大学方言研究センター（2017）『生活を伝える被災地方言会話集 4―宮城県気仙沼市・名取市の 100 場面会話―』東北大学大学院文学研究科国語学研究室
徳川宗賢（1978）『日本人の方言』筑摩書房
中西太郎（2008）「「あいさつ」における言語運用上の待遇関係把握」『社会言語科学』11（2）：pp76–90．社会言語科学会
中西太郎（2011）「あいさつ表現」小林隆編『宮城県・山形県陸羽東線沿線地域方言の研究』pp173–188．東北大学大学院文学研究科国語学研究室
中西太郎（2015）「言語行動の地理的・社会的研究―言語行動学的研究としてのあいさつ表現研究を例として―」『方言の研究』1：pp77–102．日本方言研究会
日本放送協会編（1999）『全国方言資料：CD－ROM 版』日本放送出版協会（日本放送協会・金田一春彦・柴田武（1966 〜 1972）『全国方言資料』全 11 巻、日本放送出版

協会)
橋口滿(2004)『鹿児島方言大辞典上・下』高誠書房
平井昌夫・徳川宗賢編(1969)『方言研究のすべて』至文堂
広島大学方言研究会編(1963)『方言研究年報』6、広島大学方言研究会
藤原与一(1992)『続昭和(→平成)日本語方言の総合的研究　第3巻　あいさつことばの世界』武蔵野書院
方言研究ゼミナール幹事団編(1991)『方言資料叢刊第1巻祝言のあいさつ』広島大学教育学部国語教育学研究室方言研究ゼミナール
方言研究ゼミナール幹事会編(1997)『方言資料叢刊第7巻方言の待遇表現』広島大学教育学部国語教育学研究室方言研究ゼミナール
三井はるみ(2006)「おはようございます、こんばんは」『月刊言語』35(12)：pp80–83．大修館書店
室山敏昭(1969)「京都府竹野郡丹後町間人方言のあいさつ表現法について」『ノートルダム清心女子大学国文学科紀要』3：pp69–90．ノートルダム清心女子大学
室山敏昭(1993)「京都府与謝郡伊根町方言のあいさつ表現法について」『国文学攷』137：pp1–16．広島大学国語国文学会
柳田国男(2004)『毎日の言葉』教育出版株式会社(原本は、柳田国男(1946)『毎日の言葉』創元社)
山梨ことばの会(2013)『―方言の島―奈良田のことば』NPO法人地域資料デジタル化研究会
渡辺友左・真田信二・杉戸清樹(1986)「第5章越中五箇山山村の社会変化と敬語行動の基準」国立国語研究所編『国立国語研究所報告84社会変化と敬語行動の標準』pp150–284．秀英出版

Webサイト

東北大学方言研究センター「生活を伝える被災地方言会話集―宮城県気仙沼市・名取市の100場面会話―」『東日本大震災と方言ネット』(http://www.sinsaihougen.jp/、2017年2月アクセス)

第4章
儀礼性と心情性の地域差
―弔問の会話に見る―

小林　隆

1．言語運用の方言学

　方言の地域差と言えば、これまで発音や語彙・文法が対象とされてきた。しかし、近年、言語行動や談話といった、より大きな言語単位のレベルでも地域差の存在が知られるようになってきた。また、オノマトペや感動詞を多用した話し方をする、といったような表現上の方言的特徴も注目されつつある。これらは言語運用面の地理的な違い、いわば、ものの言い方の地域差と言える。

　小林・澤村（2014）はそうした言語運用面における地域差の事例を概観し、そこに一定の地理的傾向があることを指摘した。東日本と西日本の対立、日本列島の中央部と周辺部の違いといった、従来、方言学が明らかにしてきた地域差は、緩やかではあるが、ものの言い方の世界にも認められる。小林ほか（2017）で論じたように、そうしたものの言い方の地域差論、すなわち言語運用の地理的研究は、これからの方言学が目指すべき新たな世界の一つである。

　ところで、ものの言い方や言語運用の方言学が興味深いのは、現象面の背後に潜む言葉の発想法に迫りうる点である。言語の構造面と違い、言語行動や談話展開、あるいはオノマトペや感動詞の使い方といったものには、言語使用者の言葉に対する態度・好みが反映されやすい。小林・澤村（2014）では、そのような思考レベルにおける言葉遣いの志向性を「言語的発想法」と

呼んだ。そして、そうした発想法の面においても、日本列島には一定の地域差が存在し、それらは具体的な言語現象を通して抽出できることを示した。言語の運用面への視野の拡大は、言葉を操る発想法の世界に踏み込むことで、形式のレベルを超えた新たな方言学の構築へとつながるであろう。

2. 弔問の会話に見る地域差

　以上のような方向性を目指し、ここでは談話の地域差について考察する。特に、会話の構成が比較的明瞭で、分析のポイントを設定しやすい挨拶系の談話を取り上げる。挨拶系の談話については、祝儀の会話を扱った沖（2006）や中西（2017）があるが、ここでは弔問の会話（不祝儀談話）を対象にする。弔問の会話における言語運用の様相を観察し、そこに見られる地域的な違いを明らかにしたい。

　ところで、弔問の会話については、すでに椎名・小林（2017）において『全国方言資料』を使って地域的な特徴を分析した。そこでは、まず、大阪（大阪市）と青森（黒石市）の会話を取り上げたが、それは小林・澤村（2014）で指摘したように、言語運用面においては近畿と東北が両極端な傾向の違いを示すと見込んだからである。具体的には次のような特徴を指摘した。

> 大阪の不祝儀談話は、儀礼性が会話を統率し、定型的で整理された構成を備えるのに対して、青森のそれは、心情性が会話を牽引し、日常的な会話と変わらない連綿とした構成をもつ。　　　（椎名・小林 2017: 250）

　さらに、近畿と東北の全府県を見渡し、九州の資料も比較の対象に加えることで、次のような結論を導いた。

> 結果として、東北方言と近畿方言の違いが際立った。すなわち、東北方言の不祝儀談話は心情性に富み、逆に儀礼性は弱い。これと正反対に位置するのが近畿方言であり、その不祝儀談話は儀礼性が強く、心情性は

乏しい。東北方言では感情を表に出し相手と共感することが重要であるのに対し、近畿方言は感情を抑え丁寧な言葉を交わすことが大切にされていると言える。(中略)九州方言は、東北方言と近畿方言の両方の性格をそれぞれ緩やかに備え、両者の中間に位置するものと考えられる。

(椎名・小林 2017: 273・274)

　これらの分析では、発想法レベルで地域的特徴を際立たせるキーワードとして「儀礼性」と「心情性」という概念を用いている。これらの概念をあらためて整理しておけば、次のようになる。

儀礼性：儀礼的であること。すなわち、①型にはまった談話展開や定型句の使用が見られる、②直接的な表現を避けて加工的な表現を使う、③相手への配慮が行き届いた言い方をする、といった性質を持つこと。
心情性：心情的であること。すなわち、主観を強くにじませ、感情を前面に押し出した話し方をすること。

　これまでの考察から見るかぎり、このような「儀礼性」「心情性」という視点を用いて弔問の会話を分析することは、全国の地理的傾向を把握するのに有効であると考えられる。ここでも、「儀礼性」「心情性」という視点をそのまま引き継ぎ、あらためて弔問会話の地域差について見ていくことにしたい。

3．資料と方法

　資料は椎名・小林(2017)と同様に『全国方言資料』を用いる。椎名・小林(2017)では大阪と青森の2地点、ないしは東北・近畿・九州の3地域のみをピックアップして論じたが、ここでは対象を全国に広げて見ていく。すなわち、『全国方言資料』全12巻に収録された140地点の弔問の会話をす

べて扱うことにする（第11巻琉球編IIの沖縄県竹富町鳩間（鳩間島）は弔問の会話の収録がないので、この地点は除く）。

　方法的には「儀礼性」「心情性」を観察するためのいくつかの視点を用意し、それらの視点から140地点の会話を統一的に分析する。そして、その結果を量的に処理したり、地図に描いたりすることで、全国的な地理的傾向を明らかにしていく。

　それでは、どのような視点から「儀礼性」「心情性」を観察するかというと、ここで設ける視点は次のものである。

A. 会話の部分構成に関する視点
　①「弔意の表明」に対する遺族側の応答のあり方
B. 発話要素の現れ方に関する視点
　②「弔問の経緯の説明」の出現状況
　③「無沙汰の詫び」の出現状況
　④「存命中の世話に対する礼」の出現状況
　⑤「看病に対するねぎらい」の出現状況

　以上のように、会話のどの部分に注目するかという点でA・B2つの視点を設け、①〜⑤の5項目を用意した（「弔意の表明」「弔問の経緯の説明」などの「　」内の事項は椎名・小林（2017）で認定した発話要素）。①は「儀礼性」「心情性」の両方に関わる項目、②〜⑤は主として「儀礼性」の強弱について確認する項目である。

　なお、椎名・小林（2017）では会話の全体を視野に入れ、談話展開の方法を観察する視点も採用した。しかし、全国の資料を対象とする今回の考察では、そうした作業は膨大なものになり、にわかには難しい。そこで、ここでは会話の部分構成や発話要素といった、大量の資料を統一的に観察するのに適した視点を用いることにした。

　以下では、上記①〜⑤の順番に地域差を検討していく。

4．会話の部分構成を見る
―「弔意の表明」に対する遺族の応答のあり方

　弔問の会話は、通常いくつかの発話要素から組み立てられている。例えば、死去の確認から始まり、弔意の表明とその受けが続き、死去の様子や故人についての感想へと発展した後、供物に関するやりとりが行われるといった展開が考えられる。こうした構成の中でも特に注目すべき部分は、弔問者による弔いの発話とそれに応じる遺族の発話とみてよい。弔意の表明とそれへの応答とは、不祝儀のやりとりにとって中核をなす部分であり、それにより弔問の会話らしさが保証されるともいえる。

　ここで弔意の表明とそれへの応答というのは、具体的には次の（1）（2）のような発話の組み合わせのことである（原資料の共通語訳は原則として省略するが、わかりにくい場合のみ（　）に入れて示す。また、共通語訳の句読点を方言文に移して施した。出典の4：147 は『全国方言資料』第4巻147 ページであることを示す）。

（1）　f：アンタノトコノ　オバーサンモ　ナクナラレマシテ、マコトニ
　　　　　オチカラオトシデ　ゴザイマショー。
　　　m：ゴテーネーニ　アリガトー。オバーサンモ　ナガナガ　オセワニ　ナ
　　　　　ラレテ。　　　　　　　　　　　　　（滋賀県犬上郡多賀町　4：147）
（2）　m：コノタビァ　オメタジノ　オボッコ（こどもが）シンデネシ。ナ
　　　　　ント　コマチマタネシ（困ってしまいましたね）。
　　　f：ハー、ホントネ　イダワシコト（惜しいことを）シシタネァ（しま
　　　　　したよ）。　　　　　　　　　　　（青森県南津軽郡黒石町　1：49）

　（1）（2）とも、弔問者（（1）ではf、（2）ではm）が弔いの発話を行ったのを受けて、遺族（（1）ではm、（2）ではf）がそれに応じる発話を行っている。

　これらの発話を発話要素に分けてその発話意図を確認すると、弔問者の発

話は（1）（2）ともに「死去の確認」（点線部）＋「弔意の表明」（波線部）という構成をとり、両者に共通性が見られる。一方、遺族の発話は、（1）の場合、「弔意に対する礼」（太線部）と「存命中の世話に対する礼」（二重線部）から成り立つのに対して、（2）は「死去についての感想」（実線部）のみで構成されている。このように、地域によって遺族が弔問者の発話にどう応じるかが異なる。

　ここでは、こうした遺族側の応答の違いに注目する。特に、発話機能の面から見た場合、（1）の例のように、「弔意に対する礼」「存命中の世話に対する礼」などの儀礼的な要素で対応する（〈儀礼対応〉と呼ぶ）のか、それとも、（2）の例のように、「死去についての感想」といった心情的な要素で応ずる（〈心情表明〉と呼ぶ）のか、といった点に焦点を当てることにする。具体的には、各談話において、（1）（2）のような弔いの発話（主として「弔意の表明」を含む発話）とそれに応じる発話の組み合わせを抽出し、そのうち遺族側の発話に〈心情表明〉と〈儀礼対応〉のどちらが現れるかを観察する。〈心情表明〉の内容としては「死去についての感想」のほかに「故人についての感想」も出現する。〈儀礼対応〉の内容は「弔意に対する礼」が多いが、「弔問に対する礼」「存命中の世話に対する礼」も現れる。それらも、それぞれ〈心情表明〉と〈儀礼対応〉に含めて考える。

　なお、全国の中には少数ではあるが、弔問者の「弔意の表明」に当たる発話が出現しない会話も存在する。上記の（1）（2）の例を使って説明すれば、弔問者側の発話が「死去の確認」（点線部）のみで終わり、「弔意の表明」（波線部）が続かないものである。それでも、そうした「死去の確認」に対して、遺族側は「弔問に対する礼」や「死去についての感想」を返している。例えば、長崎県壱岐郡郷ノ浦町（9：115）では、弔問者が「まあとうとうけさ死なれたそうですね。」（死去の確認）と述べるのに対して、遺族は「おたずねくださいましてもう。ありがとう。」（弔問に対する礼）と返している。また、長崎県下県郡厳原町（9：147）では、弔問者が「もうじいさんがなくなったそうですね。」（死去の確認）と話しかけるのに対して、遺族は「はい、もうなくなって困りましたよ。」（死去についての感想）と応えている。ここ

では、こうしたケースにおける遺族の対応も対象に含めて考えることにした。

　手続き的な面について補足すれば、具体的な発話を〈心情表明〉と〈儀礼対応〉に分類する際、次のような表現要素を判定の手がかりとした（対応する共通語で示す）。これらの要素の出現をもとに、その発話を〈心情表明〉か〈儀礼対応〉かに振り分けた。1発話に両方の要素が現れる場合は、その発話を〈心情表明〉〈儀礼対応〉両方の性質を持つものと判断した。

〈心情表明〉の表現要素
　　びっくりした／悲しい、つらい、苦しい、寂しい、情けない、不幸だ、つまらない、人に言われない気持だ／惜しい、残念だ、がっかりした、力を落した、張り合いがない／困った、たいへんだ／どうにもならない、万事休した、途方に暮れている、だめだ、あきらめた、しかたがない／かわいそうだ／生きていてほしかった、死んだ者の損だ／運が尽きた、神助けは望めない／極楽行きだ、果報を受けた
〈儀礼対応〉の表現要素
　　ありがとう／ご親切に、ご丁寧に／ご苦労さま／申し訳ない、すまない、恐れ入る／お世話になる、ご心配をかける、迷惑をかける、暇つぶしをさせる／よく来てくれた／生前かわいがってもらった

　これらの表現要素を見ると、／でその内部を区切ったように、同じグループの中でもさらに分類が可能と思われる。〈心情表明〉では、心理的なものと事態的なもの、自分寄りのものと故人寄りのもの、あるいは、肯定的なものと否定的なもの、といった種類分けができそうである。〈儀礼対応〉もいくつかの種類に分類できるかもしれない。この点の整理と地域差の関係については今後の検討課題とし、今回は一括して扱うことにする。

　なお、山梨県北都留郡上野原町（2：468）では、弔問者の「弔意の表明」の発話「モッテーネーコトオ（惜しいことを）　シター。ホントニ。」に対して、遺族が「アーヨー（ああ）。マサカナー、マダ　シニャー　シネート

オモッターケレドモ、トートー　ナクナッタワヤー。」と応じている。この遺族側の発話には、上で示した〈心情表明〉の表現要素は含まれていない。しかし、弔問者の「モッテーネーコトオ　シター」という発話に対して「アーヨー」と肯定し、「マサカナー」「〜ワヤー」といった副詞や終助詞を使用することで発話全体が主観性に富んだ印象を与える。このように、〈心情表明〉の表現要素（語彙的なレベル）は使用されていないものの、弔問者の心情的な発話に肯定的に応じていたり、文全体を見ると他の要素によって心情性が強く現れていたりする発話も、少数ではあるが〈心情表明〉の仲間に加えた。

さて、前置きが長くなったが、ここで地理的傾向を見てみよう。表1および図1をご覧いただきたい。

まず、表1は、地域ごとに〈心情表明〉と〈儀礼対応〉の出現地点数を示したものである。（　）内の数値は地域全体の会話収録地点数を表す。なお、ここでの地域分けは、資料とした『全国方言資料』の分類（巻の構成）に従った。ただし、「辺地・離島編」に収められた地点は、各地域に配置し直した。〈心情表明〉と〈儀礼対応〉の数値の合計が（　）内の地点数を上回るのは、1地点で両方の要素が現れる場合があったためである。ただ、琉球だけは両方の数値を足しても収録地点数に満たない。これは、今回の基準では、弔意の表明とその受けの発話がうまく抽出できない地点が多くあったことによる。この点は、弔問の会話の構成において、琉球方言が他の地域と著しく異なる特徴を持つ可能性を示唆するものであり、今後検討が必要である。

表1　弔意の表明に対する遺族の応答（地域別）

	北海道・東北 (14)	関東・甲信越 (23)	東海北陸 (18)	近畿 (14)	中四・四国 (17)	九州 (30)	琉球 (22)
〈心情表明〉	10	13	7	6	9	15	10
〈儀礼対応〉	8	19	14	12	15	18	8

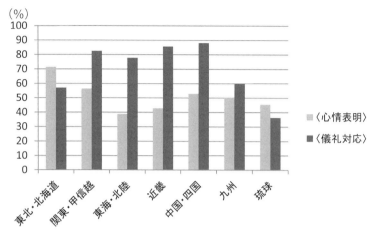

図1　弔意の表明に対する遺族の応答（地域別）

　この表1を視覚的に把握しやすいようにグラフ化したのが図1である。これによれば、どの地域にも〈心情表明〉と〈儀礼対応〉が見られるが、両者の割合に地域的な違いが現れていることがわかる。まず、多くの地域で〈儀礼対応〉の割合が〈心情表明〉の割合を上回っているが、その傾向は東海・北陸、近畿、中国・四国といった日本の中央部で特に顕著である。これらの地域の外側に当たる関東・甲信越と九州では〈心情表明〉の割合がやや高くなり、さらにその外側、日本の両端部に当たる北海道・東北と琉球では〈心情表明〉と〈儀礼対応〉の割合が逆転し、前者が後者を超える状況となっている。弔問者の「弔意の表明」に対して、日本の中央部では〈儀礼対応〉で応ずるのが主流であるのに対して、周辺部では〈心情表明〉で応える傾向が強くなると言えよう。

　この結果と、椎名・小林（2017）の結果を比べてみると、〈儀礼対応〉が優勢だと結論づけた近畿の特徴は、その周りの東海・北陸や中国・四国にも共通することが明らかになった。また、近畿に対して〈心情表明〉に傾くと判断した東北の特徴は、西側の琉球にも見られることもわかった。なお、九州は、椎名・小林（2017）の結果では近畿と同様〈儀礼対応〉が強かったが、今回の結果では東北と近畿の中間的な傾向を示している。これは、椎名・小

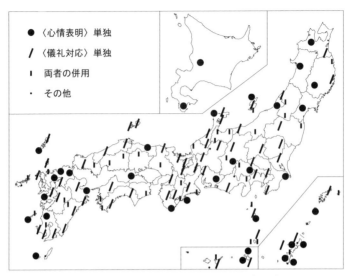

図2　弔意の表明に対する遺族の応答（分布）

林（2017）で扱わなかった「辺地・離島編」の九州の収録地点14地点分が加わることで、〈心情対応〉の傾向が強まったことによる。

　さて、今度は以上の結果を地図に描いてみよう。図2は会話の収録地点ごとに〈心情表明〉と〈儀礼対応〉の現れ方をプロットしたものである。明確な地域差が現れているとは言えないが、図1で地域別に見た傾向はここでもとらえられる。特に単独使用の地点に注目すると、〈心情表明〉単独は東北と九州・琉球に目立ち、〈儀礼対応〉単独は近畿を中心とした地域に多く展開している。このことは、相手の弔いの言葉に対して、日本の中央部では、感謝や恐縮の言葉を返すという配慮性の強い儀礼的な対応がとられやすいのに対して、日本の周辺部では、死去についての感想を吐露するという主観性の勝った心情的な対応に向かう傾向があることを意味している。こうした地域差が日本列島に認められることは重要である。

5．発話要素の現れ方を見る

　この節では、特定の発話要素の出現状況について見ていく。ここで取り上げるのは、「弔問の経緯の説明」「無沙汰の詫び」「存命中の世話に対する礼」「看病に対するねぎらい」の4つである。これらは典型的な弔問の会話を構成する定まったアイテムであり、「儀礼性」と深くかかわるものである。ここでは、これらの要素の現れ方から「儀礼性」の強弱について考察する。

5.1　「弔問の経緯の説明」の出現状況

　まず、「弔問の経緯の説明」を取り上げる。「弔問の経緯の説明」とは、弔問者が弔問に訪れた経緯、特に死去の情報の入手方法について触れるものであり、ほとんどの場合、誰かから聞いたと述べることが多い。例えば、（3）（4）（5）のような例が挙げられる。

（3）　m：マー　ハナシュー（話を）　キキマスレヤー、オジーサンワ　トートー　ナクナラレマシーソーデ。
　　　　　　　　　　　　　　　　（島根県那賀郡雲城村　5：99）
（4）　f：マー　キキマシタラ、オジーサンガナー　シャント（ついに）ゴフコーデゴザイマシテ、オイトシー（おいたわしい）　コト　ナハリマシタ。　　　　　　　（徳島県那賀郡延野村　5：285）
（5）　m：エー、オウチリャ（お宅では）　アッテー　ウケタマワリヤヒトー　オットンガ（おとうさんが）　アッテー　オスギニ（おなくなりに）ナリヤヒタゲナテー、マー　オザンネンナ　コッデー　ゴザリヤヒテ。　　　　　　　　（長崎県南高来郡有家町　6：208）

　これらの例のように、多くは「話を聞けば」「お聞きしたら」「承れば」のような表現をとる。中には、次の（6）（7）の例の「本家から」「友人から」のように、情報の出所を明示するものも稀に見られる。

（6） m：タダイマ　ホンケカラ（本家から）　ウケタマワリマシタラー、コノタビ　オジーサンニワ　ツイニ　オヨロシュー　ゴザイマセンナンダソーデー。　　　　　　　　（京都府京都市　4：260・261）
（7） m：ウケタマワリマスレバ　ドーモ　マコトニ　オソレイッタ　コッテ　ゴザイマス。(中略)サキホド　ユージンカラ　ウケタマワッタラー、トモ（どうも）　トートー　オナクナリン　ナッタンダソーデ、トモ　マコトニ、ナントモ　モーシヨーガ　ゴザイマセン。　　　　　　　　　　　　　　　　　（東京都（江戸）　2：290）

　また、(8)の例は、「ヒトカラ（人から）」のように情報の出所は漠然と述べているが、「ユーテキマシタ」という表現で、死去の通知が自治会などを通してなされたことを示している。(9)は自治会などからの使いか、それとも不幸のあった家からの直接の使いか明確ではないが、ともかくそうした情報伝達の手段にも触れた言い方になっている。

（8） m：ギラ（私）、サキガタニャ（先ほど）　ヒトカラ、ナンジャ、アノーココノ　バーサン　シナッシャッタッ　チューテ、ソシテ　ユーテキマシタヤトコト（知らせて来ましたよ）。
　　　　　　　　　　　　　　　　　（石川県石川郡白峰村　3：150）
（9） m：タダイマー　マー　オシラシェノ（お知らせの）　オツカイ（お使いを）　チョーダイイタシマシテ、ビックリーシテオリマスヨナシダイデゴザイマス。　　　　　　　　　　（大阪府大阪市　4：222）

　さて、以上のような「弔問の経緯の説明」がどのような地域の会話に現れたかを示すと図3のようになる。これを見てまず気付くのは、こうした説明が東日本、特に東北地方にはほとんど見当たらないことである。これらの表現は主に関東から西の地域で行われている。
　このような表現は一種の常套句であり、定型的な表現であると言ってよい。会話の開始直後にすぐさま死について言及することを避けるための前置

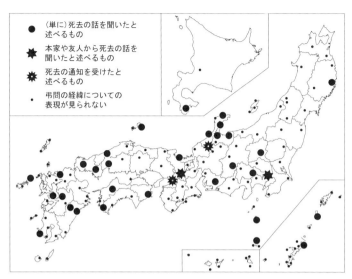

図3　弔問の経緯の説明

き表現とも言える。「おじいさんは、とうとう亡くなられましたそうで」とだけ言ってもよさそうなところを、あえて「話をお聞きすれば」と切り出すことで、死去の話題との間に一種の緩衝材を設けるような役目を果たしている。この場合、他から情報を得たということ自体はそれほど重要なことではない。情報入手の経緯を客観的に述べることが目的ではなく、弔問の会話をやんわりと開始するためのある種の技巧とみなすべきであろう。こうした加工的な表現が、関東から西の地域で行われていることは注目してよい。

　また、（6）（7）の例のような「誰から」という情報や、（8）（9）の例のような「どのように」という情報も、事実を詳細に述べようとするためのものではなく、死去の話題に触れるまでの緩衝材をより膨らませようという意図から加わったものではないかと思われる。こうした情報量の多い表現が、京都・大阪と東京に見られるのは、これらの表現が都市的な性格を持つことを意味するものかもしれない。

5.2 「無沙汰の詫び」の出現状況

　各地の弔問の会話には、「無沙汰の詫び」を行うものがいくつか見られる。例えば、(10)(11)のような発話である。

(10)　m：(略)マー　コネーダ(このごろは)　マズ　スバラク(しばらくぶ
　　　　　り)　ドッテ(で)　マズ　アマリ　ドーモ　ゴブサダ　ステテ
　　　　　マー　モースワケナカッタガ　(宮城県宮城郡根白石村　1：168)
(11)　m：マー　エライ　ゴブサタ　ヒテ　オリマスー。
　　　　　　　　　　　　　　　　　　　(高知県香美郡美良布町　5：402)

　これらは一般的な無沙汰の詫びであるが、中には、見舞いに来なかったことを取り立てて詫びるという(12)(13)のような例も見られる。

(12)　m：コリャーマー　セーゼン(生前)　アガルベキダッタンダガ、ドー
　　　　　モ　ソレホド　ワリー(悪い(という))　ハナシモ　キカズニ
　　　　　イタ　モンダカラ、ビョーキミメーモ(病気見舞いも)　モッテ
　　　　　アガラネーデ　モーシワケガ　ネーワケダッタガ
　　　　　　　　　　　　　　　　　　　(埼玉県秩父郡両神村　2：192)
(13)　m：ゴビョー(キ)チュー　ゾンジナガラ　チョットモ　ゴアイサツ
　　　　　デマセーデ、ハナハダ　ドーモ　シツレーオ　イタシマシテー。
　　　　　　　　　　　　　　　　　　　(京都府京都市　4：261)

　(12)では、見舞いに来なかった理由として「それほど悪いという話も聞かなかった」と述べている。こうした故人の健康についての情報不足・認識違いを挙げるものは、ほかにも次の(14)の例などがある。

(14)　f：マー　オジサンノ　スコーシャ　カゲンノ　ワルカ　ゴツ　キキ
　　　　　オリマシタバッチカ、ソエニャ(そんなに)　オワルメート(お悪
　　　　　くはあるまいと)　モッ(思って)　オンメーニモ(お見舞いにも)

　　　　マカリテジ（あがらずに）　オリマシタラ
　　　　　　　　　　　　　　　（長崎県壱岐郡郷ノ浦町　9：115）

　さらに、次の(15)(16)(17)では、病気であること自体を知らなかったと述べている。

(15)　m：（略）エー　ツイ　ゴブサタオ　シテ　オッテ、トーモ（どうも）
　　　　ゴビョーキモ　ゾンジマセンデ　オミマイニモ　マイラズ
　　　　　　　　　　　　　　　　　　　（東京都（江戸）　2：290）
(16)　f：ウン。バイラ（わたしは）　ヒトッツモ（少しも）　シランズ　イッ
　　　　タッケヤー（いましたよ）、ヤンデルアーォ（病気だったことは）。
　　　　　　　　　　　　　　　　　　（東京都三宅村坪田　7：174）
(17)　m：ア　チョットモ　シラナンダラ、ナンヤテナー　セッカク　セワ
　　　　シテヤッタノニ　ヨッチャナイネンテナー（なくなられたんだっ
　　　　てねえ）。　　　　　（奈良県山辺郡都祁村（旧都介野村）　4：363）

　このうち、(17)の例は、病気のことではなく死去について「知らなかった」と述べているとも受け取れる。このように解釈に迷う例はいくつかあるが、あるいは、それらは病気も死去も含めた不幸な事態全体を「知らなかった」と言っているのかもしれない。こうしたものも、ここでは対象に入れて考えることにする。
　なお、(14)(15)は「見舞いに来なかった」と述べてはいるものの、(12)(13)のように「申し訳ない」「失礼した」と明確なかたちでの詫びの表現が続かない。(16)(17)に至っては単に「知らなかった」と述べるのみである。しかし、ここでは、表現には現れないものの、これらの発話にも詫びの意図が含まれているものと解釈しておく。
　さて、以上のような「無沙汰の詫び」の出現状況を地図化したのが図4である。「一般的な無沙汰の詫び」「見舞いに来なかったことの詫び」「病気（の重大さ）を知らなかったことの詫び」の3種に下位区分して記号で示した。

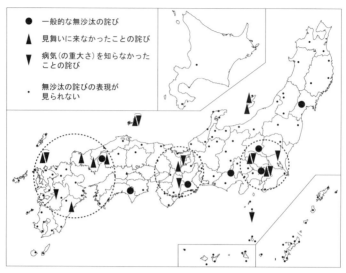

図4　無沙汰の詫び

　図4を見ると、これらの表現は全体として関東から九州にかけて現れており、東北や琉球ではほとんど使用されていないことがわかる。ただし、関東から九州といっても、詳しく見ると分布にかなりの偏りが認められる。すなわち、「一般的な無沙汰の詫び」は静岡や高知などにも見られるが、「見舞いに来なかったことの詫び」と「病気（の重大さ）を知らなかったことの詫び」は、関東、近畿、そして中国西部から九州中部にかけての地域にある程度固まって出現していることがわかる（◯で囲った範囲）。このような集中のしかたは偶然とは言えず、何らかの理由が存在するはずである。その理由を明確に述べることは難しいが、これらの地点が、比較的人口が集中し都市化の進んだ地域であるか、その周辺部であることは注目すべきであろう。

　そもそも「無沙汰の詫び」が必要な状況というのは、日常的に顔を合わせることが難しく、互いの連絡を頻繁にとることができないような状況に置かれている場合である。そのような状況は、農村的な社会よりも都市的な社会で起こりやすいと言える。こうした想定を前提にすると、上で指摘したような「無沙汰の詫び」の出現地点と人口集中地域との関連性を理解できそうで

ある。

　ただ、これらの表現が現実を反映したものかどうかという点は、なお慎重に考えるべきである。「病気（の重大さ）を知らなかった」ということが本当にそうなのかは重要ではないのかもしれない。真実はどうであれ、そのように述べることで恐縮の意を表すストラテジーが、そこには働いているように思われる。また、「見舞いに来なかった」というのも、相手にはすでにわかっていることである。それをあえて口にするのは、やはり畏まった自分の気持ちを効果的に相手に伝えたいためであると考えられる。このように、これらの「無沙汰の詫び」は、話者の恐縮の表明の一環として解釈できるものであり、配慮的な性格が強い表現と言える。

5.3 「存命中の世話に対する礼」の出現状況

　遺族側の発話の中には、弔問者に対して、故人が存命中に世話になったことを感謝する表現が現れることがある。(18)(19)(20)のような例がそうである。

(18)　f：イルウジワ（生前は）　イロイロ　オシェワニ（お世話に）　ナイヤッシタ（なりました）。　　　　　　（福島県河沼郡勝常村　1：311）
(19)　f：アノー　オッテアイダ（存命中は）、ハヤ　ゴネンゴロサンニ（お世話になりました）。アンヤト（ありがとうございます）。
　　　　　　　　　　　　　　　　　　　　　（石川県河北郡内灘村　3：186）
(20)　f：アー　サシーアイダ（久しい間）　アンタナ（あなた）、オーキニ（たいそう）　オシェワン　ナリマシタ。
　　　　　　　　　　　　　　　　　　　　　（福岡県築上郡岩屋村　6：116）

　こうした「存命中の世話に対する礼」が会話に現れた地点を地図に示すと図5のようになる。記号が集中するのは近畿から北陸にかけての地域であり、このあたりで盛んに行われる表現であることがわかる。東日本や西日本にも使用地点は認められるが、それほど多くはなく、東北北部や九州南部・

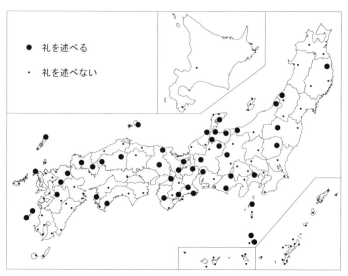

図5　存命中の世話に対する礼

琉球にはほとんど分布しない。歴史的には近畿を中心に発達した表現であり、東は北陸・東海へと広がり、西は山陽から九州へと入り込んだものではないかと考えられる。

　この「存命中の世話に対する礼」は、遺族が弔問に訪れた相手に示す配慮のひとつと言える。単に弔問に対して礼を述べるだけでなく、さらに生前故人が世話になったことの礼を加えることで、相手に対する手厚い心遣いが表現される。次の(21)は、「ご丁寧にありがとう」と弔問への礼を述べたあと、すぐ続けて「おばあさんも長らくお世話になられて」と、「存命中の世話に対する礼」を述べている例である。

(21)　m：ゴテーネニ　アリガトー。オバーサンモ　ナガナガ　オセワニ
　　　ナラレテ(なりまして)。　　　　　　(滋賀県犬上郡多賀町　4：147)

　これら「存命中の世話に対する礼」の表現のバリエーションは椎名・小林(2017)で考察したが、特に近畿地方には種類が豊富である。次の(22)で

は、「ご厄介になった」「可愛がっていただいた」と述べたあと、「生前のお礼を申し上げる」と結んでおり、複数の要素を駆使した表現の重層性が際立っている。

(22) f：モー　ゾンメーチューワ　イロイロト　ゴヤッカイニ　ナリマシテ、モー　アンサンニワ　ヒトカタナランナー（ひとかたならずねえ）　カワイガッテ　イタダキマシタノニ、マー　ジミョーデ　ゴザイマッシャロ、モーナー　アンサン、ナクナリマシテ　ゴザリマスノンデ、マ　アラタメマシテ　シェージェンノ（生前の）オレーオ　モーシアゲマスデ　ゴザリマス。

(大阪府大阪市　4：223)

5.4 「看病に対するねぎらい」の出現状況

生前の故人への看病に対して、遺族をねぎらう発話が聞かれることがある。(23)の京都の会話における弔問者(m)の発話は、この「看病に対するねぎらい」が非常に丁寧なかたちで述べられている。

(23) m：ミナサンモ　サダメテ　ゴカンゴデ（ご看護で）　オツカレデ　ゴザーッシャロデー（ございましょうから）。
　　　f：ハー、アリガトー　ゴザイマス。
　　　m：マー　オツカレノ　デマセンヨーニ、ドーゾ　マー。

(京都府京都市　4：262)

ここまで丁寧な印象は受けないが、九州にも「オヤットサー（お疲れさまで）　ゴサンソナー（ございましょうね）。」(鹿児島県肝属郡高山町　6：532)のように類似の表現が見られる。

他の地域では、「手厚く看病した（のに残念だ）」ないし「看病のかいがなかった（ので気の毒だ）」のようなかたちを取るものが多く、（　）内の部分が言いさしとなり表現に現れない場合もある。

まず、「手厚く看病した（のに残念だ）」の例としては(24)(25)が挙げられる。

(24) m：（略）セッカク　イロイロト　オツクシー（お尽くし）　ナサイマシタノニ、　ゴジュミョートワ　モーシナガラ、　オヨロシューゴザイマヘナンダソーデ、　サゾ　オチカラオトシノ　コトデ　ゴザイマッシャロナー。　　　　　　　（大阪府大阪市　4：222・223）
(25) f：ナギャーコト（長い間）　ダァージ（手厚く）　カケタゲネァーシナー（看病してあげたのにね）。（兵庫県城崎郡城崎町　4：330）

次に、「看病のかいがなかった（ので気の毒だ）」の例には(26)(27)などが該当する。

(26) m：ナンテマー（なんとまあ）　カイビョーノ（看病の）　コーモ（効も）　ナクシテー　ノコリオーイ（心残りの）　コトデ……。
　　　　　　　　　　　　　　　　（石川県鹿島郡能登島町　8：196・197）
(27) f：マー　コノアイダニャノー（先日はねえ）　バーサンワ　ゴヨージョワ（ご養生が）　カナワナンラッテ（かなわなくて）　オーキニ　キノロクニ（お気の毒で）　ゴザリマス。
　　　　　　　　　　　　　　　　（奈良県吉野郡下北山村　8：251）

これらに対して、単に「世話をした」と述べる地点もある。また、より具体的・現実的に「医者にかけた」「お金をかけた」のような言い回しをするケースも見られる。医者・お金の例は(28)〜(30)がそれである。

(28) m：（略）オメダチダケァ（お宅では）　イシャサモ（医者にも）　ミナカケデネシ（みなかけてね）。
　　　f：ハー、イッショーケンメ　カカテシャ（かかってね）。
　　　m：ゼニモ（お金も）　ツカタシネシ（使ったのにね）。

f：ソデシャ（そうです）。　　　　　　（青森県南津軽郡黒石町　1：50）
(29)　m₁：（略）naʀ（まあ）bjoʀiɴnu（病院の）'isagakeʀ（医者におかかりに）
　　　sabitarumunoʀ（なりましたのに）、naʀ（まあ）tusinu（年の）saiga
　　　（せい）jabitaraʀ（だったのか）、naʀ（まあ）kunu juɴ 'usinaeʀ（おな
　　　くなりになって）　　（沖縄県伊平屋村我喜屋（伊平屋島）　11：88）
(30)　m：（略）naʀ（まあ）'unu（その）warabiɴkw'aɴ（子供の）ziɴ（お金を）
　　　kakat'i（かけて）、maʀcj'aɴ（死んだ）rici（と）waɴ（わたしは）
　　　kiciǫcj'oɴ（聞いてきた）baʀjasiga（ところだが）
　　　　　　　　　　　　（沖縄県（北部地区）国頭村安波　10：207・208）

　以上のような「看病に対するねぎらい」のバリエーションを地図に示したのが図6である。これを見ると、「看病で疲れただろう」「手厚く看病した」「看病のかいがなかった」の3つは東日本にはほとんど見られず、近畿を中心にほぼ西日本に偏って現れていることがわかる。一方、「世話をした」「医者にかけた」「お金をかけた」の3つが出現したのは東日本と琉球の一部で

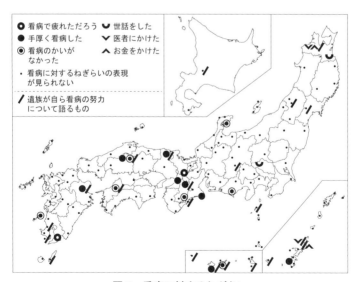

図6　看病に対するねぎらい

あり、かなり局地的な現れ方をしている。前者が西日本的、後者が東日本および周辺的と言えそうである。

「看病で疲れただろう」「手厚く看病した」「看病のかいがなかった」のグループと、「世話をした」「医者にかけた」「お金をかけた」のグループを比較すると、前者の方がより丁寧で、遺族をねぎらったり、気遣ったりする印象が強いように思われる。配慮性に長けた表現とも言える。それに比べると、後者は素朴なイメージが強く、とり立てて丁寧な感じはしない。

また、後者のうち「医者にかけた」「お金をかけた」は具体性が強く、個別のことがらに注目した表現であり、それに比べると「看病で疲れただろう」「手厚く看病した」「看病のかいがなかった」のグループは「看病（する）」という抽象的で汎用性の高い表現をとっていると言える。「医者」「金」といった個別的・具体的な要素を持ち出す表現と、「看病」という総括的・抽象的な概念に基づく表現を比べると、後者の方が加工化の進んだ言葉遣いをしているとも言えるであろう。「医者にかけた」「お金をかけた」といったことは、現実的に見れば手厚い看病の象徴とも言えるものである。しかし、コミュニケーションのレベルで見ると、それを直接、話題にすることが好まれる地域（社会）がある一方で、それがはばかられ、より間接的で一般化された表現に置き換えようとする地域（社会）もあるということではないかと考えられる。前者のような地域が東日本や琉球の一部に見られ、後者のような地域が近畿を中心とした西日本に見られることは興味深い事実と言える。

ところで、ここまで見てきたのは弔問者の側が遺族の看病に触れ、それをねぎらう発話についてである。これに対して、遺族の側が自らの看病について言及する場合も観察される。例えば、(31)の例がそうである（(28)の再掲）。

(31)　m：(略)オメダチダケァ(お宅では)　イシャサモ(医者にも)　ミナカケデネシ(みなかけてね)。
　　　f：ハー、イッショーケンメ　カカテシャ(かかってね)。
　　　m：ゼニモ(お金も)　ツカタシネシ(使ったのにね)。

f：ソデシャ（そうです）。　　　　　（青森県南津軽郡黒石町　1：50）

　この場合には、弔問者（m）の「看病に対するねぎらい」に遺族（f）が同調し、看病に力を入れたと述べている。一方、次の（32）は、遺族の側のみが看病について発言し、弔問者の側のねぎらいは見当たらないものであり、こういう例も見られる。

（32）　m：イシャモ　カゲタリ　サマザマノ　ゴドー　シタドモ、オト
　　　　　ショリダムンダハゲ（老人だものだから）　ドーモ（どうにも）
　　　　　ナンネーデ　ハー　アギラメッダワ。
　　　　　　　　　　　　　　　　　　　（山形県東田川郡朝日村　7：80）

　図6には、以上のような、遺族が看病の努力について語る発話が現れた地点も記号化してある。該当する地点は各地に見られるが、弔問者ではなく遺族のみが単独でそうした発話を行う地点となると、東日本や九州南部から琉球にかけての地域に偏り、近畿や中四国にはほとんど見当たらないことがわかる。

　弔問者からのねぎらいに応ずるかたちではなく、遺族自身が看病の努力や苦労を直接語るのは、自らの心情をそのままさらけ出した発話と言える。「あれほど手厚く看病したのに残念だ」「やるだけのことはやったからしかたがない」といった遺族の正直な感情が弔問者に投げかけられている。故人の看病は、近畿を中心とした西日本では、弔問者が遺族をねぎらい、遺族に配慮を示すための対象として取り上げられる。一方、東日本や九州・琉球の一部では、遺族が自分の心情を弔問者にアピールするための素材として機能する。同じ対象を会話に持ち出すにも、その役割が地域によって異なることが浮かび上がってくるのである。

5.5　発話要素の現れ方のまとめ

　以上、「B. 発話要素の現れ方に関する視点」として、②「弔問の経緯の説

明」、③「無沙汰の詫び」、④「存命中の世話に対する礼」、⑤「看病に対するねぎらい」の4つの発話要素の出現状況を観察した。

　まず、②「弔問の経緯の説明」は定型性の強い表現であると同時に、会話がすぐさま死去の話題に及ぶことを避けるための緩衝材の役割を果たす表現でもある。その分布は、東日本、特に関東東部から東北にかけての地域には稀で、主に関東西部から西側の地域で行われることがわかった。次に、③「無沙汰の詫び」は話者の恐縮表明の一環として解釈できるものであり、配慮的な性格が強い表現と言える。その使用地域は、関東から九州に及ぶ範囲であり、その両側の東北や琉球にはほとんど見られないことが把握できた。続いて、④「存命中の世話に対する礼」は遺族が示す配慮の現れであり、弔問者に対する手厚い心遣いが表現されている。その使用の中心は近畿から北陸にかけての地域であり、東北北部や九州南部・琉球には分布がないか稀であることが見えてきた。最後に、⑤「看病に対するねぎらい」も配慮的な表現とみなされるが、より丁寧で相手を気遣う言い方は東日本には少なく、近畿を中心に西日本に偏って現れることがとらえられた。また、看病の具体的な要素として「医者」「金」といった現実的なことがらを持ち出す地域が東北と琉球に見られ、「看病」という抽象的な言葉を使う西日本とは表現のし方が異なることもわかった。さらに、看病という話題の取り上げ方に注目すると、その話題は、近畿を中心とした西日本では、弔問者が遺族をねぎらうための要素として機能するが、東日本や九州・琉球の一部では、遺族が自分の心情を弔問者にアピールするための要素として働くことも明らかになった。

　これらの結果を整理すると、地域的にはまず東日本と西日本の違いが見えている。また、東北・琉球といった周辺的な地域と、それに挟まれた中央部地域との違いも観察される。前者は東西対立的、後者は周圏的であり、この2つの類型が複合的に現れたような地域差を呈している。とりわけ、西日本かつ中央部である近畿と、東日本かつ周辺部である東北との違いは際立っている。

　それでは、近畿に代表される地域と、東北に代表される地域の言語的な違

いは何か。それは、前者の地域では、上記②〜⑤のような弔問の会話を構成する定まったアイテムが存在し、決まり文句も用いること、また、緩衝材としての表現や抽象的な表現を使い、相手への気遣いを示す発話要素を多用すること、といった特徴が見られる点である。後者の地域にはこうした特徴がほとんど観察されない。これらの特徴は、要するにその会話が定型的、加工的、配慮的であるということにほかならず、そうした性質は2節で述べた「儀礼性」の定義に合致するものである。すなわち、近畿に代表される地域の会話には儀礼性が強く現れているということになる。東北に代表される地域はこうした儀礼性が弱いとみなされるが、一方で、看病という話題の扱い方に見られるように、主観を強くにじませた会話を行う傾向が抽出される。この点は2節で述べた「心情性」の特徴に沿ったものと言える。

　以上、発話要素の使用状況から見るかぎり、弔問の会話の地域的特徴として、近畿を中心とした西日本は儀礼的な傾向が強く、東北を典型とする東日本や琉球は心情的な傾向が見られるということになる。ただし、こうした傾向とは別に、③「無沙汰の詫び」では都市的地域と農村的地域との違いも浮かび上がってきていた。次節であらためて触れるが、弔問の会話の方言的差異としては、こうした特徴にも注意が必要である。

6．儀礼性と心情性の地域差

　本論では『全国方言資料』を使い、弔問の会話の地域差について見てきた。特に、具体的な現象を支配する会話運用の発想法に注目し、「儀礼性」と「心情性」という視点から分析を行ってきた。その際、A．会話の部分構成（4節）と、B．発話要素の現れ方（5節）の2つについて検討した。これまで述べてきたことを簡単にまとめれば、次のようになる。

（A）会話の部分構成から：弔問者の「弔意の表明」とそれに対する遺族の応
　　答は、弔問の会話の中核を構成する部分である。このうち、遺族の応答
　　に注目すると、日本の中央部では、感謝や恐縮の言葉を返すという配慮

性の強い儀礼的な対応が行われやすいのに対して、日本の周辺部では、死去についての感想を吐露するという主観性の勝った心情的な対応がとられる傾向が指摘できる。

(B) 発話要素の現れ方から：弔問の会話はさまざまな発話要素から成り立つが、特に、「弔問の経緯の説明」「無沙汰の詫び」「存命中の世話に対する礼」「看病に対するねぎらい」の4つは定型的、加工的、配慮的といった性格が強く儀礼性を象徴する要素と言える。これらの要素は、近畿を中心とした西日本に現れやすく、この地域の弔問の会話に儀礼性を志向する傾向が強いことを示す。一方、東北を中心とする東日本や九州・琉球ではこうした傾向は弱く、それらの地域では、「看病」という話題を遺族が自らの気持ちを訴えるために持ち出すといった心情性の強さもうかがえる。

　以上の(A)と(B)は、ほぼ同様の傾向を示していると言ってよい。総合的に見て、弔問の会話には儀礼性が強く見て取れる地域と、心情性が色濃くにじみ出ている地域とがあり、前者には近畿を核とした西日本が該当し、後者には東北を代表とする東日本や九州・琉球が当てはまると結論付けられる。儀礼性による統率を志向するか、それとも心情性による牽引を好むか、弔問の会話を運用する発想面に、そうした地域的な違いが存在することは注目される。

　ただし、以上とは別に、ここまでの検討からは次のような点も指摘できることを確認しておく必要がある。

(C) 弔問の会話においては、「都市的地域」と「農村的地域」との違いに由来すると考えられる傾向も見えている。すなわち、儀礼性は都市的地域で強く働き、農村的地域で弱く作用すると思われる。

　これは、「無沙汰の詫び」の分析から導き出したものであるが、「弔意の表明」に対する遺族の応答にも当てはまる部分がありそうである。すなわち、

あらためて図2を見ると、近畿の中でも中央部は〈儀礼対応〉が集中するのに対して、紀伊半島の海岸部には〈心情表明〉も目立つという近畿内部の地域差が見えてくる。また、関東も中心部は〈儀礼対応〉が強いが、西側の地域や伊豆諸島には〈心情表明〉もかなり現れている。このように、地域ごとに見れば、その内部にも都市的・農村的といった性格に由来する地域差が認められるようである。

　結局のところ、弔問の会話においては、「中央」対「周辺」、「西」対「東」といった地理的・大局的な地域差のほかに、「都市的地域」と「農村的地域」といった社会的・局地的な地域差も重要であることが見えてきた。小林隆（2014：367・368）で、言語的発想法の地域差モデルとして提示した巨視的なレベルの中心性・周辺性と、微視的なレベルの中心性・周辺性との複合的な様相がここにも現れていると理解してよいだろう（なお、「中央」対「周辺」、「西」対「東」といった地理的・大局的な地域差も、その背景に大いなる都市的地域である「中央・西」と、大いなる農村的地域である「周辺・東」の対立があることは小林・澤村（2014）で論じたとおりである）。

7．おわりに

　本論では弔問の会話の語彙的な側面や表現の問題についてはほとんど触れることができなかった。しかし、「死去を表す言い方」を観察すると、関東から西の地域では、ヨクナカッタ・ヨーナカッタ・ヨロシューゴザイマヘナンダなど、婉曲表現の「よろしくなっかった」の類が広く使用されている。また、澤村（2013）の指摘する「（あの世へ）行った・参った」の類も同様の分布を示す。死を前向きに受け止め評価する「もう極楽だ」といった表現や「歳に不足はない」「長生きした」といった表現も関東以西のものであり、東北には現れてこない。

　死を直接的に表すことを避けると同時に、死そのものをプラスの評価でとらえる作為的な表現を使って遺族を慰める。これらの表現機構もまた儀礼性追求の現れと理解されるが、こうした面にも視野を広げれば、今回の結論は

さらに補強が可能であろう。今後、取り組んでみたい課題である。

文献

沖裕子（2006）『日本語談話論』和泉書院

小林隆（2014）「方言形成論の到達点と課題―方言周圏論を核にして―（改訂版）」小林隆編『柳田方言学の現代的意義―あいさつ表現と方言形成論―』ひつじ書房

小林隆・川﨑めぐみ・澤村美幸・椎名渉子・中西太郎（2017）『方言学の未来をひらく―オノマトペ・感動詞・談話・言語行動―』ひつじ書房

小林隆・澤村美幸（2014）『ものの言いかた西東』岩波書店

澤村美幸（2013）「「死」を表す言葉と発想の地域差」鈴木岩弓・田中則和編『講座東北の歴史6 生と死』清文堂出版

椎名渉子・小林隆（2017）「談話の方言学」小林隆ほか『方言学の未来をひらく―オノマトペ・感動詞・談話・言語行動―』ひつじ書房

中西太郎（2017）「言語行動の方言学」小林隆ほか『方言学の未来をひらく―オノマトペ・感動詞・談話・言語行動―』ひつじ書房

日本放送協会編（1999）『全国方言資料（CD−ROM版）』全12巻、日本放送出版協会（初版はソノシート付きで1966〜1972年発行）

II　方言コミュニケーションの姿

第 5 章
「断り」という言語行動にみられる特徴
―全国通信調査データから―

岸江信介

1．はじめに

　コミュニケーションの方言学という立場から「断る」という場面を想定し、言語行動上、どのような特徴がみられるのか、触れてみることにする。対人コミュニケーション上の発話行為に重点を置き、配慮場面での発話行為にみられる言語運用や機能について取り上げてみたい。

　対人コミュニケーションにおいて、何かを頼まれたり進められたりした場合にそれらを引き受ける（受諾する）場合とは対照的に「断る」という言語行動をとることは、相手の意に添えないという点で、頼んだ相手の気分を害することにもなりかねない。

　そこで、断る際には相手を気遣うため、何らかの言語行動がとられることが多いと考えられる。具体的には「謝罪」であったり依頼を断らざるを得ない「理由」を述べることであったり或いは「断り」に対する何らかの代替の提示（行為）であったりする場合などである。このような言語行動には、さまざまな特徴がみられることが予想される。当然、個人によって大きく異なることは言を俟つまでもないが、一方で、相手に応じて異なるといった場面差のほか、地域差や世代差などといった違いによってそれぞれ特徴ある傾向が見出される。

　以下では、依頼に対して断る際にどういった傾向がみられるのか、全国を対象に行った配慮表現に関する調査結果を示しながら統計的な視点や地域言

語学的な視点などから見出せる特徴をについて明らかにする。

2．「断り」にみられる言語行動に関する調査について

　「断り」にみられる配慮表現としての特徴を見出すため、これまでに全国の中高年世代を対象にした通信調査と、同じく全国の大学生を対象にアンケート調査を実施した。これら二つの調査のうち、大学生アンケート調査については、ここで扱う「依頼に対する断り」に関する項目の調査結果を清水・石田・岸江（2011）や尾崎（2014）ですでに扱っているのでここでは一部、比較するにとどめ、全国の中高年世代の調査結果を中心に見ていくことにする。

3．調査概要

　調査方法として、通信調査法を採用した。全国の市町村教育委員会、公民館、コミュニティーセンターなど、各地の公的機関に調査を電話で依頼し、引き受けていただいた機関に調査票を送付した。これらの機関を通じて、調査票を下記のとおり、回答者の条件に見合う、地元の方々に配布してもらい、回答頂いた方から直接返送してもらうという方法を採った。回答者の条件は、「その土地に生まれ育った、土地生え抜きの50歳以上（調査時）の男性」とした。調査期間は、2015年7月10日〜2016年9月30日、回答者

表1　依頼に対する断り表現に関する質問項目

【質問内容】「いつもたいへん世話になっている目上」／「普段親しくしている目下」から来週の日曜日に引っ越しをすることになったので手伝いに来てほしいと頼まれました。しかし来週の日曜日はあいにく自宅で法事があるため、自宅に親戚中が集まります。家族の者からも必ずこの日は自宅にいてほしいと以前から頼まれていたとします。結局、この「目上」／「目下」からの依頼を断らなければならなくなりました。 　この時、この依頼をどう言って断りますか。

数は、867 名（2016 年 10 月現在）である。

調査項目は、全部で 17 項目あるが、このうち、本稿で取り上げる質問項目は 2 項目で、「いつもたいへんお世話になっている目上」と「普段親しくしている目下」からそれぞれ頼まれた引っ越しの手伝いを断るという場面設定での質問項目である。

4．依頼に対する断り表現の意味公式

上記の質問に対して得られた回答を整理すると、依頼に対する断り表現には、おもに、(1) 詫び（謝罪）表明、(2) 理由説明、(3) 不可能の告知、(4) 共感、(5) 代案の提示などが含まれる[1]。今回の調査で得られた回答を吟味してみると、ほぼすべてこれらの意味公式がさまざまに組み合わさったものとなっていることがわかる。

表 2 のような意味公式の分類は、あくまでも調査方法に依拠する部分が多く、必ずしも「依頼に対する断り」の一般的なものではない。例えば、実際の断り場面では、特にきっぱりと断ることができないため、ためらいが生じ、言いよどみなどの現象も現れることが多々あるようであるが、今回のような記述式の自由回答による調査法ではこのような現象はほとんど回答され

表 2　依頼に対する断りの意味公式

意味公式	意味機能	回答例
詫び（謝罪）	相手の期待に添えないための詫びの表明	申し訳ありません、ごめん、すみません
理由	相手の依頼に添えない理由の説明	家で法事があるので、都合が悪いので
不可能	相手の依頼を断る意思の明示的表明	お手伝いできません、行けません
共感	相手の期待に添いたい意思の表明	手伝いたいんだけど、残念ですが
代案	代替手段の提示	明日は大丈夫だけど、夕方なら行けるけど
その他	呼びかけ、フィラー的なもの	○○さん、あのう、いやー、えーっと

ることはなかった。実際の断り場面のほか、模擬的な談話などを想定した場面においては、このような言いよどみなどの現象がよく表れるものと思われる。さらには非言語的な側面からも、例えば、断り表現を和らげようとしたり申し訳なさを伝えようとしたりする行動（例．頭を掻きながら申し訳なさそうな顔をする、首をゆっくりと縦に振りながら謝罪する）など、さまざまな行動が観察されることも予想されるが、今回の調査ではこれらはすべて対象外となることを断っておきたい。

4.1　意味公式の場面差

　上記の意味公式についていろいろな角度から検討してみると、目上／目下といった場面で、有意差が認められるものがある。まず、以下の回答例についてまず意味公式に照らし合わせて解説を行うことにする。

（1）　すんまへんなあ！　あいにく家で法事をせなならんので悪いけど手伝いにいけません。
（2）　申し訳ないですが、その日は家で法事がありますのでお手伝いできないんです。法事が終わり次第お伺いさせてもらえませんか。
（3）　お手伝いしたいのですが、その日は法事があって親戚中が集まるので。ごめんなさい。

　例えば（1）「すんまへんなあ！」や（3）「ごめんなさい」は単なる「詫び」の表明ということになるが、（1）「悪いけど」や（2）「申し訳ないですが」などは「詫び」が前置き表現に含まれるケースである。また、（3）「お手伝いしたいのですが」は、前置き表現に「共感」が含まれている。（1）「家で法事をせなならんので」、（2）「その日は家で法事がありますので」、（3）「その日は法事があって親戚中が集まるので」などは「理由」、（1）「手伝いにいけません」、（2）「お手伝いできないんです」はそれぞれ「不可能」を明示したものである。（3）「法事が終わり次第お伺いさせてもらえませんか」は「代案」の提示である。

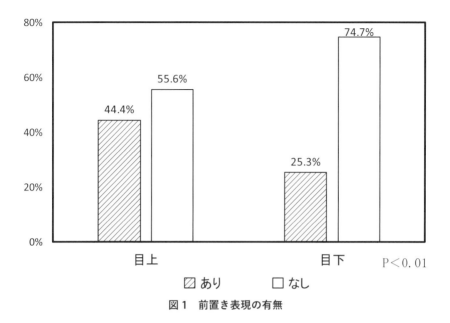

図1　前置き表現の有無

　まず、この中から前置きに注目した結果が図1である。目上と目下では、当然、前置き表現の形式が異なる。例えば、目上には「申し訳ありませんが・悪いんですけど」、目下には「悪いけど・すまんけど」などである。ここでは、表現形式の待遇の度合いは無視し、前置き表現の有無にのみ注目した。

　前置きをするかどうか、目上と目下に対する場合で有意差（p＜0.01）がみられる。つまり、目上からの依頼を断る場合には目下からの依頼を断る場合と比べ、前置きが多くなる傾向にある。

　次に図2では、詫び表現の場面差についてみることにしたい。これも依頼に対する断りの中に詫び表現が含まれるかどうか、目上と目下に対する場合でどのような差がみられるかを調べた結果である。この場合も、詫び表現の待遇差は考慮せず、回答中に詫び表現があるかどうかに注目した。

　目上と目下いずれの場合も依頼を断る場合には詫び表現を用いる割合が高いが、とりわけ目上に対する場合には詫び表現を用いる割合が90％を超え

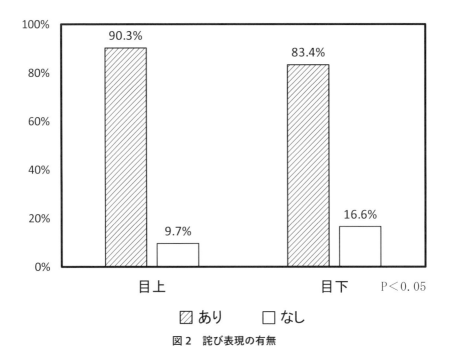

図2　詫び表現の有無

ており、目下との間に有意差がみられる。

　詫び表現と同様、注目されるのは断る際に理由の説明を行うかどうかである。グラフは省略するが、理由の場合も目上には99.1%、目下には96.3%が断る際に理由を述べていることが判明した。

　回答の中でどの場面でも多く表れる詫びと理由であるが、発話行為としてみた場合に詫びを述べてから理由を説明するか、あるいは断る理由を述べたあとに詫びを言うか、どちらを先に言うかについて目上と目下とで差が現れるかどうかについて調べてみた結果が図3である。

　目上・目下ともに理由よりも詫びを先に言うことが多いが、両者を比較すると、目上には目下に比べて詫びを言う比率が高い。一方、目上と比べて目下には理由を先に行うことが有意に多い傾向がみられた。自宅の法事という理由ではあるものの、目上に対してまずは詫びを言うことが多いというのは

第 5 章 「断り」という言語行動にみられる特徴　101

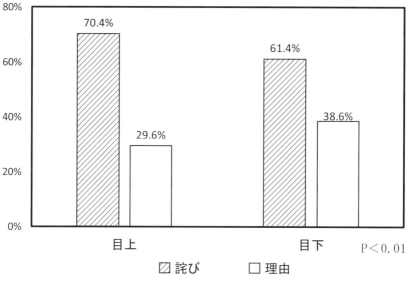

図 3　謝罪が先か理由が先か（発話行為）

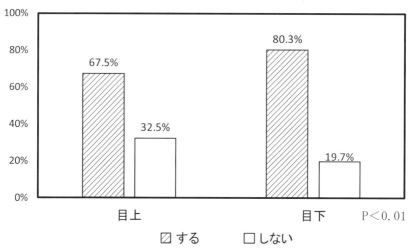

図 4　不可能（「手伝いに行けない」）の言及

うなずける。

　図4は、不可能としたが、引っ越しの手伝いに行けないということを直接言及するかどうかという点に着目して回答を整理した結果である。

　回答の多くは、「手伝いに行けません」「お手伝いできません」「手伝えんで申し訳ない」などのように行くことができないことをはっきり伝えるが、一方で、

（4）　あのう、誠に申し訳ございません！その日は自宅で法事がありますので。
（5）　すみません。家で法事なので他の日なら良いのですが。

のような例は、詫びと理由を述べるに止め、「行けない」「お手伝いできない」といった不可能を言及することを避けたものであるが、日ごろたいへんお世話になっている目上は言うに及ばず、普段親しくしている目下から受けた依頼を断らなければならないという事態に直面し、直接的な回答を回避した例といえる。一方、たとえ日ごろからお世話になっている目上とはいえ、手伝いに行けないことをはっきりと伝えず、詫びと理由のみでは誤解を招くことにもなりかねない。調査結果からは、目上には目下に比べ、直接「手伝いに行けない」という表現が避けられる傾向（p＜0.01）がある。「目上」に対してより配慮したものということができる。

　図5は、回答中に相手の期待に添いたいという意思が認められれば共感があるものと判断し、整理したものである。回答の大半は、すでに述べているように、詫びと理由が圧倒的に多く、共感に値するとみられるものは目上に対する場合で6.0%（50件）であった。ただ、目下に対してはさらに少なく、両者間の回答に有意差がみられた。

　意味公式の中の代案は、表2で示したように、代替手段の提示を意味し、依頼の要望には今回応えることができないが、別の機会にぜひ協力したいとか法事が終わればすぐ駆けつけたいなど、代償となる案を積極的に提示するといったことを示している。目上／目下ともに約5%の代案に相当する表現

第5章 「断り」という言語行動にみられる特徴　103

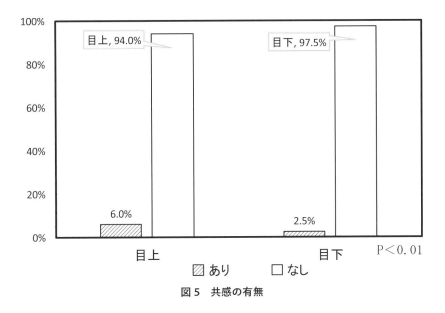

図5　共感の有無

がみられたが、特に有意差は認められなかった。
　なお、意味公式のその他については、フィラーなどを指しており、記述式による今回の調査法では分析の対象から外すことにした。

4.2　意味公式の地域差

　依頼に対する断りにみられる意味公式には、地域差がみられるのであろうか。便宜的にではあるが、日本の方言を糸魚川―浜名湖のラインで東西に分割し、東日本と西日本に分け、各意味公式に有意差がみられるのかどうかについて検定を行った。その結果、発話冒頭における詫び表現の出現については目上に対して西日本よりも東日本の方が多い（$p<0.05$）ことが判明した。一方、目下に対しては有意差がなかった。
　前置きの有無に関しては、目上／目下に関わらず、東西差がないことが判明した。また、図6では、詫びが先か理由が先かといった観点から冒頭部での詫び表現の出現率を東西差について調べたところ、目上に対して東日本

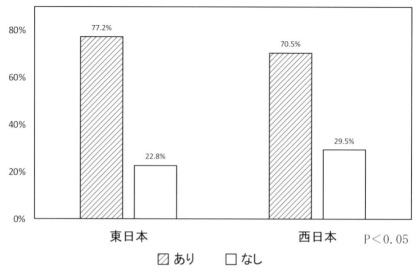

図6　冒頭部における詫び出現の東西差（目上）

では西日本に比べ、手伝いに行けない理由よりもまずは詫びを先に述べる傾向がある（p＜0.05）ことがわかった。一方、後輩に対してはこのような有意差はみられなかった。

5．詫び表現のバリエーション

　前半では、断りに関する意味公式を中心に場面差や地域差についてみたが、後半では、地域差や場面差といった点で最も注目を引く詫び表現に焦点をあて、詫び表現のバリエーションについて述べることにしたい。小林・澤村（2014）でもすでに指摘されているように、詫び表現には東西差が確認されている。例えば「申し訳ない」「ごめん」「悪い」「すまん」といった表現は全国各地で使用されるが、東西で使用頻度に差があることが明らかになっている。

　以下では、詫び表現についてそれぞれ目上／目下に対する結果を見ることにしたい。

5.1 目上に対する詫び表現の地域差

図7は、相手が目上の場合で、詫び表現と各地域のクロス集計から対応分析の結果をxy座標軸上に示したものである。大まかではあるが、右のプラスの部分（第1・4象限）には西日本の各地方、左のマイナスの部分（第2・3象限）には東日本の各地方がそれぞれプロットされる傾向があり、第1軸には、地域が反映されたものとみることができる。一方、第2軸では、プラス部分（第1・2象限）では東日本で使用率が高い形式、マイナス部分（第3・4象限）では西日本で使用率が高い形式が並ぶ傾向がみられる。

なお、実際に現れた形式はこの限りではなく、例えば程度副詞などが伴った「たいへん申し訳ない」「誠に申し訳ない」「非常に申し訳ない」等は「申

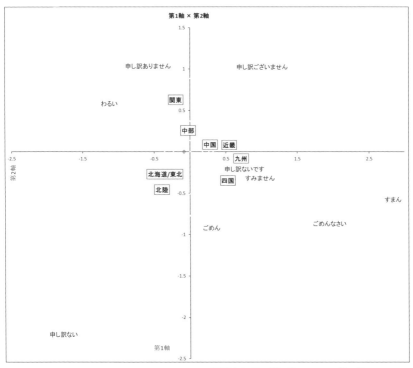

累積寄与率　第1軸 0.4079　第2軸　0.7284

図7　詫び出現の対応分析結果（目上）

し訳ない」にまとめている。他の表現形式でも、例えば「本当にすみません」「すみませんけど」等も同様の手続きを経て「すみません」に含めた。この結果、使用される表現形式に地方毎にまとまる傾向がみられることが明らかとなった。「申し訳ありません」「わるい」は関東地方や中部地方での使用率が高いことや、「申し訳ない」が北海道／東北地方や北陸地方でよく用いられる傾向がみられる。一方、近畿、中国、九州では、「申し訳ないです」「すみません」などの使用率が高い。四国では、「すまん」が他の地方に比べてよく用いられる。

図8は、目上に詫び表現のなかで最も使用頻度が高かった「すみません」

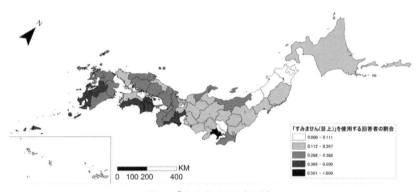

図8 「すみません」（目上）

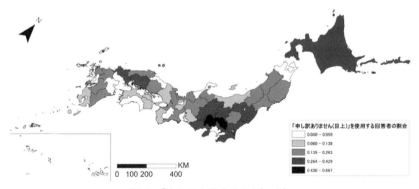

図9 「申し訳ありません」（目上）

を地図化したものである。色が濃いところほど使用頻度が高い。九州、四国、近畿ではいずれも40％の使用率を超えているが、北海道／東北、関東、中部等はいずれも30％に達していない。この点で、「すみません」は東日本と比べて西日本での使用率が高いといえそうである。一方、「すみません」に次いで使用頻度が高かった「申し訳ありません」は、関東、中部、北海道／東北で30％を超えているが、近畿、四国、九州はいずれも20％未満である。ただし、中国は30％を超えており、東日本に近い。

5.2　目下に対する詫び表現の地域差

図10は、目下に対する場合に現れた詫び表現である。第1軸は、地域が

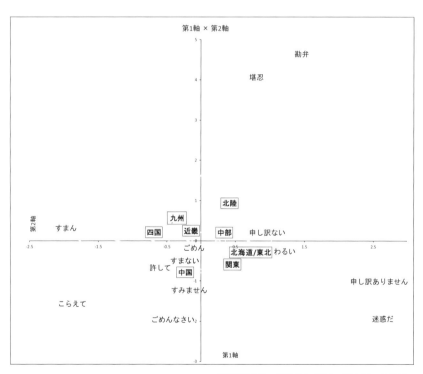

累積寄与率　第1軸 0.5853　第2軸　0.7510

図10　詫び出現の対応分析結果（目下）

反映されており、プラス部分(第1・4象限)には東日本の各地方、マイナス部分(第2・3象限)には西日本の各地方が布置されている。第2軸は、離れたところに使用頻度の低い「勘弁」「堪忍」「迷惑」「こらえて」などが布置される傾向がみられる。

北海道／東北、関東、中部の付近には「申し訳ない」「わるい」が、また、少し離れたところに「申し訳ありません」、東北独特の詫び表現である「迷惑だ」がそれぞれみられる。他方、西日本では四国や中国から離れたところにそれぞれ「すまん」「こらえて」「ごめんなさい」などがポジショニングされており、地域差が窺われる。なお、全国的に回答が最も多かったものとして「ごめん」が注目される。この形式は、図10では原点付近に布置されている。すべての地方で使用され、全国的にも使用率が高いが、東北や北陸では他の地域と比較すると、使用率が低い。

図11は、目下に対する詫び表現のなかで使用頻度が高かった「ごめん」「すまん」「申し訳ない」「わるい」の4つの形式のみを対象として取り上

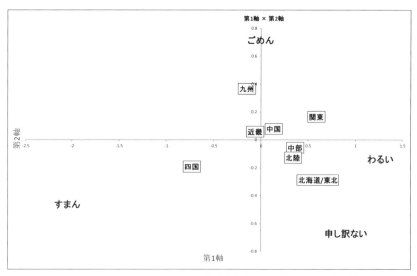

累積寄与率　第1軸 0.9147　第2軸　0.9643
図11　「ごめん」「すまん」「申し訳ない」「わるい」の対応分析

げ、対応分析にかけた結果である。4つの形式は周辺に布置され、各地方が内側（原点に近いところ）にポジショニングされている。例えば、近畿や中国などは原点付近に位置しているが、原点付近に位置する場合、これらの地方では4形式がともに使用されることを物語っている。一方、「わるい」「申し訳ない」が北海道／東北、関東、中部、北陸などで使用される傾向が見られるのに対し、「すまん」は近畿、中国、四国、「ごめん」は東北を除き、ほぼ全国で使用されている。

　図12～図15は、それぞれ各形式を使用する回答者の割合をもとにそれぞれ地図化を行った結果である。図12「わるい」(目下)、図13「申し訳な

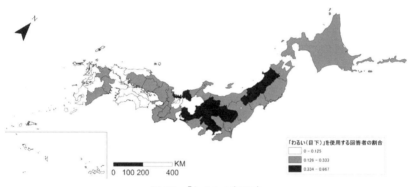

図12　「わるい」(目下)

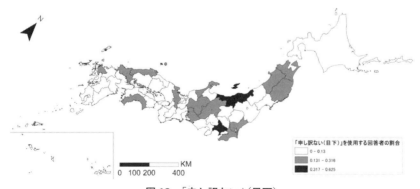

図13　「申し訳ない」(目下)

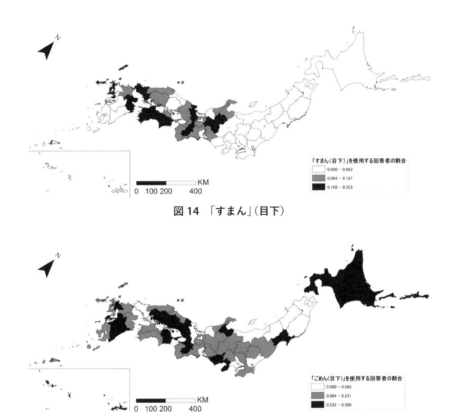

図 14 「すまん」(目下)

図 15 「ごめん」(目下)

い」(目下)は、主として東日本での使用が顕著であるのに対し、西日本では図 14「すまん」(目下)や図 15「ごめん」(目下)の使用が目立っている。

　図 11 のところですでに述べた通り、いずれの地域もこれら 4 つの形式は使用されるが使用頻度に差があるため、回答者の割合にこのような地域差が現れたということができる。

　前後するが、図 11 で得られた地方毎のサンプルスコアをクラスター分析にかけた結果、図 16 のような樹形図を描くことができた。図 16 は、4 つの形式をもとにした地方相互の関係を回答にもとづいてクラスター化したものである。

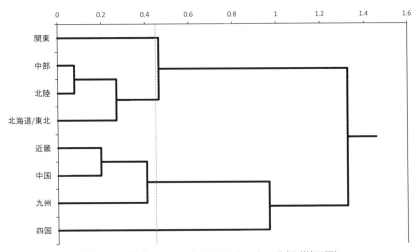

図16　4形式のスコアによるクラスター分析（樹形図）

　この4つのクラスターによる分類｛第1クラスター：関東、第2クラスター：近畿・中国・九州、第3クラスター：四国、第4クラスター：中部・北陸・北海道／東北｝には、以下のような理由が考えられる。

　東日本においては、関東が中部、北陸、北海道／東北とは一線を画し、単独で一つのクラスターを作っている。この理由は、関東が「わるい」の使用率が高く、突出しているためである。一方、中部、北陸、北海道／東北が一つのクラスターを形成しているのは「申し訳ない」の使用率がいずれも高く、共通していることによるとみられる。

　西日本では、四国が単独でクラスターを形成し、他方、近畿、中国、九州が一つになり、クラスターを形成する。この理由は、四国では「すまん」の使用率が、他の3つの地方と比べて高いためである。四国は、このほか、他の3地方よりも「わるい」「申し訳ない」の使用率が低いことも影響しているとみられる。

5.3　詫び表現「ごめん」の使用拡大

　詫び表現では、世代変化の兆しとして全国的に「ごめん」の使用が、特に

表2 全国大学生アンケート調査

	近畿	中国	関東	中部	九州	東北	四国	北陸	全体
男性	64	16	56	7	6	18	35	10	212
女性	152	44	159	13	15	73	48	27	531
全体	216	60	215	20	21	91	83	37	743

若い世代の女性を中心に拡大する傾向にあるということができる。2007年6月から2010年1月にかけて全国各地の大学生、743名を対象としたアンケート調査を実施し、この中で、ここで取り上げた項目とまったく同じ内容の質問を行った結果、このことが明らかとなった。調査での回答者の内訳は以下の表2に示すとおりである。

この調査では、断りの際の詫び表現として、非常に興味深い結果を得ることができた。目下（後輩）に対する断りの際の詫び表現として、全国的に「ごめん」の使用率が全国的にきわめて高い結果を示したのである。図17に示したように、全国の各地方で軒並み80%以上の使用率となっており、東北

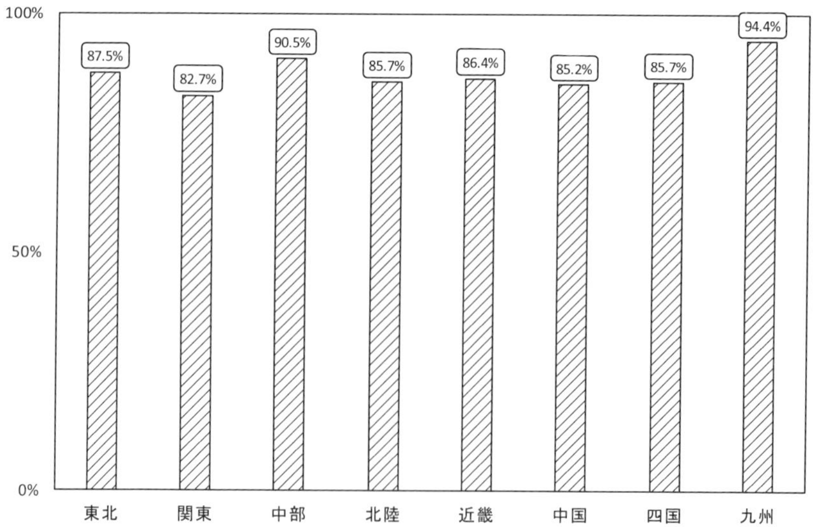

地域	使用率
東北	87.5%
関東	82.7%
中部	90.5%
北陸	85.7%
近畿	86.4%
中国	85.2%
四国	85.7%
九州	94.4%

図17 「ごめん」（目下）の使用率（全国大学生アンケート調査）

(北海道を含む)地方や関東地方でも使用率が高くなっている[2]。ただし、この調査の回答者は大学生(若年層)とは言っても表2に示したように女性の比率が高いため、中高年層の男性のみの結果と単純な比較ができないのは言を俟たない。このため、あくまでも調査結果を紹介するだけに留めることにする。

なお、この全国大学生アンケートの、まさにこの質問項目のデータを扱った分析が清水・石田・岸江(2011)、尾崎(2014)にあるので詳細はぜひこれらを参照願いたい。

6. おわりに

「断り」にみられる言語行動を取り上げ、全国で行った通信調査の結果をもとにその特徴について触れた。

コミュニケーションの観点からは、相手の依頼を断るという状況のもとで観察された意味公式について整理・分類し、特に場面差や地域差といった点に注目した。地域差をキーワードとする方言学の立場からは、言語形式の差異のみならず、言語行動上での地域差もいくつか見出すことができた。また、言語行動上の配慮という点から例えば、詫びを述べるのが先か、あるいは理由を述べるのが先かといった点で、場面差があることを明らかにすることができた。

今後、方言学の視点から対人コミュニケーション上での言語行為を観察するとともに分析を行い、まだ明らかになっていない現象について解明していきたい。

注
1. 蒙(2010)、清水・石田・岸江(2011)を参考にし、今回の調査の回答をもとに一部修正を加えた。
2. 中高年層の東北地方や関東地方での調査結果では、上述したとおり、目下への謝

罪表現には「申し訳ない」「悪い」といった形式が多いのと対照的である。

文献
伊藤恵美子 (2010)「依頼場面に見られる断り表現の特徴：日本語・ジャワ語・インドネシア語・マレーシア語・タイ語の比較」『留学生教育』15、35–44.
肖志・陳月吾 (2008)「依頼に対する断り表現についての中日対照研究」『福井工業大学研究紀要』38、133–140.
尾崎喜光 (2014)「現代語の受諾・拒否にみられる配慮表現」『日本語の配慮表現の多様性』くろしお出版
岸江信介 (2012)「自由記述によるアンケート調査からことばの地域差を探る」『コーパスとテキストマイニング』共立出版
国立国語研究所編 (2006)『言語行動における「配慮」の諸相』くろしお出版
小林隆 (2014)「配慮表現の地理的・社会的変異」『日本語の配慮表現の多様性』くろしお出版
小林隆・澤村美幸 (2014)『ものの言いかた西東』岩波書店
小林隆・篠崎晃一編 (2010)『方言の発見』ひつじ書房
清水勇吉・石田基広・岸江信介 (2011)「依頼に対する断り表現について」『言語文化紀要』17、147–161.
蒙韞 (2010)「日断りにおけるポライトネス・ストラテジーの一考察—日本人会社員と中国人会社員の比較を通して—」『異文化コミュニケーション研究』22　神田外国語大学
山岡正紀・牧原功・小野正樹 (2010)『コミュニケーションと配慮表現』明治書院

第 6 章
大分県方言の依頼談話

杉村孝夫

はじめに

　本稿では大分県方言の約 60 年間にわたる 3 世代、3 次の、場面を設定して収録した談話資料のうち依頼の場面の談話について考察する。本稿の構成は次の通りである。1.「依頼の談話の全体像」では、朝、近所の家に何かを借りに行くという場面設定で、同世代の男女が、なるべく普段の生活の通りに会話をした談話の全体像の例を示す。

　2 以下では依頼者が被依頼者に働きかけて依頼を実現する過程はどのようであるかを分析する。依頼の談話は、最小単位である「発話の機能」が連鎖してひとまとまりの「ユニット」を形成し、ユニットが連鎖して談話が成り立っている。2.「発話の機能」では、対話の相手に対する働きかけである「発話の機能」にはどのようなものがあるかを示す。3.「ユニット」では、「発話の機能」が連鎖してひとまとまりの「ユニット」を形成するさまを示す。

　大分県では、同じ場面設定で約 60 年間に、3 次にわたる方言談話の収録が行われた。また、それぞれは、高年層(50 〜 80 代)、青年層(20 〜 30 代)、少年層(10 代の中学生)の 3 世代を対象とする。4.「世代差、経年比較」では少年層と青年・高年層の世代間の比較および 60 年間の経年比較を行う。

　分析の対象とした資料は次の通りである。松田正義・糸井寛一・日高貢一

郎 1993『方言生活 30 年の変容』桜楓社には第 1 次収録（1954–58）と第 2 次収録（1983–85）の約半数の資料が収められている。第 3 次の収録（2009–11）は杉村孝夫・日高貢一郎・二階堂整・松田美香によって、2009–11 年度科学研究費助成金によって行われた。第 1 次収録に関しては、松田正義・糸井寛一 1956 ～ 1958『大分県方言の旅 1 ～ 3』NHK 大分放送局、に収められた談話からもデータを得た。

　3 次 3 世代の大分県方言談話（朝の場面）で、依頼の談話は 97 場面得られた。前述のように松田他（1993）には、収録した全場面の約半数が収められている。また、1 次～ 3 次全体を通して、朝の訪問の場面の内容が伝達や雑談であったりして、依頼でない場合もあるためである。

1．依頼の談話の全体像

　成人（高年、青年）と未成人（少年）の依頼談話の全体像の例を示す。発話の機能、ユニットについても示すが、どのようにして分析するかは後で述べる。談話全体は、開始部と本題部、終了部の 3 つに分かれる。これはどの談話においても同様である。

　（例 1）3 次・高年　杵築市山香町　2010 年 9 月 11 日収録　m　KT（84 歳）f　UT（82 歳）
　耕耘機を借りに来た場面である。本題部は、【依頼予告ユニット】、【先行発話ユニット】、【依頼ユニット】、【依頼確認ユニット】の 4 つのユニットからなる。「発話の機能」は各発話の後に示したとおりである。1m　2f は m（男性）f（女性）、ターンの番号をあらわす。

―開始部―
1m　　アー　オハヨゴザイマス。〈朝の挨拶〉ヘー　バーサン　オキチョル
　　　カエ？（もう婆さん起きているかね）〈情報要求（起床）〉
2f　　ハ　オキチョルデー。（もう　起きているよ。）〈情報提供〉

3m　ヘー　ハヨ　キチナー　スマンケンドガ、(もう早く来てすまないけれど)〈朝の挨拶(詫び)〉

―本題部―

【依頼予告ユニット】

　アンタガタエ　キョーワ　タノミゴツガ　アッチ　キタンジャ。(あなたの家に今日は頼み事があって来たんだ)〈依頼予告〉

【先行発話ユニット】

［3mの発話は依頼予告と次の先行発話の2つのユニットが連続している。］

　ジーサンナ　ドキ　イタンカエ？(爺さんはどこへ行ったのかね)〈先行発話＝情報要求(依頼の相手の所在確認)〉

4f　ジーチャンナナー(m　ンー。)チカゴロ　アンタン　ロクガツゴロカラ　アシガ　イトーデ　イッコモ　イゴケンゴトナッタラ(爺ちゃんはね、近頃あなた6月頃から足が痛くてひとつも動けないようになったら)　デンドーキオナー　ジー　ワカイモンガ　アシノ　イテーノノ　ミカネチ　コーチクレタラ(電動車椅子を若い者が足の痛いのを見かねて買ってくれたら)　ホント　ウレシソーニ　マイアサ　オキチ　タンボニ　イネオ　ミニ　イッチ　モー　カエッチ　クルキー　(本当に嬉しそうに毎朝起きて田んぼに稲を見に行って、もう帰って来るから)オイサン　マッチョリヨ。(おじさん待っておいでよ。)〈情報提供〉

【依頼ユニット】

5m　ヘー　ヘー　ソラー　エーコッチャケンドガナー、(はいはい、それはいいことだけれどね)ワシャー　ソゲー　キ　キョーワ　キゼワシー、マッ₀レンキ、(私はそんなに、今日は気ぜわしい、待っていられないから)ジツァーナー　キノー　バーサンガ　ハタケ　ヤサイオ　モー　ボツボツ　ウエル　ジキジャキ　ナンテン　ジーサン　スイチクリーチューキ(実はね昨日婆さんが畑に野菜をもうぼつぼつ植える時期だから爺さん鋤いてくれというから)カンリキテ　ツッカケタトコロガ　ナーンチ　ヒデリジェ　モー　イロケアガッチョッチェ　ガリガリ　ウワッツランジョー　コセジョッチ　ドゲン　コー　ナランキ(掻いたと

ころがなんと日照りでもう乾ききっていて、がりがり、うわっつらばかりこそいでいて、どうもこうもならないから）バーサンナ　ハルータテ　ソゲナコツ　ヘニ　ナルカチューチ　オコルケンドガ　ドゲンショーモネー　チッタラ、（婆さんは、腹を立てて　そんなこと役に立たないと言って怒るけれど、どうしようもないと言ったら、）ホンナラ　ネゴレーイッチナー　コーウンキ　カッチコイ　チューキ（それならネゴロ(fの家の屋号)へ行ってね、耕耘機を借りてこいと言うから）〈情報提供〉ジツワ　カリー　キタンジャ。（実は借りに来たんだ）〈依頼〉

6f　アー　オイサン　コーウンキワ　イーグレーナコッチャネー。（あ　あ、おじさん、耕耘機はいいぐらいのことではない）〈受諾〉(m　ン。)シャコニ　オイチアルキナー（車庫に置いてあるからね）〈情報提供〉(mウン。)イツデモ　ツコーチョクレ。（何時でも使っておくれ）〈受諾〉

【依頼確認ユニット】

7m　ハー　ホンナラナー　スンマセンケンドガ（はあ、それなら済みませんが）〈詫び〉マタ　ユーガタ　カリー　クルキ　ジーサン　カエッタラ　ソゲー　ユーチャッチョクレ。((また夕方借りに来るから爺さんが帰ったらそう言っておくれ)〈伝言依頼〉オネガイシマース。（お願いします）〈依頼確認＝談話の収束〉

8f　ヨゴザイマス。（ようございます）〈受諾〉

—終了部—

サヨーナラ。（さようなら）〈別れの挨拶〉

9m　ハイ　ソンナラ。ハイ　オジャマシマシタ。（はい、それなら。はい、お邪魔しました）〈別れの挨拶〉〈詫び〉＃（談話の終了）

　［本題部は〈依頼予告〉から始まる。続いて依頼の相手の所在を確認する情報要求が行われるが、これは依頼を実現するための条件を整える働きをする〈先行発話〉である。これには被依頼者は、〈情報提供〉で答える。【先行発話ユニット】の後の【依頼ユニット】では11行に渡る長い〈情報提供(依頼の事情説明)〉が行われ、その後、ようやく〈依頼〉が行われる。これに対する〈受諾〉は直後のターンで行われる。受諾後には〈依頼確認〉と再度

の〈受諾〉が行われる。高年層の典型的依頼談話と言ってよい。]

次は、同じ地点の青年層の談話である。

(例 2) 3 次・青年　杵築市山香町　2010 年 9 月 11 日収録　m　SH　(37 歳)　f　SR (38 歳)

　運動会のリレーに参加することを依頼する場面である。本題部は【被依頼者の先行発話ユニット】、【依頼ユニット】そして【依頼確認ユニット】が 2 回繰り返され、全部で 4 つのユニットからなる。

―開始部―
1f　　オハヨー。〈朝の挨拶〉(m　オー。) S クン　オル↑ (S 君居る？)〈情報要求 (所在確認)〉
2m　　オー、ヒサシブリヤナー。〈再会の挨拶〉
―本題部―
【被依頼者の先行発話ユニット】
　　　ドシタン↓ (どうしたの？)〈被依頼者の先行発話＝情報要求〉
【依頼ユニット】
3f　　コンドノ　ホイクエンノ　ウンドーカイナンヤケド↓ リレーニ　ドーシテモ　デテモライタインヤケド、ダイジョーブカナー↓〈依頼〉
4m　　リレーヤロ。キョネンナー　マケタケンナー (負けたからね)、コトシ　ゼッタイ　カツワー。ゼッタイ　デルヨ。〈受諾〉
【依頼確認ユニット】
5f　　ホント。ヤルキ　マンマンナンヤナー。(m　ンー。) ジャー　アノー、メンバーニ　イレチョッテ　イーカナー。(入れておいていいかなあ)〈依頼確認〉
6m　　アー、イーヨ　イーヨ。〈受諾〉
　　　アーン、モー　ワケー　ヤツモ　ソロソロ　デテコンカナーチ　オモーチョンノヤケド↓ (出てこないかなと思っているのだけど。) ゼッタイ

　　　　カツワ↓オレ。
7f　　ソーユーワンデ　ホント、ガンバッテナー。（m　ハイ。）[出場者若返りに関する話題]
【依頼確認ユニット】
　　　　ヨロシク　タノムナー。〈依頼確認〉
8m　　ハーイ、リョーカイデース。〈受諾〉#
　[本題部は、〈被依頼者の先行発話〉から始まる。朝、訪れた依頼者に対して、被依頼者は、用件があることを察して「どうしたの」と訊ねる。情報要求であると同時に、依頼談話のなかでは依頼者の依頼を促進する働きをしている。これに促されて【依頼ユニット】で〈依頼〉と〈受諾〉が行われる。
　次の【依頼確認ユニット】では、〈依頼確認〉と再度の〈受諾〉の後、[出場者の若返りの話題]があり、二つ目の【依頼確認ユニット】で〈依頼確認〉が談話を収束させる働きを兼ねる。ここでは終結部がなく途切れている。]

　次に少年層の談話を示す。

　（例3）3次・少年　杵築市山香町　2010年9月11日収録　m　HH（14歳）　f　TZ（15歳）
　中学生が宿題のプリントを借りる場面である。本題部は、【被依頼者の先行発話ユニット】、【依頼ユニット】、【返却約束ユニット】の3つのユニットからなる。

―開始部―
1m　　オハヨー。〈朝の挨拶〉
2f　　オハヨー。〈朝の挨拶〉
―本題部―
【被依頼者の先行発話ユニット】
　[2fの発話は、開始部の朝の挨拶から、本題部の被依頼者の先行発話ユ

ニットへと続く。]
　コンナ　アサ　ハヤク　ニチヨービニ　ドシタン↓（どうしたの）〈被依頼者の先行発話＝情報要求〉

【依頼ユニット】

3m　イヤ、エーゴノ　シュクダイガ　オワッテナイカラ、〈情報提供〉エーゴノ　シュクダイ　カシテクレン↑（英語の宿題貸してくれない？）〈依頼〉

4f　イツモジャネー↑（いつもじゃない？）〈否定応答〉
　デモサー、H（相手の名）、ソロソロ　ジブンデ　ヤラント、ジュケンモモー　ソロソロナンヤケン……（そろそろ自分でやらないと、受験ももうそろそろだから）話題開始（受験準備について）〈情報提供＝否定応答の理由〉

5m　イヤ、ジュケンワ　エーゴ　デキンケド　ダイジョーブヤケン。ヘヘッ。〈情報提供〉

6f　ソンナコト　イーヨッタラ　オチルヨー。（そんなこと言っていたら落ちるよ）〈情報提供〉話題終了

7m　イヤ、オチテモ　イーケン。（いや、落ちても　いいから（宿題貸して））ヘヘッ。〈依頼補強〉

8f　マー、ナラ　ウチモ　チャント　ヤリタイケン、トコロ　アルケンサー　キョージューニ　カエシテ　ホシーンヤ。ソレナラ　カスケドー↑（まあ、それなら私もちゃんとやりたいから、（やる）ところあるからさあ、今日中に返してほしいんだ。それなら　貸すけど？）〈〈条件付き〉受諾〉

【返却約束ユニット】

9m　ンー〈応答〉ジャー、ハヤク　オワッタラ　カエシニ　クルケン。（返しに来るから）〈返却約束〉

10f　ン〈応答〉

―終了部―
　ジャー　マタ　アトデ。〈別れの挨拶〉

11m　ハイ、サヨナラ。〈別れの挨拶〉
　［「どうしたの」という〈被依頼者の先行発話〉で本題部が始まり、それに促されて、簡単な理由説明の後、〈依頼〉の出現は早く、本題部第2ターンであらわれる。しかし、その後〈否定応答〉、［受験準備の話題］、〈依頼補強〉が続き、第7ターン（依頼から5つめ）でようやく条件付き〈受諾〉が行われる。依頼を表明してもなかなか受諾が行われない。少年層の典型的依頼談話である。］

　成人の場合と比較する。高年の例では、〈依頼予告〉の後、双方の情報提供（家人不在の状況、耕耘機を借りに来た事情）が行われ、十分情報のやりとりが行われた後で〈依頼〉が行われると、直後のターンで〈受諾〉される。〈依頼〉に至るまでは長いが、〈受諾〉はすぐに行われる。青年の例は、始まり方は少年と同様である。すなわち〈被依頼者の先行発話〉で本題部が始まり、それに促されて、本題部第2ターンで、簡単な理由説明の後、〈依頼〉が行われる。しかし、前年の運動会リレー出場で成績が思わしくなかったと思われる被依頼者の発話があり、すでに情報の共有が整っている。よって、少年の場合とは異なり、依頼の次のターンですぐに〈受諾〉される。

2．発話の機能

　依頼者と被依頼者の相互行為における依頼・被依頼にかかわる働きかけの最小単位を「発話の機能」と呼ぶ。これまでの研究では、「発話機能」（ポリー・ザトラウスキー 2009、柳慧政 2012）、「move」（熊谷智子 1995）、「機能的要素」（熊谷智子・篠崎晃一 2006）等として取り上げられてきた。ただし、これらの研究とは資料の性質が異なっており、呼び方を別にした。
　資料にあらわれた「発話の機能」をあげると次の通りである。
1〈依頼〉、2〈依頼補強〉、3〈受諾〉、4〈依頼予告〉、5〈先行発話〉、6〈依頼確認〉、7〈謝辞〉、8〈詫び〉、9〈返却約束〉、10〈返却要求〉
　この他、具体的な内容の情報交換として 11〈情報要求〉、12〈情報提供〉

がある。具体的な事情質問や事情説明が情報のやり取りである。

さらに、直接働きかけに関与しない、むしろ一時、依頼の相互作用から外れる発話連続に［話題］がある。［話題］には依頼内容に関連した事柄や参加者が興味を持っている内容（例えば、作物の出来、野球選手や文化祭の事など）が現れる。［話題］終了後に〈依頼確認〉が現われ、依頼談話の本題部が終了したりする。（例2）の青年の談話では出場者若返りに関する話題の後、〈依頼確認〉があらわれる。また、［話題］が一段落すると談話を収束させる働きの発話があらわれて、終了部の別れの挨拶に続いたりする。（例3）の少年の談話では受験準備の話題が一段落した後に条件付き受諾があらわれ、依頼談話は収束に向かう。このように、［話題］は談話をスムーズに進行させる依頼談話の重要な要素であるといえる。

「発話の機能」のうち、〈依頼〉については表現に着目し、どのような表現があらわれるかを示す。その他の機能については主なものを、談話の流れのなかでどのようにあらわれるかを示す。

2.1 〈依頼〉

〈依頼〉の機能を果たす具体的な表現には次のような7種がみとめられる。1次から3次までにあらわれた〈依頼〉の表現を世代別に数で示す。大分県での依頼表現のバリエーションといえる。

表1　依頼の表現

	問いかけ系	要望表明系	来訪目的系	直接依頼系	可能問いかけ系	情報要求系	命令系
高年	7	5	7	2	5	1	1
青年	7	8	3	3	2	4	0
少年	10	2	4	6	0	1	1

① 問いかけ系

「～してくれないか（な）」と問いかけることで依頼の働きかけを行う。1

次から 3 次までのすべての世代でよくあらわれる。

(例4)アン　スマンガ　アンタカタン　ウメンハナー　イッポン　キラシチクレンデー。(あのすまないがお宅の梅の花を1本切らしてくれませんか)　　　　　　　　　　　　　　　　　　　　　　(1次・高年　中津市)
(例5)アンタモ　ソレニ　ヒトツ　デテクレンカナー。
　　　　　　　　　　　　　　　　　　　(1次・青年　東国東郡国東町)
(例6)スマーンケンドー　チョット　タネゴマ　カッシクレンナエー。(すまないけれど、ちょっと椎茸の種ゴマ貸してくれないかね)
　　　　　　　　　　　　　　　　　　　(2次・青年　大野郡緒方町)
(例7)ワルイケド　キョーノ　ニッカヒョー　オシエテクレン。(日課表教えてくれないか)　　　　　　　　　(3次・少年　日田市大鶴本町)

② 　要望・心情表明系

「～してもらいたい、～してほしい、～しようと思っている」など、直接依頼を表明するわけではなく、要望や依頼の心情を表明することによって依頼の働きかけをあらわす。

(例8)コレン　ワケーシー　キッチェモライテートモーノジャ。(これをお宅の若い人に切ってもらいたいと思うんです)
　　　　　　　　　　　　　　　　　　　(1次・高年　東国東郡国東町)
(例9)カッシテホシーンジャケド。(貸してほしいんだけど)
　　　　　　　　　　　　　　　　　　　(2次・少年　東国東郡国東町)
(例10)ニーサンニ　コノマエデケタ　アノ　セイネンダンノメイボナ　アリョ　カロートモーチョンジャケンド。(兄さんにこの前出来た青年団の名簿ね、あれを借りようと思ってるんだけれど)
　　　　　　　　　　　　　　　　　　　(1次・青年　東国東郡姫島村)

③ 　来訪目的表明系

「借りに来た、手伝ってもらおうと思って来た」のように、訪ねてきた目的に依頼の内容を含む。

(例11) アミ　カリー　キタンジャ。(網を借りに来たんだ)
　　　　　　　　　　　　　　　　　(1次・高年　北海部郡佐賀関町)
(例12) ウチャゲデンナー　スットキニ　カシェイシテモラオートモーチ
　　　マー　ムリュ　ユイーキタンジャケンド　アンタ。(打ち上げでもな、するときに手伝ってもらおうと思ってまあ無理を言いに来たんだけど〈あんた〉)　　　　　　　　　(1次・青年　速見郡山香町)
(例13) ゲーム　カリン　キター。(ゲームを借りに来た)
　　　　　　　　　　　　　　　　　(3次・少年　大分市戸次)

④　直接依頼表明系
　依頼の働きかけを「〜してくれ」と直接、依頼を表明することであらわすシンプルな形式。

(例14) キノドクナケンド　サシミザラ　ニソクホド　ケーチョクレ。(申しかねますがさしみ皿を20枚ほど貸してください)
　　　　　　　　　　　　　　　　　(1次・高年　直入郡久住都町)
(例15) スマンケド　ケーチクレナーイ。(すまないが貸しておくれ)
　　　　　　　　　　　　　　　　　(2次・高年　東国東郡姫島村)
(例16) ア　コクゴノプリント　カシテー。　(3次・少年　東国東郡姫島村)

⑤　可能問いかけ系
　借りることができるかどうかを問いかける表現形式。高年、青年にはあらわれるが、少年には見られない。もっとも丁寧なものは、借りる相談ができるかどうかを尋ねている。

(例17) ア　ナニュ　スコップオ　ケーチクルルコター　ジェケメーカ。(あ

あ〈何を〉スコップを貸してもらうことはできまいか）

(1次・高年　玖珠郡九重町)
(例18) スマンケンドガ　アン　フンムキ　チョイト　ケーチクルルコタナリメーカ。(すみませんがあの噴霧器をちょっと貸してもらえないだろうか)　　　　　　　　　　　　　　(1次・青年　下毛郡山国村)
(例19) ヒョーイト　ワシー　マー　カシチェオクルルヨーナ　ゴソーダンナ　デケマイカアンタナー。(もしもわたしに貸して下さるようなご相談はできないもんでしょうかなあ)　　　(1次・高年　速見郡山香町)
(例20) アレッテ　キョー　カリレルン。(あれって今日借りられる？)

(3次・青年　佐伯市)

⑥　情報要求系

　借りたいものがあるかどうか情報要求の形で間接的に依頼の働きかけをする。この他に依頼の表現はみられないが、受諾が行われることでこれが依頼の働きをする表現であることがわかる。

(例21) アンタゲニャー　タマゴ　アリメーネ。(おうちには卵ないでしょうか)　　　　　　　　　　　　　　　　(1次・青年　日田市東有田町)
(例22) ウシカター　チット　ノコッチョランカヤー。(お前の家〈にタルクが〉少し残っていないかね)　　　　(2次・青年　東国東郡姫島村)
(例23) ナンカ　イー　テープ　ネーカナー。(何かいい〈歌の〉テープがないかなあ)　　　　　　　　　　　　(2次・少年　南海部郡蒲江町)
(例24) キネトカ　ウスガ　オマエノトコ　アルカノー。(杵とか臼がおまえのところにあるかなあ？)　　　　　(3次・高年　大分市一尺屋)

⑦　命令系

　命令形を用いた直接表現。少年と高年に1例ずつあらわれるのみである。ともに島嶼部の例であり、親密な人間関係のなかで用いられていると思われる。

(例25) アノー　ホン　カシェノー。(あのう本貸せよ)
(1次・少年　津久見市保戸島)
(例26) マー　ナンデム　イーヤ　マー　ヒトツ　カシェノー(まあ何でもいいよ、まあひとつ貸してくれ［共通語訳は「貸してくれ」となっているが、形式的には命令形の「カシェ」に終助詞がついた形になっている。])
(2次・高年　南海部郡蒲江町深島)

2.2 〈依頼補強〉

〈依頼補強〉は次のような場合にあらわれやすい。
①相手の否定(的)応答や情報要求などの反応があり、一度の依頼では受諾が得られないとき。
②情報交換の中で依頼の内容が具体化する場合。
③［話題］が挿入され、それが終了したとき。
④被依頼者が目的のものとは異なるものを提示し、依頼の条件が満たされないとき。
　次の例は、一度の依頼では受諾されない場合(①)である。

(例28) 2次・高年　日田市大鶴本町　稲刈り機を借りる場面
2f　エライ　アサ　ハヨカル　ナニゴツカイ。(朝早くから何事ですか)
　　〈被依頼者の先行発話〉
3m　…アンタゲン　イネカリキーオ　キョーワ　イチンチ　ケーチクリャ　イーネ(お宅の稲刈り機を今日は一日貸してくれるといいんだが)
　　〈依頼〉
4f　…ウチモ　コンドン　ニチヨーニ　カローカチ　オモーイヨルキー、(我が家も今度の日曜日に刈ろうかと思っているから)〈否定的応答〉
　　イッション　ナラーンゴツスリャ　イーコタ　イータイ。(一緒にならないようにすれば、いいことはいいですよ)〈受諾条件提示〉
5m　ンニャ　オタイゲ　キョー　イチンチ　カリャ　シマユルキーン。(いや我家は今日一日刈れば終わるから)〈依頼補強〉

［3mで〈依頼〉を行うが、〈否定的応答〉〈受諾条件提示〉が続くため、受諾条件を満たすことを主張して〈依頼の補強〉を行っている。］

〈依頼補強〉の変種として「補償」の提案が行われることがある。依頼に対する受諾がなかなか行われない場合、依頼に対する負担を軽減するため補償の申し出を〈依頼補強〉として行う場合である。

(例29) 1次・青年　中津市北部　ボストンバッグを借りる場面
11m　チョット　イッテコンナランキー…ソンカアリ　オミヤゲー　ウント　コーチ　カイッチャッデ。(ちょっと行ってこなくちゃならないから…そのかわりにおみやげをたくさん買ってきてあげるよ)〈依頼補強＝補償〉
12f　ソラー　ソーヨ。イッパイ　コーチコント　ウチャ　モー　カサンデ。(それはそうよ。どっさり買ってこないとわたしはもう貸しませんわよ)〈情報提供＝条件提示〉
［ボストンバッグを借りに来たが、以前貸して傷つけた経緯から貸すのを渋っているところへ、貸してくれたらおみやげを買ってくると補償の提案をしている。］

　次の例は、依頼の対象が具体化する場合(②)である。

(例30) 1次・少年　中津市北部　文法の本を借りる場面
5f　アン　ソリャソートナ　エイゴン　ジショ　カシテクレン？(あの、それはそうとね、英語の辞書貸してくれない？)〈依頼〉
6m　ウン　ナンノ　ジショダイ。〈情報要求〉
7f　アン　ブンポン　ホ(ママ)(文法の本。)〈情報提供〉
8m　ブンポン　ホンナラ　アル。〈情報提供〉
9f　フンナ　カシテナ(それじゃ貸してね。)〈依頼補強〉
［最初の〈依頼〉では英語の辞書であるが、情報のやりとりによって「文

法の本」へと具体化し、それがあることを確認したうえで、再度依頼を行っている。］

　話題の後に〈依頼補強〉が行われる場合は、先にあげた（例3）にあらわれている。

　依頼の条件が満たされない場合（④）は、剣スコップを借りに来て角スコップが出され、「剣スコップの方を貸してよ」と〈依頼補強〉する例（2次・高年　玖珠郡九重町飯田）がある。

2.3 〈依頼予告〉

　〈依頼予告〉は、〈依頼〉に入る前に、依頼に言及するメタ言語で、「本題部」の初期に現れる。

（例31）2次・高年　直入郡直入町長湯　敷地を通る許可を求める場面
7m　　キョーワナー　オネガイゴツガ　アッチ　キタンジャー。（今日はねお願いがあってきたんだ）〈依頼予告〉
8f　　ナンジャローカー。〈情報要求〉
9m　　ナバギモ　オコセンジオッチー　イマゴリナッチ　オコシヨッタトコロガ　ミチガ　ネーモンジャキナー〈情報提供〉　アンタカテー　タノミゴチー　キタンジャワー。（椎茸の原木もおこせないでいて、今頃になっておこしていたところが、それを運ぶ道がないものだからあなたの家に頼みに来たんだよ）〈依頼予告〉
［この例では2度の依頼予告の後、運ぶ場所について情報交換が行われてから13mでようやく相手の敷地内を通らせてくれ、という依頼が行われる。］

2.4 〈先行発話〉

　〈先行発話〉は、依頼実現がスムースに行われるための条件作りである。依頼者が依頼の相手の所在を尋ねたり、依頼の対象物の存否を尋ねたりする

場合と、被依頼者が相手の用事を察して何の用事かを尋ねる場合の〈被依頼者の先行発話〉がある。

(例32) 1次・高年　東国東郡姫島村　サジ（叉手）を借りる場面
3m　ゴーヤンナ　モー　イタンカナ　タコベー。（Gさんは、もう蛸壺漁に行ったのかね）〈先行発話〉
4f　タコベー　イタ。（蛸壺漁に行った）〈情報提供〉
5m　サジョー　カロトモチョッタンジャケド　ヘー　イタンカ。（叉手を借りようと思っていたのだけど早くも行ったのか）〈情報提供（依頼予定の確認）〉
［3mの〈先行発話〉は、漁の道具を借りる相手の所在をあらかじめ確かめることによって貸借のスムースな実現を目指している。この例では不在のため〈依頼〉は行われない。］

(例33) 2次・少年　直入郡直入町長湯　数学の宿題を借りる場面
3m　アンー　アレッ　スーガクンシクダイ　シッキタナ。（数学の宿題してきた？）〈先行発話〉
4f　ンー　マー　イチオー　ショーケドー。（一応してるけど）〈情報提供〉
5m　イヤー　アレーッ　スーガクンセンセー　アレ　イジワリーナー。セート(ママ)　ゲンカイオ　カンガエンジカラエー　モー　ムガムト　ダスキエー。（数学の先生意地が悪いなあ。生徒の限界を考えないで、もうむちゃくちゃ〈宿題を〉出すからなあ）〈情報提供〉
6f　ソーソーソーソーソー。〈肯定応答〉
7m　シッ　アレ　アトジ　マダ(ママ)　ノート　ミシテー。（そしてあれ、後でまたノート見せて）〈依頼〉

被依頼者の先行発話の例は、すでにあげた（例2、3）にあらわれている。

2.5 〈依頼確認〉

〈依頼確認〉はすでに得られた〈受諾〉を確認するものである。話題の後であらわれる場合は談話の本題部を「収束」させる働きを兼ねる。「では、それなら」という締めくくりの形式で始まるのが特徴である。

すでにあげた(例1)では、6f〈受諾〉の後7mで「ハー　ホンナラナー　スンマセンケンドガ」と〈詫び〉の後、「マタ　ユーガタ　カリー　クルキジーサン　カエッタラ　ソゲー　ユーチャッチョクレ。」と伝言を依頼し、「オネガイシマース。」と〈依頼確認〉をして談話を収束させる。7mの発話の始まりは「それなら」という形式である。〈依頼確認〉の後は相手の「ヨゴザイマス。」〈受諾〉を経て終了部の別れの挨拶へと移っていく。

(例2)では、〈依頼確認〉が2回あるが、最初のものは、〈依頼〉をするとすぐに〈受諾〉されたので依頼の確認を行った。2回目のものは[話題]の後に行われ、談話を収束させる働きも兼ねている。

以下の例は、いずれも談話の後半部であらわれ、[話題]の後や依頼が一段落した後に行われる〈依頼確認〉で、談話を収束させる働きも兼ねている。

(例34) 2次・高年　南海部郡蒲江町深島　タバコを借りる場面
24m　エー　オイタラーッ　ヒトツーカッテ　イクワ　モー。(ええ、じゃあ、ひとつかりていくよ、もう)〈依頼確認〉
25f　ンー。〈応答〉
26m　オーキニナー。(ありがとうね)〈謝辞〉
27f　アイアーイ。〈応答〉
―終了部―
　　オイタラ　マタ　クラーイーワー。(じゃあ、またおいで)＜別れの挨拶(再来の提案)＞
28m　ナー　サイナラー。(じゃあ、さようなら)〈別れの挨拶〉
29f　サナラーッ。(ママ)(さようなら)〈別れの挨拶〉 #(ここで談話終了)
[朝寒いのでなかなか外に出られないことを話題]にした後の〈依頼確

認〉である。その後は〈応答〉、〈謝辞〉で本題部は終わり、終了部へと移っている。]

(例35)3次・高年　日田市中津江村　鎌を借りる場面
31m　ナラ　カッテイキマス（では借りていきます。）〈依頼確認〉
32f　ハイ。イーグライジャアリマセン（はい、もちろんいいですよ。）〈受諾〉
33m　マタ　オワッタラ　カエシキマス。〈返却約束〉
　［墓の清掃をするために鎌を借りに来た男性が［先祖供養の話題］が終了した後で〈依頼確認〉が行われる。この後は謝辞や家族への伝言、別れの挨拶が続き、談話が終了する。］

(例36)3次・青年　中津市山国町　バッテリーコードを借りる場面
22f　アッタ　アッタ。ホンナラ　ノッテイコー　イッショニ。（あったあった。それなら乗って行こう一緒に）〈情報提供＝共同行為提案〉
23m　ジャー　ゴメンケド　オネガイ。（じゃあ悪いけどお願い）〈依頼確認〉
24f　ハーイ。〈応答〉＃
　［依頼者がバッテリーコードを借りに来て、その所在を確かめた被依頼者が、「一緒に車に乗って男性の車の置いてある所に行こう」と提案したのが22f、その提案を受けて依頼に目途がついたところで依頼者が行った〈依頼確認〉が23mである。］

　談話の収束は〈受諾〉で行われることもある。先にあげた（例3）では〈受諾〉が［受験準備についての話題］の終了後、談話の終末近くにあらわれ、談話を収束させる働きを兼ねている。〈受諾の確認〉ともいえる。次の例も同様である。

(例37)1次・少年　津久見市保戸島
18f　ンナ　ホンナラ　ホン　アノー　ホンワ　アトカラ　モッテイッテヤ

ルケ。(じゃあ、本はあとから持って行ってやるから)〈受諾〉
19m　オッシャー。(あいよ)〈応答〉
［この後は「終了部」の別れの挨拶へと移っていく。］

2.6 〈詫び〉

「詫び」には3種の場合がある。第1は、開始部や終了部で、早朝の訪問の詫び形式で朝の挨拶として、また訪問についての詫び形式で別れの挨拶としてあらわれる場合である。(例1)には第1の場合があらわれている[1]。

　(例1再掲)3m　ヘー　ハヨ　キチナー　スマンケンドガ、〈朝の挨拶(訪問への詫び)〉
　(例1再掲)9m　ハイ　ソンナラ。〈別れの挨拶〉ハイ　オジャマシマシタ。〈別れの挨拶(訪問についての詫び)〉

次の例も早朝の訪問に対する詫びの形式で〈朝の挨拶〉の働きをしている。

(例38)3次・高年　日田市中津江村
―開始部―
1m　ア、オハヨーゴザイマス。
2f　オハヨーゴザイマス。
3m　モー　スンマシェン。アサ　ハヨカラー。(もうすみません。朝早くから)〈朝の挨拶(訪問についての詫び)〉
―本題部―
4f　アー　イエイエ。コンナニ　ハヤク　ナンノ　ヨー？〈被依頼者の先行発話〉
　［早朝訪問についての詫びであり、〈挨拶〉であり、「開始部」に属する。］

このほかにも3次収録の開始部に「アンナ、ゴメンナ　ヤスミノトコロ」

(佐伯市青年)「オハヨー。チョット　アサハヤク　ゴメンケド↓(悪いけど)」(中津市北部少年)がある。

　第2は、依頼や依頼確認の前置きとしてあらわれるもので、〈依頼確認〉の前置きとしては、やはり(例1)に見られる。

　(例1再掲)7m　ハー　ホンナラナー　スンマセンケンガ〈詫び〉マタ　ユーガタ　カリー　クルキ　ジーサン　カエッタラ　ソゲー　ユーチャッチョクレ。〈伝言依頼〉オネガイシマース。〈依頼確認(談話の収束)〉

　〈依頼〉の前置きとしてあらわれる例には次のようなものがある。

(例39)1次・青年　北海部郡佐賀関町一尺屋　お神酒銭を集める依頼の場面
3m　オリャヨイ　レンゴークチョーサンカラ　マトゥリン　オミキシェンヌ　タノマレチョンノジャガ〈情報提供〉　スマンケンド〈詫び〉　トリー　アリーテクリーノ。(おれはね、連合区長さんから祭りのお神酒銭を〈集めるよう〉頼まれているのだが、すまないが取りに歩いてくれよね)〈依頼〉

　第3は、〈詫び〉が相手に対する働きかけとして単独であらわれる場合である。以下の3例が本題部に単独で現れる〈詫び〉である。

(例40)3次・高年　豊後高田市呉崎　お金を借りる場面
16f　ウーン。マー、ワスレンヨーニ　モッテキテオクレ。ワシモ　コマルケンノー。(忘れないように持ってきておくれ。私も困るからね)〈返却要求〉
17m　アサ　ハヨカラ　ホント　スイマセン。(朝早くから本当にすみません)〈詫び〉…

22f　ハヨー　モドシチョクレ。ワシモ　コマルケ。(早く返しておくれ。私も困るから)〈返却要求〉
23m　ヘーヘーヘー。ヘーヘー、スイマセン。アサ　ハヨカラナー。(すみません。朝早くからね)〈詫び〉
［両例とも返却要求の後で、早朝訪問して依頼することを詫びている。］

(例41) 3次・青年　中津市山国町溝部　バッテリーコードを借りる場面(〈依頼確認〉の例で見た談話の別の場所)
12f　…チョット　ココ　アケテミルネ。ドコヤッタカナー　メッタニ　ツカワンケンナ。(ちょっとここ開けてみるね。どこだったかなあ。めったに使わないからね)〈情報提供〉
13m　ソーッチャネ。ウン　ゴメン、ホント。アサ　ハヤクカラキテ。(そうだね、うん、ごめん、本当。朝早くから来て)〈詫び〉
14f　ンー。イーヨ　イーヨ。〈詫びに対する打消し応答〉
［バッテリーコードを探す相手の労に対して、早朝からの訪問依頼を詫びている。］

3．ユニット

　以上、談話の最小単位としての「発話の機能」を見てきたが、次にこれらが、どのように関連し合ってユニットを形成するかを見ていく。再び、(例1～3)を取り上げて、「発話の機能」の連鎖を見ることにしよう。

　(例1) 高年
　開始部では朝の挨拶が相互に行われ、「早く来てすまない」と配慮を詫びの形であらわす。本題部は 3m の「頼みがあってきた」と〈依頼予告〉をするところから始まる。これは【依頼予告】というユニットを形成する。
　次に「爺さんはどこへ行ったのか」と依頼の相手の所在を尋ねる〈先行発話〉で情報を要求する。これに対して 4f は「近況と、現在、田に行って

いて不在であること」を〈情報提供〉として答える。ここまでで【先行発話】というユニットを形成する。
　次に5mの〈情報提供〉から【依頼ユニット】が始まる。5mの発話の最後に〈依頼〉があらわれる。これに対して6fは「耕耘機はいいぐらいのことではない（＝もちろんいい）」〈受諾〉「車庫においてある」〈情報提供〉「いつでも使っておくれ」〈受諾〉と答える。ここまでで依頼から受諾までが展開し、【依頼ユニット】を形成する。
　次は7mで「それではすみませんが」という前置きとしての〈詫び〉と「爺さんが帰ったら借りに来ることを伝えてくれ」という家族への伝言と「お願いします」という〈依頼確認〉が行われ、8fで「ようございます」〈受諾〉が繰り返される。ここまでで【依頼確認ユニット】を形成する。8fの発話は本題部最後の〈受諾〉と終了部の〈別れの挨拶〉にまたがっている。これを整理すると「本題部」は次のようなユニットの連鎖になる。

3m 依頼予告 /　3m 先行発話（情報要求）－4f 情報提供 /　5m 情報提供 －5m 依頼 －6f 受諾 －6f 情報提供 －6f 受諾 /　7m 依頼確認 －8f 受諾

　ハイフンで結ばれたものは、より結びつきが強く、スラッシュとスペースで区切られたものとは別のまとまりになる。スラッシュからスラッシュまでがユニットである。
　スラッシュの次のスペースの後には新しい談話の展開がおこる。この例では依頼者（m）の依頼予告、先行発話、情報提供、依頼確認は談話を進展させている。それに対して被依頼者（f）の情報提供と受諾は談話の進展の受け手として働いている。（例2）（例3）を同様にして整理して示す。

（例2）青年

2m 被依頼者の先行発話 /　3f 依頼 －4m 受諾 /　5f 依頼確認 －6m 受諾 －6m ［話題］ /　7f 依頼確認 －8m 受諾

被依頼者(m)は、相手に用件があることを察して「どうしたの」と先行発話でまず談話を展開する。これを受けた依頼者(f)が依頼を行い、受諾される。依頼者はさらに依頼確認を行う。［話題］は被依頼者(m)のリードで進展するが、それを受けた依頼者(f)が再度、依頼確認によって談話を進展・収束させる[2]。

(例3) 少年

2f 被依頼者の先行発話／　3m 依頼 –4f 否定応答 –4f ［話題］–7m 依頼補強 –8f 受諾／　9m 返却約束

　開始部の朝の挨拶の後、被依頼者が〈先行発話〉でまず談話を展開する。これに対して〈依頼〉が行われるが、〈否定応答〉で拒否され、受験勉強の準備に関する［話題］へと移り、受諾はさえぎられる。何回かのやりとりで話題が一段落した後、依頼者が〈依頼補強〉を行うことにより条件付き受諾が行われる。この条件を満たすために依頼者は〈返却の約束〉で依頼が実現し、終了部の別れの挨拶へと移っていく。

3.1　ユニットの種類
　例1～3で行った分析をすべての資料において同様に行うと、次のようなユニットが得られた。およそ談話にあらわれる順に従って示す。

1 先行発話ユニット、2 被依頼者の先行発話ユニット、3 依頼予告ユニット、4 依頼ユニット、5 依頼確認ユニット、6 謝辞ユニット、7 返却要求ユニット、8 返却約束ユニット、

　これらのユニットは「発話の機能」にほぼ対応するが、異なる点もある。それは次の4点である。

① 〈先行発話〉には、依頼者の行う先行発話ユニットと(例2、3)で見たように、被依頼者が、相手の様子を察して行う被依頼者の先行発話ユニットがある。
② 〈情報要求〉〈情報提供〉〈受諾〉〈依頼補強〉は依頼ユニットやその他のユニットに内包される。
③ 〈謝辞〉は常に独立したユニットになるわけではない。談話を進展させ、積極的に展開させる場合は独立のユニットを形成するが、受諾を受けた謝辞のような相手の働きかけを受けて行われる場合は、謝辞は依頼のユニットに属する。
④ 〈詫び〉は、「発話の機能」のところで見たように、訪問の挨拶としてあらわれたり、依頼や依頼確認の前置きとしてあらわれたりする。単独であらわれるのは3例のみであるが、いずれも【依頼ユニット】の内部で、返却要求のあと((例40)3次・高年　豊後高田市呉崎)や情報提供のあと((例41)3次・青年　中津市山国町溝部)であらわれ、独立したユニットは形成しない。

3.2　ユニットの検討

ユニットのなかでは、依頼のユニットが依頼談話の中核をなすものである。これがどのような「談話の機能」によって形成されるか、いくつかの例を見ていこう。また、〈謝辞〉や〈返却約束〉が独立したユニットを形成するかどうかについても検討する必要がある。

3.2.1　【依頼ユニット】

(例42) 1次・高年　速見郡山香町中山香　ミンチを作る道具を借りる場面
5f　　タイソー　ワシャ　キョーワ　ムシンニ　アガッタンジャガエナー。
　　　(大層私は今日はお願いに上がったんじゃがなあ)〈依頼予告〉
6m　　…ナンジェン　カナユルワエ。(何でもしてあげるわ)〈肯定応答〉
7f　　タイソー　スマンコッチャガ〈詫び〉　ワシャ　イマ　ミソタキオ　シ

ヨンノジャガ　ヒョイト　オウッノミンチガ　タイソー　ツゴーガイーチイーヨッタガ（私は今味噌たきをシヨルのだが、もしもお宅のミンチ＜の道具＞が大層具合がいいそうだが）〈情報提供〉ヒョーイト　ワシーマー　カシチェオクルルヨーナ　ゴソーダンナ　デケマイカアンタナー。（もしも私に貸して下さるようなご相談はできないもんでしょうかなあ）〈依頼〉

8m　エーエー　モッチェ　オイデアンタ。…（いいよ、持っておいでなさい）〈受諾〉

9f　ヘーエ　ホンナ　スマンケド（へえ、それじゃすまないけど）〈詫び〉マー　オネガイシマースアンタ。（まあお願いしますよ）〈依頼確認〉

10m　エーエ　ヨゴザリマスルアンタ。…ハイ　オバーハンニ　デーチアギー。（へえ、ようございます。…＜家人に＞はやくおばあさんに出してあげよ）〈受諾〉

11f　ホンナー　マー　ソリャ　スマンケド、ドーゾ　オタノモーシマス。〈依頼確認〉

12m　ヘーエ　ヨゴザリマスアンタ。〈受諾〉

―終了部―

13f　ホンナー　サヨナラアンタ。（じゃさようなら（あなた））

　［5f〈依頼予告〉6m〈肯定応答〉で形成された【依頼予告ユニット】の後、7f〈詫び〉〈情報提供（状況・理由事情説明）〉〈依頼〉8m〈受諾〉で【依頼ユニット】が形成される。その後は 9f〈依頼確認〉10m〈受諾〉と 11f、12m で【依頼確認ユニット】が２回繰り返されて 13f で終了部の〈別れの挨拶〉に移っていく。］

（例 43）１次・青年　東国東郡国東町　方言収録の協力を依頼する場面
　「方言の旅」の収録があるという事情説明〈情報提供〉の後 11m アンタモソレニ　ヒトツ　デテクレンカナー。と〈依頼〉が行われ、さらに依頼理由の〈情報要求〉〈情報提供〉が続いて次の 17m で〈依頼補強〉が行われる。

17m　トニカク　イッカイグライ　マー　サービスシチクルツモリジ　デ

チクレンカイ。(とにかく1回ぐらいサービスしてくれるつもりで、出てくれないか)〈依頼補強〉
18f　ウン　ジャーナー　アンタン　タノミジャカラ　モー　ショーガネーワ(うん〈そう〉だわね。あなたの頼みだからもうしかたがないわ)〈受諾〉
19m　アー　ソージャーチャー。ソーナケリャー　イカンノヤ。(ああそうだとも。そう来なくっちゃいけないんだ)〈肯定応答〉
20f　フフフン。〈応答〉

　〔〈情報提供〉、〈依頼〉の後〈情報の交換〉があり、〈依頼補強〉によって〈受諾〉される。受諾の後には依頼が承諾されたことに対する喜びの心情が〈肯定応答〉として続く。【依頼ユニット】は11mの〈情報提供〉〈依頼〉から始まり17m〈依頼補強〉18f〈受諾〉を経て20f〈応答〉までで形成される。なお、この後に続く21mジャー　タノームデ。22fウン。は【依頼確認ユニット】となる。〕

(例44)1次・少年　津久見市保戸島　社会の教科書を借りる場面
3m　アノー　ホン　カシェノー。(あのう、本貸せよ)〈依頼〉
4f　ソゲー　ハヨーカラ　ナン　スンノカイ。(こんなに早くから何するの?)〈情報要求〉
5m　アア　アチーキー　アサ　チョット　ベンキョショム、ショートモーチョンノヤケンノー。(ああ、暑いから朝ちょっと勉強しようと思ってるからねえ)〈情報提供〉
6f　アー　ナンノ　ホンニャ。(ああ。何の本なの)〈情報要求〉
7m　アノー　シャカイノホン　カシテクレンカ(あのう社会の本貸してくれないか)〈依頼補強〉
8f　ドゲナンニャ(どんなのか)〈情報要求〉
9m　キョーカショ　シャカイノ。(教科書だ、社会の)〈情報提供〉
10f～〔試験の範囲についての話題〕
18f　ンナ　ホンナラ　ホン　アノー　ホンワ　アトカラ　モッテイッテヤ

ルケ。(じゃあ、あのう本は後から持って行ってやるから)〈受諾〉
19m　オッシャー。〈応答〉
20f　サイナラ。〈別れの挨拶〉
21m　オイ。(おう)〈応答〉#

　［本題部に入って最初のターン 3m で依頼が行われるが被依頼者の〈情報要求〉にさえぎられ、情報提供と依頼補強によってもまだ受諾されない。試験の範囲についての話題の後ようやく 18f で受諾される。【依頼ユニット】は 3m〈依頼〉で始まり 7m〈依頼補強〉18f〈受諾〉を経て 19m〈応答〉までで形成される。］

3.2.2　【謝辞ユニット】

　〈謝辞〉が〈受諾〉に応じてあらわれる場合は【依頼ユニット】に属するが、〈依頼確認〉の後などにあらわれる場合は、積極的に談話を展開させることになり、独立の【謝辞ユニット】を形成する。1〜3次全体で 40 回あらわれる〈謝辞〉のうち半数弱の 18 は【依頼ユニット】のなかで〈受諾〉に応じてあらわれ、半数強の 22 は独立の【謝辞ユニット】としてあらわれる。次は、1 つの場面で両方の場合があらわれる例である。

(例 45) 3 次・青年　中津市北部　卵を借りる場面
【依頼ユニット】
8m　ア　チョット　マッテ　レーゾーコ　ミテクッケン。アイ　アッタヨー。コレ。(ちょっと待って、冷蔵庫を見てくるから。はいあったよ。これ)〈受諾〉
9f　ア　アリガトー、モー　タスカルワー。〈謝辞〉
10m　ケンカンナランゴト　チャントシテ　ヤッチョカナ。(喧嘩にならないようにちゃんとしてやっておかなければ)〈注意〉
【返却約束ユニット】
11f　スイマセン、ニコニ　シテ　カエスカラ。〈返却約束〉
12m　ハ　ハ　バイガエシネ。〈応答(返却方法の確認)〉

13f　ン―、〈応答（返却方法の肯定）〉
【謝辞ユニット】
　　アリガトー。〈謝辞〉
14m　マタ　キタイシチョクワー。（また期待しておくよ）〈応答（返却の確認）〉

　[1回目の〈謝辞〉は、被依頼者が卵を探してから貸すために提示した〈受諾〉に対する〈謝辞〉であり、【依頼ユニット】に属する。2回目の〈謝辞〉は11f〈返却約束〉12m〈応答（返却方法の確認）〉13f〈応答（返却方法の肯定）〉という【返却約束ユニット】の後にあらわれ、13f〈謝辞〉とそれに対する14m〈応答〉とともに【謝辞ユニット】を形成する。]

3.2.3　【返却要求ユニット】【返却約束ユニット】
　返却要求はどの場合でも談話を新たに展開する。

①【返却要求ユニット】(1)
(例46) 1次・少年　下毛郡山国村　英和辞典を借りる場面
34m　ウン　ネムテートコンサカイ　コシチカラネ。（眠いところの境を越したらね）(fウン)[夜勉強することについての話題] サヨナラ〈別れの挨拶〉。
35f　サヨナラ。〈別れの挨拶〉フンナラ　コン　エイワジテン　カッテイッキネ。（ではこの英和辞典借りて行くからね）〈依頼確認〉
36m　ハイ。フンナー　アシタ　アトカラ　モッテイテネ。（じゃ。また明日あとで〈学校へ〉持って行ってね〈返却要求〉
37f　ウン。〈応答〉

　[話題が一段落して別れの挨拶も行われるが、依頼者の依頼確認の後、被依頼者から〈返却要求〉が行われて〈応答〉とともに【返却要求ユニット】を形成している。]

②【返却要求ユニット】(2)

〈返却要求〉によって引き起こされた〈返却約束〉は【返却要求ユニット】を形成する。

(例47) 2次・少年　東国東郡姫島村　数学の宿題を借りる場面

8f　　キョー　イチジカンメー　アタシタチ　スーガクガ　アルカラー　ソンジシューントキ　カエシテナー。(その自習のとき返してな)〈返却要求〉

9m　　オー　ソントキ　カエスワー。ジキ　カエスカラー　イーヨー。(おう、そのとき返すよ。すぐ返すからいいよ)〈返却約束〉

　[ここでは、返却約束は返却要求に応じてあらわれるので【返却要求ユニット】を形成する。]

(例48) 3次・少年　豊後大野市緒方町　数学のプリントを借りる場面

12f　　デ　イツ　カエシテクレルン。(で、いつ返してくれるの？)〈返却要求〉

13m　　エー、アサッテ。(え、明後日)〈返却約束〉

14f　　ジャー　アサッテマデニ　チャント　オワラシテヨ。(じゃあ明後日までにちゃんと終わらせてよ)〈返却要求〉

15m　　ンー、ワカッタ。〈応答〉

　[これも返却要求に応じて返却約束があらわれるので【返却要求ユニット】を形成する。その後にもう一度〈返却要求〉と〈応答〉で【返却要求ユニット】が繰り返される。]

　このような場合は、上の2場面だけで、それ以外では、〈返却約束〉は新たな談話の展開として行われる。

【返却約束ユニット】

(例49) 3次・高年　豊後高田市呉崎　お金を借りる場面(発話の機能の〈詫び〉で取り上げた例の続き)

16f　　ウーン。マー　ワスレンヨーニ　モッテキテオクレ。ワシモ　コマルケンノー。(忘れないように持ってきておくれ。私も困るからね)

17m　　アサ　ハヨカラ　ホント　スイマセン。〈詫び〉アノー　ワリーケド

カシチョクッテナー。(悪いけど貸しておいてね)〈依頼確認〉
18f　アー。〈応答〉
19m　アーン、アシタ　ユービンキョク　イッテ　マター、オロシチ　モドスキナー。(明日郵便局に行ってまた下して返すからね)〈返却約束〉
20f　ウーン。〈応答〉
　[16fの返却要求に対応して19mで返却約束が行われるが、間に〈詫び〉、〈依頼確認〉〈応答〉があり、〈返却約束〉は談話の積極的展開をしているとみられる。ここでは20f〈応答〉とともに【返却約束ユニット】を形成する。]

　先にあげた(例3)であらわれた返却約束は、今日中に返してほしいという条件のもとに受諾されたのを受けて行われたものであるが、【依頼ユニット】の末尾の〈受諾〉の後にあらわれたものであるから、新たな【返却約束ユニット】を形成しているとみられる。ただし、受諾の条件との連続性も残している。
　次の例は、受諾の後、返却の要求などなく、まったく新たに返却約束が行われる。

(例50) 2次・高年　下毛郡耶馬溪村家籠(えごもり)　農具を借りる場面
17m　ヘー　スマンケン　ホンナラ　カシチクレナハイ。(はい、すまないが、じゃあ貸してください〈探していた借りものが見つかった後〉)〈依頼補強〉
18f　ヘー　ヘー　ホンナー　モッチオイデ。(はいはい、じゃあ持っていらっしゃい)〈受諾〉
19m　ヘー　ホンナー　スンマセンケド　ジキ　モッチクルキー(はい、じゃあすみませんがすぐ持ってくるから)〈返却約束〉
20f　ハイ　ハイ　ハーイ。〈応答〉
　[〈依頼補強〉〈受諾〉で【依頼ユニット】が終了し、19mで新たに【返却約束ユニット】が始まっている。]

次の例では［話題］終了後に【返却約束ユニット】が続く。

（例51）3次・青年　佐伯市　DVDを借りる場面
26m　ハー　モー　オモシロサデ　ユータラ　ナナジュー。ノコリサン
　　　ジューワ　アノー　メーキングガ　オモシロイト。〈情報提供〉
27f　アッ　ホント　ジャー　チョット　タノシミニ　ミルワー（mハイ）
　　　［DVDの内容についての話題］
【返却約束ユニット】
　　　コレ　キョー　ミテ　アシタ　カエスヨーナカンジデ　イー？〈返却約
　　束〉
28m　イツデモ　イーヨ。〈応答〉
29f　ワカッタ。〈応答〉アリガトー。〈謝辞〉
　［26mと27fの前半まで、借りようとしているDVDの内容についての話題が続く。その後〈返却約束〉があらわれ、28m〈応答〉と29f〈応答〉とともに【返却約束ユニット】を形成している。〈返却約束〉は話題を終了させ談話を収束させる働きを兼ねている。］

3.3　ユニットの連鎖

　ユニットの連鎖については、何がどのような順番であらわれるかについてはパターン化することが難しい。何で始まり次に何があらわれるかは談話の参加者の自由な発想によるものである。

　ユニット間の結びつきにも強弱がある。被依頼者の先行発話ユニットは情報要求でもあるから、それに対する情報提供が次の依頼のユニットの中であらわれ、緊密に結びついている。被依頼者の先行発話に促されて依頼が行われる。

　話題と依頼確認ユニットも連続してあらわれる。話題終了後に依頼確認ユニットがあらわれて依頼談話の本題部が収束に向かう。依頼確認は話題の締めくくりの働きをしたり、謝辞を兼ねて談話を収束させたりする。次の談話には〈謝辞〉はあらわれないが、〈依頼確認〉が〈謝辞〉を兼ねている。

1次・高年　東国東郡真玉町　リヤカーを借りる場面

15m アンタカター　シバ　ケータンカエ。(お宅は落ち葉をかき集めたのかい)で始まる［落ち葉掻きの話題］が 19m のコマルチコナー。(fウン)モーオンショーガ　モー　ザーネー　ショワシーキー。(〈まったく〉困るよね。タバコ栽培の温床作りがもう大変忙しいから)で一段落し、続くホンナーマー　スマンケド　ケーチオクレ。(それじゃ、まあ、すまないけど貸してください)と〈依頼確認〉が行われ、20f ヘー　ドードアンター。(へえどうぞ(あなた))〈受諾〉とともに【依頼確認ユニット】を形成している。この後の 21m サイナラ。22f ヘー　イッチェオイデ。(へえ、行ってらっしゃい)は、終了部の別れの挨拶となっている。依頼確認には「スマンケド」という詫びが前置きになっていることからも〈謝辞〉の働きを兼ねているものとみられる。

4. 依頼談話の世代差・経年差

4.1 依頼から受諾までのターン数の比較

1次から3次までの資料全体における、依頼から受諾までのターン数を世代間で比較すると、表2のようになる。依頼から受諾までのターン数を場面数で割って平均を求めたものである。これを図に示すと図1のようになる。

表2　依頼から受諾までのターン数の世代間比較

受諾までのターン数	1次	2次	3次
高年	1.3	2.9	1.5
青年	4.9	1.9	2.8
少年	6.3	5.3	4.3

成人のなかでは、1次青年が 4.9 と、飛びぬけて高いが、これは、1地点の場面で依頼内容に関する話題が長く続き、19ターン後にようやく受諾が

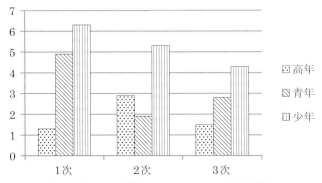

図1　依頼から受諾までのターン数の世代間比較

行われたためである。その他にも、11、8、7ターン後のものもあり、平均が高くなった。

2次高年も、2.9とやや高い。10の場面のうち、5場面では1ターンで、つまり次のターンで受諾が現れるが、1場面で農具を借りに来て、それの所在を探すやりとりがあり、見つかってから受諾するので11ターン目になったものがあり、平均がやや高くなっている。

3次青年の2.8もやや高い。9の場面のうち5場面では次のターンで受諾が現れるが、1場面で依頼をなかなか引き受けず、説得を繰り返し15ターン目でようやく受諾するものがあり、平均がやや高くなっている。

少年では、1次から3次までいずれも他の世代に比べて受諾までのターン数が多い。

以上をふまえて全体としてみれば、成年（高年と青年）3次全体の平均2.55に対して、未成年（少年）のそれは5.3であるから倍以上多い。すなわち、少年では、依頼の後、なかなか受諾が現れないと言えよう。具体例は、（例1, 2, 3, 44）その他に見るとおりである。

4.2　ユニットの種類の世代差・経年差

各世代、収録年次にあらわれるユニットの数を見ることにより、ユニットの種類の世代差・経年差について考えてみよう。ただし、〈謝辞〉や〈返却

約束〉については、「発話の機能」と「ユニット」の両方であらわれる場合があり、「発話の機能」の出現回数を数えた。1場面で複数回現れる場合もある。各年代・収録年では場面の母数が異なるのでこれらを比較するために、現れたユニットの数を場面数で割って10倍した数字で表すと表3のようになる。

表3 ユニットの種類の世代差・経年差

	先行発話	被依頼者の先行発話	依頼予告	依頼	依頼確認	謝辞	返却要求	返却約束
1次高年	3	0	5	14	15	3	0	0
1次青年	2	2	2	10	13	2	0	0
1次少年	3	0	1	10	6	0	1	0
2次高年	0	4	3	10	18	3	0	6
2次青年	5	1	0	9	14	4	1	0
2次少年	2	3	0	10	4	5	2	1
3次高年	2	1	5	10	9	7	2	2
3次青年	1	3	3	11	8	11	1	3
3次少年	0	7	0	11	1	3	5	5

表3によって経年差を、成年（高年・青年）と未成年の差で見ていく。大まかな傾向を見るために【依頼のユニット】以前に現れる【先行発話】、【依頼予告】と【依頼のユニット】以後に現れる【依頼確認】、【謝辞】、【返却要求】、【返却約束】に分けて比較を行う。

依頼以前の【先行発話】は1次（3世代の合計8）、2次（7）、3次（3）で徐々に減少する。【依頼予告】については1次（8）、2次（3）、3次（8）で変化傾向はみられない。

依頼以後の【依頼確認】は1次（34）、2次（36）に対して3次（18）がやや少ない。逆に【返却の約束・要求】は1次（1）、2次（10）、3次（18）で、増えていき、また差も大きい。

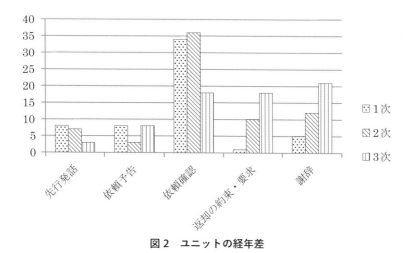

図2　ユニットの経年差

【謝辞】も1次(5)、2次(14)3次(21)で、増えていき、差が大きい。
これらを図で表したものが図2である。

以上をまとめると【先行発話】と【依頼確認】は後年の収録ほど少なく、【返却要求・約束】と【謝辞】は後年の収録ほど多くなるといえる。杉村（2015b）では、ユニットの種類だけを比較して60年間の依頼談話の構成は大差なし、と判断したが、現れるユニットの数の違いをみると上記のような変化の傾向があると言える。

世代差（成年対未成年）でみると、依頼以前の【先行発話】、【依頼予告】については成年の1〜3次収録年の平均は5.2、未成年は2で、成年が多い。

依頼以後では、【依頼確認】の成年の1〜3次収録年の平均は12.8、未成年は3.7で、圧倒的に成年が多い。【謝辞】の成年の1〜3次収録の平均は5、未成年は2.7で、これも成年が多い。

一方、【返却の約束・要求】の成年の1〜3次収録年の平均は2.5、未成年は4.7で、反対に未成年が多い。

これらを図で表したものが図3である。

以上をまとめると、成年は依頼以前に【先行発話】、【依頼予告】をよく行い、依頼以後の【依頼確認】、【謝辞】もよく行う。成年では依頼と受諾、依

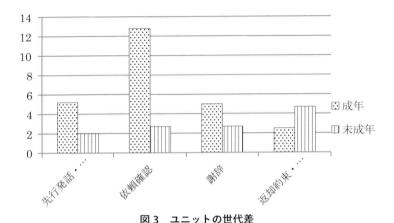

図3 ユニットの世代差

頼確認と受諾が繰り返され、受諾が複数回あらわれる場合が多い。未成年は、それらは少なく、反対に【返却の約束や要求】をよく行うと言える。未成年では、受諾は1度きりの場合が多く、受諾は成立しているが、表現としては受諾があらわれない場合も各収録年次に1〜2例存在する。

おわりに

本稿では大分県方言の場面設定談話を資料として依頼の場面の談話の構成要素である「発話の機能」を抽出し、また、それがどのように、より大きなひとかたまりである「ユニット」を構成するかについて考察した。依頼の機能を表す表現についてはバリエーションを分類して示した。他の機能の表現については、本稿では談話を構成する要素とその構成に重点を置いたため十分に示すことはできなかった。世代差と経年差については数量的に傾向を見るにとどまった。しかし、数量的に比較をすることによってユニットの種類だけでは経年差は無いと思われていたものに変化傾向があることが分かった。

注

1. 「配慮」の表現として〈詫び〉より少し軽いものとして依頼の前に「ちょっと」と言う場合が多くみられる。「大事なもの」を借りたいと、恐縮を表す場合、また感嘆表現「しまった」を用い、自分の落ち度を示してから依頼を行う場合もある。
2. このようにとらえられる「ユニット」は会話の主導権の移り変わりから談話の構造をとらえた「話段」(ザトラウスキー(1993))と共通する面がある。

文献

井上文子編(2014)『方言談話の地域差と世代差に関する研究　成果報告書』国立国語研究所共同研究報告 13-04

沖裕子(2006)『日本語談話論』和泉書院

樫村志郎(1996)「会話分析の課題と方向」『The Japanese Journal of Social Psychology』vol.36 No.1

亀山大輔(2008)「談話研究―その従来の視点と将来への展望」『方言研究の前衛』桂書房

熊谷智子(1995)「依頼の仕方―国研岡崎調査のデータから―」『日本語学』14-11

熊谷智子(2000)「言語行動分析の視点―「行動の仕方」を形づくる諸要素について―」『日本語科学』7 国書刊行会

熊谷智子・篠崎晃一(2006)「依頼場面での働きかけ方における世代差・地域差」国立国語研究所『言語行動における「配慮」の諸相』くろしお出版

小林隆・澤村美幸(2014)『ものの言いかた西東』岩波書店

杉村孝夫・日高貢一郎・二階堂整・松田美香(2010 〜 2012)『大分方言談話資料』1 〜 13 科研研究成果刊行書

杉村孝夫(2012)「辞去の場面の談話分析―大分県方言談話 50 年の変容―」『福岡教育大学紀要』第 61 号第 1 分冊

杉村孝夫(2013)「依頼の場面の談話分析―大分県方言談話資料による―」『福岡教育大学紀要』第 62 号第 1 分冊

杉村孝夫(2014)「依頼の場面の談話分析(2)―大分県方言第 2 次調査資料による―」『福岡教育大学紀要』第 63 号第 1 分冊

杉村孝夫(2015a)「大分県方言の依頼談話―60 年の変容―」『福岡教育大学紀要』第 64 号第 1 分冊

杉村孝夫(2015b)「依頼談話の世代差・実時間経年差―大分県方言 60 年の 3 世代実時

間経年資料を中心として―」『日本語学会 2015 年度春季大会予稿集』
野田尚史・高山善行・小林隆編（2014）『日本語の配慮表現の多様性』くろしお出版
日高水穂（2014）「談話の構成からみた現代語の配慮表現」野田他編『日本語の配慮表現の多様性』くろしお出版
ポリー・ザトラウスキー（1993）『日本語の談話の構造分析―勧誘のストラテジーの考察―』くろしお出版
ポリー・ザトラウスキー（2009）「英語と日本語の依頼表現の比較対照」『日本語表現学を学ぶ人のために』世界思想社
ポリー・ザトラウスキー（2011）「談話」『はじめて学ぶ日本語学』ミネルヴァ書房
松田正義・糸井寛一（1956 ～ 1958）『大分県方言の旅』1・2・3NHK 大分放送局
松田正義・糸井寛一・日高貢一郎（1993）『方言生活 30 年の変容』桜楓社
松田正義・日高貢一郎（1996）『大分方言 30 年の変容』明治書院
松田美香（2015）「大分と首都圏の依頼談話」『別府大学紀要』第 56 号
李善子（2002）「中国語と日本語における談話の構造分析」『比較社会文化研究』第 12 号九州大学大学院比較社会文化学府
柳慧政（2012）『依頼談話の日韓対照研究』笠間書院

謝辞

　大分県の依頼談話について考えるきっかけとなったのは、別府大学図書館に保存されている図書以外の松田正義資料の整理を共同で始めたことである。
　その後、2009 ～ 2011 年度科学研究費助成金（基盤研究（C））「言語生活 50 年の変容―大分県談話資料を比較して―」（課題番号 21520473 研究代表者杉村孝夫）を受けて大分県内 13 地点の「場面設定」方言談話の収録を行った。共同研究者の日高貢一郎、二階堂整、松田美香の各氏との議論で多くの示唆を得た。本稿はその研究成果の一部である。また、本稿の一部は 2015 年度日本語学会春季大会（関西学院大学）において口頭発表を行った。いろいろな方からご意見をいただいたことに謝意を表します。

第 7 章
大分方言談話に見るコミュニケーション力

松田美香

1. コミュニケーション力と方言談話

　現代日本社会では、人々のコミュニケーションが非常に重要だと言われている。新書や講演会のタイトルにもそのような文言が多く見られる。元来コミュニケーションというものは言語に限って行われるわけではなく、生き物すべてを対象にした「心の通ったやりとり」を指すものであろう。しかし、人と人、さらには言語におけるコミュニケーションに範囲を区切ってなら、筆者にもコミュニケーション力とは何かを調べる手立てがあるように思える。自らの専門である方言の分野から見ると、普段の生活の中の何気ない方言でのやりとりこそ、盛んにコミュニケーションが行われている現場である。方言での、親しい間柄で行われる会話(以降、方言談話と呼ぶ)を採取し分析することで、コミュニケーション力の解明に少しは迫ることができるのではないかと考えた。

　本稿では、大分方言談話資料を中心に、同世代の親しい間柄同士の会話ではどのようなやり取りがなされ、二人の関係が保たれるためにどのような言語的な工夫がなされているのかを明らかにしようとする。最後に、ここですくい上げた言語的な工夫(＝コミュニケーション力の一部)が、次世代に継承される方法についても考えてみたい。

　本稿は、次のような構成になっている。(数字は章を表す)
　　2. これまで蓄積された大分方言談話資料の確認

3. 過去資料を用いた「依頼表現」についての談話研究
4. 過去資料と最近の資料を用いた、命題に関係ない「アンタ」の研究
5. 最近の資料を用いた「申し出時の配慮表現」の談話分析研究
6. まとめと課題

2. 大分方言談話資料の蓄積

以下に、おもな大分方言の談話資料を年代順に挙げる。

①昭和27（1952）年～：日本放送協会編（1999）『CD－ROM版全国方言資料』（全12巻）大分県内の2地点。男女の会話。
②昭和29～34年：松田・糸井（1956～1958）『大分県方言の旅（全3巻）』NHK大分放送局のラジオ放送分。33地点。
③昭和58～61年：松田他（1993）『方言生活30年の変容』上下巻。②とその約30年後のラジオ番組放送分24地点を、第1次・第2調査と分けて収録。文字起こし（ソノシート添付）と方言の概説・解説付き。
④③と同じ資料：松田他（1996）『大分方言30年の変容』。ラジオ放送番組自体を文字化し、方言の概説・解説付き。

　大分県内での調査内容は、日本放送協会編（1999）と比べると同一県内の地点数や同じ地点の老年・青年（ときに壮年も）・中学生の三世代を揃えている点で、より充実していると言えるだろう。放送用調査では、それぞれの男女ペアにいくつかの場面設定を与えた会話—場面設定会話—が行われ、「朝」「夜」「道で」「買い物」「自由」「出がけ」「帰宅」「祝儀」「不祝儀」の9種類のうち、老年は全場面、青年は「帰宅」までの7場面、中学生は「自由」までの5場面が調査された。男女ペアは原則として近所の知り合いという設定だが、老年・青年の「出がけ」と「帰宅」は夫婦役で会話をしている。
⑤2009年に、追跡調査をおもな目的とした科研費を受けた調査研究（代表者杉村孝夫）が始まり、2015年までに県内13地点での調査を行った。

⑥ 2015 年からは、談話分析に焦点を合わせた科研費調査研究（代表者松田美香）が始まり、大分市と竹田市での調査を終えている（2017 年 2 月現在）。

　この他にも『九州方言の基礎的研究』の中の大分県長湯（現在の竹田市長湯）方言の「録音資料」（1964 年調査）や『ふるさとことば集成』第 18 巻の大分県大分郡挾間町の談話の記録（1978 年）がある。これだけを見ても、大分方言の談話資料は経年比較・地点比較の点で恵まれていると言えるだろう。

3．依頼を受けた側の配慮表現―通時的談話研究―

　依頼とは、依頼側（話し手）の利益のために聞き手に何かを頼む言語行動であり、聞き手の「自分の領域を脅かされたくない」という欲求や「相手から良く思われたい」という欲求を侵害することになるため、話し手は、それを補って人間関係の均衡を保つような表現を必要とするものである[1]。しかし聞き手側でもその配慮を感じとったり先回りしたりして、何かしら人間関係の均衡を保つ場合がある。大分方言には依頼をされた（聞き手）側が、依頼した側に申し訳ない気持ちを抱かせまいとする配慮表現が観察される。

3.1　依頼受諾の配慮表現の比較

例 1　大分県中津市北部　昭和 30（1955）年調査　男性 75 歳、女性 54 歳
　　男　アン　スマンガ　　アンタカタン　ウメンハナー　イッポン
　　　　あの　すまないが　お宅の　　　　梅の花を　　　1 本
　　　　キラシチ　クレンデー
　　　　切らして　くれませんかな。
　　女　アー
　　　　ああ。
　　男　ホトキサマイ　アギュート　モーチ　オモーチョルキー

　　　　仏様に　　　　あげようと　思って　思ってるから。
　　女　アー　ソリャ　ココロヤシー　コッチャ
　　　　ああ　それは　おやすい　　　事じゃ。
　　男　アンタカター　ホトケサマー
　　　　お宅は　　　　仏様、
　　女　チーディ　ワシカタノンモ　キッチェ　オクレ
　　　　ついでに　うち［の］のも　切って　下さい。

例2　大分県玖珠郡九重町　昭和30(1955)調査　男性62歳、女性72歳
　　女　ヘーヘー　ワタシャ　エーライ　ムシンニ　キタガンタナー
　　　　へえへえ。わたしは　えらい　　ご無心に　来たんですが。
　　男　エー　アンマリ　ムツカシー　コトゥナラジャーガ　アンター
　　　　ええ　あまり　　むずかしい　ことなら［別］ですが　あなた。
　　女　ウン　アー　ナニュ　スコップオ　ケーチ　クルル
　　　　うん。ああ（何を）　スコップを　貸して　もらう
　　　　コタージェケメーカ
　　　　ことはできまいか。
　　男　アー　ヤスィー　コツー　　　　　ツカワン　ヒナキー
　　　　ああ　お安い　　こと、［きょうは］使わぬ　日だから
　　　　モッチェイチェ　ツカイナハリー
　　　　持っていって　お使いなされ。

　例1〜2は、松田他(1993)からの引用である（一部改変）。相手の申し訳ない気持ちを緩和するために、このような表現が使われているのである。55年後の平成22(2010)年の同地での談話を見ると、同様に「ヤシーコッチャ」が使われている。

例3　大分県中津市北部　平成22(2010)年調査　男性82歳、女性81歳
　　男　アーン　　チョット　ワリーケンドガ　アンタン　トコン

ああん、　ちょっと　悪いけれど　　　あなたの　所の
　　　ウライ　　サイチョルハナオ　ニサンボン　モラエン
　　　裏に　　　咲いている　花を　　二・三本　　貰えない
　　　ジャロカナー
　　　だろうかね。
　女　マー　アンタナ　ヤシーコッチャナ　アンタ　ドンドン
　　　まあ、あなたは　おやすいことだ、　あなた、どんどん
　　　トッテ　イキヨ
　　　取って　いきなさい。
　男　モー　アンタ　アノー　カビンノ　ハナガ　モ　カレッシモーチ
　　　もう　あなた　あのう　花瓶の　　花が　　もう枯れてしまって
　　　アンタ　（中略）　ワリーケンドガ　アンタ　ア　ニサンボン
　　　あなた　（中略）　わるいけれど　　あなた、あ、二・三本
　　　アノワケチ　オクレ
　　　あの分けて　おくれ。
　女　アー　イーグライカ　ワリー　コタ　ネーヨ　ナンボデン
　　　ああ、いい位か（いいとも）。悪いことはないよ。　　いくらでも
　　　サイチョンノンジャカラ　アンタン　イーノノ　ドンドン
　　　咲いているのだから　　　あなたが　いいのを　どんどん
　　　キッテ　モッテッチョクレ
　　　切って　持っていっておくれ。

　例3では、同一人が依頼をされた後に、「イーグライカ」とも言っている。

例4　大分県杵築市山香町　平成22（2010）年調査　男性84歳、女性82歳
　男　コーウンキ　カッチコイチューキ　　ジツワ　カリー　キタンジャ
　　　耕耘機を　　借りてこいと言うから　実は　　借りに　来たんだ。
　女　アー　オイサン　コーウンキワ　イーグレーナコッチャネー
　　　ああ　おじさん　耕耘機は　　　いい位なことではない（いいとも）。

男　ン
　　うん。
女　シャコニ　オイチアルキナー　イツデモ　ツコーチョクレ
　　車庫に　　置いてあるからね　何時でも　使っておくれ。

例5　日田市大鶴本町　平成22(2010)年調査　男性84歳、女性78歳
女　アサハヨーカラ　スンマセンガ、カリモンニ　キマシタガ
　　朝早くから　　　すみませんが、借り物に　　来ましたが。
男　アー　ソリャ　イーグレーコッチャネーガ
　　ああ　それは　いい位なことではない(もちろんいい)が、
　　マー　アンタ　アサハヨーカラ　オーゴツネ
　　まあ　あなた　朝早くから　　　大事ですね。
女　ハイ
　　はい。
男　ナニゴッチャローカ↓　(↓：下降調のイントネーション)
　　何事だろうか？
女　トラックオデスネ　カシテモラワレンジャロカシラ
　　トラックをですね、貸してもらえないだろうかしら。

例6　日田市中津江村　平成23(2011)年調査　男性74歳、女性77歳
男　クワオダケ　モッテキチカラ　カマオ　ワスレタ
　　鍬をだけ　　持ってきて、　　鎌を　　忘れた。
女　アラー　ソーナ↓
　　あら　　そうなの？
男　ソレデ　カマオ　カシテモラオート　オモーチカラ　キタケド
　　それで　鎌を　　貸してもらおうと　思って　　　　来たけど。
女　ソチャー　イーグレーコッチャネーケド
　　それは　　いい位なことではない(もちろんいい)けど。
男　アノー

　　　　あのー
　　女　テー　キランヨーニ
　　　　手を　切らないように。
　　男　ハイ（笑）
　　　　はい（笑）。

　上記の調査時には、県北部から西部にかけて、依頼を受諾する際の「イーグレーナコッチャネー」という表現が、決まり文句のように使われている。時代を遡って、日本放送協会編（1999）からも 2 つの例を見出すことができる。

例 7　大分県大分郡西庄内村（現由布市）昭和 29（1954）年調査
　　　男性 1883 年生　女性 1883 年生
　　女　ウチナ　　ドーカ　　コー　　ンマガ　　グワイガ　　ワリーンジャガー
　　　　うちのは　何か　　　こう　　馬が　　　ぐあいが　　悪いんですが、
　　　　ツクルーチクルル　コタ　　ジェケメーカ
　　　　治療してくださる　ことは　できませんか。
　　男　エー　ソレコソ　ヤシー　　コッチャ　サッソク　フンナラ
　　　　ええ　それこそ　おやすい　ことだ。　さっそく　それでは
　　　　イキヤンショー
　　　　行きましょう。

例 8　愛媛県北宇和島郡津島町　昭和 31（1956）年調査
　　　男性 1895 年生　女性 1896 年生
　　女　ワシー　　キョーワ　ヤマイ　イクノジャガー　エガマオ
　　　　わたしは　きょうは　山に　　行くんですが、　きこりなたを
　　　　カシテヤンナハランカ
　　　　貸してくださいませんか。
　　男　ヤスイコトヨー　アノー　フルイ　ヤツナラ　アルケンネナー

```
       たやすいことで、      古いのなら      あるからね、
   女  ハー
       はあ。
   男  ソレコソー  アノー  モッテキナレ
       どうぞ           持っていらっしゃい。
```

一方で、松田他(1993)に収録された福岡県データにも「イーグレーナコッチャネー」に通じる表現がある。

例9　福岡県浮羽郡吉井町　昭和59(1984)年調査　男性68歳、女性64歳
```
   女  ホオーン  コン  ダイジナモンヤ    カラレーンバッテンカー
                  この  大事なものだ(から)借りられない(だろう)が、
       チョーイト  カシテクダサーイ
       ちょっと   (はしごを)貸して下さい。
   男  ヨカドコジャナカー
       いいどころではない(もちろんいい)。
   女  ンフッ
       ふふ
   男  ソバッテン  アノー  ウシロンホー  ウ  ウランホー
       だけど    あのう  うしろのほう     裏のほう
       ウランホノ  コヤニ  アルモンノー
       裏のほうの  小屋に  あるものねえ。
```

3.2　依頼受諾の配慮表現の伝播および世代差

例1～9から、大分県内では依頼を受諾する際の配慮の表現として、「ココロヤシーコト」、「ヤシーコト」(コトがコッチャになることもある)が使われ、時代が下るにつれて「イーグレーナコッチャネー」という表現も使われるようになったことがわかる。「心安い(ココロヤシー)」は狂言台本にも見られ、「容易である・簡単である」という意味で使われている。言語地理学

的に考えても、京都・大阪で発生したのちに四国方面（愛媛県北宇和島郡）や大分へ伝わったものと考えられる。また、「良い位ではない（イーグレーナコッチャネー）」すなわち「良い以上」の方は、隣接する福岡県の吉井町にも例があることから、福岡方言発の可能性が高い。

ところで、昭和30年代と平成20年代共に、中津市の青年・中学生では依頼を受けた直後が、「イーヨ」や「アー」といった受諾のみの表現（昭和30年代）や、「ホントカ」や「ドンダケ　ワスレチョーン」（平成20年代）であって、いずれも依頼者への配慮が感じられる表現ではなかった。約60年を隔てた資料の両方とも、高年層では配慮の表現が使われていても下の世代では使われていない。このことから、依頼受諾の配慮表現については、話し手の年齢がある程度まで達することによって習得されるものであると言えるだろう。

4．命題に関係しない「アンタ」の使用と衰退

大分方言には、「アンタ」（「オマエ」）を話中に差しはさむ例が多くあり、その中には文の命題に関係しないものが多数含まれる。松田・日高（1996）では、このような大分県東部方言の「アンタ」を「なくても全体の意味に違いはない」、「相手を常に意識し、強調している」、「親しみを込めて呼びかけている」と説明している。このような特徴を持つ言語形式はフィラーと呼ばれる。フィラーとは「発話の一部分を埋める音声現象や語句のこと」である[2]。

山根（2002）では、フィラーの機能の中に、「対人関係に関わる機能」を挙げ、①話し手が自分の情報に対しての心的態度を表す、②話し手が聞き手に配慮する、③発話権保持・沈黙回避を挙げている。

実際に、どのように「アンタ」が出現するのかを4.1に示し、談話中での役割を整理してみた。

4.1 命題に関係しない「アンタ」の役割

例10　大分市戸次　昭和32(1957)年調査　男67歳
　男　エー　クサタキャー　<u>アンタ</u>　ダマネー　デケチョルゴタル
　　　ええ　草丈は　<u>あんた</u>　大変　　できているようだ
　　　ケンド、ナニサマ　マイニチノ　アメフーリデ　ヤマン　ナカン
　　　けれど、何しろ　毎日の　　　雨降りで　　山の　　中の
　　　サコザー　<u>アンタ</u>　ナンジャーチットン　ミガ　イリャー
　　　迫田は　　<u>あんた</u>　何だちっとも　　　実が　入りは
　　　シェンモン
　　　しないもの。

例11　中津市北部　昭和30(1955)年調査　女A14歳　女B16歳
　女A　コノマエ　センセイガタ　　カジガ　アッタンチナー
　　　このまえ　先生のおうちで　火事が　あったってね。
　女B　ウン。
　　　ええ
　女A　センセイガタン　キンジョ
　　　先生のおうちの　近所。
　女B　ナンカ　ソゲー　　イーヨッタナー。ドッカ　＊＊＊ヤロー
　　　なにか　そんなに　言ってたわね。　どこか　＊＊＊でしょ。
　女A　ソーソー。　ヒャッ　アントキ　<u>アンタ</u>　ヒャクニジッケンモ
　　　そうよ。　　100　　あのとき　<u>あんた</u>　120軒も
　　　ヤケタトカ　イーヨッタヨー
　　　焼けたとか　言ってたわあ。
　女B　ワーッ　ソゲー　　ヤケタン
　　　わあっ　そんなに　焼けたの。
　女A　ウン　ホイテ　<u>アンタ</u>　センセイガタ　チョード　トナリン
　　　ええ　そして　<u>あんた</u>　先生のおうちの　ちょうど　となりの

トナリマデ　ヤケテナー…　ナンカナシー　アン　センセイ
となりまで　焼けてね…　とにかく　　あの　先生は
ウンガ　イーデー　モー
運が　　いいわよ、もう。

例12　大分市　平成27（2015）年調査　男71歳
　　男　トーキョーニー　<u>アンタ</u>　イッテクラ　イージャネーカエ
　　　　東京に　　　　<u>あんた</u>　行ってくれば　いいじゃないかね
　　　　<u>アンター</u>　ゴミン　トーバンワ　マ　ワシガ　カワッチェ
　　　　<u>あんたー</u>　ゴミの　当番は　　ま　私が　　代わって
　　　　シチャルワーイ
　　　　してあげるよ。

例13　大分市　平成27（2015）年調査　女A77歳、女B72歳
　　女A　ウン　ホカンシニ　タノマレン　<u>アンタ</u>ヤッタラナ　モー
　　　　うん。ほかの人に頼めない。　<u>あんた</u>だったらね、もう
　　　　スグデキルヤロト　オモテ　キタンヤ
　　　　すぐできるだろうと思って　来たのだ。
　　女B　マー　ソンナコトナイケド　マー　ミンナガ　シヨンノ
　　　　まあ、そんなことないけど、まあ、皆がしているのを
　　　　ミテカラ
　　　　見てから
　　女A　ウン
　　　　うん
　　女B　ホンナ
　　　　それでは
　　女A　ソー　　ソー　ソー　ボチボチナ
　　　　そう　　そう　そう。ぼちぼちね、
　　女B　ンー

　　　　うん。
女A　ミンナ　スンノ　　ミチョッテカラ　スレバ　デキルンヤナイカナ
　　　皆が　　するのを　見ていて　　　すればできるのじゃないかな。
女B　ハー　コンナ　アンタ　アサカラ　タイヤクオ　ヒキウケテカラ
　　　はあ、こんな、あなた　朝から　　大役を　　引き受けて、
　　　モー
　　　もう。

例14　竹田市　平成28（2016）年調査　男A74歳、男B77歳
男A　マイニチ　アッチーナ　ソレニ　シテンナア。アー　アンタ
　　　毎日、　　暑いね。　それにしてもなあ。　ああ、あんた、
　　　オリャー　モー　イマ　チョット　イエサニ　カエリヨン
　　　俺は　　　もう、今　　ちょっと　家に　　　帰るところ
　　　ジャケン　アンタ　ドコカ　イキヨルンナ
　　　だけど、あんた　どこか　行っているところかい？
男B　イヤー　アー　タノ　ミズオナ　ミニイキヨル　トコロジャ
　　　いや、　ああ、田の水をね、　見に行っているところだ。

　以上の例10〜14から3種類の「アンタ」が観察される。二人称代名詞としての実質的な意味を持つもの、命題に関係せずにおもに話中に差し込まれるもの、そしてどちらとも解釈が可能な、呼び掛けのようは役割をするものに分類することができる（表1）。
　「アンタ」は二人称代名詞としても使われているので、命題から切り離して単独で使うことで相手の注意を引き、自分の話に相手を呼びこむ（呼び掛け）役割を果たしていると考えられる。さらにそれを沈黙回避に使うことで、発話権を相手に与えないという役割も果たしている。「アンタ」を使うことで、話し手はある程度まとまった話をすることが可能になると考えられる。つまり、大分方言談話の「アンタ」（「オマエ」）は、話し手の「発話権保持」を支援していると言えよう[3]。

表1　大分方言談話における「アンタ」の役割

文法範疇	談話中での役割	例
代名詞	二人称代名詞として実質的な意味を持つ	アンタワ　ドコイクノ、 アンタヤッタラ、 アンタンユーコト
間投詞・感動詞	呼び掛け（代名詞ともフィラーとも解釈できる）	トーキョーニー　アンタ　イッテクライージャネーカエ、 アンタ　ドコカ　イキヨルンナ
フィラー	命題に関係せず、対人関係に関わる	クサタキャー　アンタ　ダマネー　デケチョルゴタルケンド、 アントキ　アンタ　ヒャクニジッケンモ　ヤケタトカ、 アー　アンタ　オリャー

4.2　命題に関係しない（フィラーの）「アンタ」衰退の理由

　平成27（2015）年の大分市調査、平成28（2016）年の竹田市とも、大学生・中学生には命題に関係しない「アンタ」は観察されなかった。調査の限りだが、約60年前には大分方言のフィラーの「アンタ」がどの世代にも使われていたのに、現在では高年層（70歳前後）しか使わなくなっている。したがって、フィラーの「アンタ」は今後衰退していくと予想される。では、なぜフィラーの「アンタ」が衰退してしまったのだろうか。

　江戸期には「あなた」が使われ、そこから変化した「アンタ」は、それほど悪い言葉ではなかったようだが、共通語においては次第に相対的価値が下がり、同等以下を呼ぶ二人称代名詞へと変化した。大分北東部では文末に「アンタナー」「タナー」を付けて聞き手を高める尊敬語としての用法もあり、「アンタ」は親しみを込めた呼び方ではあって待遇度が低いとは言えない。しかし、他地域・共通語では「アンタ」と呼ぶことが失礼に感じられるようになったことから、このような「アンタ」を使うのは高年のみとなり、それもごく親しい者同士の会話に限定されるようになったと考えられる。

　下の世代では、その代わりにどんな語が使われているのかという問いが生まれるが、共通語的な「アノー」「サー」などがフィラーとして観察される

ものの、役割が全く同じとは言えないようだ。

5. 申し出における配慮表現―談話分析研究―

5.1 談話分析のための調査

　この調査は、対人配慮に関する研究を主たる目的としたものである。すでに大分市と竹田市の調査が終わっているが、本稿では大分市の世代差を中心に分析・比較してみたい。

　大分市調査は、2015（平成27）年8月27日、同月28日、11月28日の3回に分けて行った。話し手は、大分市あるいは隣接する市出身の高年層（70歳代）の男女4名、大学生男女4名、中学生男女4名の計12名。調査は大分市内の中学校（8月27日）、同市内の公民館（8月28日）、別府大学（11月28日）で行った。

　調査票は、働きかけのある内容を含め、A側B側それぞれに役割を書いた紙を用意した（後掲）。調査の場面設定は3種類である（表2）。

　調査方法は、同じ世代の男性同士、女性同士、男A女B、女A男Bの組み合わせ（図1）で、それぞれのペアに同じ調査票を使い会話をしてもらった。2名が会話する様子は他の2名が立ち会わないようにし、AとBの調査票を互いが見せ合わないようにした。被調査者2名には、録音直後にいつも通りに話しているかどうかを確認してもらい、より日常的な会話を録音に残すようにした。また、あらかじめ「はたらきかけのある」会話になるようにいくつかの設定を与えた上で会話してもらった。具体的には、最初にA側B側それぞれの話し手に、会話の設定・目的を書いた用紙を読んでもらい、その目的を果たすべく話してもらうようにした（表2）。設定と調査方法は井上（2014）と小林ほか（2014）を参考にした。会話の設定や目的を固定することによって、発話機能の認定（ラベリング）が可能になる。また、同年代の知り合いとペアになることで、目上への位相差による配慮は不要となり、当該方言の「はたらきかけ」とその反応に必要な配慮表現のみが取り出せると考えた。

表2　調査票の枠組み（2015–2017年度調査）

場面	働きかけの種類	働きかけ手側の目的（紙で指示）	受け手の目的（紙で指示）
体育祭	依頼 A⇒B	（町内・中学校）の体育祭で審判になっていたが、体調が悪いので、代わってほしい。	一度は断るが、最終的に受諾する。
当番交替	申し出 B⇒A	用事があって東京に行きたいが、ゴミ当番なので迷っている。Bがゴミ当番を代わることを申し出る。（大学生・中学生はアルバイト、ラジオ体操当番）	申し出をありがたく受け入れる。
道で	尋ね B⇔A	昼、道端で会って、お互いにどこへ行くかを尋ね、別れる。	行先を答える。昼の出会いと別れの挨拶をする。

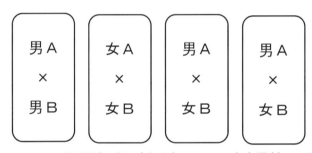

図1　談話調査の組み合わせ（2015–2017年度 調査）

　それぞれの組み合わせにつき、「体育祭」「当番交替」「道で」の3場面ずつ計12場面。これを高年・大学生・中学生の調査で行った。
　3つの場面設定のうち、「当番交替」についての調査票（ロールカード）を抜粋して、以下に掲載する。

調査票（ロールカード）「当番交替」の部分

A 側（高年層）「ゴミ当番交替」

あなたは東京にいる娘（息子）夫婦に赤ちゃんが生まれ、明後日あたりから、孫の顔を見に東京に行きたいと思っていますが、来週はゴミ当番に当たっていて、どうしたものかと迷っています。あなたは、迷っていることをBに相談します。（昼間、近所の立ち話をするような場所で）

Bがある提案をするので、それを聞いて承諾してください。

B 側（高年層）「ゴミ当番交替」

Aが今週はゴミ当番に当たっていますが、東京に出かけたい用事ができて、どうしたものかと迷っています。Aの話を聞いて、それなら自分がゴミ当番を代わってやるからと、東京に行ってくるようにAに勧めます。（昼間、近所の立ち話をするような場所で）

Aがあなたの申し出を受け入れたら、会話を終了します。

A 側（大学生）「アルバイト交替」

昼の場面です。（大学の軽い話をするような場所で）

あなたの東京にいる叔母さん夫婦に赤ちゃんが生まれ、明後日から家族で東京に行こうという話が出ていますが、バイトのシフトが入っていて、どうしたものかと迷っています。迷っていることをBに相談します。

Bがある提案をするので、それを聞いて承諾してください。

B 側（大学生）「アルバイト交替」

昼の場面です。　（大学の軽い話をするような場所で）

　Aがバイトのシフトが入っていますが、東京に出かけたい用事ができ

て、どうしたものかと迷っています。Aの話を聞いて、それなら自分がシフトを代わってやるからと、東京に行ってくるようにAに勧めます。

Aがあなたの申し出を受け入れたら、会話を終了します。

A 側（中学生）「ラジオ体操当番交替」

昼の場面です。（学校の休み時間などの場面で）

あなたの東京にいる叔母さん夫婦に赤ちゃんが生まれ、明後日から家族で東京に行こうという話が出ていますが、夏休みのラジオ体操の当番に当たっていて、どうしたものかと迷っています。あなたは、迷っていることをBに相談します。（近所の立ち話をするような場所で）

Bがある提案をするので、それを聞いて承諾してください。

B 側（中学生）「ラジオ体操当番交替」

昼の場面です。（学校の休み時間などの場面で）

Aが今週はラジオ体操の当番に当たっていますが、東京に出かけたい用事ができて、どうしたものかと迷っています。Aの話を聞いて、それなら自分が当番を代わってやるからと、東京に行ってくるようにAに勧めます。

Aがあなたの申し出を受け入れたら、会話を終了します。

5.2　談話分析における発話機能の定義

　発話機能とは、熊谷（1997）で「会話を構成する個々の発話がもつはたらきかけの内容、すなわち機能」、また山岡（2008）で「話者がある発話を行う際に、その発話が聴者に対して果たす対人的機能を概念化したもの」と定義されているように、語用論的な要素も含んで「その発話が聞き手に何を為すか」を判断し整理したものである。本稿では、対人を前提とした発話は何ら

かの発話内行為を内包していると見なし、話し手からの「はたらきかけ」[4]の要素を、最小単位でまとめてラベリングしたものを発話機能と呼ぶことにする。発話機能という用語は日本語教育にも受け入れられているが、個々の機能的要素名は統一されているわけではない。井上（2014）においては、熊谷（1994）を参考にした「行為的機能」の＜情報要求＞＜行為要求＞＜陳述・表出＞＜注目要求＞＜注目表示＞＜関係づくり・儀礼＞の6種で第1段階のラベリングを行った。

　第2段階として、熊谷・篠崎（2006）の「コミュニケーション機能」と「機能的要素」を参考にした。たとえば「依頼のコミュニケーション機能」として、＜きりだし＞、＜状況説明＞、＜効果的補強＞、＜行動の促し＞、＜対人配慮＞、＜その他＞にまとめられている下に各機能的要素が存在し（《　》で示されたラベル）、＜対人配慮＞には、「スミマセンガ」「ヤブンオソレイリマスガ」という《恐縮の表明》や、「ワタシノ計算チガイナノカドーナノカ」という《主張の和らげ》が属する。これらは、依頼という相手に負担を掛ける状況下で、おもに被依頼者への配慮を示す要素であると認定されている。

5.3　「申し出」後における双方の機能的要素比較

　「当番交替」の場面設定において、調査時に申し出たBのほうも「相手に悪いと思わせないように気をつけた」というコメントがあった。このことから、《申し出》が行われた後の双方の配慮表現に注目しようと考えた。

　談話分析の作業手順は、AとBの発話を時間軸に沿って書き分け、カタカナで音声を表記し、共通語訳をその右側に付した（エクセル表で作成）。次に、5.2で挙げた6種の行為的機能に分けた。そして、相手への配慮の役割をしていると思われる要素の比較を行った。（表3・表4）

　表3・4を見ると、高年層と大学生に比べて中学生の要素の量的な少なさが目立つ結果となった。性差については顕著な差が見られなかった。

表3　2015年大分市調査「当番交替」
Bの申し出に反応するAの発話　機能的要素の比較

世代	性別	A側の発話
高年層	男A×男B	イツモ　ソゲーシチモローチ　ワリーナ《心情説明》、アマエチカラ　タス…《状況説明》、カワッチモローチェ　ヨカローカ↑《申し出の確認》、ハーイ　スイマセン《恐縮の表明》、アリガトーゴザイマシタ《謝辞》
	男A×女B	ソゲー　イウチクルント　タスカンノジャワー《心情説明》、アー　ホント　ソーダンシチ　ヨカッタ《心情説明》、ハイ　オーキニ《謝辞》、アリガトーゴザイマス《謝辞》
	女A×女B	アンタニ　タノンデ　イー↑《申し出の確認》、イツモ　タノミゴト　アンタンジョーニ　タノミレ　ワリイケド《心情説明》、ヨカローカナ↑《申し出の確認》、イーカナー↓《申し出の確認》、ホナ　タノンデ　イー↑《申し出の確認》、タノンマスナ《念押し》、オネガイシ《念押し》、スイマセン《恐縮の表明》、オネガイシマス《念押し》、スンマセン《恐縮の表明》
	女A×男B	ホンナラ　イッチキテ　イーカナ↑《申し出の確認》、イツモ　タノミゴトンジョーシチョッテ　ワリイケド《心情説明》、アー　ヨカッタ《心情説明》、ドゲーシヨーカト　オモチ　オモイヨッタンジャケドネ　オタクニ　イワナ　モー　ダレニ　タノムゴト　ナイケ　ヨカッタアイ　イッテクレルタラ《心情説明》、スイマセン《恐縮の表明》、アリガトーゴザイマス《謝辞》、オネガイシマスカラネ《念押し》、オネガイシマス《念押し》
大学生	男A×男B	ヨカッタラ　タノメル↑《交替の依頼》、アー　アー　ウ　アリガト《謝辞》、ナンカ　エ　ダイジョーブナン　ホントニ《相手状況の確認》、ナンカ　ヨテートカ　ハイッテ　ムリシテナイ↑《相手状況の確認》、アーヤッタ《心情説明》、ホントニ　ホントニ　ダイジョーブ《相手状況の確認》、ノ　ア　ジャー　コンド　オレノホーカラ　アノー　ブジ　アノ　テンチョーニ　イ　イットクカラ《交替準備の意思》
	男A×女B	ダイジョーブナン↑《相手状況の確認》、エッ　ナンカ　ムリトカ　シテナイ↑《相手状況の確認》、ダイジョーブ《応答の反復》、エッ　イーンカナ《申し出の確認》、ワルイケド《心情説明》、アリガト《謝辞》、ジャ　マ　オレノ　ホーカラ　サキニ　テンチョーニ　ユートクカラ《交替準備の意思》、ホント　モーシワケナイケド《心情説明》、ジャ　イッテキマス《行動の意思》
	女A×女B	エッ　デモ　アサッテカラヤケン　ケッコー　キカン　ナガイヨ《状況説明》、ヨカッタラ　チョット　オネガイショッカナー《心情説明》、アリガトー《謝辞》、ア　ゴメンナ《恐縮の表明》、アリガトー↓《謝辞》
	女A×男B	アッ　アリガトー《謝辞》、コトバニ　アマエテ　イキマス《行動の意思》　アリガトー《謝辞》
中学生	男A×男B	ワカッタ《了解》、アリガトー《謝辞》、ワカッタ《了解》、ハイ　バイバーイ《別れの挨拶》
	男A×女B	ハイ《了解》、アリガトー《謝辞》
	女A×女B	ゴメン《恐縮の表明》、アリガト《謝辞》
	女A×男B	ジャー　オネガイ《念押し》

表4　2015年大分市調査「当番交替」申し出後のBの発話　機能的要素の比較

世代	性別	B側の発話
高年層	男A×<u>男B</u>	イエイエー《否定》、ハイハーイ《了解》、イッテキナイ　ユックリ　ナー↑《訪問の勧め》
高年層	男A×<u>女B</u>	ジャー　ホント　ワタシデ　ヨカッタラナー　アノ　ワタシガ　セキニン　モッテスルケ《請負》、イソイデ　イッチャゲヨ　ヨロコブヨ　ナー《訪問の勧め》、アノ　ガンバッテ　シテアゲルケン《請負》、ソー《了解》、オネーチャンニ　ヨロシクナ《伝言の依頼》、ホント　イテラッシャイ《訪問の勧め》、ホンジャ　オウケシマス《請負》、ハイ　ハーイ《了解》
高年層	女A×<u>女B</u>	ウーン　イーワ《了解》、ウン　イークライヤナイヨ《快諾》、トンデモナイ《否定》、ウーン《了解》、ウン　ワタシガ　セキニン　モッテネ　アノ　コンシューワ　アン　ゴミトーバンスルワ《請負》、ウン　イーヨ《了解》、ウン　ワカッタ《了解》、オメデトーゴザイマス　オネーチャンニ　ヨロシク　ユートッテネ《伝言の依頼》、ハイ　ワカリマシタ　オウケシマス《請負》、ハーイ《了解》
高年層	女A×<u>男B</u>	イッテキナサイ《訪問の勧め》、ハイ《了解》、ハイ　ソー　ソー《了解・合意》、イヤイヤ《否定》、ソラモー　ソゲンコトナラ　アンタ　ワタシガ　デクルワ《請負》、ハイ　ドーゾ　アンタ《了解》、ハイ　ドード《了解》、ハイ《了解》、イートコロデ　オータモンガナー《相手幸運の描写》、ハイ　ハイ《了解》、ドーゾ《了解》、ハイ　ドーゾ《了解》、ハイ《了解》
大学生	男A×<u>男B</u>	イーヨ《了解》、ウン《了解》、ダイジョーブ　ダイジョーブ《問題ないことの表明》、ウン《了解》、ダイジョーブ《問題ないことの表明》、ウン《了解》、ダイジョーブ　ダイジョーブ《問題ないことの表明》、イーヨ《了解》、イットイデ　トーキョー《訪問の勧め》、ア　ウン《了解》
大学生	男A×<u>女B</u>	ダイジョーブ《問題ないことの表明》、ヤ　ダイジョーブ　ダイジョーブ《問題ないことの表明》、ホントーニ　ウン　カケモチトカモ　ナイシ《事情説明》、ヤ　ホントーニ　ダイジョーブ《問題ないことの表明》、イッタホーガ　イートオモー《訪問の勧め》、イヤ　イヤ《否定》、ゼンゼン　ダイジョーブ《問題ないことの表明》
大学生	女A×<u>女B</u>	エ　イーヨ《了解》、ヤ　ワタシ　バイトノ　カケモチトカモ　シテナイシ　ジカン　アルシ《事情説明》、ダイジョーブデ《問題ないことの表明》、ウン《了解》、イーヨ　イーヨ《了解》、ウン《了解》、メッタニ　イケンシ《相手訪問の理由説明》
大学生	女A×<u>男B</u>	ウン《了解》、トーキョー　イッテオイデ《訪問の勧め》、ウン《了解》、ウン《了解》
中学生	男A×<u>男B</u>	ウン《了解》、イーヨ　ゼンゼン《問題ないことの表明》、セッカク　ウマレタンヤシ　ウン《相手訪問の理由説明》、イッテクルト　イーヨ　ウン《訪問の勧め》、ハイ《了解》
中学生	男A×<u>女B</u>	トーキョー　イッテキテ《依頼》、ハイ《了解》
中学生	女A×<u>女B</u>	トウキョー　イッテキテ　イーヨ《訪問の勧め》
中学生	女A×<u>男B</u>	ウン《了解》、ハイ《了解》、イーヨ《了解》

5.4 「申し出」後におけるコミュニケーション力の比較

次に、縦軸に出現度数の多かった順に機能的要素を、横軸に年代を掛け合わせて、表3・表4それぞれの「申し出」後の双方の発話の機能的要素を比較した。(表5・6)

表5 大分市2015年調査「当番交替」
「申し出」後のAの機能的要素の出現一覧 ○：有り、◎：複数有り

	高年層				大学生				中学生			
A側(話し手)	男A		女A		男A		女A		男A		女A	
B側(聞き手)	男B	女B	女B	男B	男B	女B	女B	男B	男B	女B	女B	男B
《謝辞》	○	◎		○	○	○	◎	◎	○	○	○	
《心情説明》	○											
《恐縮の表明》	○		◎				○				○	
《申し出の確認》	○											
《念押し》			◎	◎								○
《相手状況の確認》					○	○						
《状況説明》	○						○					
《交替準備の意思》						○						
《行動の意思》							○	○				
《交替の依頼》						○						
《了解》									◎	○		
《別れの挨拶》											○	

Aの機能的要素(表5)を見ると、《謝辞》《恐縮の表明》の出現が全年代にわたっている。高年層の女A×女Bには《謝辞》が出現しなかったが、《恐縮の表明》が複数出現しており、《謝辞》と《恐縮の表明》は連続して出現することも多いことから、どちらも重要度が高いと考えられる。《心情説明》は「ワルイケド(悪いけど)」「タスカンノジャワー(助かる)」「ソーダンシチ　ヨカッタ(相談して良かった)」などのA自身の心中の思いを表出

するものだ。AがBの負担の理解を示すことで、Bとの「分かり合い」が達成されることになる。大学生の女A×男Bと中学生の全てのペアでは、《心情説明》が出現しなかった。ただし、《状況説明》大学生女A「ケッコー　キカン　ナガイヨ（結構期間長いよ）」や、大学生男Aに出現が多い《相手状況の確認》「ダイジョーブナン（大丈夫か？）」という問いも、相手の負担を理解していることから発せられるものである。

《申し出の確認》《念押し》《交替の依頼》は、Aが申し出に対して積極的であることを示す。そういう意味では《交替準備の意思》《行動の意思》もAが実現の方向で動くことをBに伝え、申し出を実現させる効果があり、Bの申し出への配慮の一種と言える。《了解》《別れの挨拶》は、中学生のみに出現した。

〈AからBへの配慮を示す要素〉

- Bの負担に関する要素…《謝辞》《心情説明》《恐縮の表明》《状況説明》《相手状況の確認》
- Bの「申し出（交替）」への積極性を示す要素…《申し出の確認》《念押し》《交替準備の意思》《行動の意思》《交替の依頼》
- その他…《了解》《別れの挨拶》

以上のように、「Bの負担に関する要素」は直接的な配慮表現と言え、「Bの申し出への積極性を示す要素」は間接的な配慮表現となる。中学生は他年代よりも配慮表現の種類が少なく（《謝辞》のみ）、積極性に関する要素も極めて少ない。

次に、Bの機能的要素（表6）を見ると、《了解》が最も多く、次に《訪問の勧め》がほぼ全年代にわたって出現している。《了解》はAからの確認や念押しに答えるための「ハイ（はい）」「イーワ（いいわ）」などである。他にも「イッチャゲヨ（行ってあげなさい）」「イッテクルト　イーヨ（行ってくるといいよ）」など《訪問の勧め》で応じている場合もあるため、この2要素は必要度が高いと考えられる。中学生の一例のみの《訪問の依頼》も「イッテキテ（行ってきて）」であり、《訪問の勧め》に準ずるものだろう。

表6　大分市2015年調査　「当番交替」
「申し出」後のBの機能的要素の出現一覧　　○：有り、◎：複数有り

	高年層				大学生				中学生			
B側（話し手）	男B		女B		男B		女B		男B		女B	
A側（聞き手）	男A	女A	女A	男A	男A	女A	女A	男A	男A	女A	女A	男A
《了解》	○	◎	◎	◎	◎	◎	◎		○	◎	○	○
《訪問の勧め》	○	○		◎				○	○		○	
《問題ないことの表明》					◎		○					
《否定》	○	○	○					○				
《請負》		○	◎	○								
《事情説明》							○	○				
《相手訪問の理由説明》							○			○		
《相手幸運の描写》		○										
《快諾》			○									
《伝言の依頼》			○	○								
《訪問の依頼》												○

　《否定》は、Aの《心情説明》の「ワルイケド（悪いけど）」の返答として出現しており、《問題のないことの表明》は「ダイジョーブ（大丈夫）」という、Bが交替しても何ら問題ないことを伝えている。これらは、Aが感じている気持ちの負担を軽減させる効果がある。大学生の《事情説明》も自分には時間があるということを伝え、Aを安心させるためであると考えられる。
　一例しか出現しなかったが、《快諾》は3でも取り上げた「イークライヤナイヨ（良い位ではない＝もちろんいい）」である。これも同様の効果をもたらす要素である。《請負》は、高年層のみに出現した。《相手訪問の理由説明》は「メッタニ　イケンシ（滅多に行けないし）」「セッカク　ウマレタンヤシ（せっかく生まれたんだし）」と、交替理由を言うことで、Bの申し出を補強する効果がある。《相手幸運の描写》は「イートコロデ　オータモンガナー（良い所で会ったものだね）」という、Aの立場に成り代わった表現

であり、ユーモアを交えてAの気持ちを和ませる効果がある。また、出産のために子供を訪ねるので、「ヨロシク　ユートッテネ(よろしく言っておいてね)」《伝言の依頼》も、Aが訪問することを前提とした話をすることで、「交替」を後押しする効果がある。

〈BからAへの配慮を示す要素〉

- B自身の負担に関する要素…《否定》《事情説明》《問題のないことの表現》《快諾》
- B自身が申し出た「交替」への積極性に関する要素…《請負》《相手訪問の理由説明》《相手幸運の描写》《了解》《訪問の勧め》《伝言の依頼》

以上の結果から、「B自身の負担に関する要素」が直接的な配慮表現にあたる。高年層はAの配慮表現に応じた《否定》が多く、Aの配慮表現を先回りした《快諾》もあるのに対し、大学生には《問題ないことの表明》や《事情説明》で、Aの配慮が無用であることを伝えようとしているという違いがある。中学生にはこれらの要素に当たるものが出現しなかった。

6. まとめと今後の課題

　大分方言談話資料から、依頼側が恐縮し過ぎぬようにと配慮された表現があり、また、このような表現は社会的成熟とともに身につけていくことがわかった。次に、話し手の話への積極性を表すフィラーの「アンタ」は、現時点では高年層が使うのみで、衰退の傾向にあることを示した。便利な機能を持っていても、語の相対的価値の変化によっては衰退していかざるを得ないのである。

　これまで大分方言談話の調査をしていて、中学生の会話時間の短さがずっと気になっていた。今回、「申し出」の談話において、A側の「交替してくれるBへの配慮の要素」とB側の「そのAに気を使わせまいとする配慮の要素」、また「交替することへのそれぞれの立場からの積極性を表す要素」が高年層と大学生には見られた。しかし、それらが中学生にはほとんど見ら

れず、そのことが会話時間を短くしていた要因だということがわかった。

　今回の調査の限りではあるが、配慮表現は話し手の社会的成熟に関係していると言える。しかし、だからといって、中学生は社会的に成熟するまで待てば問題はないとして良いのだろうか。

　この十数年で、日本社会を取り巻く言語環境は激変している。子供たちのコミュニケーションのとり方も随分と変わり、総じて言えば「個別化」してしまったと言える。上の世代の会話を傍らで聞くという機会も時間も、現在の高年層とは比べものにならないほど少なくなっていることが容易に想像できる。そのような社会の流れを変えることは簡単ではないが、社会の変化による弊害は少しでも減らしたいと思う。方言学からコミュニケーションを考えるとき、まず思い浮かぶのは世代間コミュニケーションである。言葉や表現は移り変わったとしても、コミュニケーションにとって大事な要素は受け継がれるべきである。

　それは、相手のことを思いやり、言葉を尽くすこと。高年層の方言談話には、そのための豊富な要素と温かくユーモラスな表現が存在していた。「個別化」に対抗して、そのことを意識的に伝えていく努力が必要である。共通語に負けないためにも、方言談話の分析方法を確立しインパクトのある発信ができたらと思う。それが結果として方言保存につながることと信じている。

　本稿では調査時にあらかじめ展開を決めていることもあって談話構造を考察の対象から外した。「依頼」「尋ね」の分析とともに、談話構造についての分析・考察も今後の課題としたい。

注
1. ネガティブフェイス、ポジティブフェイスと呼ばれるもの。大坊（2012）など。
2. 山根（2002）の定義による。
3. 松田（2015）でも別資料を用いて論考しているので、参考にされたい。また、発話末に現れるアンタ（アンタナー・タナーとも）もあるが、その場合はイントネーションの下降を伴う。このことから、それぞれ機能に区別があると思われる。

4. 話し手の意図ではなく、聞き手が受け取る「働きかけ」の要素。

文献

井上文子編（2014）『方言談話の地域差と世代差に関する研究成果報告書』国立国語研究所共同研究報告 13–04　pp.24–33

大坊郁夫（2012）「対人関係における配慮行動の心理学―対人コミュニケーションの視点―」三宅和子・野田尚史・生越直樹編　ひつじ書房

岸江信介（2016）『近畿方言における配慮表現　研究成果報告書(1)―大阪市域調査編―』基礎研究(B)《課題番号 15H03211》

熊谷智子（1997）「はたらきかけのやりとりとしての会話―特徴の束という形でみた『発話機能』―」茂呂雄二編『対話と知―談話の認知科学入門―』新曜社

熊谷智子・篠崎晃一（2006）「依頼場面での働きかけ方における世代差・地域差」独立行政法人国立国語研究所『言語行動における「配慮」の諸相』くろしお出版

小林隆（2014）「配慮表現の地理的・社会的変異」野田尚史・高山善行・小林隆編『日本語の配慮表現の多様性』くろしお出版

小林隆・内間早俊・坂喜美佳・佐藤亜実（2014）「言語行動の枠組みに基づく方言会話記録の試み」『東北文化研究室紀要』通巻第 55 集別冊

松田正義・糸井寛一・日高貢一郎（1993）『方言生活 30 年の変容』上下巻　桜楓社

松田正義・日高貢一郎（1996）『大分方言 30 年の変容』明治書院

松田美香（2015）「大分と首都圏の依頼談話―大分方言の『アンタ』『オマエ』のフィラー的使用について」別府大学会『別府大学紀要』第 56 号 pp.11–22

山根智恵（2002）『日本語の談話におけるフィラー』くろしお出版

山岡政紀（2008）『発話機能論』くろしお出版

謝辞

本論執筆にあたり、以下の科研費の援助を受けた。記して謝意を表したい。

平成 25–27 年 JSPS 科研費基盤研究（C）：25370539「方言ロールプレイ会話における談話展開の地域差に関する研究」研究代表者　井上文子、平成 24–26 年度同（C）：24520500「談話における方言の変容―共通語には変化しない方言に注目して―」研究代表者　杉村孝夫、平成 27–29 年度同（C）：15K02584「大分方言談話の配慮表現を中心とした地域差・世代差・性差の研究」研究代表者　松田美香

第 8 章
愛知県方言談話に見られる
話者交替についての考察―会話を楽しむ―

久木田恵

1. はじめに

　愛知県方言談話では、話者は理由を表す「デ」「ダモンデ」を頻用して説明し、聞き手は「ホダ、ホダ」「ソーソー」で肯定して滅多に反論しない方法で会話が進められることを筆者は既に明らかにした（久木田（2010））。しかし、これは主張を続ける話者と専ら聞き役に徹する者だけしかいないということではない。彼らも発話交替は行っており、聞き手も当然発話者となり、主張すべきことは主張する。かと言ってそれは関西方言話者のように全員が一つの話題に参加して話の内容を構築していくというものではない。
　コミュニケーションはことばのキャッチボールのようにたとえられる。確かに場面設定した会話では、話者交替がスムーズに行われる。それは伝えるべき用件があるからである。しかし、普段の会話はいつもそうした用事があってなされるとは限らない。むしろ人と交流するために会話すること自体を楽しむことの方が多いのではないだろうか。雑談、たわいないおしゃべりというのは用事を伝えるのではなく心の交流であると考えられる。中にはもちろん、不平不満を聞いてもらいたくて愚痴や人の悪口を話すこともある。こうした内容は資料提供が難しいが、それもまた、言語行動である話す行為そのものが目的となっている。こうした普段のコミュニケーションの有様を見せてくれる自然談話資料は貴重な資料である。本稿では既刊の自然談話文字化資料を利用し、新たな資料も紹介しながら分析を試みる。参加者たちが

いかに会話の楽しさを味わっているのかを、話者交替の様子と会話内容から考察する。

2. 場面設定資料の話者交替

まず、比較のために場面設定の会話を取り上げる。次の資料1は豊橋市のもので「集会に行くのに友人宅に車を置かせてもらい、自転車を借りようとする」場面である。自然談話に近づけるよう地元の人が練習を積んで録音に臨んだものである。

【資料1】『豊橋十一話』①借り物
A ホーイ、オルカン。
B オルヨー、ダレダン。
A ワシダー。
B ナンダー、タカギサンカン、ホイ、マー　オアガリン。
A ウーン、ソーモ　ヤッチャー　オレンダ。
B ナンダン、イソガシーダカン。
A イソガシーダ。
B ドッカエ　イクダカン。
A ブンカカイカンデ　ノン。
B フン。
A マー　ツマラン　カイゴーガ　アッテ、アソコワ　マー　チューシャ　ジョーガ　セバイ　モンダイ、イツモ　コマッチャウダ。
B ソーカン。
A ホイデ　アンタントコロエ　チョット　クルマオ　オカシテモラッテ　アルイテイカートモーダ。
B ウーン。
A ホイデ　ジテンシャー　カシトクレン。
B アー、ソーセリン。

Aフン。
Bコノ　ジテンシャー　ドーダン。
Aウーン、ナンダー、アンタ　パンクシトル　ジャン、コリャー
Bホーカン、ホイジャー　コッチャー　ドーダン。
Aコッチー。
Bウン、マー　イッコノ　ホーノ。
Aランゴカーナイ(注)　ノン、コレモ　パンクシトル　ジャン。
Bホーカン、ソヤー　マー　ションナイ　ノン、ソイジャー　マー　ション　ナイデ　ノン。
Aフン。
Bアンタノ　ジドーシャデ　イッテ。
Aイッテー。
Bマー　ソイデ　ワシガ　ウンテンシテ　カエッテ　クルデー。
Aフン。
Bオワッタラ　マタ　デンワ　シトクレン。
Aウーン、ソースルカ。
Bウー、マー、ソーダノン、ソーセルシカ　ナイゾン。
Aソイジャー　マー　ソー　スルワ。
Bアー。

　Aおーい、いるかね。　Bいるよ、誰ですか。　A私です。　Bなんだ、高木さんかね、まあ、あがってくださいよ。　Aそうもしては、いられないのだ。　Bなんだ、忙しいのかね。　A忙しいんだ。　Bどこかへ行くのかね。　A文化会館でね。　Bはい。　Aちょっと会合があって、あそこは駐車場が狭いので、いつも困ってしまうんだ。　Bそうかね。　Aそれであなたの所へちょっと車を置かせてもらって、歩いて行こうと思うのだ。　Bはい。　Aそれで、自転車を貸してください。　Bああ、そうしなさい。　Aはい。　Bこの自転車でどうだね。　Aなんだ、パンクしているじゃあないか。　Bそうかね、それじゃあこれはどうだね。　Aこれかね。　Bそ

う、もう一つの方を。　A困ったもんだなあ、これもパンクしているよ。　Bそうか、仕方がないなあ。それでは仕方がないね。　Aはい。　Bあなたの自動車で行って。　A行って。　Bそれで、私が運転して帰ってくるから。　Aはい。　B終わったら電話してください。　Aうん、そうするか。　Bそうだねえ、そうするより他ないぞ。　Aそれでは、そうするよ。　Bはい。

(注)本来は「乱雑だ」の意味であるが、ここでは意訳している。

　自転車を借りたいという目的があって友人宅を訪ねているため、小気味よいテンポで話者交替がなされている。しかも発話はすべて短い。正に言葉のキャッチボールと言い表すのがふさわしい会話である。

3. 話者交替がほとんど認められない場合

3.1　思い出話①

　次に自然談話資料を見ていく。実際の自然談話では1人が長く話す場面も多い。資料2は筆者が津島市(尾張)で2016年12月収録した例である。K：昭和8年生(当時83歳、Yの祖母)、Y：30歳代女性(筆者の友人)と筆者が同席した。戦時中の話をしている。Ⓟはポーズ、波線は聞き取り不明瞭部分。

【資料2】

K①モー　ソレデ　ジョガッコーノ　イチネンセーノ　ハチガツⓅニシューセンデスモンネ。②ソノトキモ　コードーニ　スワリコンデ　コンナ　カンジデ　スワルナー。(Y：オヤマスワリ？)　③オヤマスワリ。④オヤマスワリデー　ギョクオンホーソー　キキマシタンデス。⑤ホーシテ　キョーシツエ　カエッテキタラ　マー　ミンナガ　オーソードーデネ。⑥オンナノコワ　ボーズアタマニ　セントー　アメリカジンガ　クル　ユーテ。⑦ナニ　ヤラレルカ　ワカランヨ　ユッテ　ユー　ソンナ

ヨーナコトデ　ナルシ　ナンボ　ワタシタチニモ。⑧キョーカショワ　モクロイ　センデネー。⑨ケシテ。⑩ワタシ　アノ　ヒトリダモンデスカラ　ジョガッコノ　ホンテ　ナイモンデスカラ　アノー　キンジョノ　ヒトデ　シリアイノ　ヒトデ　カシテイタダイテ。⑪ホイデモ　ケシテ　ホシテ　ヤリマシタデスモノ。⑫マー　ホシテ　ワタシ　アニガ　イマシタンデスケドー　アノー　ダイガクガ　トーキョーダッタモンデスカラー　アノー　ナナツチガイデシタノ。　⑬ソレデ　タベモンモ　アリマセンモンデイッショケンメニナッテ　アノー　チッキデ　オクッタリー　イロンナコト　シテ　ハコンダリシテ　ヤリマシタケドー　ドシテモ　アノー　ゲシュクノ　ヒトニ　ミンナニ　アタルヨーニトユー　ソンナ　ワケニワ　イキマセンモンデー　⑭ドシテモ　アニノホーワ　エーヨシッチョーニナルトイーマスカ　ソーユフーデネー。

❶もう、それで女学校の1年生の8月に終戦ですものね。❷その時も講堂に座り込んで、こんな感じで(膝を抱えて)座る、ねえ。(Y：お山座り？)❸お山座り。❹お山座りで玉音放送を聞きましたのです。❺そうして教室に帰ってきたらまあー皆が大騒動でね。❻女の子は坊主頭にしないとアメリカ人が来ると言って。❼何をされるかわからないよと言って、言うそんなようなことで、(そのように)なるし、私たちにも。❽教科書はもう黒い線でねえ。❾消して。❿私はあの、1人ですから、女学校の本などは無いものですから、あの、近所の人で、知り合いの人から貸していただいて。⓫それでも消して、そうしてしましたもの。⓬まあそうして私には兄がいたのですが、あの、大学が東京だったものですから、あの、7つ違いでしたの。⓭それで食べ物もありませんもので、一生懸命になって、あの、チッキで送ったり、いろいろなことをして運んだりして、しましたけれど、どうしても、あの、下宿の人に皆に当たるようにという、そんなわけにはいきませんから、どうしても兄の方は栄養失調になると言いますか、そういう風でねえ。

話者は家柄も良く、教養もある上、初対面の筆者を相手としているため普

段よりやや丁寧な言葉遣いとなっている。しかし、⑩⑫「モンデスカラ」⑬「モンデ」が続くように、展開方法はこの地方の特徴を表している。さらに①⑪には「デスモン」「デスモノ」も認められる。また、この部分の数分後に金属供出の話(資料3)となるが「ホダカラ」「デー」と理由を表す語が現れているほか、「ダサナカン」「ガネ」など、普段のことばもみられる。

【資料3】
K①ホダカラー　ソッセンシテ　ダサナカン　ソッセンシテ　ダサナカンテ　ユーノデー　ンデ　ハハワー　アノ　ナクナッタ　ハハワー　アノー　イクラデモネー。②アッデー　ソレ　ミンナ　ダシチャッタデー　ワタシンノコス　モノガ　ナイガネ。(笑)

❶それ［父が議員］だから率先して出さないといけない、率先して出さないといけないというので、それで母は、あの、亡くなった母は、あの、いくらでもねえ。❷あれで、それ、皆出しちゃったので私に残す物がないのよ。

終始このような話し方であったが、聞き手はどう応じていたか。孫のYは初めて聞く内容もあり、それに対して質問することもあったが、概ね黙って聞いていた。Kに話してもらうという筆者の意図を汲んでのこともあったと思われる。筆者も頷きながら聞くことが多かった。その中でYが積極的に話したのが資料4である。

【資料4】
K①マ　ワタシワー　イロイロー　オケーコゴト　サシテモラッテ　アレデスケドー。②マー　ホントニ　オチャヤ　オハナカラ　オコトカラネー。③イロンナ　ケーコゴトー　ミンナ　ヤッテクレタンデスケド　イマ　ゼンップ　ワスレチャッテ。(笑)　④オヤニ　モーシワケナイ。(笑)
Y⑤ダイガクー　ワタシガ　ジモトノ　ダイガク　イッタノワー　トリアエズ　ダイガクジダイニ　オバーチャンニ　オチャト　オハナダケワ　オシ

エテモラオート　オモッテ　イッタンデスケド　イソガシクテネー。（笑）⑥ヤラナカッタ。（笑）　⑦ヤラナイママ　オワッチャッタ。（笑）　⑧オシエテモラワナ　イカンネ。
K⑨ゼンブ　ワスレチャッテ。⑩アノー　ドーグモ　タクサン　アルンデスケレドモー　コンド　ムスコワー　ソユノニ　キョーミガ　ナイモンデー　ホカッタルゾ　ホカッタルゾッテ　イワレルケドー　ホントノ　ムスコダッタラー　ナニ　ユットルノッテ　イエルケドー　ヤッパリ　ソレガ　イエナイ　トコロガ　アッテー。⑪チョットー　チョット（笑）オコットルデ　オバーチャンワ。

K❶まあ私は色々お稽古事をさせてもらって、あれ［幸せ］ですけれど。❷まあ本当にお茶やお花からお琴からねえ。❸色々なお稽古事を皆やってくれたのですけれど今全部忘れてしまって。❹親に申し訳ないと。Y❺大学、私が地元の大学に行ったのは、とりあえず大学時代におばあちゃんにお茶とお花だけは教えてもらおうと思って行ったのですけれど忙しくてねえ。❻やらなかった。❼やらないまま終わっちゃった。❽教えてもらわないといけないね。K❾全部忘れてしまって。❿あの、道具もたくさんあるのですけれども、今度は息子［娘婿］がそういうものに興味がないので「捨ててやるぞ、捨ててやるぞ」と言われるのだけれど、本当の息子だったら「何言ってるの」と言えるけれど、やっぱりそれが言えないところがあって。⓫ちょっと、ちょっと怒っているよ、おばあちゃんは。

　Yがお稽古事の話題から筆者にも自分の思いを説明し、「教えてもらわないかんね」と、祖母に水を向けている。ここで軽く受け止められた後Yが話者として交替することが期待される所であるが、KはYの発話前の「全部忘れた」ことに戻ってしまい、そこから眠っている茶道具の話へと再び発話の主導権を握って説明を続けている。
　全体で1時間程度の談話であったが、このようにほとんど話者が交替することなくK1人で話し続けていた。こうした談話に当人達はどのような感

想を抱いていたのであろうか。Kは初対面の筆者に対する気遣いも感じられたが、帰宅後「楽しかった」と話していたそうである。Yも祖母から初めて聞く話もあり、「聞けて良かった」と言っていた。コミュニケーションにとって「楽しい」は重要なことであり、最高の誉め言葉でもある。会話というよりはほとんど独り語りでの「楽しさ」とは何か。その要因として以下の3点が考えられる。まず、1点目は自分の知っていることを伝えることである。聞き手には未知の事柄であり、話者がその点では優位にある。聞き手も新しい情報が得られたことで満足感が生じる。2点目は昔の事柄を語ることで当時を思い出せたことである。戦時中の話にはつらい部分もあったが、それ以上に当時を懐かしんでいるように見受けられた。そして3点目には聞き手を満足させ、何よりインフォーマントとして貢献できたという満足感があったことである。筆者も無事収録できたことに充実感があった。こうした参加者全員のお互いの気持ちが「楽しい」という感想を導き出したものと考えられる。

3.2 思い出話②

　以上の資料と同様、ほとんど1人の話者が話している既刊の資料を見る。『全国方言資料』の愛知県立田村（現　津島市）での自由会話2は古い資料ではあるが台風の思い出話である。m（男）とf（女）による会話であるが、mが主に話し、fはほとんど相槌しか発していない。（発話番号、句点は久木田による。共通語訳の一部を漢字表記に改めた。）

【資料5】

①mテーショー　ジューニネンニワ　アノ　トヨサントコノ　コーバガ　コケタトキ　（f　ハーン）　アントキニワヨー　ワシー　アノ　キソガワノ　アノ　テーボーニ　アサマデ　フネンニ　シガミツイテ　（中略）　ミズン　キッテ　ワレ　キソガワーエ　アレ　フネン　デァータッタワサ。

②f　アーアー　ソーソー。

③mソッデヨー　ワシト　ホンヤノ　アニト　ホレカラ　タケサト　サンニンガヨー　（f　フーン）　アゲヨート　オモーノヨ　フネオ。（f　フーン）　ソノ　フネオ　アゲヨト　オモッテモ　（f　アガレセン）　アガレヘンジャロ　サンニングレァーデ。（中略）　アゲタト　オモッタラ　ナミガ　キテ　テーット　モッテ　（f　モテチマテ）　コー　イッタモン。（中略）ソシタラ　アノ　ト　トヨサントコノ　コーバン　コケテマッテ　（f　アー）　ウン　（f　フーン）　オーソードーヤッタ。

④f　……ダッタナー。

⑤mマ　アントキモ　（f　ウン）　エラカッタワナー。

⑥f　エラカッタ　エラカッター。

⑦mオレモ　ターショー　ガンネント　ターショー　ジューネン　（中略）　ソトニ　オッテ　ソトデ　アサガラ　（f　フンフーン）　アメダタキニ　ナッテ　キソガワニ　オッタガヨ。（f　ハーン）　ウン。

⑧f　フンフーン　（m　アーン）　マー　ホントニ　エレァー　コトン　ナルト　（m　マー）　ホンネエナコッチャ……　ウン。

⑨mマー　ソーユー　コトア　ワスレンナー。フン。

⑩f　ワスレラレンヨネー　（m　ウン）　イックラ　ツノ　ツツンバタノトコオ　ヘァーズッテコート　モテモ　ヘァーズレンデ。

⑪mハー　ホリャ　マー　（f　エ）　エレァートキワ　チッ　ナンジャナー　（f　ウン）　ヘァーズレンナ。

⑫f　ソーユーコッチ……

⑬mエレァー　カゼジャッタデナー。

❶m 大正10年にはねあの豊さんのところの工場が倒れた時、あの時にはね　私は木曾川（の）堤防に朝まで舟にしがみついて（中略）　水が出て、あなた、木曽川へ舟が出してあったんだよ。　❷fああ　そうそう。　❸mそれでね　私と本家の兄と、それから竹さんと3人がね（堤へ）上げようと思うんだよ、舟を。舟を上げようと思っても　（f　上がりはしない）　上がりはしないだろう、3人ぐらいでは。（中略）　上げたと思ったら波が来てさ

あっと持って（f 持って行ってしまって……。）行ったもの。（中略）そうしたら豊さんのところの工場が倒れてしまって大騒ぎだった。　❹f……でしたねえ。　❺m あの時もひどかったねえ。　❻fひどかった　ひどかった。　❼m 私も大正元年と大正10年、（中略）　外にいて外で朝からずぶぬれになって木曽川（の堤）にいたがね。うん。　❽fほんとに大変なことになるとそんなようなことだ。　❾m そういうことは忘れないね。　❿f忘れられないよねえ、どんなに堤の際のところを這って行こうと思っても這っていけないんですから。　⓫m それはまあ（風が）強い時はなんだねえ這って行けないね。　⓬fそういうこと（ですよ）。　⓭m 強い風だったからねえ。

　mの①③⑦の発話は長く、台風の時の体験を詳しく説明している。その間、fは短い相槌を入れる程度であり、②④⑥の発話も記憶を肯定するにとどまっている。特に⑥は⑤m「エラカッタ」を繰り返すことで同調している。fが唯一自分の見解を述べているのが⑩「這って行けない」であり、⑪でmは「ヘァーズレン」を繰り返して肯定している。最後は2人で確認しあう形で思い出に浸っている。このように同じ時の記憶であるが、主としてmの体験談が語られたため、fは発話交替というほどの発話はせず、もっぱら聞き手になっていた。先のKとYの会話同様、参加者の一方にとって未知または詳しくない内容の場合は話者と聞き手という立場が固定される。聞き手はほとんど発話せず、自ら話題を変えていくこともない。

4. 話者が交替する場合

4.1　思い出話③
　次に話者がスムーズに交替していく場合を見る。同じく『全国方言資料』の自由会話1で濃尾大地震の話をしている。（発話番号、句点は久木田による。共通語訳の一部を漢字表記に改めた。）

【資料6】（自由会話2の話者とは別人）

①mアサメシードキジャッタナー。

②f ソーソー　（m　アサメシ）　ハヤェー　ヒトワ　アサメシージャッタ。ワシントコワ　アサン　オソェーモンジャデヨー（m　エー）　アノー　ワシャー　ショーヨエ　オキタバカデ（m f　笑）キッ　アノ　オッカワ　アノー　ゴハン　テャーテ　ゴザッタデ。(m　フン)　ンデヨー　ワシワー　アノー　オキテ　キタバッカジャッタデ　オトッツァン　ナンジャー　ヒ　ヒンダカマエテヨー　オモテノ　ホーエ　デテカヒター。

③mフンフン。

④f ンデ　マー　ナンジャライ　コッチカラ　コェータバッカジャッタモンジャデ　カンガエニ　ヒッカカッテ

⑤mアー　アー　アレ　キッサキデ　ヤラレ（タンカナ）　オマエントコノ　ウチ　アノ　オージシンニ。

⑥f ア　ヒッシャテマッタ　（m　ヒシャケテ　マッタ。）　タテタバッ……　（m　フン）　カベ　ツケタバッカデヨー　（m　ウン　ソーソーソー。）　ヒッシャケテマッテ。

⑦mアノ　カッツァブロサンガヨー　ソコノ　（f　フン）　アレ　カベ　ツケタ　ヨサワ　マゴシロサントコエ　トマリニ　イッテ　ゴザッタンジャ　ソノ　マンダ　ウチニ　イレンモンジャデ。

⑧f アー　ハーン。

⑨mソデー　アサ　オキテ　フット　ウチノ　ホー　ムカテ〰〰　ピシャット　イッテマッタ　シタエ　（f　フーン）　カベ　ツケタバッカデ。

⑩f フンフン。　ワシントコモ　カベ　ツケタバッカジャッター。

⑪mハー。

⑫f ソヒテー　（後略）

❶m 朝飯の時間だったねえ。　❷f そうそう、早起きの人は朝飯（のとき）でした。私のうちは朝（起きるの）が遅いものですからね、私は小用に起

きたばかりで、お母さんはご飯を炊いていらっしゃったので。それでね、私は起きてきたばかりでしたから、お父さんがなんです、（私を）引っかかえてね　表のほうへ出て行かれました。　❸mふんふん。　❹fで、なんですよ、こっちから引越したばかりだったので、川替えにひっかかって……。❺mそう。まっ先にやられたのかね、あなたの家は、あの大地震に。　❻fつぶれてしまった　（m　つぶれてしまった。）　建てたばっ（かりで）、壁をつけたばかりでねえ、（m　うん、そうそうそう。）　つぶれてしまって。❼m勝三郎さんがね、そこの、壁をつけた夜（で、その夜）は孫四郎さんの家へ泊りに行っていらっしゃったのだよ、まだ家に入れないものだから。❽fははん。　❾mそれで朝起きてひょいと（自分の）家のほうを向い（たそうだ、そうし）たらピシャッと行ってしまった、下へ、壁をつけたばかりで。　❿fうんうん。私の家も壁をつけたばかりでした。　⓫mほう。⓬fそして　（後略）

　話題が同じ思い出話でありながら、自由会話2の場合とは異なり、2人が交互に短い発話を繰り返している。①mはfに同意を求める形で持ち掛け、それを肯定して受けた②fでは当時の自身の体験について説明をし始める。この説明は④⑥へと続く。その間mは聞き手となり、③⑤の発話となっている。しかし、⑥でfの体験談に区切りがついたところで今度は⑦mでmの記憶を語り、話者と聞き手の立場が入れ替わる。⑧⑩ではfが聞き手の立場で発話している。ところが⑪mではfの「うちも壁を付けたばかりだった」ことをあまりよく知らなかったために短く反応したことから、発話の主導権が再びfに移り、⑫でfの説明が続いていく。このようにして、お互いの体験談や記憶をたどりながら、話し手と聞き手の立場を入れ替えつつ発話を繰り返している。2人で当時の事柄を記憶の中に再構築していく作業を楽しんでいる。

4.2　思い出話④

　次に比較的新しい資料として『日本のふるさとことば集成』第9巻の常

滑市の資料を用いた。話者が交替するまでの連続した発言を1発話とし、途中の相槌は（　）で示している。A（女74歳）、B（男74歳）、C（男79歳）が参加している。発話回数はA65、B72、C20で、主にA、Bが話し、Cは司会役で発話も短い。

【資料7】（句読点は久木田が補った箇所あり）
B ソリャ　マー　アレダノー。　タイショージューサンネンノ　オーヒデリワ　ヒャクフツカ　アメガ　ゼンゼン　フランヤッタノー。アン　トキニャ　オレガ　ジューヒチダッタケドモ（C　ハー）ヒャクフツカ　フラヘンカッタ。
A ヒャク（C　ウン）オマエ　ヨー　オボエトルノー。
B オー　ヒャクフツカ　フラヘンカッタ。（A　ハーン）ソリャ　アノー　ミチバタノ　アノー　クサヤナニカデモ　ミンナ　カレチャッタ。ソントキワ。テーット　カレチャッタケド。
A ホダケドモ　オレノ　オヤガ　イワレタワ。ムカシノナー　ヒツジドシワ　ヤタカラ　オーノイ　イクマデニー（B　ウン）イキタ　クサワ　イッポンモ　ナカッタ　ト。（B　ウン）ダケドモ　コノ　タイショージューサンネンワ　ソコマデ　イカンデ　ムカシノ　ヒツジドシヨリワ　ラクダゾ　ト。ホダケドモ　ソノ　タンボガ　ミーンナ　モー　ヒキサケチャッテ（B　ウン）アシガ　オチルヨニ　ナッチャッタワナ？　ジューサンネン。
B ソリャー　ソーダッタ。（以下略）

　Bそれは、まあ、あれですね。大正13年のひどい日照り［の時］は102日雨が全然降らなかったね。あの時には私が17［歳］だったけれども102日降らなかった。　A100、おまえ、よく覚えているね。　Bおう、102日降らなかった。それは、あのう、道端の、あのう、草などでもみんな枯れてしまった。その時はテーッと枯れてしまったけれど。　Aそうだけれども私の親が言われたね。昔のね、羊年は矢田から大野に行くまでに生きた草は

1本もなかった、と。だけどもこの大正13年はそこまでいかなくて昔の羊年よりは楽だよ、と。そうだけれどもその、田んぼがみんなもう、ひび割れてしまって足が落ちるようになってしまったね。［大正］13年。　Bそれはそうだった。

　資料7の展開は以下のようになっている。日照りの話題にまずBが口火を切り説明する。→AはBの内容に対する感想（よく覚えている）を述べる。→Bが102日の確認をし、日照りの様子を説明する。→Aはさらに大正13年の日照りの補足説明をする。→BはAの内容を肯定したうえでさらに説明を続ける。
　知っていることを補足しながら交互に説明し、記憶を鮮明化している。こうして鮮明になった記憶を参加者全員で共有していく展開となっていることがわかる。これは先の資料6の場合と同様である。

【資料8】
Aソー　ソー　ソリャ　ソーダッタワナ？　ウーン。
Bソダケドモ　アノ　トキワ　ソリャ　ミンナガ　イッショーケンメーワ　イッショーケンメーダッタノ？
Aイッショーケンメーデ　ヤッタダナ？　（B　アー）　ソリャ　マー。
Bソリャ　ヤッタ　ホントーニ　ソーダッタ。　ソリャ。
Aウン　オヒャクショーガ　コメガ　トレンジャ　マー　セーカツニ　コトオ　（B　ンー）　カイチャウモンダイ　ソリャ　ヒッシニ　タノンダ　ワケダケドモ。

　Aそう、そう、それはそうだったよね。うん。　Bそうだけれどもあの時は、それはみんなが一生懸命は一生懸命だったね。　A一生懸命でやったんだね。それはまあ。　Bそれはやった、ほんとうにそうだった。それは。　Aうん、お百姓が米がとれないのではもう生活に事を欠いてしまうものだから、それは必死に頼んだ［＝雨乞いをした］わけだけれども。

資料8は雨乞いの話題でBのお参りの話を受けてのやり取りである。資料7に比べてA、B両者の発話は短い。お互いに相手に確認を持ちかけながらの展開となっている。記憶を明確にしようとする姿勢は変わらない。
　ここに取り上げた資料に限らず、全体にわたってこうした姿勢が認められる。そのため、思い違いや未知の内容に対しては資料9のように聞き手が繰り返しによる確認をしている。

【資料9】
Aハーン　アー　ソーダッタダ。ヤタバッカジャ　ナカッタ。
Bヤタバッカジャ　ネーダ。（Aホントー　フーン？）（後略）
Aホーン　ヤタダケカシラン　ト　オモッタ。ホカモ　ヤッタダ。

　Aふうん、ああそうだったんだ。矢田ばかりではなかった。　B矢田ばかりではないよ。（Aほんとう、ふうん）　Aふうん、矢田だけかしらと思った。他にも［＝他の集落でも］やったのだ。

　また、相手が思い違いをしている時は「チャ（違う）」と、はっきり否定して発話の主導権を握り、話し始めている。

【資料10】
B（略）ミズガ　ナクテモ　ソリャ　トレタヨ　ソリャ。
Aチャ　アトワ　ヤワラカイ　タオ　ピット　ワラカシテシマッタモンダデマー　ソリャ　クチデ　ユーゴトキジャナイ　タイヘンナ　アクルトシワ　コトダッタダケド　コメ　ト　ユーノワ　ソレダデ（後略）

　B水がなくてもそれは（米が）とれたよ、それは。　A違う、後は柔らかい田をピッとひび割れさせてしまったものだから、まあそれは口で言えることではない、たいへんな、あくる年は、ことだったんだけど、米というのはそれだから

Aは米がとれたというBの発言を否定して話し始めたものの、「モンダデ」「ダデ」と理由付けしながら話すという当該地方の特徴的方法で展開させて説明している。資料では省略したが、最後は親から聞いたことだと述べ、Bに対しての強い反論ではないことを示している。思い出話は過去の事実を再構築するいわば共同作業であるため、「反論」ではなく「修正」と言えよう。
　以上、思い出話の内容の展開としては3種に大別できると考えられる。すなわち、話者が交互に補足説明しながら記憶を鮮明化するもの、事実確認をしながら記憶を共有するもの、相手の記憶違いを訂正して説明するものである。
　次にこれらがどのタイミングで話者交替しているのかを見る。『日本のふるさとことば集成』当該資料157発話の各発話末について調べた。

表1　発話交替直前の発話終了のしかた

発話末＼発話者	A	B	C	計
断言	34	31	8	73
持ちかけ・確認	17	20	7	44
言い淀み・言いさし	8	13	3	24
中止法・言い訳（ケド・ダガ等）	4	8	4	16

　このうち、持ちかけや念押しによる確認で発話者が交替することが多いことは当然である。しかし、断言して終わった発話のうち、発話内容が長いものには、途中で念押しが入っても話者交替がなされず、そのまま同じ話者が続けているものもある。実際最も多かったのは「断言」であり、一つの内容を完結させて次の人に渡す形となっている。逆接の接続助詞による中止法で、意見をほのめかすものは、数は少ないものの、見解を述べている点では「断言」に準ずる。また「持ちかけ」ほどにははっきりと発話の主導権を放棄し、判断を次の発話者に託すということでもない。「確信はないが、言いたいことは言った」という体である。

一方、次の発話者の受け方であるが、思い出話という性質上、補足説明は多いが、内容訂正以外は前の発話者に反論することはない。はっきり否定したのは資料 10 の A の 1 例のみである。逆接の「ダケド」「ホダケド」などで受けたものは 10 例だったが、うち反論は 5 例であった。残りの 5 例は前言の否定ではなく、「それはそうと」程度の意味合いで使われている。つまり、前発話者の内容を受け止めた上で自分の番であることのアピールとみられる。

　以上のように、思い出話では意見をしっかり伝えた後、次の話者が発話し、話者交替がスムーズに行われていることが明らかとなった。また、愛知県方言の特徴である、聞き手は話し手に逆らわない姿勢が表れていることも見て取れた。これは思い出話が事実確認の連続という性質にも起因していると考えられる。

4.3　雑談

　次に、思い出話以外に話者の交替が行われている場合について考察する。以下の資料は 2016 年 12 月に A 宅で筆者が収録したものである。A：昭和 20 年生（当時 70 歳　愛西市出身）B：昭和 19 年生（71 歳　津島市出身）C：昭和 22 年生（69 歳　津島市出身　B の妻）D：昭和 23 年生（68 歳　津島市出身　A の妻）。C と D は小学校からの同級生で、家族ぐるみの付き合いをしている。また、愛西市と津島市は隣接しておりお互いの自宅は近い。最近 B が町内会の会長に推挙された話題から始まっている。

【資料 11】
① B ホンデー　オレガ　カイチョーン　ナッタラ　ソレガ　フクカイチョースルッテ。ホタラ　ミンナガヨー。カイチョーサンガ　キテ　ナン　スリャー　ソレデ　イーデスッテ　イッテ。
② A　　　フッカイチョーッテ　ユーノワ　トシワ。トシ。
③ B イッコダケ　イッコ　ウエ。セーカクニ　ユート　ジュッカゲツ　ウエダケド。ンー。

④Aウエカー。
⑤Bウエ。コ ヤッテ イマノ カイチョー ジューニニン ゼンブ オレヨリ トシウエナンダモン。ゼンブ トシウエノ ニンゲンニ オレガ ゴーレースルンダヨ。（A 笑）（中略）ジューニニン ゼンブ オレガ ヤッテ エーッテ ユー アレダッタラ オレ ヤルケドー ヒトリデモ ハンテーガ アッタラ オレ ヤランデダゾッテ。ソラ
⑥Cヒトサマト クラベタラ ワカゾーガッテ オモーガネ。
⑦Bソー。
⑧Cナナジュー コシテテモ ワカゾーダガネ。ハチジューニ クラベタラ。
⑨Bハチ ハチジューネー。イチバン ウエガ ハチジューロク ロクナンダワ。（A ンー）ネッ。（後略）

❶B それで俺が会長になったらそれが［その人が］副会長をするって（言ってくれた）。そうしたら皆がね。会長さんが来て何をすれば［来るだけで］それでいいですと言って。　❷A 副会長というのは、歳は？ 歳。　❸B 1つだけ、1つ上。正確に言うと10か月上だけれど。うん。　❹A 上か。❺B 上。こうして今の会長、12人全部俺より年上なのだもの。全部年上の人間に俺が号令するのだよ。（中略）　12人全部俺がやってもいいというあれ［意見］だったら俺はやるけれども、1人でも反対があったら俺はやらないからなって。それは　❻C 人様と比べたら「若造が」って思うわよ。　❼Bそうだ。　❽C　70（歳）を越していても若造だわよ。80（歳）に比べたら。　❾B　8、80ねえ。一番上が86、6（歳）なのだよ。ね。

　一番若いBが会長に推挙され、副会長をしてくれる人と懇意でもあることから、悩んだ末に受けることにした話である。Aも地域の役員をしている経験上、副会長の人となりを確かめている。そして役員全員が自分より年上であることを理由にBが会長をすぐには受けなかった説明をするのだが、

それまで黙っていたCがBの気持ちを汲んで⑥⑧で補足説明を入れている。発話の主導権はあくまでBで、Bが長々といきさつを説明し、Aを含め、他の3人はそれを聞くという場面であるが、詳しく聞きたい点は質問し（A）、説明が足りないところは補う（C）形で他者が参加している。

次の資料も同様にAの質問やCの補いが入っている。会長になったのを機にパソコンを買い替えた話である。妻であるCが、Bがパソコンができるようになるなら会長を受けても良いと言った事に始まる。

【資料12】

①Bンデ　マー　オレ　パソコンナラ　ヤルワッテ　イッテ　イマ　センセーニ　オシエテモラットルダ。（A　マ　ケーヒデ　）

②Cチャ。ウチノ　パソコンガ　コワレテネー。アノ　デッキニ　クッツケタル　ヤツ　アノ　ノートパソコンミタイニ　イザクレナイ　ヤツダッシチャッタノ。ガメンノ　アレデ。ダモンデ　カイマシタ。プリンターモ　カイマシタ。

③Bジューマン

④Aコシタンダロ。

⑤Bジューニマン。ジューニマン　ハラッタ。ホデ　コイツガ　パソコン　カッタルデッ　ユーンダワ。エレー　キップガ　エーナート　オモッタ。ダッテ　パソコンワ　カウダー　セビロワ　カウダー　クツワカウダー　デサ。（全員　笑）ホデ　ナッタ　オカゲデ　ニジューマングライ　シュッピダヨ。　ホンマニ。

⑥Cデモ　ボケナイヨリ（注）　イート　オモッテ。マー　ソレモ　イキガイダシート　オモッテネー。ヤッパリ　ジジツ　ハリキリダスモンデ。マーソレモ　アレダナート　オモッテ。

⑦Bパソコンワ　カイカエタ。ヨンマンキューセンエンダッタカナー。パソコン　ゴマンエングライ。

⑧Cモーチョット　シテタ。（笑）

⑨Bマンダ　タケーッテ。（笑）

⑩Cマー　イーケド。（笑）
⑪Bマンダ　タケーッテ。（笑）
⑫Cマー　ネー。ジューマンエンワ　シナカッタケド。（笑）デモ　モー　チョット　ツカ　ナオシテー　フルイノー。ソレガ　ドンダケ　モツカッテ　ユー　コトデショッ。デー　ソレダッタラ　モー　マダー　マダー　ツカウツモリダッタラ　カエバ　イージャナイッテ。
⑬Dソーダヨネー。
⑭Cソコダヨネ。（D　ンー。ソー　ソー　ソー　ソー。）ソノー　キカイノネ。
⑮Dナオシテモ　マタ　コショースルッテ　コトモ　アルカラネ。ンー。
⑯Cソー　ユ　コトモ　オモッタラネ。ン　マー　シンピンノ　ホガ。ンー。

　❶Bそれでまあ、俺はパソコンならやるよって言って、今先生に教えてもらっているのだ。（A　ま、経費で）　❷C違う。うちのパソコンが壊れてねえ。あの、デッキにくっ付けてある奴［デスクトップ］、あの、ノートパソコンみたいにいじれない奴だ、しちゃったの［だったの］。画面のあれで。だから買いました。プリンターも買いました。　❸B　10万（円）　❹A超したのだろう。　❺B　12万（円）。12万（円）払った。それでこいつが［妻が］パソコンを買ってやるよって言うのだよ。ひどく気風がいいなあと思った。だってパソコンは買うわ、背広は買うわ、靴は買うわ、さ。それで（会長に）なったお陰で20万（円）ぐらいの出費だよ。本当に。　❻Cでもボケるよりいいと思って。まあ、それも生きがいだしと思ってねえ。やっぱり事実、張り切りだすからね。まあ、それもあれだ［いいことだ］なあと思って。　❼Bパソコンは買い替えた。4万9千円だったかなあ。パソコン、5万円ぐらい。　❽Cもうちょっとしてた［高かった］。　❾Bまだ高いって。　❿Cまあいいけれど。　⓫Bまだ高いって。　⓬Cまあ、ねえ。10万円はしなかったけれど。でも、もうちょっと、使、直して、古いのを。それがどれだけ持つかっていうことでしょ。それで、それだったらもう、まだ、まだ使うつもりだったら買えばいいじゃないって。　⓭Dそう

だよねえ。　⓮Ｃそこだよね。　（Ｄうん。そう、そう、そう、そう。）　その、機械のね。　⓯Ｄ直してもまた故障するってこともあるからね。うん。⓰Ｃそういうことも思ったらね。うん、まあ、新品の方が（いい）。うん。
（注）否定の気持ちが強いため言い間違えたと思われる。

　②でＣは「チャ（違う）」と言っているが、資料10で見たような前発話者の言を否定するものではない。①でＢが会長になるためにパソコンを習い始めたことを説明しているが、それだけではない、説明不足の点を指摘し補足しようと発話するきっかけのことばである。「それがね」「というのもね」ぐらいの感じと見なせる。Ａがその直前に「必要経費」の話をしようと言いかけるが、Ｂ、Ｃの声が大きく、Ａの声はかき消されほとんど聞き取れない。その結果Ｃの発話に負け、Ａの発話は立ち消えとなってしまっている。ＣはＢがパソコンを習い始めたことよりパソコンを買い替えたことの方が重要であることを言っている。それゆえ「買いました」を強調している。Ａの言いかけた「必要経費」の話は、Ｃの「自費で」という内容で自然に解消されている。ここから金額の話になり、出費がパソコンに限らないことをＢが説明する。Ｃはお金をかけた理由をさらに補足説明していく。それに対してＤが同調する展開となっている。4人の発話の関係は、Ｂが中心となって発話しているところにＡが時々短い質問や意見を挟む。Ｃの発話はＢの発話がきっかけとなって、それを補足する形で現れている。ＤはＢの発話に対しては発話せず、常にＣの発話に対する同調の発話となっている。つまりこの談話での話者はＢ・Ｃ夫妻、聞き手はＡ・Ｄ夫妻であり、もっと詳しく言うとＣはＢの補佐役、そしてＡはＢの、ＤはＣの聞き役ということになる。同性同士、立場を同じくする者同士ということである。次の例も同様である。

【資料13】
①Ｃクルマモネー。トクイダモンデネー。イッショニ　アソビニ　イッテ
　　クルマ　パンクシタンダト。　シタラ　サッサッサト　カエテクレル。

（D　アアッ　）
②Bスゴインダ。トニカク。キカイカラネー　ムセンカラネー　（C　ンー　スベテ　）パソコンカラ　スベテ　ナンデモ　コイナンダ。
③Cデモ　ソレナノニ　ケーサンワ　オソインダワ。クチワ　タッシャジャナインダワ。
④Dミンナ　ヨー　シタ　ヨー　シタモンダネー。ケーサンワ　モー　（A　笑）
⑤Cコッチワ　ソーユーノ　ゼンゼン　ダメナンダケド　クチダケワ　タッシャナノ。（D　エーガネ。ケーサンガ　デキリャ　）ホデ　タシ　タシテ　タシテ　イッショナノ。
⑥Bデモサー　オカーサン。
⑦Cダカラ　コンビトシテワ　（B　ンー。）イーンダワ。
⑧Dイーワー。
⑨Bオレワネー。クチガ　タッシャジャ　ネーンダ。オレワネー。ハッキリ　イッテ　ケーサンワ　ゼッタイ　ダレニモ　マケンヨ。オレワ。
⑩Cチャ　ソーダケド　クチ　タッシャダガネ。ダレヨリモ　シャベルジャン。モー　ホントニ。（D　笑）
⑪Bコレ　キョーナンカ　ホトンド　シャベットランワネ。

　❶C（機械に強い、その人は）車もねえ。得意だからねえ。（ある時）一緒に遊びに行って車がパンクしたのだって。そうしたらサッサッサと（タイヤを）替えてくれる。　❷Bすごいのだ。とにかく。機械からねえ、無線からねえ、（C　うん、全て）パソコンから全て何でも来いなのだ。　❸Cでも、それなのに計算は遅いのだわ。口は達者じゃないのだわ。　❹D皆よくした、よくしたものだねえ。計算はもう（Bは得意だけど機械に弱い）　❺Cこっち［B］はそういうの［機械］は全然駄目なのだけれど口だけは達者なの。（Dいいわよ。計算が出来れば）それで（2人を）足して、足して一緒［2で割れば丁度良い］なの。　❻Bでもさあ、お母さん。　❼Cだからコンビとしてはいいのだわ。　❽Dいいわあ。　❾B俺はねえ。口

が達者ではないのだよ。俺はねえ。はっきり言って計算は絶対誰にも負けないよ。俺は。　❿Ｃ違う、そうだけれども（あなたは）口は達者だわよ。誰よりも喋るじゃないの。もう、本当に。　⓫Ｂこれ、今日などはほとんど喋っていないよね。

　この部分の前にＢが機械に強い友人の話をしたことを①Ｃは別のエピソードで補足説明している。②Ｂはさらにそれを強調し、Ｃはその途中で「全て」と口をはさむ。ところが③Ｃでは友人が機械に強い反面、Ｂの得意なことができないことを述べ、Ｂとの対比をする。この背景には町内会の正・副会長をＢとこの友人が組んですることになったことがある。それゆえ友人を褒めるばかりではなく、Ｂとの対比によってＢの良さをも説明することになっている。④ＤはこのＣの言に同調し、Ｂの長所を認める。懇意の仲なのでＢが算盤が得意であることを承知の上での発言である。⑤ＣではＢが計算以外に口が達者であることを強調する。ＤはＢの長所である計算力を認めることを再び言うが、Ｃは構わず話し続ける。⑥Ｂはこの後⑨で言う内容（計算に強いこと）を言うつもりでＣの発話を遮ろうとしているが、Ｃの勢いは止まらない。⑦Ｃは③⑤の結論を述べている。Ｃとしては⑦までが意図した内容であり、ここで完結している。⑧Ｄは直前のＣのことば「いい」を繰り返すことで強く同意している。Ｂはここでようやく Ｃ・Ｄの話が一段落したと見て⑨ＢでＣへの反論を開始する。口が達者であることは否定するが、もう一つの計算が得意であることは自信があることを誇示する。❿Ｃはそれを「チャ（違う）」と否定するが、続いて「ソーダケド（そうだけれど）」で示すように全否定ではない。「口は達者ではない」と主張している部分だけを否定するものであり、計算力に自信を持っている点は「そうだ」と受け止めている。ＣとしてはＢにどうしても「口が達者である」ことを認めさせようとする。⓫Ｂはそれでも認めようとせず、この後もそれを主張し続ける。

　⑤〜⓫のＢ・Ｃの発話はＣにとっては夫の、Ｂにとっては自分のことであるためお互い強く主張しあっている。特に最後の❿ＣはＢに、⓫ＢはＣ

に直接向けた発話であるが、暗にA・Dに同意を求めるための発話でもある。こうしたやり取りをA・Dは笑いながら面白おかしく聞いている。聞き手であるA・DはB・Cの話には「ソーソー」と言いながら肯定的に受け止め、逆らうことはない。このように聞き手が話し手に逆らわないのは愛知県方言談話の特徴に一致するものである。また以上の会話は発話交替があっても話し手(話題提供者)と聞き手(情報受容者)の立場が入れ替わるわけではなく、根本的立場はそのままである。この点、発話者が交替しない例と変わらない。関西方言で参加者全員が一つの話題を構築するような話し方をするのとは異なっていると言えよう。

5. おわりに

　場面設定して得られる会話が、短い発話で発話交替が頻繁に行われているのとは異なり、自然談話では発話交替の仕方が一様ではないことが明らかとなった。発話者の情報提供が他の参加者にとって未知の情報である場合は、情報提供者の発話が続いて他の参加者は情報受容者として聞き手に徹し、発話交替はなされない。発話交替が起こっても内容確認のための質問や相槌程度である。それでも参加者はそれぞれの立場を楽しんでいる。情報提供と情報享受の供給・需要の相互利益関係が成立しているためであると考えられる。

　一方、発話交替が起こる場合も自然会話では1人の発話が長めである。思い出話のように同じ体験、事柄を共有している場合、参加者全員が同じような情報を提供することができる立場にあり、提供される情報は他の参加者にとって特に目新しいことではない。そこで交互に発話することで共有している内容を確認し、鮮明にしていく。発話は前の発話者の内容が一区切りしたのを待って次の話者に交替している。思い出話の内容の展開としては、話者が交互に補足説明しながら記憶を鮮明化するもの、事実確認をしながら記憶を共有するもの、相手の記憶違いを訂正して説明するものの3種に大別できた。

また、雑談で複数の参加者が頻繁に発話交替しているように見える場合でも実際は情報提供者側と情報受容者側に分かれてそれぞれの立場で発話していることが窺える。

　愛知県方言の談話文字化資料は比較的豊富である。今回は主に尾張方言資料で考察したが、三河方言でも同様の傾向を示している。いずれの場合も聞き手は話し手に逆らうことなく肯定的に情報を享受するという姿勢を示している。情報を提供する楽しみ、未知の情報を知る楽しみを、それぞれの立場をわきまえた上で味わっていると考えられる。今後は他地方の資料でも分析を行い、話者交替や会話の楽しみ方の地域性がどのように現れるかを考察していきたい。

文献
沖裕子（2006）『日本語談話論』和泉書院
久木田恵（1990）「遊びの中のコミュニケーション―京都府伊根町のゲートボール風景」『名古屋・方言研究会会報』7　名古屋・方言研究会
久木田恵（1990）「東京方言の談話展開の方法」『国語学』162　国語学会
久木田恵（1992）「現代高校生の談話の実態―話題転換の方法」『国語表現研究』五　大阪教育大学表現研究会
久木田恵（2008）「愛知県岡崎市方言の談話資料」『山口幸洋博士記念論文集　方言研究の前衛』桂書房
久木田恵（2009）「愛知県岡崎市方言の談話資料―母娘の会話より」『名古屋・方言研究会会報』25　名古屋・方言研究会
久木田恵（2009）「方言談話における会話方法の地域性」『月刊言語』38（4）大修館書店
久木田恵（2010）「談話展開の地域差」小林隆・篠崎晃一編『方言の発見―知られざる地域差を知る』ひつじ書房
国立国語研究所（2004）『日本のふるさとことば集成9　岐阜・愛知・三重』国書刊行会
陣内正敬・友定賢治編（2005）『関西方言の広がりとコミュニケーションの行方』和泉書院
日本放送協会編（1981）『全国方言資料3　東海・北陸編』日本放送出版協会

橋元良明編(1997)『コミュニケーション学への招待』大修館書店
堀内純子(1997)『日本語教育と会話分析』くろしお出版
メイナード・泉子・K.(1993)『会話分析』くろしお出版
メイナード・泉子・K.(1997)『談話分析の可能性』くろしお出版
メイナード・泉子・K.(2004)『談話言語学』くろしお出版
吉川利明他編(2002)『豊橋の方言集別冊付録　豊橋十一話』豊橋市文化市民部文化課

第 9 章
モノローグ場面に見られるあいづちの出現間隔の違い―大阪と東京の雑談の対比から―

太田有紀

1. はじめに

　これまであいづちに関わる多くの研究がなされてきた。あいづちの種類を考察しているものや、地域的特徴に注目しているもの、言語比較によって特徴を抽出しているものなどその分析視座は様々である。そのような研究の中でも、本稿では雑談の中に出現するあいづちを対象とし、その地域的特徴を見出すことを目的とする。
　あいづちを対象とする研究の多くは、会話全体をひとまとめにして考察しているものが主である。しかし、日常の会話を考えてみると、我々はいつも同じ調子であいづちを使用しているだろうか。あいづちが出現しやすい場面と、そうでない場面が存在してはいないだろうか。雑談という目的の無い会話であれ、目的がある会話であれ、あいづちが出現しやすい状況とそうでない状況が生じているのである。
　例 1 をご覧いただきたい（O-1 はファイル番号を示す）。これは、以前よりも F が痩せたことについて I が話し始めた場面である。ここで turn-taking（話者交替）を示す右端の行と、あいづちという左から 2 行目部分をご覧いただきたい（あいづちには→をつける）。例 1 では 1 発話ごとに turn-taking が生じており、話者が頻繁に変わっている（矢印は turn の移動の方向を示しており、I→F は話者 I から話者 F に発話者が交代したことを示す）。そして、あいづちは 1 つも出現していない（09I は相手への働きかけが強ま

【例1】   O-1

番号	あいづち	発話	turn-taking
01I		＊＊ちゃん痩せた：？	—
02F		.h それめっちゃ言われんねん	I → F
03I		な：顔小っちゃくなったで：絶対	F → I
04F		やつれたんかな :hh	I → F
05I		え：(0.6) でも (0.4) あれじゃない？	F → I
06F		ん？	I → F
07I		幸せやからこう (0.8) なんて［いう］	F → I
08F		［そう］いう問題？	I → F
09I		うん	F → I
10F		そ：なん？［でもあたし］ストレスに走って食べているタイプじゃないで？	I → F

主な転記記号 ?は上昇音、(0.4)のカッコ内の数字が沈黙の秒数、［ ］は重複、：は語尾の延長を表わす。その他転記記号の詳細は章末へ示す。

る上昇音の後に発話されていることから一般的なあいづちとは異なっている。あいづちの認定基準は次の2節で述べる）。

　しかし、例2はどうであろうか。例1とは逆の様相を呈しているのである。turn-takingを表す右端の行を見ると、一度も話者が交代していない。そして、あいづちを表わす行には矢印が8つ、つまり8回あいづちが出現しているわけである。

　例1、例2は状況の違いがわかりやすいよう極端な例を挙げたが、同じ会話参加者同士の会話でもこのように違いが見られるわけである。だとするならば、性質の異なる状況を一緒くたに分析するよりも、状況の異なりを考慮したうえで考察したほうがあいづちの用いられ方について（会話の一部分であったとしても）より詳細な考察を行えるのではないだろうか。

　そこで本稿では、あいづちの用いられ方を考察する初めの段階として、雑談の中でも特に例2のような、一人の話者が中心となり会話が進んでいく状況をモノローグ場面と設定し、そこに現れるあいづちについて考察していく。

　一般的にモノローグといった場合、独話や独白を意味するが、本稿で扱っているデータは2人の対話であり一般的な意味と異なっている点に注意さ

【例2】　　　　　　　　　　　　　　　　　　　　　　　　　　　　O-1

番号	あいづち	発話	turn-taking
01F		＝普通↑は：	−
02I	→	ﾟうんﾟ	
03F		こういう(0.5)［学］校とかの給食やったらみんな＝	−
04I	→	［うん］	
(03F)		＝［食］べれるもの一緒やん	
05I	→	ﾟ［うん］ﾟ	
06I	→	うんうん	
07F		アレルギーとか以外［は］	−
08I	→	［うん］うん	
09F		でも向こうって	−
10I	→	うん	
11F		糖尿病もあれば：心筋梗塞とかも：	−
12I	→	ﾟうんﾟ	
13F		いろんな病気があるから：	−
14I	→	うん	

番号の行の( )書きになっているものは前からの続きの発話を表わす。

れたい。基本的にはあまりturn-takingが生じていない場面を分析対象としているが、場面によっては多少turn-takingが生じている場合もある。

　先行研究について詳細は後述するが、これまでの研究ではあいづちの種類や出現の多寡を論じたものが主であり、あいづちの間隔についてその地域差を詳細に論じているものは管見の限り見られない。日本語には方言が存在し、共通語とは異なる点があることを鑑みれば、あいづちの用いられ方についても何らかの違いがあると考えるのは当然である。

　以上を踏まえ本稿では、大阪と東京のモノローグ場面におけるあいづちの使用、特に出現間隔について地域的差異を明らかにすることを目的とする。

2．先行研究

　あいづちの捉え方は研究者によって異なる。先行研究の多くが、あいづちを「聞いている」「分かった」という信号を送る応答表現で、肯定否定など

実質的内容を伴わないものであると狭義で捉えている（黒崎（1987）等）。しかし実際のデータを観察すると、実質的な内容を持つ発話であっても、あいづちのように用いられているものがあり、捉え方を広くすることが必要である。

よって、本稿では従来よりもあいづちの捉え方が広く、あいづちの認定基準もわかりやすい伝（2015）にもとづき、あいづちの認定を行うこととした。

表1　あいづち表現の形態による分類

分類	説明	例
応答系感動詞	（さまざまなレベルにおける）相手発話の受容を表わすもの	「ああ」「うん」「ええ」「はい」など（2回以上の繰り返しを含む）
感情表出系感動詞	相手発話や状況に誘発された気づきや驚き・落胆・感心など表わすもの	「あっ」「あー」「えっ」「ふうん」「へえ」など（2回以上の繰り返しを含む）
語彙的応答	相手の意見や主張などに対する同意を表わす、習慣化された応答表現	「なるほど」「確かに」「そう（ですね）」「ね」など
評価応答	直前の相手発話の内容に対して、（主に形容詞・形容動詞による）短い表現で評価を表わすもの	「すごい」「おもしろいな」「こわ」など
繰り返し	直前の相手発話（の一部）の繰り返し	「でも三月、箱根」→「箱根」
共同補完	相手発話に後続するであろう要素を聞き手が予測し、補って先を続けたもの	「目のつけどころが」→「違うでしょう」

高梨（2016: 48）

　表1は、伝（2015）で示されているあいづちの6分類をわかりやすくまとめている高梨（2016）から必要箇所を引用したものである。伝（2015）ではあいづちを機能という主観的判断のみで行うのではなく、表現形態と生起位置の2つの点を考慮したうえで判断していく方法を提案している。

　生起位置については、発話順番途中、第1部分、第2部分、第3部分、その他の応答位置、分類不能の6つに分けられており、従来のあいづちの

認定方法よりも、比較的客観的に認定できるという点で優れていると指摘できよう。本稿では従来の認定基準よりも客観性をもつ伝(2015)を用いてあいづちの認定を行っているが、このほかにも独自に認定した部分がある。その点については後述する。また、この分類は、機能とも関連づけが可能であるとも述べられており、今後、詳細な分析を行う場合に有用であると考える。

　ところで、turn-taking時に見られるあいづち表現(例3の02Fの発話冒頭に現れる太字部分)の認定については研究者により判断が異なっている。turn-takingに関わるあいづちの具体例として例3を挙げる。

【例3】　　　　　　　　　　　　　　　　　　　　　　　　　　O-1

番号	あいづち	発話	turn-taking
01I		あの飲み会ん時はな？　おらんってゆってた	－
02F	→	へ：(1.2)でもあたしさ：	I → F
03I		うん	－
04F		い-ゆっとくけどさ：	－

　本稿ではこのようなあいづち表現については次のような基準を設けあいづちか否かを認定した。

　「先行発話の直後に発話されかつその発話の後に0.3秒以上の沈黙があれば、あいづちとする」

　turn-takingを目的としないあいづちの場合、相手が話し続けることを予測して聞き手は発話を続ける可能性が低いと筆者は考えている。つまり、聞き手としてあいづちを打ったが、話をしていた相手が話し続けなかった結果、聞き手だった人物が話を始めることになったと考えられる。

　この点については、さらに検討の余地があるものの、本稿においては便宜上、turn-taking時に現れたあいづち表現の認定基準として上記の方法を用いる。

　また、会話の中に現れる「笑い」も聞き手の反応だと筆者は考えており、

あいづちとして捉えるべきであろう。よって本稿では、音声として聞き取れる場合のみあいづちと認定した。

本稿のテーマであるあいづちの出現間隔について考察した先行研究には、水谷（1983、1984）や小宮（1986）さらに堀口（1997）などが挙げられる。水谷（1984）は、テレビとラジオの対談場面に現れるあいづちを考察し、立場や場面の違いによってあいづちが異なること、さらに、「話し手が平均24音節を言うごとに、聞き手があいづちを入れる（水谷1984: 277）」ことを指摘した。

また、小宮（1986）では、テレビ番組2つ（対談と相談）を取り上げ、対談では9.6秒に1回、相談では6.1秒に1回の割合であいづちが打たれることを明らかにしている。

堀口（1997）は、日本語学習者による聞き手行動について研究したものである。日本語学習者は平均6.3文節で聞き手としての働きかけを行うことを明らかにしたうえで、従来の研究で得られた日本語母語話者のあいづちの使用の結果と比較し、日本人の方が聞き手としての働きかけを頻繁に行うことを指摘している。

しかし、これらの研究では会話全体に対するあいづちの使用頻度を考察しており、話題や場面をさらに細かく考慮し考察しているわけではない。先述の通り、あいづちの出現が会話全体において均一でないのであれば、場面を考慮し考察することがあいづちの内実を知るためには必要であると思われる。

そして、あいづちの地域的な特徴を言及しているものに、黒崎（1987）やヤスコ（1999）、舩木（2016）などが挙げられる。黒崎（1987）は兵庫県滝野方言に現れるあいづちについて考察し、親疎関係や話題、年齢や性別で差が見られることを指摘しており、ヤスコ他（1999）でも同様の指摘がなされている。しかし、これらの研究においても話題や場面の考慮がなされていない。さらに、ヤスコ他（1999）や舩木（2016）は地域差という視点からあいづちについて論じているが、比較するデータの質に偏りがあったり、データ数が少なかったりと地域差を述べるに十分とは言い難い。

あいづちは人間関係や、性差、話題などに影響されることがこれまでの研究で明らかにされているが、これらを考慮したうえで地域差に言及している

ものはまだ見られず、また、地域差を論じるためにはデータの数や質の偏りについての検討を行う必要がある。

　よって本稿は、あいづちの用いられ方の地域的差異を解明するにあたり、年代、会話参加者の親疎関係等データの条件を可能な限りそろえ、地域差以外の異なりを極力排除したデータを用いて分析、考察を行うこととする。

3. 分析データと分析方法

3.1　分析データ

　本稿で使用するデータは、大阪府在住と東京都在住の20代から30代女性を対象に筆者が調査対象地域に訪問し収集したものである。収集期間は2016年2月〜2016年11月。インフォーマントはそれぞれの地域の生え抜き（少なくとも18歳までは同地域に在住していた人）であり、親しい友人同士でテーマを設けず自由に会話をしてもらった。両地域4組ずつ（1会話約30分、会話総時間約240分）を対象に会話を文字化し分析を行った。

3.2　分析対象の抽出

　分析対象を抽出する前に、話題別に区切る作業を行った。話題に区切ることで、モノローグ場面が抽出しやすくなるからである。話題の内容が会話参加者のどちらかに属するものであればモノローグ場面になりやすい。もちろん、話題の内容のみでモノローグ場面と判断することは難しいが、場面を抽出するうえでは参考となる。また、モノローグ場面は複数の話題に渡って出現することがある。話題という枠組みを用いることで内容につながりがあるまとまりを作り、場面が極端に長くなることを避けるとともに、モノローグ場面に入り込んだ不要な箇所（分析対象外の部分）を排除しやすくなる。以上の理由から、話題という単位を用いることにした。

　話題の認定は、筒井（2012）の基準を参考にし、できる限り小さくした。以下、認定基準を示す。

1) それまで話題となっていた対象や事態とは異なる、新しい対象や事態への言及
2) すでに言及された対象や事態の異なる側面への言及
3) すでに言及された対象や事態の異なる時間における様相への言及
4) すでに言及された対象や事態について、それと同種の対象や事態への言及
5) すでに言及された対象や事態の一般化　　　　　（筒井 2012: 39）

　上記の認定基準を用い話題に区切り、さらに turn-taking があまり生じない場面をモノローグ場面として抽出した。

3.3　分析単位

　本稿では、1発話を1人の話し手が話し始めてから次の話し手が話し始めるまでとし turn と呼ぶことにする。上昇音を伴った「え？」「うん？」等の発話(短い発話であっても)、さらに、上昇音の直後に現れる「うん」や「はい」「ええ」といったあいづち表現は通常とは異なっていると考えられるためそれぞれを1つの turn とをみなす。

　また、間隔を分析する際には、1発話をさらに分ける単位が必要となる。本稿では、1発話を区切る単位として文節を用いる。相互行為の研究では、ターン構成単位(TCU)が分析に有効であるとされており、このターン構成単位(TCU)と節単位は高い確率で一致することが先の研究で指摘されている(榎本他(2004)、榎本(2008)等)。文節は節を構成しているものであり、節よりも認定しやすい。さらに、意味のまとまりの最小単位でもあることから、本稿の分析単位として適していると言える。

　文節の分け方は、国立国語研究所の話し言葉コーパスの DVD 付属マニュアルにある西川他(2006)「文節の仕様について　Version1.0」と小磯他(2006)「転記テキストの仕様　Version1.0」を参考に行った。これらのマニュアルは、独話の分析を中心に作成されているため、必要に応じて少し手を加えている。大きな変更として、独話では出現しにくい「笑い」の扱いが挙げられ

る。本稿では、笑いの長さに関わらず1文節という単位を与えることとした。

3.4　あいづちの間隔の数え方

あいづちが出現する位置について次の4つの状況が観察された。以下、例4では重複がないあいづちについて、例5、例6では重複するあいづちについて、例7ではturn-takingが生じた場合のあいづちについて、出現間隔の数え方を説明する（→はあいづち出現カ所、／で区切られた部分が1文節）。

【例4】　　　　　　　　　　　　　　　　　　　　　　　　　O-1

番号	あいづち	発話
01F		①　　　　② ↑ど：やろ (1) / できたのは：/ =
02I	→	③ ＝うん
03F		＞いや＜ / 付き合ったのは /9 月 (0.7) あれ / 別れたの　/ 何月＞やっ゚　たっけ？＜゚　　(0.8)

例4は重複がないあいづちが出現している例である。01Fで「ど：やろ(1)/できたのは：」と2文節の発話をした後、矢印のついている02Iで「うん」とあいづちが出現している。よって02Iの「うん」は01Fの2文節の次の文節である3文節に出現したことになる。話し手の発話とあいづちが重複している場合は、相手の発話の文節数で数えることが可能だが、話し手の発話の間にあいづちが入り込んだ場合そこに重複はない。よってあいづちが打たれた文節数は、話し手の発話の文節数＋1の位置で認定する。

【例5】　　　　　　　　　　　　　　　　　　　　　　　　　O-3

番号	あいづち	発話
01S		①　　②　　　③　　　④ 仕事 / 終わった / 瞬間に / ［もう］/ 終わって
02T	→	［ん：］

例5は1文節内であいづちが重複している例である。02Tのあいづちは、

01Sの4文節目と重複していることから、あいづちの出現は4文節目となる。

次に、複数の文節にわたって重複しているあいづちの数え方について見ていく。例6では、02K、03Kがあいづちである。

【例6】　　　　　　　　　　　　　　　　　　　　　　　　　　　　T-1

番号	あいづち	発話
01A		①　　　②　　　　　① 年度初めで / ［まだ / ばたばたしてる］ かな
02K	→	［ん：：：：ん］
03K	→	② ふ：：：ん

02Kの数え方は、例4と同様重複する箇所までの文節数であるから2文節である。次の03Kは、02Kの発話の重複が見られた次の文節から数えることになるため、「ばたばたしてるかな」が1文節目で03Kは次の2文節目の出現であると考える。この重複部分の計算の仕方は他にも考えられるが、あいづちを打っているあいだも聞き手は話し手の発話に耳を傾けていることが考えられるため、本稿では重複部分を含めて数えることにした。

最後にturn-takingが生じた場合について例7を用いて説明する。あいづちは02Fの冒頭、03I、05Iと3箇所に出現しているが、ここではturn-takingに関わるあいづちとして02Fを取り上げたい。

【例7】　　　　　　　　　　　　　　　　　　　　　　　　　　　　O-1

番号	あいづち	発話
01I		①　　②　　　③　　　　④ あっ / 調理師の： / その： / 活 ［かして］
02F	→	［そうそ］うそう＝ ①　　②　　③　　　④ ＝そう (0.4) / あ / でも / 資格 / 持ってない＝ ＝んやけど
03I	→	⑤ うんうん

		① ②
04F		専門学校 / 行ってたわけじゃないから
		③
05I	→	うん (1.2)

　turn-taking に関わるあいづちは 02F の冒頭の「そうそうそうそう」であるが、この発話の後に 0.3 秒以上の沈黙が見られる。そして沈黙後 F が発話を続けることで turn-taking が生じたわけである。あいづち表現の後に 0.3 秒以上の沈黙が見られた場合はあいづちと認定することを 2 節ですでに述べた。02F のあいづち「そうそうそうそう (0.4)」は、01I の発話の 4 文節目である「活かして」のと重複するかたちで出現していることから、出現位置は 4 文節目であると言える。そして、その後に現れるあいづち 03I は、02F の「そうそうそうそう (0.4)」のあとの発話から数える。つまり、02I の「あ」から始まることになる。すると 03I は「あ / でも / 資格は / 持ってないんやけど」という発話の次に出現しているので 4 ＋ 1 で 5 文節目に出現したことになる。

　以上、本節ではデータ及び分析方法について述べた。以降 4 節からは、大阪と東京の会話の分析を行う。

4. 分析

　3 節で述べた方法を用いて、各データに見られたモノローグ場面を抽出し、データ別に見られた場面の合計時間、出現したあいづちの数を表 2 に示した。

表2 各データのモノローグ場面数と時間、あいづちの数

大阪				東京			
データファイル	場面数	時間	あいづち数	データファイル	場面数	時間	あいづち数
O-1	20	9分36秒5	156	T-1	20	10分37秒2	110
O-2	20	12分38秒3	146	T-2	24	14分56秒7	174
O-3	24	11分14秒	179	T-3	13	6分32秒	106
O-4	18	9分58秒8	154	T-4	16	7分41秒6	69
計	82	43分36秒6	635	計	73	39分56秒5	459

　表2から、大阪の会話の方が出現場面数、時間、あいづちともに多い傾向が見られる。データによって出現状況に差が見られることから、あいづちの出現傾向をわかりやすくするために、1分間におけるあいづちの出現数を計算したものが表3である。

　表3から、大阪のデータでは4つのデータのうち3つが16回前後、東京のデータではT-3以外10回前後の平均出現数となっている。よって、この表からも大阪の会話では東京よりあいづちが出現しやすい傾向があると指摘できる。

表3　1分間におけるあいづちの平均出現数

大阪	O-1	O-2	O-3	O-4	計
	16.3	11.6	15.9	15.5	14.6

東京	T-1	T-2	T-3	T-4	計
	10.4	11.7	16.2	9.0	11.5

（回）

　以下、4.1節では地域別にあいづちの出現間隔の平均（モノローグ場面別）を出し、大阪と東京の大まかな傾向を探る。続く4.2節では、あいづち個々の出現間隔について見ていく。そして、場面別平均と同様の傾向があるのか

を検証しつつ出現間隔の内実に迫る。

4.1　2地域におけるあいづちの平均出現間隔（抽出場面別）

本節では、大阪と東京のあいづちの使用傾向を探るため、抽出場面別にあいづちの出現間隔の平均を求め考察を行う。2地域のあいづちの出現間隔の場面別平均文節数を表4にまとめた。

大阪では、平均4文節目にあいづちが出現しているモノローグ場面の数が33場面と最も高く、抽出された場面数の40.2％を占めている。次いで平均3文節目にあいづちが出現している場面数は19（23.2％）、5文節目にあいづちが出現している場面数が13場面で全体の15.9％となっている。

一方、東京では平均5文節目と6文節目にあいづちが出現する場面数が最も多く、同じ値である15場面（20.5％）を占めた。次いで4文節目にあいづちが出現する場面数が15.1％（11場面）でありその差は5％程度である。

つまり、この結果から大阪よりも東京の方があいづちの出現間隔が長い可能性があると言える。

さらに、上位1〜3の合計を2地域で比較すると、大阪は約80％を占めるが東京は約56％と半数程度にとどまる。大阪では、2文節から10文節の範囲で出現しているが2文節、8〜10文節で出現しているあいづちは1〜2％程度であり、あいづちの出現間隔は比較的一定であると言える。しか

表4　抽出場面別あいづちの出現間隔の平均

出現文節数	1文節	2文節	3文節	4文節	5文節	6文節
大阪	0.0%(0)	1.2%(1)	23.2%(19)	40.2%(33)	15.9%(13)	8.5%(7)
東京	1.4%(1)	0.0%(0)	1.4%(1)	15.1%(11)	20.5%(15)	20.5%(15)

出現文節数	7文節	8文節	9文節	10文節	11文節	14文節
大阪	4.9%(4)	2.4%(2)	1.2%(1)	2.4%(2)	0.0%(0)	0.0%(0)
東京	13.7%(10)	9.6%(7)	4.1%(3)	6.8%(5)	5.5%(4)	1.4%(1)

（　）は場面数　　計100％

し、東京では、2文節を除いたすべてであいづちが出現している。さらに、1％台の項目は3つで、それ以外は4％以上出現している。以上のことから東京のあいづちの出現間隔は大阪に比べ一定でなくバラエティに富んでいる可能性が指摘できる。

　以下、本節の結果をまとめる。

（1）　大阪のあいづちの出現間隔は4文節が最も多く、次いで3文節、5文節という順になり、東京よりも短い傾向がある。
（2）　大阪のあいづちの出現間隔は比較的一定しているが、東京のあいづちの出現間隔は一定でない。

　本節の考察から、2地域のあいづちの用いられ方に異なりがあることが明らかとなったが、これはあいづち使用の概観を見たにすぎない。なぜなら、平均値が必ず内実を示しているとは限らないからである。

　例えば、3つのあいづちすべてが3文節で出た場合と、3つのあいづちが1文節、6文節、2文節で出現した場合の2つの場合があったとする。このとき、2つの場合とも平均値が3文節になってしまうのだ。

　これまでの研究では、あいづちの出現についての分析、考察で平均を求め論じているものが多い。しかし、平均と現実の様相が同じであるという保証はどこにあるのか。筆者自身も平均＝データの内実という関係を無意識のうちに抱いていた。しかし、実際のデータを見てみると、平均値とデータの内実にいささか違いがあるように思われる。

　表4から、大まかな2地域の特徴が把握できるが、次節では、個々のあいづちの分析から平均と同様の傾向が見られるのかを検証していく。

4.2　個々のあいづちの出現間隔

　本節では、先に見た傾向がそのまま個々のあいづちにも見られるのかどうかを検証しつつ2地域の特徴を考察していく。

　図1は、大阪のモノローグ場面に現れたあいづちの間隔をデータごとに

まとめたものである。このグラフから、4つのデータともほぼ似たような傾向を示している事が分かる。最も高い割合を示しているのが3文節で、O-1では23.7%、O-2では15.2%、O-3では17.9%、O-4では17.5%という数値が得られた。次いで出現割合が多いのが4文節である。O-1が20.5%、O-2が12.3%、O-3が17.9%（3文節と同じ値）であり3つのデータが共に2番目に高い値を示している。O-4では2番目の値は5文節目（15.6%）に出ているが4文節（14.3%）の値と僅差（その差は1.3%）であり現段階では有意差を見出すのは難しい。さらに、3データ（O-2以外のデータ）が5文節に3番目の数値O-1＝16.0%、O-3＝15.1%、O-4＝15.6%を示していることから考えても、大阪では3文節から5文節の順であいづちが出現しやすい傾向があると指摘できる。そして、3〜5文節の全体比の合計は49.3%となりほぼ半数を占めることからこの3文節を頂点として3つ文節での間隔が大阪の基本的な間隔であると言えよう。

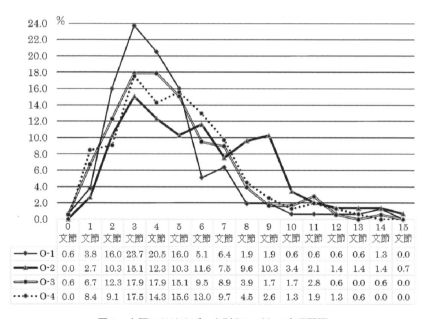

図1　大阪におけるデータ別あいづちの出現間隔

【例 8】   O-2

番号	あいづち	発話	間隔
01S		＞［だって］＜ .h/ 普通に / 考えてさ：	
02N	→	うんうん［うん］	4
03S		［統］括って / 上司やん	
04N	→	うんうん［うん］	3
05S		［めっちゃ］/ 歯向かうやん	
06N	→	ん：［：：］	3
07S		［.h え］/ 上司に /［そんな / ただの / 契約 / 社員が / ＝	
08N	→	［ h h h h .h h h h h .h ＝	3
(07S)		＝歯向かう？みたいな］	
(08N)		＝ h h h h h h .h］hh.hh	

【例 9】   O-1

番号	あいづち	発話	間隔
01F		でも / あれやねん＝	
02I	→	＝うん	3
03F		なんか≪食べ物を飲み込む≫/ 何て / いうん	
04I	→	うん	4
05F		もともと /（むっこう）で：	
06I	→	うん	3
07F		ま / いろいろ / 仕事とかも:/［あ］んまりな:/い［い］/ 仕事に / ＝	
08I	→	［うん］　　　　　［うん］	3
			1
(07F)		＝ついてたわけじゃないから：	
09I	→	↑うん	3

　これは、4.1 節で見た傾向とほぼ同じであると言えるが、前節では 4 文節が最も多く出現していたのに対し、個々のあいづちの出現数では 3 文節目が最も多く出現しており、平均の傾向とは異なっていることがわかる。以下、大阪のあいづちの出現間隔について実例を挙げ見ていく。

　例 8 は、S がバイト先の同僚について話をしている場面で、N が 02、04、06、08 であいづちをうっている。それぞれの出現間隔を見てみると最初の 02N だけ 4 文節になっている（01S の前は N が turn を持っており 01S

でNからSにturn-takingが生じている）が、その他は3文節であり、図1のグラフと同様の傾向が見られる。

また、例9はFの彼氏の前の仕事について、説明が行われている場面である。この会話では、6カ所にあいづちが出現しておりそれぞれの間隔は、08Iの2つ目のあいづちを除けば3文節か4文節の間隔でまとまっている。紙幅の関係上、会話の後半部分の記載は省略しているが、この後に続く会話で出現しているあいづちの間隔も2文節、4文節、3文節、4文節であり図1の結果と同様の傾向を示していると言えよう。

では、東京の会話ではどうであろうか。各データの結果を表わしたものが図2である。

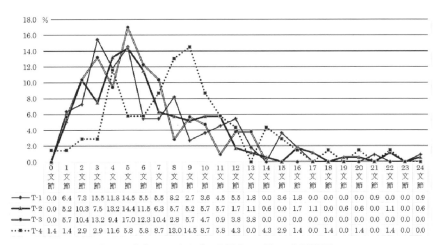

図2　東京におけるデータ別あいづちの出現間隔

4データ中の2データは5文節目に最も高い値（T-2 = 14.4％、T-3 = 17.0％）を示し、T-1でも5文節目が2番目に高い出現割合14.5％を示している。よって、東京では5文節目にあいづちが出現しやすい可能性が指摘できる。

次いで高い出現割合を示しているのは4文節で、T-2で2番目に高い割合（13.2％）、T-1、T-4で3番目の割合（11.8％、11.6％）であった。3番目に

出現しやすい間隔は 3 文節目（T1 = 15.5%、T-2 = 7.5%、T-3 = 13.2%、T-4 = 2.9%）と 6 文節目（T-1 = 5.5%、T-2 = 11.5%、T-3 = 12.3%、T-4 = 5.8%）であるが、今回のデータにおいては僅差であるためどちらがより優位であるか明言することは難しい。

　東京の上位 3 つを見てみると各データであいづちの出現文節数の割合にばらつきがあることは明らかである。今回のデータの中で特に異なった性質が現れていたのは T-4 で、9 文節目が最も高い出現割合を占め、次いで 8 文節目、そして 4 文節という結果になっている。大阪のデータでは、出現割合の多寡の違いはあるにしろ、上位 1 ～ 3 はほぼ 4 データがそろっているが、東京のデータでは 4 データが同じ傾向を示した文節数が無い。

　以上から、大阪ではあいづちの出現間隔にあまり個人差は少なく一定であるのに対し、東京では個人差が大きく一定ではないことが指摘できよう。

　この結果を 4.1 節の結果（平均値）と比較してみると、あいづちの用いられ方の内実が見えてくる。東京の平均値では 5 文節、6 文節が同じ割合で高い出現傾向を示し、4 文節が 2 番目であったが、個々のあいづちの出現割合においては 5 文節が最も多い割合を示し、次いで 4 文節、そして 6 文節と 3 文節ほぼ同程度の割合を示し異なる結果が見られたわけである。平均で 6 文節が高い割合を示した理由として考えられることは、出現間隔の長いあいづちが大阪よりも多く見られたからではないだろうか。

　さらに、一目でそのグラフの幅（出現する文節数）が違うことは明らかだ。大阪の間隔を示した図 1 では最長 15 文節までしか出現していないが、東京の間隔を示した図 2 は最長 24 文節まで出現しており、平均で見た文節の長さよりも長い文節数であいづちが打たれる傾向がある。

　では、東京の具体例を挙げ特徴を見ていく。例 10 は、B が時間の速さについて自分の体感を述べている場面の一部である。この会話の前半部分では、02M、03M、07M、09M の 4 カ所に出現しているが、ここに現れている出現間隔は上から順に 5 文節、4 文節、5 文節、5 文節となっており、今回得られた出現傾向に合致していることがわかる。

　さらに、後半部分のあいづちは 7 文節、4 文節、1 文節、3 文節という間

隔であいづちが出現しており、同じ話題内でも、出現間隔にばらつきがある。これは先のデータで見た東京のあいづちの出現間隔の特徴と合致する。

そして、例 11 では東京のあいづちの出現間隔の長さについて注目したい。これは、B と M が共通の友人の旦那さんについて話している場面である。

あいづちは 02B と 03B、07M と 09M で出現しているが、07M と 09M が大阪では出現しにくい 17 文節と 22 文節の間隔で出現している。

このようにあいづちが途中に入らない長い発話は、大阪の会話ではあまり出現することはなく、実際に、4 データ中 1 データのみに 15 文節の間隔が出現したが、1 度しか観察されていない。しかし、東京のデータでは 15 文

【例 10】   T-2

番号	あいづち	発話	間隔
01B		なんかさ / 今月 / すっごい / あたしの / 体感なんだけ＝ ＝［ど：］/ すっごい / 短く / 感じたの	
02M	→	［ん：］	5
03M	→	hh ＝	4
04B		＝あ＞/ 全然 -/ 間違えた / 逆 / 逆＜/ 長く / 感［じた］	
05M		［長］く感＝ ＝じた？	
06B		だから :/ なんかね (0.8) / 先週とか / 寒かったじゃん	
07M	→	ん［：］	5
08B		［で］/10 月ぐらいのさ :(0.6) / 気温の / 日とかも / ＝ ＝あった［じゃん］	
09M	→	［あった］あった	5
10B		だから / 勝手に :(0.5) / なんか / まだ /9 月なんだ / まだ＝ ＝/9 月なん［だって］/ すごい / 体感してて :＝	
11M	→	［ん：：］	7
12M		＝もう /10 月みたいな / 感じ / ＞［して］るって / ＝	
13B	→	［そう］	4
(12M)		＝こ［とで］しょ？＜	
14B	→	［そう］	1
15B		だから :/ まだ /8 か月なんだ［みた］いな /hh.hh	
16M	→	［ん：］	3

節以上の間隔が出現しているのは4データ共に見られ、15文節から24文節の間隔で出現したあいづちの出現の割合の合計は全部で5.2％（計24回）となっていた。これが多いか少ないかは今後さらに検討の必要があるが、出現間隔の長さは2地域のあいづちの用いられ方を特徴づける1つの要素であると言えよう。

　以上、本節では2地域におけるあいづちの出現間隔について見てきた。本節で明らかになったことをまとめる。

（1）　大阪では各データ同様の傾向（4データとも最もあいづちが出現する間隔は3文節であり、次いで4文節）を示していることから、あいづちの使用には一定の型がある可能性が指摘できる。

【例11】　　　　　　　　　　　　　　　　　　　　　　　　　　　　　　T-2

番号	あいづち	発話	間隔
01M		＝あ：/でも/韓国人なんだね：/＜す[っごい＞]/＝	
02B	→	[そうそうそ]	4
(01M)		＝言われてみればって/感じだけど	
03B	→	ん：	3
04M		わかんないよ［でも］	
05B		［わか］んない/[わかなんない]/でも/＝	
06M		[いわれないと]	
(05B)		＝なんか/その/＊＊＊が/フェイスブックとかで/書いてる/＝ ＝旦那さんの/性格を/見ると：.h/ホントに/なんか/＝ ＝＊＊＊を/すごい/お姫様みたいに/扱っ［て：］	
07M	→	［へ：］:[::::]	17
08B		［なん-/＝ ＝何て/言うの]/＝ ＝ま/母として/女性として：/大切に/してるっていう/＝ ＝感じが/すごい/なんか.h/伝わるから:/なんか(1.3)/あれ/＝ ＝ちょっと/やば/そっちの/人かな:°＞みたいな＜°/＝ ＝いや/別に/日本人が/そうじゃ［ない-/そう-/ちょ]っと- ＝	
09M	→	［ん：：：］	22
(08B)		＝いうわけじゃないけ↑ど：/(0.7)/なんとなく/ほら/あるじゃん/＝ ＝やっぱ/も/ん-/なんか/無条件の/愛みたい[な/うん]	

(2) 東京の会話では、データによってあいづちの出現間隔にバラつきが見られた。4データすべてで傾向が一致する文節数は無く、このことからあいづちの使用には個人差が大きいと言える。

(3) あいづちが観察された間隔は、大阪で0文節から最長15文節、東京で0文節から最長24文節であった。よって、東京のあいづちの出現間隔は大阪よりも自由で個人差がある可能性が指摘できる。

6. まとめと今後の課題

　本稿は、雑談に現れるモノローグ場面に焦点をあて、あいづちの用いられ方の地域的差異を論じてきた。4.1節では話題別の出現間隔の平均から大まかに2地域の傾向を探り、続く4.2節では大阪と東京のあいづちの1つ1つの出現間隔から2つの地域の傾向を明らかにした。それぞれの分析結果は各節の最後にまとめた通りである。

　あいづちの出現に関する考察から、大阪と東京では用いられ方に異なりがあることが明らかとなった。この違いは、どう会話に関わるのかという会話参加者の姿勢の表れであり、これまで明確に論じられてこなかった地域による会話の型の異なりに関連のある部分であると思われる。本稿の結果をもって会話の型の一般化を論じることは難しい。しかし、今後データを増やし検証していくことで、これまでよりも明確に地域による会話の型が提示できるのではないかと考える。

　また、本稿ではあいづちがどのようなタイミング（あるいは言語表現）で出現するのかを論じるに至らなかった。2地域のあいづちの出現間隔が違うということは出現に関わる要因も異なっていると容易に予想される。したがって、今後さらに詳細な分析をしていく必要がある。

　本稿では、分析対象としてあいづちが多用されやすいモノローグ場面を取り上げた。地域による会話の型を明らかにするためには、モノローグ場面の考察だけではなく、他の場面（ターンテーキング場面）のあいづちの出現の様相も考察する必要があるが、今後の課題としたい。

主な転記記号

本稿で用いた主な記号は以下の通りである。串田他編(2005)に基づく

　？　　　上昇調のイントネーション　　　．　　下降調のイントネーション
　：　　　音が伸ばされている状態を示す　　hhh　笑いを示す
.h　　吸気音を示す　　　　　　　　　　　***　固有名詞
（…）発話が不明な部分を示す　　　　　　／　　文節の区切り
（.）　0.2秒以下の沈黙
（0.3）　0.2秒以上の沈黙の長さを括弧内の数字で示す
＝言葉と言葉、発話と発話が途切れなくつながっている個所を示す
［　　　　2人の発話の重なりの始まる場所
］　　　　2人の重なりの終わる場所
＞　＜　　記号で囲まれた発話は他より速度が速いことを示す
＜　＞　　記号で囲まれた発話は他より速度が遅いことを示す
゜　゜　　記号で囲まれた発話は他より小声で話されていることを示す

文献

榎本美香他(2004)「相互行為分析のための単位に関する検討」『言語・音声理解と対話処理研究会』42: pp.45–50．人工知能学会

榎本美香(2008)「会話・対話・談話研究のための分析単位：ターン構成単位(TCU)」(〈連載チュートリアル〉多人数インタラクションの分析手法〔第4回〕)23巻2号：pp.265–270．人工知能学会

串田秀也・定延利之・伝康晴編(2005)『シリーズ文と発話1　活動としての文と発話』ひつじ書房

黒崎良昭(1987)「談話進行上の相づちの運用と機能―兵庫県滝野方言について―」『国語学』150集：pp.15–28．日本語学会

小磯花絵、間淵洋子、西川賢哉、斉藤美紀、前川喜久雄(2006)「転記テキストの仕様」『日本語話し言葉コーパス』DVD付属マニュアル．国立国語研究所

国立国語研究所(1955)『談話語の実態　国立国語研究所報告04　語彙研究』秀英出版

小宮千鶴子(1986)「相づち使用の実態―出現傾向とその周辺―」『語学教育研究論叢』

第 3 号 : pp.43-62．大東文化大学語学教育研究所
泉子・K・メイナード(1992)『会話分析』くろしお出版
高梨克也(2016)『基礎から分かる会話コミュニケーションの分析方法』ナカニシヤ出版
筒井佐代(2012)『雑談の構造分析』くろしお出版
伝康晴(2015)「対話への情報付与」『講座日本語コーパス　話し言葉コーパス3　設計と構築』pp.101-130．朝倉書店
西川賢哉、小椋秀樹、相馬さつき、小磯花絵、間淵洋子、土屋菜穂子、斉藤美紀(2006)「文節の仕様について」『日本語話し言葉コーパス』DVD 附属マニュアル．国立国語研究所
舩木礼子(2016)「方言談話におけるあいづちの出現傾向―老年層方言談話資料から―」『方言の研究』2: pp.165-191．ひつじ書房
堀口純子(1997)『日本語教育と会話分析』くろしお出版
水谷信子(1983)「あいづち応答」『話ことばの表現』筑摩書房
水谷信子(1984)「日本語教育と話しことばの実態　―あいづちの分析―」『金田一春彦博士古稀記念論文集　第 2 巻　言語学編』pp.261-279．三省堂
ヤスコ・ナガノ・マドンセン、杉藤美代子(1999)「東京と大阪の談話におけるあいづちの種類とその運用」『日本語科学』5: pp.26-45．国書刊行会
Den et al (2011) Annotation of Japanese response tokens and preliminary analysis on their distribution in three-party conversations. *Proceedings of the 14th Oriental COCOSDA (O-COCOSDA 2011)*, pp.168-173

第 10 章
若年層における談話展開の方法の地域差
―東京方言、大阪方言の比較を中心に―

琴　鍾愛

1．はじめに

　談話展開の方法の地域差は、話者が情報内容を効果的に伝えるために相手に送る談話標識にも反映されていると考えられる。そこで、筆者は、各方言の高年層話者が説明的場面において、どのような談話標識をどのように使用し、話を進めていくのかを談話標識の出現傾向を分析することで明らかにしてきた（琴 2005a）。また、方言の研究において、このような地域差とともに重要な柱として位置づけられている世代差について、高年層、若年層を取り上げ考察した（琴 2005b、2015）。
　今回は、談話展開の方法において違いが認められると予想される東京方言、大阪方言の若年層における談話標識の出現傾向を比較することで、談話展開の方法の地域差の一端を明らかにしたいと考える。

2．先行研究とその問題点

　談話展開の方法の地域差に関する先行研究としては、久木田（1990、1992）、須崎（1999）、園部（1999）、畑中（1994）などがある。この中で談話展開の方法における先駆的な研究として有名な久木田（1990）は、東京方言と関西方言の談話を対照させ、談話展開の方法には地域性が認められると指摘している。そこでは、（A）文の内容と、（B）文頭、文中、文末のキーワー

ドとなる語に注目し、東京方言は主観的説明が多く、「ダカラ」「ホラ」「ネッ」をキーワードにして相手に反論の余地を与えず、強引に話者の主張を押し付け、納得させていく「主観直情型」をとるとしている。それに対して、関西方言は客観的説明が多く、「ソレデ」などの接続詞によって説明を累加する形で、相手に続きを期待させながら談話を展開する「客観説明累加型」をとるとしている。

　また、久木田(1992)、須崎(1999)、園部(1999)、畑中(1994)では久木田(1990)の研究の方法にしたがって、北部東北方言、富山方言、豊橋方言、氷見方言における談話展開の方法を明らかにしている。

　しかし、これらの先行研究は、談話展開の地域差研究を切り開いたものとしては評価できるが、研究の重要な柱である(A)文の内容(以下、本研究では情報内容と呼ぶ)を対象にした客観的分析方法は未だに確立していないと考えられる。このような情報内容はどのような話題が選ばれるかによって左右される面が大きく、同じ条件での比較が困難である。また、(B)キーワードにしても事例研究の枠を超えて数量的に論証することが必要であると考えられる。

　また、先行研究では高年層話者の談話展開の方法やその地域差を考察したものがほとんどであり、若年層話者の談話展開の方法の地域差を取りあげたものは琴(2016)以外はない。

　そこで、本稿では、久木田(1990)の分析の枠組みを参考にしつつ、特に、(B)キーワードとなる語、すなわち、本研究における談話標識に注目し、それを体系的、数量的に分析することで、日本の代表的方言である東京方言、大阪方言の若年層における談話展開の方法の地域差をより客観的に示すことを試みる。談話標識を取り上げる理由は、情報内容はどのような話題が選ばれるかによって影響され、客観的比較が困難であるのに対して、談話標識は話題の影響を受けにくく、具体的形式として客観的分析に耐えうるからである。情報内容については今後の課題とし、本稿では談話標識の面から若年層の談話展開の方法の地域差を検討していくことにする。

3. 談話、談話標識、談話展開の方法とは

ここでは、本研究における「談話」「談話標識」「談話展開の方法」という概念の定義や対象範囲について述べる。

3.1 談話

談話とは、文より大きい言語単位で、あるまとまりを持っている文の集合である。本稿では、会話場面で一人の話者が相手の情報要求に対して説明を行っている説明的場面を用いる。説明的場面を取り上げる理由は、会話のやりとり場面の分析より比較的分析が容易だったからであり、まず、研究の第一歩として説明的場面から開始することにした。ただし、説明的場面といっても、会話の中での一場面であることには変わりがなく、ここでの方法や結果は、今後、会話のやりとり場面の考察にも参考になると考えられる。

3.2 談話標識

談話標識とは、談話の中で情報内容とは直接関わっていないが、「情報の内容理解を助ける」「会話者間のやりとりをよりスムーズにする」「会話者間の人間関係を円滑にする」(西野 1993)など、話者が効果的な情報伝達のため使う形式であり、品詞という既存の文法カテゴリーを超え、様々な言語形式から成り立つものである(Fraser 1990、Schiffrin 1987)。日本語では、接続詞、間投助詞、終助詞、副詞、感動詞、応答詞などが談話の中で談話標識として重要な役割を果たしているが(田窪 1992、西野 1993、三牧 1993、メイナード 1993)、本研究では東京方言、大阪方言の若年層の説明的場面において、特に、高い頻度で使用される談話標識を取り上げ、考察を進めることにする。

3.3 談話展開の方法

談話展開の方法とは、上記のような「談話」において、話者がどのような談話標識をどのように使用し話を進めて行くのか、その方法を指す。

4. 調査の概要

本稿で使用する談話資料は次の調査によって採集したものである。
①調査時期：2010年11月～2013年8月（東京）
　　　　　　2017年12月～2017年1月（大阪）
②調査場所：東京、大阪市内のカフェや筆者の研究室（韓国）
③インフォーマント：東京や首都圏出身の若年層女性4名
　　　　　　　　　　大阪出身の若年層女性4名
③調査方法：各地域の方言話者と筆者、或いは筆者の知り合いが行った会話の中で、各地域の方言話者が相手の情報要求に対して説明を行っている説明的場面を対象にした。話題は特に提示しなかったが、方言や自分の専門分野、趣味などについて自由に会話するようにお願いした。談話資料は東京方言の若年層約4時間、大阪方言の若年層4時間、計8時間程度の録音資料を文字化したものである。

5. 若年層における談話展開の方法の地域差

5.1 東京方言の若年層

5.1.1 談話標識と機能

東京方言の若年層話者は説明的場面で様々な形式の談話標識を使用し話を進めている。その中でも「ダカラ」「ソレデ」（以上、接続詞）、「ヤハリ」（副詞）、「ホラ」「ネ」「ウン」「エ」「ハイ」（感動詞）、「ネ」「サ」（間投助詞）、「デショー」「ネ」「ヨネ」「ジャナイ」（終助詞・助動詞など）のような談話標識を使用し、話を進める傾向がある。これらの形式の品詞は接続詞、副詞、感動詞、間投助詞、終助詞、助動詞など様々であるが、いずれも説明的場面において、効果的な情報伝達に大事な役割を果たしていると考えられる。

そこで、ここでは、琴（2005a）の高年層の枠組を参考に若年層の談話資料を検討し、これらの談話標識が話の流れの中でどのように働いているのか、その一つ一つの形式の談話における機能についての考察を行った。その結

果、東京方言の若年層で使用される談話標識は高年層と具体的形式は少しずつ異なるものの、機能の違いは認められないことが分かった。東京方言の若年層における談話標識と機能を検討した結果を示したのが〈表1〉である。

表1　東京方言の若年層話者で使用される談話標識とその機能

代表形	機能
ダカラ	発話権取得・維持：談話の最初に現れ、相手の情報要求に対して発話権を受ける。また、談話の途中に現れ、続けて話を進めようとする意志を相手に示すことで、発話権を維持する。
ソレデ	説明開始・累加：話の先頭に現れ、説明を開始する。また、談話の途中に現れ、説明を累加する。
ネ(間・終)/サ	引き込み：そこまでの話を相手が理解しているかを確かめ、相手を話の中に引き込みながら話を進める。
ヤハリ	情報共有表示：情報の共有を前提に話を進めていることを相手に示す。
ホラ	情報共有喚起：以前共有していた情報や今後共有可能な情報について喚起する。
デショー(↗)/ジャナイ/ネ(↗)(感・終)/ヨネ(↗)	情報共有確認：相手に情報の共有を積極的に求め、確認を行う。
ネ(↗)(感)	念押し：情報の共有を再確認し、念を押す。
ウン	自己確認：そこまでの話を自分の中で整理・自己確認し、そうすることで相手も納得させながら話を進める。

　また、「ネ」は感動詞、間投助詞、終助詞の三つの品詞にまたがるので、代表形欄に略語でその区別を表示した。イントネーションはその形式が必ず上昇調を伴う場合のみ(↗)を記した。上昇イントネーションには、上がるだけのものと上がって下がるものの二種類があるが、ここでは、区別せずに上がる記号だけで記した。

　以下では、談話標識の出現傾向から、東京方言の若年層における談話展開の方法について考察する。まず、談話の具体的事例を観察し、次いで談話標

識の出現頻度を見ていく。

5.1.2 談話標識の出現傾向
（１）事例分析
　ここでは調査して得られた談話資料の中から、若年層話者の談話展開の特徴を典型的に表していると思われる次の2場面を取り上げ考察を進める。〈表1〉で取り上げた談話標識を使用して話を進めている具体的事例が次の談話資料1である。

談話資料1

> ①外国語だから関心もなんていうかな、やっぱ日本人だと、こ、なにげなく、こ、使ってる言葉で、で、何をわざわざ、こ、日本語そんな研究するのって感じしますよね（↗）、日本人にしては。
> ②ほら、外国人だったら、ほら、外国語としてそれを、こうね、なんての、専門的にももっと深く勉強しようと思うからすごく、うん、意味のあることだと思うけど、たとえば、日本人だったらどうなのかな。
> ③もちろん、日本でもね、そうやって学者とかもいるし、研究してる人もたくさんいるけど、でも、その価値がやっぱり、外国人がするのと、ちょっと違うかなあと思った。
> ④そう思いますね。

＊①②は文を表す。

　談話資料1で「なぜ日本語を研究しているのか」という相手の情報要求に対して、話者は様々な談話標識を使用しながら話を進めている。まず、①で話者は「ヤッパ」を使うことで、「日本人は母語なのに何をわざわざ日本語を研究するのかという感じがするのだ」という情報の共有を前提にしていることを相手に示しながら話を進めようとしている。また、話者は「ヨネ（↗）」のように情報の共有を確認するマーカーを一緒に使用し、話を進めようとする傾向が認められる。また、話者は「デ（＝ソレデ）」で「何をわざわざ日本語を研究するのかという感じがする」という説明を累加している。

②では「ホラ」で「外国人だったら外国語としてそれを専門的にももっと深く勉強しようと思うからすごく意味のあることだと思うけど、日本人だったら少し違う(ような気がする)」という情報の共有を喚起しながら話を進めている。また、話者は「ネ」でそこまでの話を相手が理解しているかを確かめることで、相手を話の中に引き込みながら話を進めている。さらに「ウン」でそこまでの話を自分の中で整理し、自己確認しながら話を進めている。また、③でも話者は「ヤッパリ」を使うことで、「(もちろん日本でもそうやって日本語を研究している人もたくさんいるけど)その価値が外国人がするのとちょっと違うと思う」という情報の共有を前提にしていることを相手に示すことで、相手と共有情報のもとで話を進め、「ネ」でそこまでの話を相手が理解しているかを確かめ、相手を話の中に引き込みながら話を進めようとしている。

談話資料2でも話者は「日本と韓国のケーキの違い」についての相手の情報要求に対して、話者は様々な談話標識を使用しながら話を進めている。まず、⑤で話者は「ダカラ」で発話権を維持し、「パリバケットに行くと、いろんなケーキの種類がある」という情報を加え、「ホラ」でその情報の共有を喚起しながら話を進めている。また、⑥では「ウン」で「最近はワンピースで(売っているところもある)」という情報について自己確認しながら話を進めている。

談話資料2

①ピ、ピースで売ってない。
②いっ、ワンピースで、こう、売ってない。
③なんかこう、ホールケーキしかない。
④ほんとにワンホール。
⑤だから、ま、なんだろ、えっと、パリバケットとかに行くと、ほら、いろんなケーキの種類もあるけど。
⑥あ、でも最近でもピースで、うん。
⑦ワンピースで買えるのもたまにあるの見かけるけど。

このような談話展開のパターンは東京方言の若年層話者の多くの談話資料から見られる。

　次では、これらの談話標識の出現頻度を全て示すことで、東京方言の若年層の談話においてこれらの談話標識がどれくらい使用されるのかを検討する。

（2）談話標識の出現頻度

　東京方言の若年層で対象にした4名の談話標識の出現頻度を調べた結果をまとめたのが〈表2〉である。〈表〉の縦軸にはインフォーマントの性別（F、M）やインフォーマント番号の他、その話者から採集した説明的場面の総文数を括弧に入れて記した。横軸には談話標識とその機能を揚げた。また、各欄の数値は次の方法によって算出したものである。

$$\text{談話標識の総出現回数（延べ数）/総文数} = \text{一文当たりの平均出現数}$$

表2　東京方言の若年層話者の談話標識の出現頻度

談話標識と機能 話者(文数)	ダカラ [発話権取得/維持]	ソレデ [説明開始/累加]	ヤハリ [情報共有表示]	ホラ [情報共有喚起]	デショー(↗) [情報共有確認]	ネ(↗) [念押し]	ウン [自己確認]	ネ [引き込み]
F1 (349)	17 = 0.049	6 = 0.017	20 = 0.057	20 = 0.057	66 = 0.189	1 = 0.003	8 = 0.023	62 = 0.178
F2 (176)	7 = 0.040	6 = 0.034	15 = 0.085	19 = 0.108	28 = 0.159	1 = 0.006	6 = 0.034	63 = 0.358
F3 (316)	9 = 0.028	6 = 0.019	19 = 0.060	17 = 0.054	22 = 0.070	1 = 0.003	20 = 0.063	46 = 0.146
F4 (70)	16 = 0.229	13 = 0.186	7 = 0.100	0 = 0	8 = 0.114	0 = 0	2 = 0.029	30 = 0.429
平均 (911)	0.087	0.064	0.076	0.055	0.133	0.003	0.037	0.278

ただし、〈表2〉では文数を省略し、談話標識の総出現回数（延べ数）÷一文当たりの平均出現数だけを記した。例えば、F1話者は349文中17回「ダカラ」で発話権を取得・維持しながら話を進めている。また、6回「ソレデ」で説明を開始・累加し、20回「ヤハリ」で情報の共有を前提にしていることを明示、20回「ホラ」で情報の共有を喚起しながら話を進めている。さらに、話者は66回「デショー（↗）、ネ（↗）、ヨネ（↗）、ジャナイ」で情報の共有を確認し、1回「ネ（↗）」で念を押し、8回「ウン」で自己確認し、62回「ネ、サ」で相手を話の中に引き込みながら話を進めている。

〈表2〉から話者によって、ある程度ばらつきが見られるものの、大まかに類似の傾向が認められることが分かる。したがって、以下、本稿では〈表2〉の最下欄の総平均でもって、論を進めることにする。

その平均から、若年層話者は、特に引き込み形式「ネ」の数値が高く、頻繁に使用されていることが分かる。また、情報共有確認の「デショー（↗）」の類もよく使用されている。それに対して、念押しの「ネ（↗）」の使用は非常に少ない。

次に大阪方言の若年層を取り上げる。

5.2 大阪方言の若年層
5.2.1 談話標識と機能

大阪方言の若年層話者は説明的場面で様々な形式の談話標識を使用し話を進めている。その中でも「ダカラ」「ソレデ」（以上、接続詞）、「ヤハリ」（副詞）、「ホラ」「ネ」「ウン」（感動詞）、「ネ」「サ」「ナ」（間投助詞）、「デショー」「ヤロー」「ネ」「ナ」「ヨネ」「ヨナ」「ジャナイ」「ヤン（カ）」「チャウ」（終助詞・助動詞など）のような談話標識を使用し、話を進める傾向がある。これらの形式の品詞は接続詞、副詞、感動詞、間投助詞、終助詞、助動詞など様々であるが、いずれも説明的場面において、効果的な情報伝達に大事な役割を果たしていると考えられる。

そこで、ここでは、琴（2005a）の高年層の枠組を参考に若年層の談話資料を検討し、これらの談話標識が話の流れの中でどのように働いているのか、

表3　大阪方言の若年層話者で使用される談話標識とその機能

代表形	機　　能
ダカラ	発話権取得・維持：談話の最初に現れ、相手の情報要求に対して発話権を受ける。また、談話の途中に現れ、続けて話を進めようとする意志を相手に示すことで、発話権を維持する。
ソレデ	説明開始・累加：話の先頭に現れ、説明を開始する。また、談話の途中に現れ、説明を累加する。
ナ、ネ(間・終)/サ	引き込み：そこまでの話を相手が理解しているかを確かめ、相手を話の中に引き込みながら話を進める。
ヤハリ	情報共有表示：情報の共有を前提に話を進めていることを相手に示す。
ホラ	情報共有喚起：以前共有していた情報や今後共有可能な情報について喚起する。
デショー(↗)、ヤロー(↗)/ジャナイ/ヤン(カ)/チャウ/ネ(↗)、ナ(↗)(感・終)/ヨネ(↗)	情報共有確認：相手に情報の共有を積極的に求め、確認を行う。
ネ(↗)、ナ(↗)(感)	念押し：情報の共有を再確認し、念を押す。
ウン	自己確認：そこまでの話を自分の中で整理・自己確認し、そうすることで相手も納得させながら話を進める。

　その一つ一つの形式の談話における機能についての考察を行った。その結果、大阪方言の若年層で使用される談話標識は高年層と具体的形式は少しずつ異なるものの、機能の違いは認められないことが分かった。大阪方言の若年層における談話標識と機能を検討した結果を示したのが〈表3〉である。
　以下では、談話標識の出現傾向から、大阪方言の若年層における談話展開の方法について考察する。まず、談話の具体的事例を観察し、次いで談話標識の出現頻度を見ていく。

5.2.2 談話標識の出現傾向
（１）事例分析
　ここでは調査して得られた談話資料の中から、若年層話者の談話展開の特徴を典型的に表していると思われる次の２場面を取り上げ考察を進める。〈表3〉で取り上げた談話標識を使用して話を進めている具体的事例が次の談話資料3である。

談話資料3

> （虫とかでえへんの？　ごみ屋敷？）
> ①まあ、でも、そこまでではないけど。
> ②<u>やっぱり</u>、ちょっと、「うーわきた」みたいな感じのんはあるから、「さあ！　やるぞー！」みたいな感じで、腕まくって、一旦、とりあえず、「この、あの、あれから片付けようか」
> ③<u>ん</u>で、あれ、台所自身も、キッチンもシンクがすごい狭いから。
> ④<u>だから</u>、家でほぼ料理もしーひんし、きよ、オンニが作った食べものなんか、食べたことない。
> ⑤常に向こうなんて、<u>ほら</u>、何？配達の食べ物がたくさんあるから、電話一本で何でも来るから。
> ⑥基本電話一本で来る食べ物しか食べたことない。

〈共通語訳〉

> （虫とか出ないの？　ゴミ屋敷？）
> ①まぁ、でも、そこまでではないけど。
> ②<u>やっぱり</u>、ちょっと「うわーすごい」みたいな感じはあるから、「さあ！　やるぞー！」みたいな感じで、腕まくりをして一旦、とりあえず、「この、あの、あれから片付けようか」
> ③<u>それ</u>で、あれ、台所自身も、キッチンもシンクがすごい狭いから。
> ④<u>だから</u>、家でほぼ料理もしないし、きよ、オンニが作った食べ物なん

か、食べたことない。
⑤常に向こうなんて、ほら、何？配達の食べ物がたくさんあるから、電話一本で何でも来るから。
⑥基本電話一本で来る食べ物しか食べたことない。

　談話資料3で話者は「掃除をあまりしない韓国人の知り合い」についての情報要求に対して、その内容を相手に伝えるため、話者は様々な談話標識を使用しながら話を進めている。まず、②で話者は「ヤッパリ」で情報の共有を前提に話を進めていることを相手に示し、「ンデ（＝ソレデ）」で「台所自身も、キッチンもシンクがすごく狭い」という説明を累加している。また、③では「ダカラ」で発話権を維持し、「家でほぼ料理もしないし、オンニが作った食べものなんか、食べたことない」という説明を加えている。⑤では「ホラ」で「常に向こう（韓国）は配達の食べ物がたくさんあるから、電話一本で何でも来る」という情報の共有を喚起しながら話を進めている。

談話資料4

①「春巻き、いつでも作ったんで！」
②「じゃあ、春巻きパーティーしよしよ！」ってゆっても、「いつ作んねん」って話やん？
③「いつにする？」って決めないとあかん訳やんか。
④だから、「ほんならいつやねん？」って
⑤「飯いつやねん？」ったら「28日仕事終わりやから、29でも30でもいいよ」って。
⑥「いつやねん」って！「お前が決めろ」って、別に○○○は時間あるから。
⑦ほんなら「29」って。
⑧「じゃあ、29どこに何時やねん？」って。
⑨「○○○迎えに来てくれるんやろ？」「行くか、ぼけ」って

〈共通語訳〉

①「春巻きいつでも作ってあげるよ。」
②「それじゃあ、春巻きパーティーしようしよう！」って言っても、「いつ作るの」って話でしょ？
③「いつにする？」って決めないといけないでしょ。
④だから、「そしたらいつなの？」って
⑤「ご飯いつなの？」って言ったら、「28日で仕事終わりだから、29でも30でもいいよ」って。
⑥「いつなの」ってば！「お前が決めろ」って、別に○○○は時間あるから。
⑦そしたら、「29」って。
⑧「じゃあ、29どこで何時なの？」って。
⑨「○○○が迎えに来てくれるんでしょ？」「行くもんか、ばか」って。

　談話資料4でも「春巻きパーティー」についての相手の情報要求に対して、話者は様々な談話標識を使用しながら話を進めている。まず、②③で話者は「ヤン（カ）」を使うことで、「春巻きパーティーしようしよう！と言ってもいつ作るのか」「いつにするか決めないといけない」という情報の共有を確認しながら話を進めようとしている。④でも「ダカラ」で発話権を維持し、「そしたらいつなのか」という説明を加えている。⑦では「ホンナラ（＝ソシタラ）」で「（パーティーは）29（日にしよう）」という説明を加えている。このような談話展開のパターンは大阪方言の若年層話者の多くの談話資料から見られる。
　次では、これらの談話標識の出現頻度を全て示すことで、大阪方言の若年層の談話において、これらの談話標識がどれくらい使用されるのかを検討する。

（2）談話標識の出現頻度
　大阪方言の若年層で対象にした4名の談話標識の出現頻度を調べた結果をまとめたのが〈表4〉である。

表4　大阪方言の若年層話者の談話標識の出現頻度

談話標識と機能 話者（文数）	ダカラ [発話権取得/維持]	ソレデ [説明開始/累加]	ヤハリ [情報共有表示]	ホラ [情報共有喚起]	ヤロー(↗) [情報共有確認]	ナ(↗) [念押し]	ウン [自己確認]	ナ [引き込み]
F1 (261)	23 = 0.088	16 = 0.061	2 = 0.008	3 = 0.011	50 = 0.192	0 = 0	2 = 0.008	59 = 0.226
F2 (195)	9 = 0.046	3 = 0.015	7 = 0.036	1 = 0.005	41 = 0.21	1 = 0.005	3 = 0.015	78 = 0.4
F3 (48)	0 = 0	2 = 0.042	2 = 0.042	1 = 0.021	9 = 0.188	0 = 0	0 = 0	14 = 0.292
F4 (183)	1 = 0.005	3 = 0.016	1 = 0.005	0 = 0	17 = 0.093	0 = 0	4 = 0.022	33 = 0.18
平均 (687)	0.048	0.035	0.019	0.007	0.17	0.001	0.013	0.268

〈表4〉から、話者によってばらつきが見られるものの、大まかに類似の傾向が認められることが分かる。したがって、以下、本稿では〈表4〉の最下欄の総平均でもって、論を進めることにする。

その平均から、大阪方言の若年層話者は、特に引き込み形式「ナ」の数値が高く、頻繁に使用されていることが分かる。また、情報共有確認の「ヤロー(↗)」の類もよく使用されている。それに対して、念押しの「ナ(↗)」の使用は非常に少ない。

5.3　若年層における談話展開の方法の地域差
5.3.1　二地域の類似性

以上、談話標識の出現傾向から東京方言、大阪方言の若年層における談話展開の方法を検討した。〈図1〉は、東京方言、大阪方言の高年層の説明的

場面で使用される談話標識をその一文の中での出現順序に従って整理したものである（琴 2005）。

〈図1〉において、談話標識はその位置が自由な引き込み形式である「ネ、ナ」を除き、図の順番で現れる（縦の矢印は出現順序、横の実線は「ネ、ナ」の位置）。また、この図は全ての談話標識が現れる場合を仮定しているが、実際はこの全ての談話標識が現れるわけではなく、いくつか組み合わされて現れ、これが何回か繰り返されることで、一つの談話を構成する。

今回の検討の結果、東京方言、大阪方言の若年層の説明的場面においても〈図1〉のような談話展開のパターンが認められることが分かった。

すなわち、両地域の若年層話者は「ダカラ」で発話権の取得や維持を示す

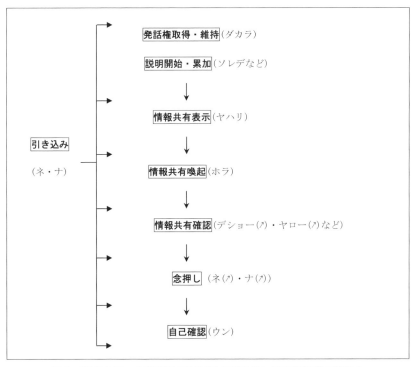

図1　東京方言、大阪方言の若年層で使用される談話標識の枠組み

か、「ソレデ」で説明の開始や累加を示しながら話を進めている。また、「ヤハリ」で情報の共有を表示、「ホラ」で情報の共有を喚起、「デショー・ヤロー」(↗)などで情報の共有を確認しながら話を進め、さらに「ネ、ナ」(↗)で念を押しながら話を進めている。また、「ネ、ナ」でそこまでの話を相手が理解しているかを確かめ、相手を話の中に引き込み、「ウン」で自己確認しながら話を進めていることが明らかになった。

このような談話標識の種類と現れ方は地域を越え、日本語の談話全体に共通する基本的枠組みであることが予想される。しかし、談話標識の出現頻度では次の 5.3.2 節に示すような地域差が認められる。

5.3.2 談話標識の出現頻度からみた地域差

〈表5〉は以上で検討した東京方言の若年層の結果と大阪方言の若年層の結果を比較したものである。括弧内の数字は東京方言の若年層の数値を 1 とした場合の大阪方言の若年層の割合である。談話標識の出現頻度はその種類によって、違いが見られるため、このようにすることで相対的な比較が可能になると考えられる。

〈表5〉から談話標識は大阪方言の若年層に比べ、東京方言の若年層において全般的によく使用されていることが分かる。

両地域の談話標識の出現頻度を具体的に比較すると、次のようになる。

（１） 発話権取得・維持をマークする「ダカラ」は大阪方言に比べ、東京方言の使用頻度が高い。
（２） 説明開始・累加を表す「ソレデ」は大阪方言に比べ、東京方言で高くなっている。
（３） 情報共有表示形式である「ヤハリ」は東京方言に比べ、大阪方言の使用頻度がかなり低い。
（４） 情報共有喚起形式である「ホラ」は東京方言の使用頻度が非常に高く、大阪方言は低い。
（５） 情報共有確認形式である「デショー・ヤロー」(↗)などは東京方言に比べ、大阪方言の使用頻度がやや高い。

(6) 念押し形式である「ネ、ナ」(↗)は両どの地域とも使用頻度が低いが、その中でも東京方言の使用頻度の方が高い。
(7) 自己確認形式である「ウン」は大阪方言に比べ、東京方言の使用頻度が高い。
(8) 引き込み形式である「ネ、ナ」は両地域とも使用頻度が高く、ほぼ同程度の使用が見られる。

表 5　若年層話者の談話標識の出現頻度からみた地域差

談話標識と機能　話者（文数）	ダカラ [発話権取得/維持]	ソレデ [説明開始/累加]	ヤハリ [情報共有表示]	ホラ [情報共有喚起]	デショー(↗)・ヤロー(↗) [情報共有確認]	ネ(↗)・ナ(↗) [念押し]	ウン [自己確認]	ネ・ナ [引き込み]
東京方言 (911)	0.087 (1)	0.064 (1)	0.076 (1)	0.055 (1)	0.133 (1)	0.003 (1)	0.037 (1)	0.278 (1)
大阪方言 (687)	0.048 (0.552)	0.035 (0.547)	0.019 (0.25)	0.007 (0.127)	0.17 (1.278)	0.001 (0.333)	0.013 (0.351)	0.268 (0.964)

　すなわち、大阪方言の若年層に比べ、東京方言の若年層は、発話権取得・維持形式である「ダカラ」、説明開始・累加形式である「ソレデ」、情報共有表示形式である「ヤハリ」、情報共有喚起形式である「ホラ」、自己確認形式である「ウン」を多用し話を進めていることが分かる。一方、情報共有確認を表す「デショー・ヤロー」(↗) の出現はやや大阪方言の方が多く、引き込み形式である「ネ、ナ」は両地域でほぼ同じ割合で使用されている。念押し形式は、そもそも両地域ともあまり使用されていないが、割合としては東京方言に多い。

　この結果を琴 (2005a) の高年層話者の結果と比較してみると、両者は似たような傾向にあることが分かる。特に、発話権取得・維持形式や情報共有喚起形式、念押し形式の使用にそれがうかがえる。ただし、高年層では大阪方

言に特徴的であった説明開始・累加形式と自己確認形式が、若年層では東京方言に多く現れており、傾向が異なっている。今回はサンプルが少なく、そのことが結果に影響している可能性もあるが、若年層については、実際に東京と大阪の違いに変化が生じつつあることも考えられる。この点については、今後さらに調査を行って明らかにしていく必要がある。

6. まとめと今後の課題

　以上、談話標識の出現傾向から東京方言、大阪方言の若年層における談話展開の方法の地域差を考察した。

　その結果、両地域で使用される談話標識の種類と現れ方は類似しているが、談話標識の出現頻度では地域差が認められることが分かった。特に、東京方言の若年層話者は、「ダカラ」「ソレデ」で発話権取得・維持、説明開始・累加をマークし、「ヤハリ」で情報共有を前提に話を進めていることを相手に示し、「ホラ」で以前から共有している情報や今後可能であると判断する情報を相手に喚起し、「ウン」でそこまでの話を自分の中で自己確認し、そうすることで相手も納得させながら話を進めようとする、以上のような傾向が大阪方言の若年層話者に比べ、少し強いことが明らかになった。

　これらの二地域の詳しい比較は今後の課題である。また、今後はさらに地域を広げる必要がある。東京方言と仙台方言の比較については、琴（2016）で試みたことがあり、その結果と今回の結果を総合的に考察することもしてみたい。世代差と地域差を掛け合わせ、談話展開の方法を多角的に明らかにしていきたいとも考えている。

文献
久木田恵（1990）「東京方言の談話展開の方法」『国語学』162 国語学会
久木田恵（1992）「北部東北方言の談話展開の方法」小林博士退官論集編纂委員会編
　　『小林芳規博士退官記念国語学論集』汲古出版

琴鍾愛（2005a）「日本語方言における談話標識の出現傾向―東京方言、大阪方言、仙台方言の比較―」『日本語の研究』1-2
琴鍾愛（2005b）「仙台方言における談話展開の方法の世代差」『東北文化研究室紀要』46
琴鍾愛（2015）「日本語における談話展開の方法の世代差」『言語研究』(韓国) 30
琴鍾愛（2016）「若年層における談話展開の方法の地域差―東京地域と仙台地域の比較を中心に―」『日本語文學』(韓国) 72
須崎由嘉（1999）「東西方言折衝地域における談話展開の社会言語学的研究」『日本言語学会118回大会予稿集』日本言語学会
園部美由紀（1999）「豊橋方言における談話展開の方法」『地域言語調査研究法』おうふう
田窪行則（1992）「談話管理標識について」『文化言語学―その提言と建設―』三省堂
西野容子（1993）「会話分析について―ディスコースマーカーを中心として―」『日本語学』12-5 明治書院
畑中宏美（1994）「富山県氷見方言における談話展開の方法」『北海道方言研究会二十周年記念論文集 ことばの世界』北海道方言研究会
三牧陽子（1993）「談話標識の種類」『視聴覚教材と言語教育』6 大阪外国語大学AV法研究会
メイナード. K. 泉子（1993）『会話分析』くろしお出版
Bruce, Fraser. 1990 "An approach to discourse markers", Journal of Pragmatics14.
Deborah, Schiffrin. 1987 "Discourse markers", Cambridge University Press.

III　コミュニケーションに見る方言

第11章

長野県方言敬語の発想と表現
―敬意終助詞が担う親しみと敬い―

沖　裕子

1. はじめに

　方言には、生活文化を共有する相手と気持ちよく暮らしていく、ものの言い方の知恵がつまっている。コミュニケーションの様態は、文化そのものにも規定されるとともに、その地域の言語のありかたにも色濃く影響を受けている。特に、敬語のはたす役割は大きい。

　長野県方言においては、相手に対して、親しみと敬意を同時に表現できる終助詞が豊富にみられる。これは、東京共通語の敬語語彙が、親しみと敬意を同時に表現できないことと大きく異なっている。

　東京共通語の敬語では、「敬意」と「親しさ」は、性質の違ったものであり、敬語語彙を用いて、「敬意」と「親しさ」を、同時に表わすことはできない（滝浦真人(2013)）。かりにそうしようと思えば、敬語以外の手段を工夫していくことしかないのである。東京共通語の敬語体系では、「敬意」と「親しさ」の概念は矛盾するといってもよいであろう。

　それに対して、長野県方言では、1語のうちに、「敬意」と「親しさ」を同時に含んだ単語が存在する。この単語を用いることによって、相手を待遇する言語行動において敬意と親しさが矛盾なく成立するのが、長野県方言の待遇コミュニケーションである。

　従来の研究では、いわゆる「尊敬語、謙譲語、丁寧語」が敬語語彙とされ、終助詞語彙に焦点があたることがなかった。長野県方言の、親しみと敬

意を同時に表現できる終助詞を名づけて、ここでは「敬意終助詞」と呼び、敬意終助詞を用いる敬語体系について、その発想と表現を記述してみたい。

よく知られた現代東京共通語の敬語体系と対照させながら、松本市を中心とした長野県中信方言の敬意終助詞による敬語体系をとりあげ、その特徴を述べていく。長野県内でも、方言区画ごとに敬意終助詞の変異が認められるが、それについては、ごく簡単に述べるにとどめたい。

2. 長野県の方言区画

長野県方言は、馬瀬良雄 (1992) によれば、以下の 5 つに区画される (図 1 参照)。

　　A 奥信濃方言
　　B 北信方言
　　C 東信方言
　　D 中信方言
　　E 南信方言

これらのうち、A の奥信濃方言は上越方言との連続性を持ち、B から E

図 1　長野県の方言区画 (馬瀬良雄 1992 より)

の信濃の方言とは大きく分かれる。そのためここでは、BからEの4つを指して、長野県方言と呼んでおきたい。敬意終助詞は、長野県方言全般に盛んであるが、その用法は、地点ごとに違いを見せている。そこで、煩雑さを避けて、ここでは松本市を中心とした中信方言の敬語体系をとりあげて述べていくことにしたい。

3. 東京共通語と長野県方言の敬語体系

3.1 運用法からみる対照

　まず、東京共通語と長野県方言について、敬語体系の概略を述べておきたい。

　日本国内の敬語の運用法には、絶対敬語と相対敬語の別がみられる。絶対敬語は、身内尊敬敬語とも呼ばれ、場面を問わず、身内にも敬語を用いる運用法である。相対敬語は、家族以外の人に対しては、身内を自分と同じように扱って敬語を用いない運用法である。長野県北信方言の尊敬表現には、絶対敬語の名残がみられることが記されている。

（1）　中野市桜沢方言（おじいさんAが、近所のおじいさんの家を訪ねたとき、応対に出たおばあさんBとの会話。）（馬瀬良雄 1992: 186）より引用
　　　A：ジーサマ　オヤルカエ（じいさんはおいでかね。）
　　　B：エマ　チョックラ　ハター　エッテラルケンド　ヘー　ジキ　ケーッテ　コラルンテ　オヨリナシテ　マットクラエ。（今ちょっと畑へ行っておられるけれど、もうじき帰って来られるからお寄りになって待ってください。）

　全国をみわたすと、関西方言は絶対敬語、東京共通語は相対敬語である。長野県内は、北信方言に絶対敬語の影響がみられるのに対して、東信、中信、南信方言は相対敬語である。表1に、馬瀬良雄(1992)を整理する。な

お、奈川村方言など無敬語地域も存在し、表1は、おおよその傾向を把握して示すものにすぎない。

表1　敬語の運用法からみた地域差
（馬瀬良雄（1992）を整理）
（○：該当する、斜線：該当しない）

	絶対敬語	相対敬語
東京共通語		○
関西方言	○	
北信方言	○	
東信方言		○
中信方言		○
南信方言		○

3.2　語彙体系からみる対照

東京共通語では、「尊敬語、謙譲語、丁寧語、美化語」が使用される。それに対して、長野県方言では、「尊敬語、謙譲語、丁寧語」は使用されるが、「美化語」がない。これとは別に、「敬意終助詞」が使用される（表2）。

表2　東京共通語と対照した長野県方言の敬語語彙
（○：ある　斜線：ない）

	尊敬語	謙譲語	丁寧語	美化語	敬意終助詞
東京共通語	○	○	○	○	
北信方言	○	○	○		○
東信方言	○	○	○		○
中信方言	○	○	○		○
南信方言	○	○	○		○

長野県方言の敬語は、それでは、「尊敬語、謙譲語、丁寧語、敬意終助詞」が使用されたそれなのであろうか。本論では、次のように考える。

長野県方言敬語体系においては、「尊敬語、謙譲語、丁寧語」を使用する敬語体系Aと、「敬意終助詞」を使用する敬語体系Bとがあり、敬語体系Aと敬語体系Bとは、使用場面が明らかに異なるように観察する。

　使用域からみると、敬語体系Aは、多少なりとも改まった場面や、気づかいのある人との会話で用いられるものである。それに対して、敬意終助詞を用いる敬語体系Bは、敬語体系Aとは異なり、近所の顔見知りの人々との日常の会話に用いられるものである[1]。使用される場面や共同体の異なりから考えると、長野県方言における敬語体系Aと敬語体系Bとは、別の体系であると考えたほうがよいと考える。

　なお、20世紀までは、敬語体系Aには俚言語彙が使用されていたが、21世紀の今日では、敬語体系Aの語彙は東京共通語のそれに置き換えられて使用されている。現在、敬語体系Aは、少なくとも語彙的には東京共通語化が進んでいるとみられる。それに対して、敬語体系Bは、長野県方言に豊富にみられる敬意終助詞を用いて、現在でもさかんに使用されている。

　ただし、長野県方言敬語体系Aの語彙が共通語化してきているからといって、敬語を使用した対人調整機能まで共通語化したわけではない。ましてや、「敬意終助詞」という東京共通語にない俚言を用いた方言敬語体系Bが有している対人調整機能は、明らかに、東京共通語の敬語とは異なるものである。

　本論では、紙幅の関係もあって、長野県方言敬語については、この、敬意終助詞を用いた敬語体系Bをおもな対象とし、考察をすすめる。そして、この敬語体系Bと、よく知られた東京共通語の敬語体系とを対照させながら、両者の特徴を分析していきたい。

4. 東京共通語における敬語体系の発想と表現

4.1　丁寧語の語彙・文法と文体形成機能

　東京共通語の丁寧語には、次のような添加形式と交替形式がみられる。

（2）　添加形式
　　①動詞型活用語の活用語尾 -mas-u（活用語尾であって、語の添加ではない）
　　　　私は、行く。
　　　　私は、行き<u>ます</u>。
　　②形容詞への添加「です」
　　　　ここは、広い。
　　　　ここは、広い<u>です</u>。
（3）　交替形式
　　③「だ」と「です」の交替
　　　　あれは、桜<u>だ</u>。
　　　　あれは、桜<u>です</u>。
　　　　わたしは、健康<u>だ</u>。
　　　　わたしは、健康<u>です</u>。

　東京共通語の文の述語の語幹は、①動詞、②形容詞、③名詞（含状態性名詞）＋だ、のいずれかからなるが、①は丁寧さを表す活用語尾「ます」によって、②は、添加形式「です」によって、また、③は、「だ」の交替形式「です」によって、丁寧語が作られる。そして、文を形成する述語語幹は①②③のみであるため、いわゆる「です・ます」を用いれば、すべての文において、ひとしなみに丁寧さを表すことができるのである。
　このしくみによって、東京共通語の「丁寧語」は、1文のみならず、談話全体の文体を形成する能力を得ているといえるだろう。これが、文体の観点からみて、「です・ます体」と呼ばれる所以である。また、一般に、成人話者にはその明確な文体意識もある。
　ちなみに、「です・ます体」をつくる丁寧語に属する形式は、基本的に「です」「ます」しかない。東京共通語の終助詞「ね、よ、わ、さ」などには、「丁寧語」の機能がないのである。

4.2　敬語が使用される社会文化と対人調整機能

　東京共通語が使用されるのは、顔見知りからなる緊密な共同体というよりは、知らない人や、親しい交流履歴のない相手を含んだ公的場面である。そうした公的場面では、相手がどのような人であっても、失礼にはならず、また、一定の距離を保持できる、品位ある礼儀作法が必要とされる。こうした要望に応えることができるように発達してきたのが、現代東京共通語の敬語体系であると考えられる。

　会話の相手と自分、および、話題の人物との関係を相対的に考慮し、「尊敬語、謙譲語、丁寧語、美化語」を用いることによって、東京共通語の上位待遇を担うところの敬語体系は、上下・親疎というふたつの対人調整軸のなかで使用される。敬語は、このふたつの軸が交わった「上、疎」の領域のなかで、対人関係を調整しているのである（時枝誠記（1941）、辻村敏樹（1967、1968、1980）、菊池康人（1997）参照）。換言すれば、こうした対人調整軸にしたがって、現実世界の認識をおこないながら、使用する敬語語彙を選択しているのが東京共通語の発想と表現であるといってもよい。

5．長野県中信方言における敬語体系の発想と表現

5.1　敬意終助詞を用いた敬語体系：1970年前後

　それでは、長野県中信方言の、敬意終助詞を用いた敬語体系とは、どのようなものなのかを、具体的にみてみたい。まずは、馬瀬良雄（1992: 399–400）の記述から、少し長くなるが、引用紹介したい（二重下線は論者）。

　馬瀬良雄の言語資料は、昭和50年前後の調査当時において、おおよそ明治30年代から昭和一桁生まれまでの高年層話者を対象にした、面接調査で得られたものである。調査地点は、県下424地点、それとは別に延べ100におよぶ重点調査地点と、30の主要調査地点が含まれると緒言に記される。

（4）　（略）松本平・周辺地方の方言一般にそうであるが、終助詞（間投助詞を含む）が丁寧表現として非常に多く用いられ、この方言に色どりを

添えている点である。まず、終助詞による丁寧表現の幾つかについて述べる。

（5）　-イ　軽い敬意と親愛の気持をこめ、念を押し、感嘆する意味を添える。したがって、近所の対等ないし少し目下の者に使うことはあっても、自分の子供や孫に使うことはしない。助詞-カ（疑問）、-ワ（余情）、-ナ（禁止）に接続することが多い。

　　-カイ　ソーカイ　ドーシテモ　イクカイ（そうかね、どうしても行くかね）。
　　-ワイ　イックラ　カクシタッテ　ソリャ　イズレ　シレルワイ（いくら隠したっていずれ知れますよ）。
　　-ナイ　スンナ　ワカラネ　コト　ソウナイ（そんなわからないことを言いますな）。

（6）　-ネ　この方言では-ネ（時に-ネー）が頻用される。その中で共通語の用法にない-イネ、-ンネについて述べる。-イネはある判断に対して、相手の共感、同意を求める終助詞で、軽い敬意と親愛感をこめる。活用語の終止（-連体）形に接続する。

　　コノゴラ、フントニ　イソガシクテ　コマルイネ（この頃は本当に忙しくて困りますよ）。
　　ネンキンガ　オリルヨーン　ナッテ　フントニ　アリガテーイネ（年金が下りるようになって本当にありがたいですよ）。
　　ソリャ　ソーダイネ。ダレダッテ　ソモウダイネ（そりゃそうですよ。誰だってそう思いますよ）。

　-ンネは、活用語の終止（-連体）形に接続し、念を押し、余情を含む丁寧な断定を表わす。やはり軽い敬意と親愛感をこめる。

　　チョックラ　ハタケー　イッテ　クルンネ（ちょっと畑へ行って来ますよ）。
　　ソリャ　シメジミタヨーダガ　アブネーンネ。オイタ　ホーガイーンネ（それはしめじみたいだが危いですよ。止めた方がいいですよ）。

ソリャ　ソーダンネ（それはそうですよ）。

　－イネと－ンネは意味が似ているが、－ンネは優しさの中にも断定的に相手に決めつける調子があるのに対し、－イネにはむしろ相手に判断をゆだねる口吻がある。だから、ドーダイネと相手に尋ねることはできても、ドーダンネとは尋ねられない。また、推量表現－ズラ、余情表現－ワ、疑問表現－カ等にも－イネは続きうるが、－ンネは続きえない[2]。カク（書く）を例にとれば次のようになる。○は使用される形式、×は使用されない形式である。

　　　○カクズライネ　　　×カクズランネ
　　　○カクワイネ　　　　×カクワンネ
　　　○カクカイネ　　　　×カクカンネ

（7）　－ジ、－セ　－ジ、－セはともに文末に用いられ、－ジは－ゾ（共通語の「ぞ」に同じ）に、－セは－サ（共通語の「さ」に同じ）に、それぞれ軽い敬意と親愛の気持を加えたものである。－ジ・－セの用例を、－ゾ・－ジと対比して1例ずつあげる。

　　　ヤッテ　ミルッテ　ムンサ。（同等以下に）
　　　ヤッテ　ミルッテ　ムンセ。（同等以上に）
　　　ウント　マッタゾ。（同等以下に）
　　　ウント　マッタジ。（同等以上に）

5.2　敬意終助詞を用いた敬語体系：2000年代

　敬意終助詞は、この調査から40年近くを経た2017年現在の高年層である昭和中期生まれの人々にも盛んに使用されている。当地の日刊新聞『市民タイムス』に2001年から2017年現在まで長く連載され、市民生活を描いた4コマ漫画「アルプス市民」から、引用してみたい。掲載作品を集めた小林君江（2006）より引用する。

　敬意終助詞「イ」「イネ」「ンネ」「ネ」「ジ」「セ」が、現在でもさかんに使用されている様子が知られる。

(傍線論者)

5.3 敬意終助詞の語彙・文法的特徴

　長野県中信方言の敬意終助詞においては、次のような添加形式と交替形式がみられる。使用例については、「5.1」「5.2」における引用を見られたい。

(12)　添加形式：＝イ、＝ネ
　　　交替形式：＝ジ／＝ゾ、＝セ／＝サ

第 11 章　長野県方言敬語の発想と表現　261

（傍線論者）　　　　　　　　　（傍線論者）

　これらは、形態的には倚辞（接語）で、品詞的には終助詞に所属する（「＝」の右側は、倚辞であることを表す。「－」の右側は接辞）。そのため、次のように様々な語詞と相互承接する（沖裕子 2015）。

(13)　＝イに前接しうる形式：述語の活用形の一部、＝ダ、＝カ、＝ワ
　　　＝イに後接しうる形式：＝φ、＝ネ
(14)　＝ネに前接しうる形式：述語の活用形の一部、－ン、＝イ、＝ダ、

      ＝カ、＝ワ、＝サ、＝ヨ、＝ニ、＝デ、
      ＝ガ、＝シ、＝ッテ
  ＝ネに後接しうる形式：＝φ
（15）＝ジに前接しうる形式：述語の活用形の一部、＝ダ
  ＝ジに後接しうる形式：＝φ
（16）＝セに前接しうる形式：述語の活用形の一部、＝ガ、＝シ、＝デ、
      ＝ッテ
  ＝セに後接しうる形式：＝φ

　長野県方言をみわたしても、敬意終助詞に待遇的な交替形式がみられることはめずらしい。中信方言の「ジ／ゾ」と「セ／サ」のほかには、馬瀬良雄（1992）の南信方言の記述に、「ナムシ／ナーシ／ナム／ナン」という待遇的パラダイムが認められる。また、南信方言では、待遇的段階性に応じた敬意終助詞の対応が認められ、目下には「ヨ」、目上には「ニ」を用いるということはあるが、「ヨ」と「ニ」の語義的意味は完全には重ならない（中村純子（2006））。敬意終助詞の交替形式は長野県北信方言、東信方言には見当たらず、添加形式のみである[3]。

　つぎに、意味的側面について記せば、添加形式である＝イ、＝ネは、東京共通語の形容詞に添加して使用する「＝です」のように、待遇的意味のみを専用に担っているわけではない[4]。＝イ、＝ネは、品詞的には終助詞であるため、命題文に対する話し手の判断のありかたを語義として有しており、そこに待遇的意味である「親しみと軽い敬意」が加算的に加わっているものである。くりかえすが、東京共通語の「＝です」のように待遇的意味のみを表わす語詞ではない。このことは、単に＝イ、＝ネ、を添加すれば丁寧語になるというものではなく、＝イ、＝ネ、が語義的に使用できる文脈でしか、これらの終助詞は使用されないことを示している。

　交替形式である、＝ジ、＝セについても、同様のことが言える。

5.4　敬意終助詞の文体形成機能

　敬意終助詞には、談話全体の文体を形成する能力はない。その理由は、敬意終助詞が、終助詞であることによっている。先にも述べたように、終助詞としての語義をふまえて使用されるため、すべての文に添加されるような汎用性はもたない。そのため、談話全体の文体を形成する力をもっていないのである。

　話者の意識をみても、敬意終助詞を用いれば発話が丁寧になる、というような認識はなく、会話相手によって敬意終助詞を使い分けることは無意識のうちになされている。ただし、敬意終助詞の意味・用法は長野県内でも地点ごとに異なっており、長野県北信方言の敬意終助詞「エ」についてのみ、それを添加すれば発話が丁寧になる、という話者の自覚的な意識がみられる場合がある（沖調査より）。それ以外の地域における敬意終助詞の使用においては、そのつどの物言いについて、相手を考慮しつつ、内容と待遇の両面から終助詞が選択されているのである。

5.5　敬意終助詞による対人調整機能

　敬意終助詞は、近所の顔見知りの人々との日常的な会話に使用される。そうした近隣社会の共同体は、メンバー相互の履歴がお互いに知られており、協働して地域を作りあげていることの自覚がある人々である。そうした社会文化に適合した言葉遣いが育まれており、それを担っているのが、長野県の敬意終助詞（敬語体系 B）であると考えられる。

　敬意終助詞は、（4）から（7）にみた馬瀬良雄（1992）の記述に繰り返されるように、「親愛と軽い敬意」を表現するものである。現代東京共通語の敬語体系が担う対人調整機能とは、明らかに異なった姿がそこにはみられる。ポライトネスのしくみが「わきまえ」（井出祥子（2006））に依拠していることは東京共通語も長野県方言も同じであっても、そのわきまえかたのしくみにおいて異なっている、と述べることができる。

　論者の内省[5]を用いて、当地の「わきまえ」のしくみを考察すると、次のような対人調整軸によっているように分析される。

敬意終助詞は、顔見知りの同輩以上の人々にたいする「親愛と軽い敬意」を有した語であるが、このときの、「軽い敬意」の内実については、東京共通語とはいささか異なっていると考えられる。
　東京共通語の敬語が、相手を「敬して遠ざける」ことによって上位待遇を与えるものだとすると、長野県敬意終助詞は、相手との上下を作らないようにしながら、親しみとともに相手への「尊重」を表現するものだと内省される。現代の顔の見える地域社会では、階級社会であった江戸時代の残滓もほとんど消え失せ、人々の関係は平等かつ対等であるという基本的認識が浸透しているように思われる。そうした階級意識（家格の意識がこれに当たる）が残る場合もあるが、協働して地域を作り上げていく成員は、平等・対等に立って、地域社会の作業原則にしたがっている（たとえば、隣組の組織などでは、各家は、基本的に平等で、持ち回りによって作業を分担する等々）。
　こうした現代の地域社会文化のなかでは、対等な相手に対して、親しみ、尊重することが、相手を待遇する規範となっている。「親（した）しみ」の反意は「隔（へだ）て」ではなく、「改（あらた）まり」である。「改まり」は、儀礼的な場面の物言いにみられ、そこでは敬語体系Aが使用される。
　また、相手への尊重は、「畏（かしこ）まる」ことで表現される。「畏まり」とは、身をちぢめることによって行儀よくふるまう姿である。「畏（かしこ）まり」の反意は、「寛（くつろ）ぎ」である。
　親しみ、寛（くつろ）ぐ領域は、家族などウチの人間に対するもので、これが上向き待遇を用いない典型的な方言使用領域である。これに対して、近隣の緊密な地域共同体においては、親しみ、畏まる領域が、相手への尊重を調和的に表現する領域である。この領域において、敬語体系B（敬意終助詞）が使用されていると観察できる。
　長野県方言の敬語体系では、親しみと軽い敬意が矛盾することなく一つの語で担えるのは、こうした、対人調整軸そのものの価値体系が、東京共通語とは異なっていることに起因していると考えるものである。
　換言すれば、日本的ポライトネスである「わきまえ」のありかたが、長野県方言と東京共通語では異なっているのだと記述できる。

6. 東京共通語敬語と長野県方言敬語の発想と表現

　以上述べてきたことを、モデル化してまとめると、図2のようになる。

　東京共通語の敬語体系と長野県方言の敬語体系では、社会文化の差に応じて、まず、対人調整軸じたいに異なりがみられる。東京共通語の敬語体系が、「上下・親疎」に応じた使い分けを示すのに対して、長野県方言の敬語体系は、「畏まりと寛ぎ・親しみと改まり」の2軸の交差によって対人調整軸が形成されていると考えられる。

　東京共通語における敬語体系の使用は、相手を上位に疎に待遇する象限に位置づけられる。それに対して、長野県方言敬語体系Bの使用は、近所の同輩以上の人々に対して、親しみ、かつ、軽い畏まりを示しながら待遇する象限に位置づけられる。

　長野県方言では、畏まることが、相手への尊重という敬意の表現に通じている。これに親しみを合わせて表現できるのが、長野県方言敬語体系Bである。長野県方言敬語体系Aは、相手を、畏まり、改まって待遇する象限にある。

　ちなみに、東京共通語では、相手を自分より上位に疎く隔てて待遇するのに敬語が用いられている。

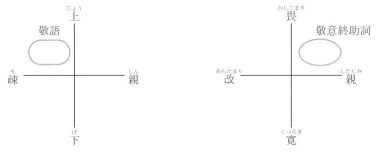

図2　社会文化に応じた対人調整軸と敬語語彙の使用領域

こうした、対人調整軸そのものの違いに注目すると、ポライトネスのありかた自体が、東京共通語と長野県方言では異なっていることが分かる。社会文化の違いに応じた敬語使用の発想自体が異なっているといえるであろう。また、そうした発想の差に応じて、敬語という言語体系にも、異なりがみられるのである。

7. おわりに

　以上述べてきたことを、整理して示したい。
　東京共通語の敬語体系と、長野県方言における敬語体系は、用いられる語彙・文法が異なっているだけではなく、文体形成機能、待遇的な対人調整機能においても異なりがみられた。
　東京共通語の敬語体系は、語彙的には「尊敬語、謙譲語、丁寧語、美化語」からなり、すべての文に丁寧語「です・ます」が接続して、談話全体の文体を形成する機能がある。また、知らない人や、親しい交流履歴のない相手を含んだ公的場面で用いられ、相手との上下・親疎をわきまえ、相手を敬して遠ざける用法が基本で、敬語語彙のみで親しさを表現することはできない。
　これに対して、長野県方言の敬語体系には、「尊敬語、謙譲語、丁寧語」を用いた敬語体系Aと、相手への親愛と軽い敬意を同時に表わす「敬意終助詞」を用いた敬語体系Bが存在する。敬意終助詞は、終助詞自体がもつ語義に待遇的意味が加算されたものであるため、すべての文に接続することはできず、文体形成機能は微弱である。敬意終助詞を用いた敬語体系Bは、顔の見える近隣社会における日常の会話で用いられる。「畏まりと寛ぎ・親しみと改まり」の2軸で対人調整軸が構成され、敬意終助詞は、近隣社会の平等な相手に対する親しみと軽い畏まりのうちに、尊重という敬意を表現するしくみである。
　日本的ポライトネスである「わきまえ」は、東京共通語と長野県方言で、このような発想と表現の異なりを見せることを述べた。

注
1. 馬瀬良雄（1992：311-317）は、東信方言において、「S1：近所の知り合いの人にやや丁寧に言う」場合と、「S2：その土地の目上の人に非常に丁寧に言う」場合とを詳細に調べ、敬意終助詞は、S1 の場面に比較的あらわれやすいことに言及している。本論では、なぜ、S1 場面にあらわれやすいかについても考察を加えた。

   ちなみに、渡部平太夫が記した『桑名日記』を資料として、佐藤志帆子（2014）が、近世末期桑名藩の下級武士の待遇表現体系について明らかにしている。そこでは、生活空間の違いによって、桑名城内、桑名城下全域、家族および生活水準や家庭環境をおなじにする藩士が住む町内、という 3 つが区分され、それぞれ、X 体系、α 体系、β 体系という異なる待遇表現体系が使用されていたと結論づけられた。三重県は絶対敬語地域であり、時代も異なることから、研究成果を一元的に比較はできない。しかしながら、一地域の待遇表現体系の内実を、「文体的変種」ではなく、生活場面全体の異なりに注目した「体系的変種」としてとらえる佐藤の研究的提案は、今後、地域の待遇表現研究において、さらに検討される価値があるものと考える。
2. イネとンネの形態素分析と意味記述については、沖裕子（2015）に新たな考察がなされている。
3. 馬瀬良雄（1992）の言語記述をもとに、県下全体の主要な敬意終助詞語彙を一覧できるよう整理したものが表 3（次頁）である。

   敬意終助詞の語彙的意味をみると、北信方言では、敬意のみを有する語が大半であるのに対して、東信方言、中信方言、南信方言では、1 語のうちに「親愛と軽い敬意」が含まれていることが注目される。これは、北信方言が絶対敬語地域であったことと、無関係ではないと考えられる。
4. 実際は、形容詞に添加して用いられる「＝です」も待遇的意味のみを担っているわけではなく、文を終止させるムードも担っている。論者は、「＝だ」も含め、これも終助詞と考えるものであるが、本論の主題とは直接かかわらないため、議論は措く。
5. 論者の言語経歴は、次の通り。1955 年生まれ、1955 年〜 1973 年 松本市、1973 年〜 1982 年 東京都区内、1982 年〜 1993 年 関西圏、1993 年〜現在 松本市。

表3　長野県敬意終助詞の地域差（馬瀬良雄1992から抜粋整理）

方言区画	敬意終助詞
北信方言	○エは、同輩以上の者に用いる（カエ、ダネカエ、ゾエ、サエ、まれにワエ） ○親愛とごく軽い尊敬の気持をこめて（ナエ） ○ゼは軽い敬意、ゾエより待遇度は低い ○デは、同輩以上の者に対して
東信方言	○エ、イは、親愛と軽い敬意（カエ、ゾエ、（ナエ）、ワエ） ○デは、同輩以上に対して （○ナ、ナーは、対等以下にも以上にも使用、男性が使う） （○ンナは、子どもから大人に対して） （○ニは、親愛と軽い敬意、女性が多く使う）
中信方言	○ネは、親愛と軽い敬意 ○イは、親愛と軽い敬意（カイ、ワイ、禁止ナイ） ○イネ、ンネは、親愛と軽い敬意 ○ジは、親愛と軽い敬意（同輩以下には、ゾ） ○セは、親愛と軽い敬意（同輩以下には、サ） （○大町地方の敬意を込めた古い言い方として、ノー、ソー）
南信方言	○エは、親愛と軽い敬意（カエ、ゾエ、ヨエ、禁止ナエ） ○ニは、親愛と軽い敬意（目下にはヨ） ○ナン系は、念を押し、余情を込めて、敬意を表わす 　　ナムシ、ナーシは、気がねのある目上の人へ 　　ナムは、対等から上 　　ナンは、対等より多少下から上 ○ナは、対等以上 （○上村程野では、ノーは、対等以上、ナーは、対等以下）

文献

井出祥子（2006）『わきまえの語用論』大修館書店
菊地康人（1997）『敬語』講談社学術新書
沖裕子（2006）『日本語談話論』和泉書院
沖裕子（2010）「日本語依頼談話の結節法」『日本学研究』28　韓国日本語学会、ソウル
沖裕子（2013）「終助詞を用いた推量表現―談話論による松本方言の分析―」『人文科学論集〈文化コミュニケーション編〉』第47号　信州大学人文学部
沖裕子（2015）「松本方言終助詞の文法体系―談話研究の基礎―」『信州大学人文科学

論集』第 2 号（通巻 49 号）信州大学人文学部
沖裕子（2017）「談話論からみた松本方言の判断終助詞と通知終助詞」日本方言研究会編『方言の研究』第 3 号　ひつじ書房
加藤正信（1973）「全国方言の敬語概観」『敬語講座 6　現代の敬語』明治書院
国立国語研究所（2006）『方言文法全国地図』第 6 巻　国立印刷局
佐藤志帆子（2014）『近世武家社会における待遇表現体系の研究―桑名藩下級武士による『桑名日記』を例として―』和泉書院
滝浦真人（2013）『日本語は親しさを伝えられるか』岩波書店
辻村敏樹（1967）『現代の敬語』共文社
辻村敏樹（1968）『敬語の史的研究』東京堂出版
辻村敏樹（1980）「待遇表現」国語学会編『国語学大辞典』東京堂出版
時枝誠記（1941）『国語学原論』岩波書店
中村純子（2006）「長野県上伊那地方の方言終助詞「ニ↑」の意味分析」『信州大学留学生センター紀要』第 7 号
服部四郎（1960）『言語学の方法』岩波書店
林史郎・南不二男編（1973–1974）『敬語講座』全 10 巻　明治書院
馬瀬良雄（1971）『信州の方言』第一法規出版
馬瀬良雄（1992）『長野県史　方言編　全一巻』長野県史刊行会
馬瀬良雄（2003）『信州のことば―21 世紀への文化遺産』信濃毎日新聞社
宮岡伯人（2002）『「語」とは何か―エスキモー語から日本語をみる』三省堂

【参考資料】
小林君江（2006）『アルプス市民』市民タイムス

謝辞
　本研究は、JSPS 科研費 15K02561 の助成を受けた。記して謝意を表する。また、本論は、2016 年 3 月 9 日、上田女子短期大学公開講座でおこなった講演「中信地方の敬意表現」に加筆したものである。席上、貴重なご意見を賜ったことに厚く御礼申し上げる。

第 12 章
接続詞の語形変化と音変化
―方言談話資料からみた接続詞のバリエーション―

甲田直美

1. 本稿の目的

　本稿では国立国語研究所編『日本のふるさとことば集成』(2008 国書刊行会、以下『集成』と略記) の音声・転記データから、接続詞の各地における語形・音声のバリエーションを抽出し、その使用実態を記述する。『集成』には、1977-1980 年当時に日本の各都道府県で収録された老年層話者の会話音声が納められており、実際のコミュニケーションにおける接続詞の使用実態を考察する上で重要なものである。
　接続表現は他の品詞に比べ、歴史的に変化を被りやすく、不安定で頻繁に新しいものと取り替えられる (Meillet: 1915–16; 1958)。接続表現は節や文間の関係を明示するが、接続詞が表す意味関係は起点から原因・理由へ等、時代ごとに変化することが各地の理由表現の地域差と変遷 (彦坂 2005) からこれまで示されている。接続詞の語構成は変化の途上にあり (指示詞と関係表示語句の複合による理由表現「それだから」が江戸後期に「だから」に変化 (小西 2003) 等)、接続詞が歴史的、地域的バリエーションを持つ語類であることが指摘されている。このように接続詞が変化過程にある語類であることを鑑みれば、その機能は、文脈から収集した例に基づいて帰納的に記述することが重要である。方言談話資料から広く語形を抽出することで、接続詞の動態の一端をつかみたい。ラングとパロールの単純な二分や、代表語形によって接続詞の意味機能を考えるという見方に対して、様々な語形が共時的

言語態の中で通時的言語変化の様相を孕みながら存在し、その多様な語形変化の分布に意味があると考えたい。

2. 談話資料としての『日本のふるさとことば集成』

『集成』全20巻には、日本の都道府県各地の会話音声（各20〜30分程度）とその音声転記が納められている。1977年〜1980年という時点における高齢層話者の談話を集めたものであり、収録されているのは各都道府県1地点、それぞれ2〜3名あるいはそれ以上の自然談話である。

例えば、次の兵庫資料からの抜粋では逆接の「ソヤケド」、順接の「ソヤカラ」が用いられており、実際の会話での使用を見ることができる。

（1）　060B： ソヤケド 、　ソラ　ムカシワ　アンタ　ヒルカラニナット　オ
バーサンラガ°　ミナ　オテライ　マイッテヤデー、（A　ホン）　タ
トエ　オサエセンモ　ハイリヨッタダロケンドモ、イマ　アンタ
オテラナンカ　アンタ　マイルヒトナイモン、（A　アラヘン　アラ
ヘン）ナ、 ソヤカラ （A　 ソヤカラ 　モ　コドモモナ）オテラ
ノ　ホ　ホーモ　シューキョモ、ワルインヤン　（兵庫）
［共通語訳060B： だけど 、　それは　昔は　あなた、　昼からになる
と　おばあさんたちが　みんな　お寺に　お参りしてねぇ、（A
ほん）　たとえ［ば］　お賽銭も　入っていただろうけれども、　今
［は］　あなた　お寺なんて　あなた、　参る人［は］　ないもの、（A
ない　ない）　ね、 だから （A　 だから 　もう　子供もね）　お
寺の　×　ほうも、　宗教も　悪いのよ］

このように『集成』では各地の談話資料において、実際の文脈から例を収集できる点、全国の多様なバリエーションを収集できる点に利点がある。例えば仮定の順接として、ソーシェンバ、ソースド、ソーセバ、ヘバ、ソヘバ（以上、青森）、シェバ、シェンバ（以上、秋田）、スッド、ソスッド（以上、

山形)、シャ、ソシャ、ホシャ(以上、新潟)、フンジャ(山梨)、ホイジャ(山梨)、ホナ(京都、大阪)、ソレヤッタラ(兵庫)、ホイジャー(広島)などが観察される。

　各地の談話資料を集めたものとして、他にNHK出版『全国方言資料』があり、こちらは1952年から全国141地区で実施されたNHKの方言調査資料の全頁の画像データと約30時間の音声が集録され、1999年にCD-ROMとして復刊されている。これに比べると『集成』における収録地点は少なく、方言区分を考えた場合、国立国語研究所(編)『方言文法全国地図』の分布から考えても、歴史的行政区分から考えても、収録地点は限定されている。

　NHKの『全国方言資料』には各地のあいさつ、場面設定における会話や自由会話が納められているが、それぞれの会話時間は短い。自由会話はそれぞれ5分弱であり、話題の展開のなかで理由や根拠を示したり、別の話題に移り変わったり、相手の発話に反論や賛成をしたりする会話のやりとりの中で、話者同士の発話による行為を観察するには十分とは言えない。談話内では、理由の提示や反論や賛成、話題転換には接続形式をはじめとする種々の談話標識(甲田2001)が用いられることが多いが、これらの標識の機能を観察するためには、一定量の範囲と繰り返しの出現が必要となる。その点、NHK『全国方言資料』に比べ、『集成』では20分程度の会話が納められているため、ある程度の会話内でのやりとりが観察出来る。それぞれ一組、20〜30分程度の会話であることから、会話分析で重要となる話者の属性(性別、教育歴)や話者間の関係(上下、親疎等)が及ぼす言葉遣いへの影響の考察には、談話資料として十分であるとは言えないものの、本稿で採り上げるような接続形式のバリエーション等、生きた文脈上での方言形式の実際例を収集できる点で価値のあるものである。日高(2007)では、『方言文法全国地図』のような「標準語翻訳式」による調査では、提示された標準語の例文で用いられた形式に近い形式が積極的に回答されるのが普通であることが述べられている。翻訳式や項目調査型と異なり、文脈における使用実態から各地の接続表現を記述することの意義を考えたい。

3. 対象データ

日本語方言の接続表現については、原因・理由や逆接、条件表現の地理的分布が明らかにされている(『方言文法全国地図』33 ～ 40 図、126 ～ 135 図など)。しかし、その他の接続表現の分布および各地方言での形式の細やかな使い分けについて、どの程度記述されているかについては方言によりばらつきがある。そこで、地理的分布について研究の蓄積のある原因・理由の接続表現の分布をもとに、『集成』資料のうち以下の 13 地点[1]を対象とする(表1)。地点の選定にあたっては国立国語研究所(編)(1989、1994)『方言文法全国地図』の分布、および方言文法研究会編(2007、2010)によって原因・理由の接続詞の要地方言とされた地点を選定した。

表1 対象地点[2]、収録年、話者属性

地点	収録年	話者：
青森県弘前市	1979	男性(68)、男性(59)、女性(68)
岩手県遠野市	1980	女性(66)、男性(63)
秋田県湯沢市	1977	男性(79)、女性(73)、女性(68)
山形県東田川郡櫛引町	1980	女性(82)、男性(70)、女性(64)、男性(38)/司会者
新潟県糸魚川市	1980	男性(78)、女性(70)、男性(60)、男性(59)
富山県砺波市	1981	男性(74)、女性(79)、女性(83)
石川県羽咋郡押水町	1977	男性(77)、女性(72)、男性(72)
山梨県塩山市	1978	女性(71)、男性(63)、男性(82)
岐阜県中津川市	1979	男性(69)、男性(76)、女性(73)
京都府京都市	1983	男性(56)、男性(79)、男性(58)、女性(49)、女性(69)
大阪府大阪市	1977	男性(63)、男性(77)、男性(65)、男性(79)、女性(73)、女性(72)、男性(63)
兵庫県相生市	1985	男性(74)、女性(71)
広島県広島市	1977	男性(70)、女性(77)、女性(65)

4．各地点における接続詞

　13地点の音声転記データにおいて接続詞は1483例用いられていた。これを前後の意味関係をもとに以下の意味類型に整理した（（2））。（3）に該当語形の一部を示す。ただし、以下で述べるように（3）は各地資料から共通語と同一語形か、それに近いものを挙げたにすぎず、以下で述べるように各地で多様な様相を見せる。

（2）　意味類型：論理関係（順接、逆接、仮定条件）／列記／状況／添加／拡充／転換
（3）　語例
論理関係（順接、逆接、仮定条件）：
　順接：ダカラ（山梨、大阪、兵庫）
　逆接：シカシ（山形、大阪、京都）、デモ（岩手、石川、大阪）、ソレデモ（岩手、岐阜）
　仮定条件：ソースルト（広島）、ジャ（新潟）、ホンナラ（新潟、石川）
列記：ソシテ（岩手、山形、京都など）、ソレカラ（山形、京都、兵庫、広島など）
状況：ソレデ（新潟、山梨、京都など）、デ（青森、山形、大阪、兵庫、広島など）
添加：マタ（京都、大阪、兵庫）、ソレト（兵庫）、ソレニ（兵庫）
拡充：ツマリ（京都、大阪、兵庫）、ケッキョク（京都、大阪、兵庫）、トユーノワ（兵庫）
転換：サテ（大阪）

　各地点で用いられた接続詞1483例を以上の意味類型ごとに整理する（表2）。留意しなければならないのは、各地点でデータの分量に差があり、岐阜、石川は文字数にして10000字に満たないが、岩手は25000字を超える。そこで、各地における意味類型ごとの割合（％）を図1に示す。

表2 各地点における接続詞の意味類型ごとの用例数

	論理	列記	状況	添加	拡充	転換	計	文字数
青森	49	42	10	0	0	0	101	11865
岩手	73	127	7	0	0	0	207	25375
秋田	43	25	12	1	0	0	81	11509
山形	36	38	9	3	0	0	86	13510
新潟	49	69	36	2	0	0	156	17769
富山	8	40	15	1	0	0	64	11095
石川	5	41	15	0	0	0	61	9190
山梨	40	40	55	0	0	0	135	13019
岐阜	21	3	60	1	0	0	85	6575
京都	16	16	42	3	5	0	82	14821
大阪	38	12	37	4	3	2	96	16870
兵庫	72	22	91	11	5	0	201	18268
広島	55	36	37	0	0	0	128	16618
計	505	511	426	26	13	2	1483	186484

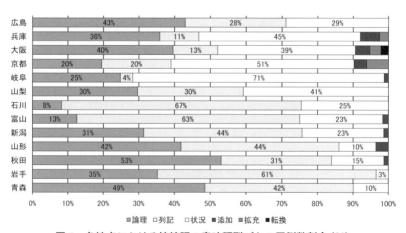

図1 各地点における接続詞の意味類型ごとの用例数割合(%)

接続詞の使用数や、その意味類型は、対象とする談話資料における話者の特性、話者同士の話題の選定や場面などによるところが大きいため、この結果を地域差によるものと結論づけることはできない。しかしながら、当該談話資料の特性を接続詞使用が反映していると考えることはできる。

5. 接続詞は会話の特徴を反映する

表2、図1から、全体的に見て、論理の接続詞よりも列記や状況の接続詞の方が各地点多く使われている。地点別に接続詞の使用数をみると、岩手、兵庫の談話資料には意味類型全体でそれぞれ200例を超える接続詞が見られるのに対し、石川、富山は60例あまりと少ない。これはデータの分量に開きがあるためであるが、割合をみると、石川・富山では論理の接続詞が少なくなっている。

論理関係には、仮定・確定の順接、逆接関係を整理した。ここでいう論理関係とは形式論理のような対象間の客観的な論理関係ではなく、話者が主体的に前後の関係に理屈を認めて関連づけるものである。順接と逆接に分ける。順接は前件の事柄を原因や理由として後件に結びつける言い方である。順接についてはすでに生じた事柄どうしの関係として確定関係と、生起していないが仮定として承けた前件との関係を表す仮定の順接とに分ける。一方、逆接とは、前件と矛盾する事柄や、前件から予測される事態とは逆の事態を後件に関連づけるものである。逆接については事態の規定性による区分よりも、後件を前件に対比させる表現性に使用動機があると考え、仮定・確定の区分を設けなかった。

書き言葉に比べ話し言葉では論理の接続詞が担う従属構造よりも、前件と後件の情報的比重に差が無い並列構造を使う傾向があり（Meillet, ibid, 34）、Meillet（ibid, 8）にあるように、話し言葉は、声の高さ、強さや中断、さらに身振りを使えるため、書き言葉ほど概念の関係を論理の接続詞のような従属構造で明示的に表現する必要がないと考えられている。本節では、論理の接続詞の多寡と会話の特徴について述べる。

5.1 論理の接続詞使用の多寡

　論理の接続詞が多く用いられていた資料は秋田、青森、広島、兵庫（例（１））等いくつかあり、次の青森資料では逆接の「スタケドモ」、理由の「スタハデ」が用いられている。

（４）　107A：ミンナ　サスタ　タビバリ　ハイダオン。　アエ　スタケドモ　ハギ°ゴツタバ　エグネンデ　エー　タビノ　ホ　ウッテ　ハギヤスンダキャ。　スタハデ　ケッキョグ　ジェンコ　ネドゴデ　ホレ　ハゲネドゴデ　ハハオヤガ°　ミンナ。（青森）
　　　　［共通語訳：　107A：みんな　刺した　足袋ばかり　はいたんですよ。　あれ［は］　でも　はき心地は　よくないんだよ　よい　足袋の　ほう［が］　うんと　はきやすいんだよ。　だから　結局　お金［が］　ないから　ほら　はけないので　母親が　みんな。］

　青森資料では、話者Ａの若いときの足袋をはいた経験が自らの体験として語られており、外部にある対象間の事象を並べ立てる談話と異なる。
　順接、逆接、仮定等の論理の接続詞は、会話の中で相手の話に反論したり別の視点を提供したり（逆接）、原因結果から主張を展開したり（順接）、前件を承けてそれを仮定した場合の帰結を導いたり（仮定）する。概して言うなら話者の体験に根ざした意見や感情とともに多く用いられ、主張の文脈で多用される。
　石川・富山の接続詞使用の内訳をみると、列記が主で、論理の接続詞は少ない。列記における前件と後件は、何らかの積極的関係を認めて話者の主張を展開するのではなく、対象間における前後関係等を列記するにとどまる。石川資料では、会話は進行役によって度々調整されており、動機づけのある話題選択とは異なる。

（５）　001C：エー　イロイロト　チョッコ　ムカシノ　コトヤ　イマノ　コトオ　エー　オタガ°イ　カタリオーテミタラ　ドーカ　ト　オモ

ウンデスカ゜。(石川)
［共通語訳：001C：ええ　いろいろと　少し　昔の　ことや　今のことを　ええ　お互い　語り合ってみたら　どうか　と　思うのですが。］

（5）のように進行役によって話題が指定され、冬の藁仕事の話になる。次の例は、元服に関する当時の習慣を「～したものだ」と過去の習慣として、昔話として語られており、事象は接続詞ホシテ、ホイテ（そして）によって列記されている。

（6）　105A：ナンシェ　ワレリョーリ　トキニワ　ズイブン　コノ　ゲンブクオ　ヤカマシー　ユータ　モンジャ　（C　ウン　ウン）　ウン。 ホシテ アンタ　ソユモンデ　リョーリニン　イレテ　ゴッツォーコッシャエテ ホシテ ウン　ミナ　シンシェキカラ　アタシノ　シトオ　ヨンデ ホイテ イオーテモッタモンジャ　ウン。(石川)
［共通語訳：105A：なにしろ　われ／／／／　時には　ずいぶん　この　元服を　やかましく　いった　ものだ　（C　うん　うん）　うん。 そして あなた　そういうもので　料理人［を］　頼んで　ごちそう［を］　作って そして うん　みんな　親戚から　近所の　人を　招いて そして 祝ってもらったものだ　うん。］

　自らの主張や感情を伴いながら会話が展開していくのではなく、話者は当時の事実関係の報告に終始している。石川資料では、話者は冬の藁仕事や元服など、昔のことを詳細に語るが、自らの動機や原因、理由などがあまり出てこない。

5.2　列記と状況
　表2、図1をみると、岩手と兵庫は論理の接続詞だけでなく接続詞全体の使用量が多く、岩手では列記（共通語ソシテ等）が、兵庫では状況（共通語ソ

レデ等）が多く用いられている。
　兵庫資料を見ると、「ホデ」（共通語訳ソレデ）が多用されている。

（7）059A：オテラヤ　オミヤノ　ケーダイオヤナ、アノー、（B　フン）ナニニ　カシ　アノー　チューシャジョーニ　カシテヤナ、（B　フン　ソーヤ）　ホデ、トリアケ゚テーテ、（B　フン）　ホデ　ソノー、コドモノ　アソビバカ゚　ナートカ　（B　フン）　ナントカ　ユー、（B　フン）　カッテナンヤ。(兵庫)

　　　［共通語訳：059A：お寺や　お宮の　境内をだな、あのー、（B　ふん）あれに　××　あの　駐車場に　貸してだな、（B　ふん、そうだ）　それで、取り上げておいて、（B　ふん）　それで　そのー、子供の　遊び場が　ないとか　（B　ふん）　何とか　言う、（B　ふん）　勝手なんだ。］

　発話と発話の間にフィラーのように挟んでこれらの接続詞を多用している。このような「デ」や「ソレデ」類の多用について太田・伊佐原（2003）は『日本語話し言葉コーパス』において「デ」の使用が圧倒的であったとの報告をしている。『日本語話し言葉コーパス』は出身地域を限定した資料ではないものの、モノローグを多く収めており、説明や語りなど発話が長くなった部分で話者が発話を区切りながら接続詞を息継ぎのように挿入して用いることが考えられる。連鎖する説明に、どのような接続詞を挿入するかは資料ごとに特徴があり、兵庫資料ではデ、ソレデ系（意味類型は「状況」として計上）が、岩手資料ではソシテ系（「列記」として計上）が使用されていた。以下に岩手資料からソステの使用例を挙げる。

（8）026A：ソステ　ヨメムゲァワ　エガナガッタ。
　　　027B：エガナガッタ。　ハハー　フン。
　　　028A：ソステ　オレァノ　オーギナ　アネーワ、オモレャサマニ　キッテ　（B　ウン）　オーギナ　アネニ　コンドモ　アッカラ、

ソステ　オラホ　ラワ　コモリャ　ツエデキタノ。（B　ハハハハ）
　　オリャノ　イモットァ　コモルニ　キタッタ。（岩手）
　　［共通語訳：026A：そして　嫁迎え［に］は　行かなかった。
　　027B：行かなかった？　そうか　うん。
　　028A：そして、　私の家の　大きな　姉は　おもらい客に　来て［い
　　た］。（B　うん）大きな　姉に　子ども［が］　いるから。　そして
　　私のほうからは　子守りが　ついてきたの。（B　そうかそうか）
　　私の家の　妹は　子守りに　来た。］

　この場面では間に B が相づち的に発話を挿入する（027B）ものの、話者 A が 026A、028A で嫁いだ当時の状況をモノローグ的に語り、長く続く発話の途中をソステで区切りつつ発話を続けている。
　先に述べたように『集成』資料から単純に地域差を判断することはできないが、使用された接続詞の種類と談話資料をつき合わせると、近似文脈（モノローグ場面における発話の区切り）であっても地域によって用いられる接続詞が異なる。
　接続詞は使用されるジャンルに敏感（村田 2007）であり、談話における会話の進行を知る上で接続詞が重要な手がかりになる可能性がある。論理関係の接続詞が多用される資料は、話者の意見や主張を含んでいる談話である可能性が有る。一方、列記や状況の接続詞を多く含む資料は、話者交替の少ないモノローグ的要素が強い談話である可能性がある。

6．接続詞と語形変化

　本節では、『集成』データ 13 地点に見られた語形のバリエーションと意味類型との関連、語構成から見た方言特徴について記述する。各地の接続詞の語形のバリエーションに加え、実際の生きた文脈では接続詞は音の変化、脱落や短縮など、音声面でかなりのバリエーションを呈する。
　『方言音韻総覧』（『日本方言大辞典』、1989 所収）には、諸方言語形の具体

的姿をたどるものとして、音形間の規則的対応関係が記述されている。興味深いことに、その方言音声の展望的概説の事例として多く挙がっているのは、接続詞、指示詞や提示語、代名詞等の事例である。ソシテ→ホシテ、ソレ→ホレのようにs→hの対応や、ソシタラ→ソイタラ（サ行イ音便）などである。これらの語類は文中では実質語より素早く発音される傾向があり、それによって短くなった構成要素は変化しやすい（Meillet, ibid, 38）。接続詞の多くは前文脈を取り込む指示語を構成要素として持つものが多いため（ソシテ、ソレカラ等）、『集成』においても多様な音形を収集することができる。言葉は文脈によってその都度違う音形で発話される。特に接続詞や指示語は音韻総覧の記載にもあるように、多様な音形で発話される。ある文脈上で、どのような音形で出現したか、それを詳細に観察・記述することが重要である。

6.1 意味類型とバリエーション

『集成』のような音声付き資料が接続詞研究に優れているのは、各地の接続詞の語形を広く収集できることである。

接続詞の語構成は、例えば順接ソヤカラ（京都）の場合「指示語＋コピュラ＋関係表示（助詞）」で「ソ＋ヤ＋カラ」、ホイジャカラ（広島）の場合「ホイ＋ジャ＋カラ」、共通語「ダカラ」（集成では山梨、京都、大阪、兵庫でも観察された）の場合、指示語相当部分が無く「φ＋ダ＋カラ」となる。指示語部分を見ると、n（ンダカラ等）は東北地方を中心に分布しているが、s音h音（ソシテ、ホシテ等）は広い地域に分布している。指示語部分は順接だけでなく、順接仮定、列記、状況の意味類型の接続詞にも含まれるもので、ソレダカラ、ソレナノニ、ソレデ等、接続詞を構成する指示部分は各意味類型に共通したものが多い。一方、関係表示部分は前後の関係を明示する核ともいえる部分であり、各意味類型の特徴となっている。このため、関係表示部分に着目し、意味類型ごとの語形のバリエーション数と関係表示部分のバリエーション数を表3に整理する。集成13地点で使用された接続詞延べ1483例のうち、語形のバリエーションは全部で302例見られた。括弧（　）

内の％は各意味類型全体における関係表示部分の割合を示す。

表3　接続詞の語形の異なり数

	逆接	順接仮定	順接	列記	状況	計
関係表示部分	29(48%)	28(47%)	25(46%)	31(31%)	3(11%)	114
全体	61	60	54	100	27	302

全体のバリエーションの数え方として、例えば順接仮定は60種類あり、その語形は以下の通りである。長音/促音挿入や濁音化等、音変化もバリエーションと見なす[3]。

（9）順接仮定の接続詞のバリエーション
ソヘバ/スタキャ/スタケア/スタケアス/ジャ/ソレジャ/フンジャ/ホイジャ/ソイジャー/ホイジャー/ソシタチャ/ソシタッチャー/ソンナダバ/タラ/ソレヤッタラ/ンダラ/ソシチャ/デァ/ウデァ/デッド/ソースッツト/ソースット/ソースト/ソーセント/ソースルト/ホイト/スッド/ソスズド/ソスド/ソスッド/ソースド/ソースッド/ソースンド/ソースッツドァ/ソーナルトー/ホナ/ホンナ/ンナ/ナラ/ソンナラ/ホンナラ/ンナラ/ヘバ/セバ/シェバ/シェンバ/ナレバ/ソシェバ/ソシェンバ/ソーシェンバ/ソーセバ/ソレンダンバ/ソーシエンバー/シェバシャー/ホースリャ/ソースリャー/シャ/ジャ/ソシャ/ホシャー

表3から、順接仮定、順接確定、逆接の順に、割合として多くの異なり語数が観察される。一方で、列記、状況は異なり語数が少ない。列記は使用数が多いので音形バリエーションは多いが、関係表示部分のバリエーションは少ない。

6.2 論理型接続詞は変化が大きい

　Meillet (ibid, 46) にあるように、接続詞のうち、すべての表現タイプが一様に交代するわけではない。列記の接続詞が使われる単純な結びつきは、概して、それほど明確に表現される必要がないため、表現の語形が置き換えられることなく、長い間継承されているかもしれない (ibid, 46)。これに対して論理関係の接続詞は、前後の関係を明示するという特定の意味を持つ。このため、表現力のある文の言い回しを求める努力が絶えず繰り返され、新たな表現になった時点では比較的新鮮さを保てるが、その新鮮さは永久に持続するものではない (ibid, 46)。古い表現は一旦定着してしまえば、力不足になってしまうのである。表3に示したように論理の接続詞にバリエーションが多いのは、表現効果を得るために多くの表し分けがなされているためである。さらに実際の使用において、論理の接続詞が話者の主張を導くという性質から、主張を強めたり弱めたりするため、あるいは感情の起伏に伴って、語形の長短や強弱、速度が変化するため、多くの語形を生み出すことになる。

6.2.1　順接仮定

　順接仮定はバ／タラ／ナラ／ト／デワを関係表示部分とした接続詞が用いられている。概してバは青森・秋田・岩手と北日本に多く、ナラは富山、石川、岐阜、京都、大阪、兵庫に分布し、西日本に多い。バが「ソウスレバ」の「スル」等、動詞に承接するのに対し、ナラは指示語に承接する。前文脈を動詞によって後続文脈に取り込むことが、青森・秋田・岩手に多い。これら北日本地域では順接確定、逆接でも動詞によって前文脈を取り込むことが特徴である。ナラが短くなった形ナ (ホナ) が京都、大阪、兵庫で見られ、指示語がない形ナラは兵庫に見られる。これらの短縮形が用いられていることも西日本でのナラの浸透を示している。

　順接仮定は、関係表示部分の音変化、語形変化が著しく、縮約化に特徴がある。共通語と同様、デワ→ジャ、スレバ→スリャーがあり、デァ (岩手)、ジャ (新潟)、ソースリャー (広島) などがある。指示語がない形として、ナ

ラ（兵庫）があり、指示語を含むものに、ンナラ（富山）、ホースリャ（山梨）ホナ（京都、大阪、兵庫）、ホンナ（兵庫）、ンナ（兵庫）等のバリエーションがある。順接仮定は、関係表示部分が縮約した音変化をもつものが47％で意味類型の中で最も多い。語形の縮約化は順接仮定に次いで、順接確定、逆接となっており、列記と状況は縮約化の程度も低い。

表4　接続詞の関係表示部分の縮約形の割合

	逆接	順接仮定	順接	列記	状況	計
関係表示部分	19(31%)	28(47%)	22(41%)	14(14%)	2(7%)	85
全体	61	60	54	100	27	302

順接仮定は相手の発言や状況を承け、その場で仮定して後件につなげるものであり、このような対話性、現場性、即興性がこのような縮約化という音変化を生み出しているのではないか。接続詞全般として、縮約され、素早く発音される傾向 (Meillet, ibid, 38) があるが、なかでも順接仮定は語形の長さの縮減が著しい。

6.2.2　順接

確定の順接とは原因・理由関係を表すものである。ダカラ類をとると、ホンダガラ（岩手）、ンダガラ（秋田、岩手）のようにカの濁音化 k→g が見られる。指示語部分のバリエーションとしては、{ソーン・ソン・フン・ホン・ン} ダカラ（岩手）、{フン・ホイ・ホ・ン} ダカラ（山梨）、{セ・ホ} ヤカラ（兵庫）などがあり、s, h音が /a,e,o/ の段に渡って出現するもの、ンダガラ（秋田、岩手）のように n 音が出現するものがある。

関係表示部分はカラがンダガー、ンダー（秋田）、ソヤカ（大阪、兵庫）など、発音短縮やコピュラ長音化による代替、濁音化など語形短縮を含むバリエーションが見られる。「カラ」相当部分も、ソヤカ、ソヤケ（兵庫）、ンダガー、ンダー、ダー（秋田）のように短縮化や語形変化の著しいものがあり、縮約化音形は全体の41％（表4）と多くみられる。カラの他、スタハデ、ス

タハンデ(青森)、エンテ(秋田:ンダエンテ)、ハゲ(山形:ソンダハゲ、ンダハゲ)、ソェ(新潟:ンダソェ)、サカ(イ)(京都:ソヤサカ)などがあり、彦坂(2005)で指摘されているように全国で多様な様相を見せる。

コピュラ部分はj,dʒ,d が a 段(ヤ、ジャ、ダ)で出現し、子音部分が違っても、a 音で明瞭に発音される点で共通している。さらに、ダカラ、ジャカラ、ジャケー、ホイジャカラ、ホイジャケ、ホヤカラ、ホヤケー(広島)のように指示語部分に加えて断定辞部分 da ／ dʒa ／ ja にもバリエーションを持つ地域がある(山口方言について詳しくは住田(1988)に考察がある)。

語構成の順番は決して均一ではなく、例えば青森がスタ {ハデ、ハンデ、ンデ} と前文脈を取り込む部分は指示語ではなく動詞が、関係表示部分はハンデ(ホドニからの変化(北条 1975))と形式名詞由来のものに助詞を付けた構成となっている。青森は逆接でも動詞を構成要素とするスタ {ケドモ・ケンドモ}、スタテがある。

6.2.3 逆接

概して逆接の関係表示部分は論理関係の中では 31％(表 4)と、最も縮約化されにくく、明瞭に発音される。逆接の意味関係が、前件からは想定外の事象や別の話題を対比的に導くことが、コントラストを求め、発音の明瞭さや縮約化のされにくさにつながっているのではないか。

逆接関係としては、大きくデモ系、ドモ系、ケド系、ガ系、シカシ系がある。以下に語形を抜粋する。

デモ系:ソレンデモ(岩手)、ンデモ(秋田、山形)、ソエデモ(青森、新潟)、ホデモ(山梨)、ソイデモ(兵庫)
ドモ系:スタケンドモ(青森)、ダンドンモ(岩手)
ケド系:ソヤケド(大阪)、ダケンド(山梨)
ガ系:ジャガ、ホイジャガ(広島)
シカシ系:シカシ(山形、大阪)
ンデネバ(青森、山形)

逆接の関係表示は｛ガ、ケド、デモ、ドモ、シカシ｝など多様で、それぞれの地点で多様なバリエーションを持つ。理由が原因・理由を明示するのに対し、会話での逆接は論理的排反というよりも、話題を転じて別の観点を提示するのに用いられる。ケドとデモを関係表示部分に持つ語形は全国に広く分布している。東北地方でバを関係表示に持つンデネバ（青森、山形）、（ソーレ）デネンバ（岩手）があり、ドモを関係表示に持つのは｛ホン・フン・ン｝ダ（ン）ドモ（岩手）やスタケンドモ（青森）となっており、これらの形式は青森・岩手に限られる。

6.3　叙述型の接続詞は音変化が少ない

列記と状況はどちらも話者による主体的関係づけというよりは接続詞の前後件の事態間の関係を問題にするもので、論理型に対して叙述型と呼びたい。叙述型の接続詞は音変化のバリエーションは少ない。

6.3.1　列記

列記は、前件の事態の後に後件が生じる関係を表す。列記について、ソーステ、ソースッテ、ソステ、ソステガラ、ソレガラ（岩手）、ソイテ、ソッカラ、ソッテ、ホイテ、ホッカラ（富山）など、長音挿入、si → sɯ、k → g、イ音便、促音化、s → h がみられる。列記はソシテ系が多いが、指示語の脱落は少なく、関係表示部分の音変化は少ない。指示語部分の短縮あるいは省略としてシテ（秋田、岩手、山形、新潟）やヘカ、ホイカ（兵庫）などの関係表示部分の短縮や、ソッテ（岩手、富山）、ソカラ、ンカラ（広島）など全体での短縮や音変化が見られるものの、関係表示部分の変化は全体の14％と低い。概して東日本で列記が多用されるので、その分、東日本にバリエーションが多いが、それでも語形の異なり数（表3）は論理型ほど多くない。

6.3.2　状況

状況とは、前件の事態を状況として後件につなげるものである。前件で生

じた事態と後件との関連に積極的因果関係を主張するのではなく、ある事態が生じ、それを前件とした状況で後件が生じる、あるいは後件を提示するというものである。

　状況について、ホデ（京都、兵庫）、ホイデ（山梨、岐阜、兵庫、広島など）、ホンデ（山形、山梨、兵庫、大阪など）、ソイデ（山梨、岐阜など）、ソェデ／ソエデ（青森、秋田、岩手、大阪など）というように、s→hの音変化が見られる。また、指示の脱落が多く見られるが、関係表示部分は「デ」一辺倒である。関係表示部分が簡略化することは11％しか見られない。

　単なる前後関係の列記とも異なり、前件を前提として後件に話し手の意図を提示することができる点で、順接関係に近似した点もある。この点で、中部地方での理由の表示に使われる「デ」は、状況依存的、解釈的意味として理由を提示するものであり、語彙的に原因・理由専用の語を用いた順接の接続詞とは区別される。デによって順接関係を明示しようとすれば、前件を形式名詞「もの」でとりたてて提示し「ソヤモンデ」(岐阜)（共通語訳：そうだから）の強い語形となる。

6.4　添加・拡充・転換

　添加・拡充・転換は、各地資料で使用例が少なく、バリエーションも少ない。(3)の語例にあるように、添加：マタ（京都、大阪、兵庫）、ソレト（兵庫）、ソレニ（兵庫）；拡充：ツマリ（京都、大阪、兵庫）、ケッキョク（京都、大阪、兵庫）、トユーノワ（兵庫）；転換：サテ（大阪）など資料では共通語形が用いられていた。

7．おわりに

　実際に使用された文脈から多くの接続詞語形を帰納的に抽出し、形態、音韻のバリエーションを記述してきた。接続詞は、短縮や音変化によってさまざまな語形が存在する。これらの多様な語形は、接続詞が、ある共時的言語態にあって通時的言語変化の様相を孕みながら存在するものと考えることが

できる。その多様性の強弱は、接続詞が表す前後の意味関係によって異なる。ある共時態を区切って、意味関係ごとに比較したところ、より安定した列記や状況の接続詞に対して、論理の接続詞は語形、特に関係表示部分に多様なバリエーションを持っていた。論理の接続詞は、前後の関係を明示的に表し分けようと、その表現効果を狙って新しい語形が生み出される。しかし、その語形が定着してくると、目新しさは失われ、さらに新しい表現が求められることになる。接続詞の変化を特徴付けるものは、表現効果の他に、接続詞が実質語とは異なり、会話の場面に依存した（その一端として指示語を含む）表現であるため、会話の状況に即して強調したり感情に訴えたりすることが、接続詞語形や音形の強調、あるいは逆に短縮や唇音弱化に結びついている。強弱や速度を表し分けることが、話者にとって場面に則したスタイルの選択を可能にする。ある共時態、そしてそこでの同一話者はいくつもの接続詞を使い分け、様々な文体に対応し、話者はスタイルとしてより好ましい接続詞を選択することができる。このように接続詞の各語形、音形を一般化せず、その多様性を等閑視しない方向は、ラングとパロール、そして共時態と通時態との明確な区分に対峙するものである。

注

1. 総務省による「全国地方公共団体コード」順に示す。
2. 市町村合併により山形県東田川郡櫛引町は 2005.10.01 から鶴岡市、石川県羽咋郡押水町は 2005.03.01 から羽咋郡宝達志水町になっている。
3. ある語が、正確に 2 度、同程度の効果で聞かれたり、発せられるということはない (Meillet, ibid, 8)。Koda (2016) では接続詞「デ」の持つ音声特徴を測定し、長さ、強さ、高さが機能を担っていることを示した。これらの長さ、強さ、高さは連続的に変化する変数であるから、例えば本稿で「長音化」として一括しているものも、実際は際限なく分類可能であろう。しかし一旦の整理のため、いくらかの抽象化はやむを得ないと考える。

文献

上野善道・相澤正夫・加藤和夫・沢木乾栄(1989)『方言音韻総覧』『日本方言大辞典』尚学図書

NHK出版(1999)『全国方言資料CD－ROM版』全12巻

太田公子・伊佐原均(2003)「話し言葉の接続詞「で」の特徴」『情報処理学会論文誌』44–10、2444–2447.

甲田直美(2001)『談話・テクストの展開のメカニズム―接続表現と談話標識の認知的考察』風間書房

国立国語研究所編(1989・1994)『方言文法全国地図1・3』大蔵省印刷局

国立国語研究所編(2008)『全国方言談話データベース 日本のふるさとことば集成』国書刊行会

小西いずみ 2003「会話における「ダカラ」の機能拡張―文法機能と談話機能の接点―」『社会言語科学』6–1、61–73.

住田幾子(1988)「方言談話における接続詞のはたらき―山口県豊浦郡豊北町阿川方言の「だから」について―」『日本文学研究』24、1–12.

彦坂佳宣(2005)「原因・理由表現の分布と歴史―『方言文法全国地図』と過去の方言文献との対照から―」『日本語科学』17、65–89.

日高水穂(2007)「原因・理由形式の地理的分布概観」方言文法研究会編(2007)に所収

方言文法研究会編(2007)『全国方言文法辞典《原因・理由表現》』科研費成果報告書

方言文法研究会編(2010)『全国方言文法辞典資料集(1)原因・理由表現』平成16(2004)年度～平成18(2006)年度科学研究費補助金基盤研究(C)「日本語諸方言の条件表現に関する対照研究」(課題番号：16520285・研究代表者：前田直子)研究成果報告書

北条忠雄(1975)「北海道と東北北部の方言」『方言と標準語』筑摩書房

村田年(2007)「専門日本語教育における論述文指導のための接続語句・助詞相当句の研究」『統計数理』55–2、269–284.

Koda, Naomi (2016). Acoustic features of Japanese connectives "de", "sorede" in talk-in-interaction. *International Conference of Japanese Language Education*（*ICJLE*）*2016*. Bali, Nusa-Dua Convention Center

Meillet, A. (1958). *Linguistique Historique et Linguistic Générale*. Collection Linguistique 8. Paris: Champion. (松本明子(編訳)『いかにして言語は変わるか―アントワーヌ・メイエ文法化論集』ひつじ書房2007、第1章、第2章)

謝辞

　東北大学の小林隆先生と大木一夫先生、宮城教育大学の津田智史氏には文献資料とその解読についてご助言賜りました。御礼申し上げます。

第 13 章

テレビインタビューの応答場面に見られる方言使用
―30年前の岡山県における引用の助詞「と」の省略―

尾崎喜光

1．はじめに

　コミュニケーションにおいて方言がどう使われているかを考えたとき、それが色濃く現れるのは地元の親しい友達や家族と何気ないおしゃべりをしているときであろう。もっとも、10年ほど前に大阪市で行ったあるインタビュー調査では、友達と話すときは標準語だが高齢者に話しかけるときは方言であるというコメントを当時30代の男性から聞いたことがある。方言が濃厚に現れる場面も少しずつ変化しているのかもしれない。
　これに対し方言の使用が希薄なのは、知らない人や立場・年齢が自分よりも上の人と話すとき、あるいは改まった状況で話すときであろう。
　方言研究において通常注目されるのは、方言が濃厚に現れる前者の場面である。共通語化と異なるその土地本来の言語状況を把握することや、言葉の地域的な異なりを鮮明に浮かび上がらせることを目的とするのであればそれは当然のことである。
　しかしながら、私たちの言語使用は近しい人との会話だけでなく、多様な人間関係や言語場面においてなされており、コミュニケーションはそうした言語使用の総体であることを考えたとき、方言使用が希薄であると推測される場面もまた方言研究の対象となりうる。方言使用についてよりトータルな姿を把握するためには、友達や家族とおしゃべりをするのとは対極にある場面、文体としては敬体が通常となる場面における方言使用についてもまた把

握する必要があろう。

　本稿では、通常の関心のあり方と少し異なり、方言使用が希薄な場面にあえて注目し、そのような場面において方言がどう使われているかについてその一端を明らかにする[1]。

2. 注目するコミュニケーション場面

　方言使用が希薄となる典型的な場面の一つに、テレビのアナウンサーと会話をする場面がある。もっとも「会話」と言っても、アナウンサーに質問をすることは、聞き返し以外には基本的にありえないので、「答える」という立場に限定しての「会話」となる。

　そうした場面では基本的に敬体であるし、マイクを差し出され録画されていることを意識しながら相手の質問に答えるというのは非日常的な状況でもある。収録後は放送を通じて不特定多数に自分の発言が聞かれるということも容易に想像される。誰もが普通に体験するような場面でこそないが、番組の取材でアナウンサーやリポーターからインタビューを受けそれに答えるということは、現在では誰にでも十分ありうる場面ではある。たとえばこうした場面では、方言は非常に使いにくいことが想像される。

　場面差に注目した方言調査では、こうした場面を回答者に想定させ回答を求める研究もある。北海道増毛町で多人数調査をした北海道方言研究会(1978)によれば、家庭での場面と比較し、テレビに出たと仮定した場面では、「シャッコイ」(冷たい)、「アクト」(かかと)など多くの方言語彙の使用者割合が減少する。北海道方言研究会(1980)は北海道松前町での同種の調査結果を報告しているが、ほぼ同様の結果を得ている。最近の調査では、北海道の4都市(札幌市・釧路市・富良野市・函館市)を調査した朝日祥之・尾崎喜光(2015)は、テレビ番組の取材で外国人レポーターから「それは何か？」と聞かれて答える場面を回答者に想定させ、ふだんの場面と対比しつつ回答を求めているが、方言語彙の「トウキビ」(とうもろこし)、「ヘラ」(しゃもじ)を使用する人の割合は、ふだんの場面と比べ各都市とも減少す

ることを明らかにしている。

　このように、場面想定法による調査では、テレビのアナウンサーやリポーター（レポーター）との会話場面では方言使用が減じることが指摘されている。では実際はどうであろうか。

　方言が日常的に使われていると推測される地域に住む人が、テレビニュース等のインタビューの回答者として番組に登場するケースは現在では少なくない。中でもローカル番組では、身近なローカル放送局が取材に来ていることを承知していることもあってか、敬体で受け答えをする発話中に方言が現われることも少なからずある。もっとも、そこに現われる方言は語彙であることは少なく、西日本の場合であれば打消しの「ン」や動作・状態の継続等を表わす「トル／ドル」などを代表とする文法要素であることが多い。

　このような現在放送されているニュース番組やドキュメンタリー番組に注目してデータを蓄積し、方言の使用を分析することも可能ではある。しかし、出演者の地域が比較的広範に及ぶため、分析対象とする方言形にそもそも地域差が伴うことが見込まれる場合、その方言形を用いうる地域に分析データを絞り込む必要が生じる。そうすると、数量的分析に耐える量のデータを蓄積するまでに相当時間を要するという困難が伴う。

　これを解決する一つの方法として、過去に放送された番組を蓄積・整理し公開している番組アーカイブの活用が考えられる。その資料中に、特定地域を取材対象とする番組が多数回あり、加えてインタビューに答えるシーンも多数あり、かつ回答者も多数いれば、この種の研究に活用できる。

　じつはそうした施設と番組がある。

　公益財団法人放送番組センターが運営する施設に「放送ライブラリー」（横浜市）がある。ここには民放やNHKが過去に放送したテレビ番組・ラジオ番組のうち約18,000本が蓄積・整理され、無料公開されている[2]。

　この番組の中に、岡山県の地元テレビ局の一つである「テレビせとうち」が1985年10月から翌年10月までの約1年間に計55回放送した地域紹介番組「くろーずUPせとうち」（日曜日放送の30分番組）がある。ドラマ番組など連続番組の多くは、たとえば初回と最終回など、視聴者に特に注目さ

れた回の番組しか保存されていないが、幸いなことに当番組は全回分保存されている。

　当番組は、前半のおよそ 20 分が県内の特定地域を取り上げた特集番組、後半のおよそ 10 分が、県内の先週のおもな動き（イベント）について一部レポートを含む紹介と、今週の行事予定の紹介から構成されている。このうち特に前半の特集には、リポーターを兼ねる担当回のアナウンサーによるインタビューに答える県民関係者の発話が多数含まれている。また、後半にも同様の発話が含まれている場合がある。こうした発話中に方言が現われることがある。

　終日視聴できる研究者ブースを利用して現在第 18 回までを視聴し、スタジオでのアナウンサーによる解説やナレーターによる説明を除くインタビュー場面（前半と後半の両方）について、インタビュアー（リポーターとしてのアナウンサー；男性 2 名）の質問も含め会話全体を文字化している[3]。

　アナウンサーの質問中にも方言が含まれることがあるが（特に動作・状態の継続等を表わす「トル／ドル」）、アナウンサーにとってインタビュー場面は仕事柄日常性が高く、その点インタビュイーと事情が大きく異なることを考慮し、今回の分析ではアナウンサーの発話は分析対象から除外した。

　こうした文字化資料を分析することで、テレビ番組のインタビューに答える場面での方言使用が実際にどのようになっているかについて、約 30 年前の岡山県の状況を知ることができる。

　なお、インタビューに答える県民は全員岡山県出身者とは限らない。全国的な著名人であれば出身地等が確認でき、場合によっては分析対象から除外することも可能であるが、出演者のほとんどは地元限定の著名人ないしは関係部局の責任者、あるいは酪農家等の現場の人々であるため、出演者のほとんどは出身地が確認できない。従って、今回分析対象とするデータは、当時岡山県に在住・在勤であった県民の発話ということになる[4]。

　とはいえ、インタビュイーが中央省庁や大手企業の支局の責任者である場合は岡山県出身ではない可能性が小さくないが、地元の自治体や団体の責任者あるいは自営業者、農家や漁業者である場合はむしろ岡山県出身である可

能性が高い。出演者の割合としては後者が圧倒的に多いことから、資料全体としては岡山県出身者の言語使用が濃厚に出ているものと考えられる。

3．注目する表現

　筆者は岡山市にある大学に勤務しているが、職員の多くは岡山県出身者である。教員である筆者と話すときは誰もが敬体であり、かつ語レベルでの方言を使うことはほとんどない。気心が知れた年齢の近い職員同士では、「まだ来てない」を「まだ来てネー」のように、ぞんざいさは特に含まない単なる方言形としての連母音の融合形を用いることもあるが、筆者と話すときは、誰かに話したときの自身の発話を引用する場合を除けば、方言を用いることは基本的にない。

　しかしながら職員の中には、おそらく本人はそれと意識せずに、筆者と話すときにときどき用いる方言形もある。「トル／ドル」や打消しの「ン」もときに聞くが、それよりも高頻度で聞くことがあるのは、引用を表わす助詞「ト」の省略である。「ト」がないことを「φ」でマークして示すと、たとえば「6月で35度φ言うたらめちゃくちゃ暑いですね。」(作例)のように筆者に言うことがある。語形がないことが方言としての特徴であることから、方言形と意識されにくく使われやすいものと考えられる。

　このいわゆる引用の「ト」の省略については地域差があることが知られている。

　『方言文法全国地図　第1集』所収の第32図「田中［という］人」では、共通語の「という」に対応する諸形式の分布を示しているが、「という」の「と」に相当する部分を持たない語形、すなわち「田中ゆう人」のように言う地域は、大阪府から広島県にかけての地域、愛媛県・高知県を中心とする四国地方におもに分布している。岡山県は全域該当するが、「ト」を含む表現と併用する地点も多い。

　また、『方言文法全国地図　第5集』所収の第233図「行こう［と思っている］」では、話し手の意思表現である「行こう」の表現を明らかにするこ

とを主たるねらいとしているが、「行こう」が勧誘ではなく話し手の意思表現であることを明示するために直後に「と思っている」を添えて質問し、本図ではその部分の分布を示している。これによると、引用形式「と」に相当する部分を持たない語形、すなわち「行こうおもうとる」などのように言う地域は、先の「田中ゆう人」とおおよそ重なっている。岡山県には併用地点が多い点も共通している。

そこで本稿では、方言が使われにくい場面であっても一定程度の使用が見込まれ、全県的に用いられている引用の「ト」の省略に注目し、テレビ番組のインタビューに答える場面での使用がどうであるのかを分析する。

4. 資料および分析対象として限定する手続きと分析結果

4.1 分析対象とする番組と分析対象者

本稿で分析対象とする第 18 回までの番組と発話者等の一覧を表 1 として示す。

まずこの表の見方について説明する。

「番組」の欄には、冒頭に番組の回数と特集内容のキーワード、対象地域を示した。さらに続けて、特集の正式名称と放送日を示した。ただし、先に述べたように、各回の後半約 10 分は特集以外の内容であるが、その情報は特に示していない。

「発話者」の欄には、出演者（発話者）全員の職業・年齢層・性別を記した。このうち年齢層は、筆者が映像から判断したものである。

「番組識別記号」の欄には、「番組」の欄の冒頭と同じ番号を改めて示した。

「分析対象者」の欄には、番組ごとの発話者の識別記号を示した。「番組識別記号」と組み合わせることで資料全体での識別ができるようにした。なお、出演して発話があったものの、省略された「φ」を含め引用の「ト」をそもそも全く使うことのなかった発話者は今回の分析対象からは除くこととし、記号は与えずに斜線を引き、かつ「発話者」の欄を含めて網掛けをして

第 13 章　テレビインタビューの応答場面に見られる方言使用　299

表 1　番組および分析対象候補者一覧

番組	発話者	番組識別記号	分析対象者	発話者数	分析対象候補者数
〔01〕農林漁業祭 （岡山市） 「売り出せ！ふるさと　燃えた農林漁業祭」 （1985 年 10 月 6 日放送）	販売員（30 ～ 40 代・女性）	〔01〕	A	10	10
	"くらしき村村長"（60 代・男性）		B		
	勝山町農業後継者クラブ会長（30 ～ 40 代・男性）		C		
	観光客（60 ～ 70 代・男性）		D		
	岡山県知事（60 代・男性）		E		
	岡山県農協中央会会長（60 代・男性）		F		
	瀬戸大橋ガイド研修の参加者［観光遊覧船業者の専務］（50 代・女性）		G		
	研修会講師［児島公民館館長］（50 代・男性）		H		
	バス会社の観光ガイド指導員（40 代・女性）		I		
	岡山県観光物産課課長（50 代・男性）		J		
〔02〕ワイン工場 （赤磐郡吉井町） 「ワインの里　赤磐郡吉井町」 （1985 年 10 月 13 日放送）	吉井町長（60 ～ 70 代・男性）	〔02〕	A	4	3
	醸造元代表取締役（50 代？・男性）		B		
	ミス・ワイン（20 歳前後・女性）		／		
	シンポジウム参加者（30 ～ 40 代・男性）		C		
〔03〕タコ漁 （倉敷市下津井港） 「タコの名産地　倉敷市下津井港」 （1985 年 10 月 20 日放送）	漁業者（30 ～ 40 代・男性）	〔03〕	A	8	8
	倉敷市水産課長（50 ～ 60 代・男性）		B		
	海洋建設会社経営者［無料奉仕で潜水調査］（40 代・男性）		C		
	日本栽培漁業協会玉野事業場主任研究員（30 代・男性）		D		
	タコ料理店の板前（50 代・男性）		E		
	岡山県商法防災課長（50 代・男性）		F		
	火力発電所次長（50 代・男性）		G		
	倉敷市消防局長（50 代・男性）		H		
〔04〕いで湯 （真庭郡湯原町） 「いで湯の町　岡山県真庭郡湯原町」 （1985 年 10 月 27 日放送）	湯原町農協職員（30 ～ 40 代・男性）	〔04〕	A	5	5
	漁協組合長（40 ～ 50 代・男性）		B		
	湯原民芸工房長（60 代・男性）		C		
	湯原観光協会事務局長（50 代・男性）		D		
	岡山県土づくり運動推進協議会事務局県農産課課長補佐（50 代・男性）		E		
〔05〕大名行列 （小田郡矢掛町） 「大名行列の町　岡山県小田郡矢掛町」 （1985 年 11 月 3 日放送）	大名行列の立案者（50 代・男性）	〔05〕	A	10	9
	大名行列の実行委員長［運動具店主］（50 代・男性）		B		
	大名行列指導の商工会青年部副部長（40 代・男性）		C		

	「宇内ボタルを守り育てる会」会長（60代・男性）		D		
	矢掛町役場ホテル班のプロジェクトチームの一員（40～50代・女性）		／		
	矢掛町観光協会メッセンジャー担当（40～50代・男性）		E		
	矢掛町長（50代・男性）		F		
	吉備神社宮司（70～80代・男性）		G		
	吉備保光（ほこう）会理事（50～60代・男性）		H		
	ニューサイエンス館長（50代・男性）		I		
〔06〕観光果樹園 （倉敷市玉島八島他） 「〈観光果樹園〉 　倉敷市玉島八島岡山県 　邑久郡邑久町」 （1985年11月10日放送）	りんご園経営者（60代・男性）	〔06〕	A	7	6
	玉島北農協園芸協会長（60代・男性）		B		
	グリーンパーク（道の駅）支配人（50代・男性）		C		
	邑久町長（70代・男性）		D		
	来場者（30～40代・女性）		／		
	アイデア食品の審査員［短期大学教員］（60代・男性）		E		
	岡山県農協中央会会長（60～70代・男性）		F		
〔07〕イ草 （都窪郡早島町） 「〈イ草の町〉 　岡山県都窪郡早島町」 （1985年11月17日放送）	早島町長（60代・男性）	〔07〕	A	10	8
	ボランティア清掃活動「カントリークラブ」の会員（69歳・男性）		B		
	ボランティア清掃活動「カントリークラブ」の会員（13歳・女性）		C		
	ボランティア清掃活動「カントリークラブ」の指導員（30代・男性）		D		
	鬼面作り指導者（60代・男性）		E		
	花ござ製造業者（50～60代・男性）		F		
	花ござ手織り教室の主婦a（40代・女性）		／		
	花ござ手織り教室の主婦b（40代・女性）		／		
	花ござ手織り教室の主婦c（40代・女性）		G		
	早島町農協組合長（50～60代・男性）		H		
〔08〕雄町米 （岡山市雄町地区） 「〈雄町米発祥の地〉 　岡山県雄町地区」 （1985年11月24日放送）	雄町米（おまちまい）振興会会長（60代・男性）	〔08〕	A	5	3
	雄町の冷泉保存会会長（70代・男性）		B		
	近所の主婦a（50～60代・女性）		／		
	近所の主婦b（50～60代・女性）		／		
	高島農協組合長（60代・男性）		C		
〔09〕干拓の町 （児島郡灘崎町） 「〈干拓の町〉 　岡山県児島郡灘崎町」 （1985年12月1日放送）	ナス農家（30～40代・男性）	〔09〕	A	7	7
	備南農協組合長（60代・男性）		B		
	ひょうたん作りの指導者（50～60代・男性）		C		
	ひょうたん愛好家（70～80代・男性）		D		

第13章　テレビインタビューの応答場面に見られる方言使用　301

番組	発話者	番号	記号		
	灘崎町老人クラブ連合会副会長(70〜80代・男性)		E		
	灘崎町長(70代・男性)		F		
	灘崎町教育委員会主事(40代・男性)		G		
〔10〕ジャージー牛 (真庭市蒜山高原) 「ジャージー牛の里 　＝蒜山高原＝」 (1985年12月8日放送)	酪農家(33歳・男性)	〔10〕	A	5	5
	学生［大学校2年生；地元の後継者］(20代・男性)		B		
	研究開発員(20代・男性)		C		
	蒜山酪農協組合長(50代・男性)		D		
	蒜山観光協会事務局長(30代・男性)		E		
〔11〕瀬戸大橋 (倉敷市児島) 「〈瀬戸大橋の起点〉 　岡山県倉敷市児島」 (1985年12月15日放送)	児島商工会議所副会長(50〜60代・男性)	〔11〕	A	7	6
	遊覧船船長(40〜50代・男性)				
	遊覧船の経営者(50代・男性)		B		
	由加山蓮台寺住職(40〜50代・男性)		C		
	塩業社副社長［野崎邸所有者］(60代・男性)		D		
	「下津井を考える会」会長(50代・男性)		E		
	本四連絡橋公団倉敷工事事務所長(50代・男性)		F		
〔12〕温泉熱 (御津郡建部町) 「温泉熱を利用し特産物づくり 　岡山県御津郡建部町」 (1985年12月22日放送)	建部町温泉利用野菜生産出荷組合長(50〜60代・男性)	〔12〕	A	6	5
	温泉水利用のモデルハウス担当者(20〜30代・男性)		B		
	建部町長(60〜70代・男性)		C		
	長島愛生園入園者自治会長(50〜60代・男性)		D		
	献血者(30代・男性)				
	献血者(30代・女性)		E		
〔13〕売り出せ！ふるさと (全県) 「売り出せ！ふるさと 　広がる地域おこし」 (1985年12月29日放送)	【一年の最後の放送であることから二人のキャスターによる番組の振り返りのみで、県民の発話は全くない】				
〔14〕新春・瀬戸大橋 (倉敷市) 「新春特別企画 　ここまできた瀬戸大橋」 (1986年1月5日放送)	本四連絡橋公団第二建設局長(50代・男性)	〔14〕	A	3	3
	倉敷地方振興局長(50〜60代・男性)		B		
	倉敷市企画部長(50〜60代・男性)		C		
〔15〕新春・新空港 (岡山市) 「新春特別企画 　建設すすむ新空港」 (1986年1月12日放送)	農家(50〜60代・男性)	〔15〕	A	4	4
	岡山県農林部長(50〜60代・男性)		B		
	全日空岡山支店長(50代・男性)		C		
	岡山県新空港開設準備室長(30〜40代・男性)		D		
	香川県知事(70代・男性)		E		

番組	発話者			発話者数	分析対象候補者数
〔16〕瀬戸大橋（坂出市） 「〈瀬戸大橋の起点〉 香川県坂出市」 （1986年1月19日放送）	ミニコミ誌「横丁通信」代表（30代・男性）	A	〔16〕	3	3
	坂出市長（60代・男性）	B			
	「はばたけ坂出'88」会長（70代・男性）	C			
	松山農協販売部長（50代・男性）	D			
	小学6年生（10代・女性）	E			
	西部小学校長（60代・男性）	F			
	岡山市交通安全母の会連絡協議会会長（60代・女性）	G			
	岡山県農協中央会会長（60代・男性）	H			
	岡山県町村会会長（60代・男性）	I			
〔17〕歴史と伝統（津山市） 「歴史と伝統のまち 津山市」 （1986年1月26日放送）	練り天神制作者（50代・女性）	A	〔17〕	8	8
	津山民芸協会副会長（60代・男性）	B			
	津山物産研究会会長（60～70代・男性）	C			
	津山洋学資料館館長（60～70代・男性）	D			
	津山観光協会事務局長（50～60代・男性）	E			
	津山商工会議所専務理事（60代・男性）	F			
	津山市長（70代・男性）	G			
	岡山県老人クラブ連合会会長（70代・男性）	H			
〔18〕海と港と観光（倉敷市玉島） 「〈海と港と観光〉岡山県倉敷市玉島」 （1986年2月2日放送）	黒崎地区豊かな郷土を作る会座長（70代・男性）	A	〔18〕	7	7
	酒造メーカー社長（50代・男性）	B			
	玉島テレビ代表（40～50代・男性）	C			
	画廊「白蓮」の運営者（40代・女性）	D			
	円通寺観音奉賛会事務局長（60代・男性）	E			
	玉島商工会議所専務（60～70代・男性）	F			
	紙漉き職人（60代・男性）	G			
合　計				109	100

示した。このことに関連し、「φ」を含め引用の「ト」は使用されたものの、ロケ地が香川県である場合についても分析対象から除外し、斜線と網掛けにより示した。該当者は、第15回の「E」と、第16回の「A」～「F」（特集の部分）である。

「発話者数」は番組ごとの発話者の人数（ただし香川県は斜線）、「分析対象候補者数」は上記手続きによる除外者以外の発話者の人数（香川県は斜線）である。なお、「分析対象者数」ではなく「分析対象候補者数」としたのは、次に述べる手続きにより、実際の分析対象者をさらに絞り込んだ事情に

よる。

　以上により、岡山県民が出演したのは、既放送の番組の再構成により二人のアナウンサーが1年を振り返る年末放送の第13回を除く17番組である。岡山県民の出演者数は109人（複数の番組に重複して出演した者はいない）であり、このうち「φ」を含め引用の「ト」を使用した人は100人であった。該当者率は91.7％である。引用の「ト」は効率的に分析できる言語項目であると言える。この100人が分析対象の候補者となる。

4.2　分析対象の絞り込みと「ト」「φ」の分布

　引用の「ト」を含む表現を用いるか、それともそれを省略した表現（「φ」）を用いるかについて両者を対比しつつ分析する場合、文脈上はいずれの表現も出現可能であるよう限定する必要がある。

（ア）　引用の「ト」の直前についての限定

　文字化は、発話中にわずかな切れ目（休止）があった場合には「、」を挿入しそのことを示したが、引用の「ト」の直前には次の文のように休止を挟むことができる。また、休止後の「ト」は高く始まるのが通常である。（以下に示す例文は、文が長い場合は引用の「ト」の前後の文脈のみを示す。例文の右側の【　】内は表1の話者情報である。）

（1）「町（ちょう）の発展につながる、 とゆうことが、」【〔12〕B（20〜30代・男性）】
（2）「これは、まぁ、人の輸送、 とゆうことよりも、」【〔15〕B（50〜60代・男性）】

　これらは引用の「ト」を省略した「φ」ではやや不自然であり、実際に資料中に認められなかった。すなわちこのような文脈にあるときは両者は対立しえないと考え、分析対象から除外した。

（イ）　引用の「ト」の直後についての限定（1）
　引用の「ト」は、次の文のように、それを受ける「言う」「思う」等の動詞を直後に接続させずに他の要素を挟むことも可能である。

（3）「琴を弾きながら、あー、晩年を楽しんだと、ゆうふうに言(ゆ)われております。」【〔05〕H(50〜60代・男性)】
（4）「そういったものを御利用いただければ、あー、い、どうじゃろかと、こうゆうふうに思います。」【〔05〕I(50代・男性)】

　これらは引用の「ト」を省略した「φ」ではやや不自然であり、実際に資料中に認められず、全て動詞を直後に接続させている発話であった。すなわちこのような文脈にあるときも両者は対立しえないと考え、分析対象から除外した。この点について小西いずみ(2010)は、「φ」が生起するためには引用句に「言う」「思う」が直接後接することが必要条件であることを先行研究が指摘していること、また『全国方言資料』(日本放送協会編)および『日本のふるさとことば集成』(国立国語研究所編)により西日本8府県(23地点)を分析したところ確かにそうであることを指摘している。本資料においてもこのことが該当する。

（ウ）　引用の「ト」の直後についての限定（2）
　引用の「ト」の直後には、先ほどのように他の要素を挟まない場合でも、次のように休止を挟むことができる。

（5）「瀬戸大橋を知っていただくと、ゆうことを、おー、期待をしているわけです。」【〔01〕J(50代・男性)】
（6）「予防活動の、おー、さらに、いー、充実を期したいと、思います。」【〔03〕H(50代・男性)】

　これらは「φ」の場合はやや不自然であり、実際に資料中に認められな

かった。このような文脈にあるときも両者は対立しえないと考え、分析対象から除外した。

(エ)　引用の「ト」の直後についての限定（3）
　上記の用例（3）～（6）に連続する発話として、「ト」の直後が休止というよりも文が完全に一度切れているように感じられ、それに続く文を他の要素で始め、その後に初めて動詞が現われる発話もある。

（7）「空（そら）からの観光を皆さんに PR したいと。かように考えております。」【〔09〕F（70 代・男性）】

　これがさらに進むと、「ト」を受ける動詞がどこにもなく、「ト」がほぼ終助詞化している場合もある。次の（8）のような例であるが、発話はこれで終了している。こうした表現は日常会話でもしばしば聞くことがある。

（8）「ネットワークをね、作るべきだと。」【〔17〕G（70 代・男性）】

　こうした（7）や（8）も「φ」では不自然であり、実際に資料中に認められなかったことから、やはり分析対象から除外した。

　少々説明が長くなったが、以上に述べた手続きをまとめると、「ト」ないしは「φ」は直前の要素と音声的に繋がっており、かつ直後は休止や他の要素を挟まず「言う」「思う」などの動詞（ないしは形式的な動詞）に直結しているという、両者とも出現しうるケースに限定して比較することとした。
　この条件を満たす表現の出現状況についてまとめたのが表 2 である。先の限定により分析対象発話が 1 つもない発話者は除外して示した。そのため欠番が生じている。番組ごとの該当者数は「分析対象者数」の欄に示したとおりであるが、全体で 76 人である。表 1 の候補者 100 人のうちの 76.0％が残ったことになる。

表2 分析対象者の発話における引用の「と」の出現分布

番組識別記号	分析対象者	φ	と等	分析対象者数
[01]	A	1	1	7
	C		1	
	E		1	
	F		3	
	G		2	
	H		8	
	I		2	
[02]	B		2	2
	C		1	
[03]	A	1	2	7
	B		4	
	C		1	
	D		3	
	E	2		
	F		1	
	H	2	1	
[04]	A	2	1	5
	B		4	
	C		1	
	D		1	
	E		2	
[05]	A		3	7
	B	1	1	
	C		2	
	D		2	
	F		5	
	H	1	5	
	I		1	
[06]	A	2	4	3
	C		2	
	E	2	2	
[07]	A		3	7
	B		1	
	C		1	
	D		2	
	E		2	
	G		1	
	H		1	
[08]	A		1	2
	C		1	
[09]	A	2		6
	B	3	1	
	C	1		
	D		2	
	E	1	2	
	G		1	
[10]	A	1	4	4
	B		1	
	D	1		
	E	3	1	
[11]	B		2	4
	C	2	6	
	D	1	2	
	F		1	
[12]	B	1	1	3
	C	1		
	E		1	
[14]	A		10	3
	B		2	
	C		5	
[15]	A	4	1	4
	B		2	
	C		8	
	D		10	
[17]	A		5	6
	B		1	
	D		1	
	E		1	
	F		1	
	H		2	
[18]	A		1	6
	B	1		
	C		5	
	D		1	
	E		1	
	G		5	
		37 (18.0%)	168 (82.0%)	76

発話者ごとに、「φ」の欄には引用の「ト」を省略した文数を、「と等」の欄には「ト」を省略しなかった文数を示した。「と等」の多くは「ト」であるが、「よごれっちゅうのが」のような「と＋言う」の融合形「(ッ)チュウ」、「ポートセールスってゆうんですが」のような「(ッ)テ」、「灰星病とかゆう病気は」のような「トカ」なども含む[5]。いずれも「ト」を含むバリエーションと考えた。このうち「トカ」はこれに対立する「φカ」がないため除外すべきかもしれないが、複合助詞である点は、他の要素を挿入する先のケースと多少異なると見、また件数も少ないことから今回は含めた。

　表の末尾の「合計」の欄を見ると、「φ」37件（文）、「と等」168件（文）であった。構成比にすると、「φ」18.0％、「と等」82.0％である。

　これを発話者数の観点から見ると、「φ」23人、「と等」69人であった。76人を母数にすると、「φ」30.3％、「と等」90.8％である。合計が100.0％を超えるのはダブルカウントがあるためである。これをさらにこまかく分析すると、「φ」のみであった者が7人（9.2％）、「と等」のみであった者が53人（69.7％）、「φ」と「と等」の両方であった者が16人（21.1％）であった。ただし、いずれか一方のみであった者の中には、その使用が1回のみという者もいる。実際には両方使うけれども使用機会が1回しかないためいずれか一方しか現われえず、そのため「専用」と見えるケースも含まれている可能性がある。

　以上の分析より、テレビ番組の取材を受けてアナウンサーの質問に答えるという、方言が使われにくい場面においても、引用の「ト」については、「ト」と「φ」の両方が出現可能な文のうちの約2割において「φ」が出現していたことがわかる。また、これを発話者の観点から見ると、約3割の人は「φ」を用いていた。このうちの約2割は「と等」も用いていたが、残りの約1割は「φ」を用いるのみであった。

　件数から見ても使用者割合から見ても、方言が使われにくいこのような場面においても、引用の「ト」の省略は一定程度用いられていることが確認される。語形がないことが方言の特徴であり、「φ」が方言形だと意識されにくいことがその背景にあるためと考えられる。

なお、分析対象としたデータは基本的に敬体であった。「この学校へ来て、酪農を勉強したいと思ったから。」のような非敬体もじつは1件あるが、文脈からするとこれは直後に「大阪の学校に進学しませんでした。」等が続くことが想定される。しかしそこで中断されたために丁寧語が現われなかったものと考えられる。この前後の文には丁寧語が含まれていることからも談話全体としては敬体であり、従って実質的に全ての文が敬体であった。

4.3 「φ」「ト」の直後の動詞

「φ」（37件）と「と等」（168件）について、直後の動詞の観点から分析すると表3のとおりである。「言う」については実際の発音にもとづき「いう」と「ゆう」に分けた。

表3　「φ」と「ト」等の直後の動詞の出現分布

	〜言う		〜思う	〜考える	〜決心する
	〜いう	〜ゆう			
φ（37件）	6	31	0	0	0
ト等（168件）	9	100	56	2	1

これによると、「ト等」の直後には、「言う」の他に「思う」「考える」「決心する」も現われるが、「φ」の直後にはこれらは現われないことが確認される。特に「思う」は56件と件数が多いが、「φ思う」は全く現われず全て「ト思う」であることから、これは安定した傾向だと言える。約30年前の岡山県では「φ思う」（実際には敬体の「φ思います」等）が用いられることは少なかった可能性が考えられる。これについては、『全国方言資料』および『日本のふるさとことば集成』の談話文字化資料を用いて西日本8府県（23地点）を調査した小西いずみ（2013）も同様の結果を得ている。

なお、虫明吉次郎（1982）は、岡山県では「と言う」「と思う」という形式で「ト」の脱落が多いとするが、「と思う」については異なる結果が得られたことになる。敬体／非敬体の違いに起因する可能性も考えられるが、今後

の課題である。

　これに対し「言う」は、「φ」の直後にも「ト等」の直後にも現われる。

　この「言う」の発音は、「φ」についても「ト等」についても、「いう」よりも「ゆう」の方が優勢である。「いう」は、「φ」と「ト等」を合わせると、「いいますと」(6件)、「いいますか」(3件)、「いいまして」(1件)、「いわれると／いわれてる」(2件)、「いうような」「いえば」「いおうか」(各1件)であり、活用語尾が「う」となる終止形・連体形以外で現われる。ただし、「館跡（やかたあと）ってゆわれますのは」【〔05〕H（50～60代・男性）】のように「ゆわれ」も1件ながら現われる。逆に終止形・連体形（資料を見るとほとんどは連体形）は全て「ゆう」である。すなわちこれらのバリエーションは、基本的に活用形の違いに起因するものである。

　なお、虫明吉次郎(1982)によると、岡山県には引用の「ト」が抜ける代わりの表現として「ユウテ」があり、たとえば「「火事だ」と言った」は、「「火事ジャ」ユウタ」に加え「「火事ジャ」ユウテユウタ」もあるとする。西日本8府県(23地点)の談話文字化資料を分析した小西いずみ(2010)によると、この種の表現は調査対象地点に広く観察されており、岡山県でも用例が少なくない。筆者が勤務する岡山県の大学の職員や学生（いずれも岡山県出身）に、「自分でやるゆうてゆうたじゃろ？」(=「自分でやると言っただろ？」)のような表現を使うか否かを確認したところ、ごく普通に使うと回答したことから、こうした表現は現在の岡山県でも日常的に使われているようであるが、本資料には見られなかった。引用の「ト」の省略と異なりこうした表現は方言形であることが意識されやすく、そのためたとえ普段は使っていたとしてもインタビューの場面では使わなかった可能性が考えられる。ただし、分析対象からは除外した香川県のデータには、「ト」を省略せずに「ゆうて」を付けた「これとゆうてゆうのがなかったんで」【〔16〕A（30代・男性）】が見られた。小西いずみ(2013)によると、こうした表現は高知市に観察されている。四国内での地理的分布の連続性が注目される。

　なお、本資料に146件あった「言う」は、「言葉を口に出す」「発話する」という意味での用法は全くなく、「トマトφゆうのはわりと水分が多いもん

で」や「伝統の食文化とゆうものをもう一回見直してですねぇ」のような、典型的には「○○ {ト／φ} 言う {ノ／コト／[名詞]} ハ」のように、文の後半で説明する事柄を取り立てて提示する形式的な意味を持つ用法のみであった。表記としては、漢字を交えた「言う」よりも、ひらがなのみの「いう／ゆう」の方がより適切な用法と言える。

4.4　直後に「言う」を伴う場合の「φ」「ト」の分布

「言う」の直前には、「φ」(37件) と「ト等」(109件) の両方が現われる。この「言う」に限定して「φ」と「ト等」の分布を示したのが表4である。

「合計」の欄で（　）内に示した構成比を確認すると、「φ」25.3％、「と等」74.7％である。

これを発話者数の観点から見ると、「φ」23人、「と等」48人であった。該当者58人を母数にすると、「φ」39.7％、「と等」82.8％である。これをさらにこまかく分析すると、「φ」のみであった者が10人 (17.2％)、「と等」のみであった者が35人 (60.3％)、「φ」と「と等」の両方であった者が13人 (22.4％) であった。

以上より、「ト」と「φ」の両方が出現可能でかつ「言う」を直後に伴う文のうち2〜3割で「φ」が出現していることがわかる。これを発話者の観点から見ると、約4割もの人が「φ」を用いている。このうち約2割は「と等」も用いていたが残りの約2割は「φ」を用いるのみであった。

件数から見ても使用者割合から見ても、直後に「言う」を伴うケースに限定した引用の「ト」の省略は少なからず用いられていることが確認される。なお、発話者の観点から見た場合、「φ」と「ト等」の間に明確な年齢差や性差、職業差等は認められない。

4.5　直後に「言う」を伴う場合の「φ」「ト」の直前の品詞

「φ」または「ト等」の直後に「言う」伴う146件について、「φ」または「ト等」の直前の品詞が何であるか、すなわちどのような品詞を受けるかという観点から分析した。結果は表5のようであった。「その他」が多くま

表4 分析対象者の発話における「いう」「ゆう」の直前の引用の「と」の出現分布

番組識別記号	分析対象者	φ	と等	分析対象者数		番組識別記号	分析対象者	φ	と等	分析対象者数
〔01〕	A	1		3		〔10〕	A	1	3	3
	F		3				D	1		
	H		4				E	3	1	
〔02〕	B		1	1		〔11〕	C	2	6	3
〔03〕	A	1	1	6			D	1	2	
	B		3				F	1		
	D		1			〔12〕	B	1	1	3
	E	2					C	1		
	F		1				E		1	
	H	2	1			〔14〕	A		5	3
〔04〕	A	2		4			B		1	
	B		1				C		5	
	C		1			〔15〕	A	4	1	4
	E		1				B		1	
〔05〕	A		2	7			C		5	
	B	1	1				D		7	
	C		1			〔17〕	A		5	4
	D		2				E		1	
	F		5				F		1	
	H	1	5				H		1	
	I		1			〔18〕	B	1		5
〔06〕	A	2	3	2			C		5	
	E	2	2				D		1	
〔07〕	A		3	4			E		1	
	D		2				G		4	
	E		1					37 (25.3%)	109 (74.7%)	58
	H		1							
〔09〕	A	2		6						
	B	3								
	C	1								
	D		1							
	E	1	2							
	G		1							

だ十分な分類ではないが、相対的に件数の多い「名詞」と「動詞」（いずれも直接受けるケース；ただし「動詞」の活用形は終止形に限らない）に注目して見てみよう。

表5　「言う」を下接する「φ」と「ト」等の直前の品詞等の出現分布

	名詞	名詞+か	動詞	動詞+か	動詞+ていく(か)	動詞+[他]	形容動詞	その他
φ (37件)	20 54.1%	3	6 16.2%	2	1	0	2	3
ト等(109件)	49 45.0%	1	24 22.0%	2	0	7	1	25

　これによると、「φ」も「ト等」も「名詞」を直接受ける場合が最も多く、ともに5割前後である。次いで「動詞」を直接受ける場合であり、ともに2割前後である。「φ」と「ト等」とで受ける品詞の傾向が大きく異なるということは特にないことが確認される。

　これに関連し、神戸市西区にある西神ニュータウンの居住者12人（中年層・若年層）の談話を2000年から翌年にかけて収集し、そのデータを分析した朝日祥之 (2003) は、全体的な傾向として「φ」は名詞型引用表現よりも動詞型引用表現で使用されること、その傾向は同区内で隣接する櫨谷町居住者にも共通することを指摘する。表5の数値をいわば90度回転して見ると、「φ」の割合は、「名詞」の直後で29.0%（20/69）、「動詞」の直後で20.0%（6/30）であり、本資料では「動詞」よりもむしろ「名詞」の直後の方が「φ」が出現しやすい。こうした異なる結果は、調査対象地域が異なることに起因するのか、それとも文体の違い等に起因するのか（本資料は全て敬体）、今後精査を要する。

4.6　「φ」と「ト等」の併用者

　『方言文法全国地図』の第32図「田中［という］人」でも第233図「行こう［と思っている］」でも、岡山県では「φ」と「ト等」の併用地点が多

い。表 4 によると、本資料にも併用者が約 2 割（13 人）見られる。

　そこで最後に、「φ」と「ト等」の併用者 13 人の該当発話（部分）を表 6 として示す。

　それぞれどういう場合に「φ」が現われどういう場合に「ト等」が現われるのか、現時点では傾向は明らかではない。選択の規則性のようなものは特にないという可能性も考えられるが、今後研究を深めるための具体的なデータとして表 6 に示す。

5. まとめと今後の課題

　これまで場面想定法によってのみ調査されてきた、テレビのアナウンサーと話をするという方言が使われにくい場面について、地域紹介番組でのインタビューというまさにアナウンサーと話をする場面（ただしアナウンサーの質問に答えるという形でのみの会話場面）に注目し、今から約 30 年前の岡山県在住・在勤者の引用の助詞「ト」の省略という方言形式の使用について分析した。

　分析の結果、「ト」と「φ」の両方が出現可能な文のうち約 2 割において「φ」が出現していた。また、これを発話者の観点から見ると、約 3 割の人が「φ」を用いていた。このうちの約 2 割は「と等」も用いていたが、残りの約 1 割は「φ」のみを用いていた。

　これをさらに直後の動詞を「言う」に限定して分析すると、2 〜 3 割の文で「φ」が出現していること、これを発話者の観点から見ると約 4 割もの人が「φ」を用いていること、このうち約 2 割は「と等」も用いていたが残りの約 2 割は「φ」のみを用いていることも明らかになった。

　すなわち、件数から見ても使用者割合から見ても、アナウンサーのインタビューに答えるという方言が使われにくい場面において、引用の「ト」の省略は一定程度用いられているということが明らかになった。語形がないことが方言としての特徴であることから、方言形と意識されにくいことがその背景にあるためと考えられる。

表 6 「φ」と「と等」の併用者のデータ

番組×発話者	「と」	文脈
〔03〕A（30～40代・男性）漁業者	ちゅう	天候とかー、まぁ瀬戸内海のにご、あのー、よごれっちゅうのがやっぱり条件に入る
	φ	そこだけこう掘れた状態φゆうんですかねぇ、
〔03〕H（50代・男性）倉敷市消防局長	と	その指導の具体的なものと言えば、言いますと、
	φ	従来はあのー、どちらかφ言いますとねぇ、
	φ	今どちらかφゆー、じゅうたい（「重点」？）がそっちぃかたぶいとったわけです。
〔05〕B（50代・男性）大名行列の実行委員長［運動具店主］	と	大名行列ができたとゆうことがぁ、
	φ	苦労φゆうよりかぁ、
〔05〕H（50～60代・男性）吉備保光（ほこう）会理事	って	吉備の、おー、真備のおばあさんだってゆうことを証明する、
	って	下道圀勝（しもつみちくにかつ）あるいは圀依（くにより）の母親ってゆうことが書いてあるわけなんです。
	って	ここで吉備公が育ったんじゃないかってゆうふうなことが言われとるわけですね。
	って	館跡（やかたあと）ってゆわれますのは、
	と	吉備真備ーが、まぁ、おられたとゆうことなんですけれどもぉ、
	φ	非常にまぁ結びつきのある関係にあったφゆ（う）ふうに考えられますねぇ。
〔06〕A（60代・男性）りんご園経営者	と	「その地方地方におうたのを作らにゃおえん（ダメだ）」というような御指導もいただきまして、
	と	次第によくなったとゆうこって、
	と	いろいろ、おー、な、あー、やり方をするとゆうこって、
	φ	まぁ苦労φ言いますと、おー、もう何もかにも苦労ですが、
	φ	この地方におうた（合った）作り用φゆうのは、
〔06〕E（60代・男性）アイデア食品の審査員［短期大学教員］	って	ほれからー、えー、ベリーエーってゆうぶどう、
	と	商品性があるんじゃないかとゆうような感じ。
	φ	こういった立派な、あのものができてるφゆう*んで、
	φ	お菓子の部φゆうのはわりと、んー、工夫がありますねぇ。
〔09〕E（70～80代・男性）灘崎町老人クラブ連合会副会長	と	灘崎にこのひょうたんがあるとゆうことを、
	と	灘崎とゆう人は【正しくは「灘崎の人とゆうのは」】
	φ	こうゆう立派な特産品が出るんじゃぞφゆうことを、
〔10〕A（30代・男性）酪農家	と	全体的な特徴ーと言いますとぉ、
	と	ホルスタインと比べっ（＝「て」）体重、が少ない、体が小（ちっ）さいとゆうことです。
	と	顔として、品位に欠けるとゆうことは言（ゆ）われます。
	φ	はっきりした、商品ーベースに乗しぇていかにゃいけんφゆうことだと思うんです。

〔10〕E（30代・男性） 蒜山観光協会事務局長	と	スポーツー、を主体にした観光を取り入れようとゆうことになっておりますし、
	φ	ここの蒜山φゆうのは
	φ	蒜山の冬場の観光客φゆうのが、少し弱いものですからぁ、
	φ	冬場の、観光客を、呼び寄せようφゆうことをやっております。
〔11〕C（40～50代・男性） 由加山蓮台寺住職	と	そういった俗信と言(い)おうかねぇ、そういうような、ことで、信じられて、
	と	金毘羅山、へのお参りとゆうのが一つの目玉であったし、
	と	由加山にも、この一つお参りするとゆうことで、
	と	そのころから、まぁ、ど＊＊の両参りとゆうことが起こって、
	と	両方お参りせんと御利益がないんだとゆうことで、
	と	（とゆうことで、）片参りとゆうことで、
	φ	いつごろから（金毘羅山との）両参りφゆうふうになったか
	φ	（ゆうふうになったか）φゆうことはちょっとまあはっきり分け、分かりかねるんですけどねぇ、
〔11〕D（60代・男性） 塩業社副社長 ［野崎邸所有者］	と	本四備讃線もやはり3月の、お、開通とゆうことで、
	と	はじめはあの63年の3月に、まぁ、（野崎邸を）公開しようかとゆうことでありましたんですけども、
	φ	瀬戸大橋も63年の3月に、まぁ、あの完成φゆうことで、
〔12〕B（20～30代・男性） 温泉水利用のモデルハウス担当者	と	町（ちょう）の特産品を作るとゆうことに、
	φ	水耕栽培を行なうφゆうことは、
〔15〕A（50～60代・男性） 農家	とか	灰星病とかゆう病気は、
	φ	まだあの集団化φゆうとこまでは一、
	φ	今後まぁ農地を広げるφゆうことはとても不可能なことなんでぇ、
	φ	今ある一土地から、えー、いかにー、い一、収入上げるかφゆうことを、
	φ	（灰星病とかゆう病気は、）えー、防げるだろう、それだったらやれるだろうφゆうて、

　ただしこの数値が持つ意味は、インタビュー場面と対比される別の場面との比較がないと十分にわからないという面もある。本稿で明らかになったのは、このような場面であっても、引用の「ト」の省略は一定程度用いられているということの指摘にとどまる。

　本稿の分析では、「放送ライブラリー」に保存されている過去に放送されたテレビ番組を分析対象とした。特定地域でまとまった量の番組が保存され、それが方言研究のために活用できるケースは稀である。しかしそうではない番組も、工夫次第では方言研究のために活用できよう。また、方言研究

に限らず、「放送での言葉」という制約は伴うものの、50〜60年前から現在までの話し言葉の変化を探る上で貴重な資料の一つともなる。言語研究のための"宝の山"として、本ライブラリーに蓄積されている資料を多くの人が活用することを願う。

注

1. 同様の問題意識から方言使用を明らかにしようとした研究に二階堂整他（2015）がある。フォーマルスタイルである共通語敬語が用いられる談話中にカジュアルスタイルである方言が含まれるスタイルを「セミフォーマル」と呼び、それが現われる地方議会（特に本会議に対する委員会）の会議録を資料とし、文字化された議員の発言中に、共通語の丁寧語と共起する形で現われる方言形を分析している。ただし、議会の会議録は議員の発言を正確に記録することを旨とするものの、整文の過程で修正もあり、方言形の一部が修正される場合もあるとする。この点については、本文の先において説明するように、本稿ではテレビインタビューに答える人々の発言を対象としそれをできるだけ正確に文字化し、それを分析対象としていることから、整文に相当するようなフィルターはかかっておらず、いわばナマのフォーマルスタイルないしはセミフォーマルスタイルにおける言語使用（特に方言使用）を明らかにできるというメリットがある。
2. 同様の施設に「NHK アーカイブス」もある。最近は研究者用の「学術利用トライアル」というプログラムもできた。しかしながら、NHK は全国放送を基本としているため、特定地域を対象に多数回制作され、かつ住民が多数登場する番組ということになるとほとんどないと思われる。また、「学術利用トライアル」を利用するためには公募で採択される必要があり、採択されても利用期間は最長20日間という制約があるため、ボリュームのある調査や、文字化に長時間を要する調査のためには限界が伴う。
3. 調査の一部は公益財団法人両備檉園記念財団の研究助成（平成27年度第37回研究助成）を受けて行なった。関係者の皆様に感謝申し上げる。
4. 資料には県外からの観光客の発話も一人含まれているが、発言内容から岡山県出身者であることがたまたまわかったことから、岡山県在住に準ずる扱いとし、分析対象に含めることとした。一方、岡山県の放送は瀬戸内海を挟む香川県でも受信されるという事情があることから、特集として香川県が取り上げられ、インタビューイーも香川県民である番組が一部あったが、これは分析対象から除外した。

このことについては本文の該当箇所で改めて述べる。
5. 神戸市西区の西神ニュータウンおよび隣接する櫨谷町を調査した朝日祥之（2003）によると、当該地域では「ト」を含む形式として「ッテ」が多用されている。本資料に「ッテ」が少なかったのは、敬体を常態とする文体の違いや、それに連動する改まり性の高さに起因しているものと考えられる。

文献

朝日祥之（2003）「方言接触が生み出した言語変種に見られる言語的特徴―引用形式「ト」のゼロマーク化を例に―」『阪大日本語研究』15

朝日祥之・尾崎喜光（2015）「北海道における方言使用の現状と実時間変化　その4」北海道方言研究会『北海道方言研究会会報』92

国立国語研究所編（1989）『方言文法全国地図　第1集』大蔵省印刷局発行

国立国語研究所編（2002）『方言文法全国地図　第5集』財務省印刷局発行

小西いずみ（2010）「西日本方言における引用標識ゼロ化の定量分析―生起頻度と言語内的要因の方言間異同―」『広島大学大学院教育学研究科紀要　第二部』59

小西いずみ（2013）「西日本方言における「と言う」「と思う」テ形の引用標識化」藤田保幸編『形式語研究論集（龍谷叢書29）』和泉書院

二階堂整・川瀬卓・高丸圭一・田附敏尚・松田謙次郎（2015）「地方議会会議録による方言研究―セミフォーマルと気づかない方言―」『方言の研究』1　日本方言研究会

北海道方言研究会（1978）『北海道方言研究会叢書　第1巻　共通語化の実態―北海道増毛町における3地点全数調査―』（非売品）

北海道方言研究会（1980）『北海道方言研究会叢書　第2巻　松前のことば―北海道松前町における共通語化―』（非売品）

虫明吉次郎（1982）「岡山県の方言」飯豊毅一・日野資純・佐藤亮一編『講座方言学8　中国・四国地方の方言』国書刊行会

第14章
LINEの中の「方言」
―場と関係性を醸成する言語資源―

三宅和子

1. はじめに

　本稿は、現在の若者のモバイル・メディア利用の実態を通して、方言がどのように使われ、コミュニケーション上どのような役割を担っているかを考察する。

　小林 (2004) は、誰もが共通語を話せる時代の方言は「共通語の中に適当に投入され (中略) 心理的効果を発揮する「要素」」としてとらえることが妥当だとし、「方言のアクセサリー化」という考え方を提唱した。田中 (2007) は議論をさらに進め、自らの生育地方言ではない方言を使ったり楽しんだりする「方言のおもちゃ化」現象がみられる現代を「方言コスプレの時代」と称した。三宅 (2006) は方言研究とは異なる文脈において、若者が携帯メールでエセ方言を使って楽しむ実態を指摘し、方言が遊び感覚で使用され「親しさ志向」で場の共有感を高めていることを指摘した。

　このような指摘がなされた時期から10年余が経過した。その間、モバイル機器の主流は携帯電話からスマートフォン (以下スマホ) へ、若者が多用するメディアはメールからソーシャル・ネットワーキング・サービス (以下SNS) へと移行している。一方、方言について言えば、移動することによって自らと周囲のことばが変化した伝統的な方言使用時代とは異なり、物理的な移動がことばやコミュニケーションの切れ目を形づくらなくなった。スマホさえあれば、いつでもどこにいても、一度つながった相手とはつながりを

保持しておくことができる。つまり、過去から現在のすべての知り合いとことばを交わすことができ、必然的に相手と交わす際に使用した言語変種全部を自らの言語資源[1]として維持することが可能になった。

このようなモバイル・メディア時代を生きる若者は、方言をどのように保持したり使ったりしているのだろうか。方言はコミュニケーション上でどのような役割を果たしているのだろうか。

本稿は、近年若者間で極めて高い使用率を誇るLINEで使われる方言に着目し、実際に交わされたLINEチャット[2]のデータを分析し考察する。分析の結果、LINEのコミュニケーションにおいて、方言と共通語とを明確に区別する意識が希薄になっていること、エセ方言[3]使用の習慣化が進んでいること、「方言」[4]が若者ことば、流行語、ネットスラングなどの言語変種や絵記号やスタンプなどのヴィジュアル表現と同様に、各個人のもつ言語レパートリー[5]の言語資源として、場や関係性の醸成に貢献していることが分かった。

以下、2では研究の背景を、3では実際に交わされたLINEチャットのデータを分析する。4では2、3の結果を踏まえて、LINEチャットの中での「方言」使用の実態や位置づけ、そしてモバイル・メディアでコミュニケーションすることが常態となった現代における「方言」の変容について考察する。

2. 研究の背景―モバイル・メディアと方言

2.1 モバイル・メディアの進化

モバイル・メディアの進化は速い。1994年に携帯電話の売切制度が導入され、1年後の阪神・淡路大震災でその通信効果が一般に認識された。1996年には文字メッセージが可能になり、「外に持ち運べる電話」から「メールもできる電話」となったが、1999年のiモード導入でメールが一気に若者のコミュニケーションに不可欠な存在になっていく（三宅2001）。しかし、2010年頃からガラケー[6]からスマホへの持ち替えが加速していった。「デジ

タルネイティブ（96 年以降生まれ）」(橋元 2010) といわれる第 3 世代が 20 代に達した現在、そのスマホ利用は 90% を超え、一日のインターネット利用時間約 3 時間のうち「SNS を見る・書く」だけで 59 分と、「メールを読む・書く」の 21 分を大きく引き離している。メールから LINE、Twitter、Facebook など、即時性が強く多数の人とつながることのできる SNS へと移行したといえる。とりわけ LINE は 20 代の利用率が 96.3% と、若者に圧倒的な人気を誇っている（総務省情報通信政策研究所 2017）。そのコミュニケーションやネットワークの構築のされ方など、LINE がどのような言語行動を生んでいるのか興味が湧くところである。しかし、LINE の研究は社会学やメディア研究などで一定数あるものの、言語研究では少ない。スマホの研究を除いた LINE 研究に限ると、語用論的研究（宮嵜 2015）や会話分析からのアプローチ（倉田他 2017）、LINE 会話の分析を紹介したもの（三宅 2016）や雑談としてとらえたもの（岡本 2016）などが散見される程度で、今後の本格的な研究が俟たれる。

2.2 LINE の特徴

　LINE は SNS の中でも、ウェブ上でのリアルな人間関係のつながりが強い、拡散性の低いメディアととらえられており（創業手帳@ WEB 2016）、比較的閉じられた個人間、グループ間におけるパーソナルなコミュニケーションに使用されやすい。

　西川・中村（2015）、森本（2016）なども参考にしながら、LINE コミュニケーションの特徴をまとめると、以下のようなことがいえる。

1) やりとりが速く、数秒間で往復する場合もあり、実際の会話に近い感覚でテンポ良くコミュニケーションが進む。
2) 発言がフキダシに表示・共有されるので、複数人のメッセージ交換に利用されやすい。
3) 交わされたやりとりが画面に残るため、途切れたままになった会話を再開してもスムーズに継続できる。

4) 異なるトピックの会話が同時平行して継続することがある(特にグループ内)。
5) ヴィジュアル性に富むスタンプで多彩な感情表現が可能。
6) 1つのスタンプが異なる文脈で使われ、多くのスタンプには意味の説明がないため、文脈から意味を汲み取り解釈する必要がある。
7) 相手の「既読」、「未読」が確認できる。

　以上のように、LINE にはコミュニケーションを促進する機能が非常に多いことがわかる。しかし、6)の指摘のように、スタンプの意味の曖昧さから誤解を招く側面(須田 2016)や、7)のように既読・未読表示があるため、返事がないと不満や不安を抱えトラブルになるといった側面もある(種村 2015)。

　LINE 使用が大きく拡大した要因の1つにスタンプ機能が挙げられる。これまで、携帯メールでも絵記号(絵文字・顔文字・記号)をはじめとするヴィジュアル志向に訴える機能が多いことが指摘されてきた(三宅 2005、2006、田中 2005 など)。しかし、スタンプはそれらより遙かにサイズが大きく、フキダシとは別に単独で送られ、さまざまな種類の表情や動きがあり、インパクトが大きい。須田(2016)は、スタンプ機能が送り手の意図や感情を伝える優れたコミュニケーション・ツールであるとし、スタンプを用いたチャットは伝達を目的とするだけでなく、利用者同士が関係性を確認しあい楽しむものとしている。LINE チャットは、現実の空間でできた人間関係のつながりを仮想空間の中で保持し、会話を楽しむ娯楽性の強いコミュニケーションである。このような空間の中で、「方言」はどのような役割を担っているのだろうか。

2.3　方言の変化

　小林(2004)は、現代方言のアクセサリー化の議論の中で、方言の現代的機能が「思考内容の伝達」から「相手の確認(同一地域社会に帰属する親しい仲間同士であることの確認)と発話態度の表明(その場の会話を気取らな

いくだけたものにしたいという意思表示)」へと変化しつつあると指摘している。三宅 (2006) は、携帯メールの中に方言話者でない人のエセ方言使用や方言話者の普段と違う方言づかいなどが現れ、他の多様なヴィジュアル表記 (規範外表記や絵文字・顔文字・記号類など) と共にノリやリズムを作りだしていることを指摘している。このような遊びの要素が強い若者の方言使用を、田中 (2007) は以下の 3 層に分けて考察している。本稿でいうエセ方言はこの第 3 層の「ニセ方言」に当たる。方言話者が本方言やジモ方言を使うことも、他の地域のエセ方言を使うこともありうるし、共通語話者がエセ方言を使用する場合もある。

第 1 層「本方言」: 自分の生育地の方言で自分自身がふだん親密コードとして使用している方言
第 2 層「ジモ方言」: 自分の生育地の方言だが、自分は使用しておらず、祖父母世代が使用しているのを見聞きしているような、「より濃厚な方言」
第 3 層「ニセ方言」: 非生育地の地域方言

　三宅 (2018) は、首都圏の大学に通う若者 57 名に対して SNS 上の方言・エセ方言使用の実態と使用意識に関する WEB アンケート調査[7]を行った。その結果、共通語話者 48 名の 8 割近くが SNS 上でも対面でもエセ方言を使い、9 割以上がエセ方言を受け取っていること、エセ方言は親しい友人間 (8～9 割) で多いことが明らかになった。また使用するエセ方言の 8.5 割は関西方言であった。約 7 割が、使用すると「雰囲気が柔らかくなる」、「親しい感じがする」と答えている。もらったときは、親しみ (6 割強)、楽しさ (3 割弱) を感じる者もいるが、全体の 4 分の 1 は「何も感じない」「違和感がない (全く普通の状態)」と答えており、エセ方言の使用が一般化し、その存在を特に意識しないようになってきている様子がうかがえる。
　方言使用者は 9 名と少ないが、自分の方言を「自分らしさ」や「親しさ」の表象として使用し、親しい相手には同郷ではなくとも用いるとする者がほとんどであった。方言と共通語の使い分け意識が明確にあるというよりも、

親しい相手か否かが使用に影響しているようだ。この調査は方言話者が少人数で、かつ首都圏在住者の調査であるため、限定的な結果といえるが、方言使用や方言区分の意識の希薄さやエセ方言としての関西方言使用の習慣化が顕著にみられた。これは平行して行った3名（静岡、三重、埼玉出身）の大学生に対するインタビュー調査の結果とも符合する。インタビューではさらに、このような「方言」がネットスラングや若者ことばなどと同様に扱われている様が垣間見え、若者の中での「方言」は地域性の強い特徴的なことば・地域文化を代表することばという意識が希薄になっていることが窺えた。

3．LINEの自然データ分析

　ここではLINE上で実際に交わされたデータの分析・考察を行う。データは18歳〜25歳の大学生が交わした計77件のLINEチャットで、2016年10月から12月にかけて収集された。最も短いチャットは3フキダシ（1往復）から成り、最も長いものは53フキダシ（18往復半）であった[8]。各グループの人数は、2人から15人で、3人以上のチャットには常に全員が参加しているわけではない。内容は「おしゃべり（雑談）」と「依頼」である。

　ここで取り上げるのは、本稿の議論の中核にある2つの視点からみたデータである。すでに述べたように、モバイル・メディア使用が日常化し、地理的・空間的移動はコミュニケーション空間の移動に必ずしもつながらない。3.1では、リアル空間とLINEチャットのヴァーチャル空間におけるコミュニケーションが連続・融合している例を提示して考察する。3.2では、方言・エセ方言が混在し、他の言語変種（若者ことば、ネットスラングなど）や、スタンプ、絵記号などと共に使用されている例を提示し、「方言」が親密感やノリの良さを作りだし、場や関係性を醸成する言語資源の1つとして機能していることを指摘する。

3.1 リアルとヴァーチャルが融合したおしゃべり

ここでは自然データの中から、〈いま・ここ〉と密接につながり、リアル空間とヴァーチャル空間のコミュニケーションが連続・融合している例を取り上げる。従来の電子メディアの研究では、現実世界と電子メディアの世界は、オフラインとオンラインの枠組みで切り離して扱われることが常であった。しかし、スマホのように身体と共に移動し、LINEのように即座に会話が始められ内容がヴィジュアルに示されるアプリでは、そのような2分法では捉えきれない、オフラインとオンラインが融合するようなコミュニケーションが展開する。

例1 女3人グループの2人によるおしゃべり（大学生22歳）

例1では、授業中の私語が思いのほか目立ってしまったため、3人中の【名前1】【名前2】がLINEに切り替えて会話を続けている。

【名前1】が「わ、ワロタァ」と発したのを契機にシークエンスが続く。【名前2】が【名前1】を受け、文字つきスタンプで「わー！」と同調。【名前1】は自らの「ワロタァ」の韻を踏んで「ワロタンゴ（ワロタ＋ンゴ（タ

例 2　女 5 人グループの 3 人によるおしゃべり（大学生 20 〜 21 歳）

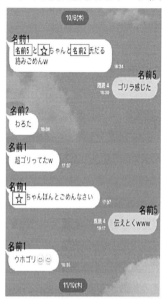

ンゴ））」と展開。【名前 2】が今度は「タンゴ」に反応し、「ダメ」に「（タ）ンゴ」をつけて「喋っちゃダメンゴ」と返した後、文字つきスタンプで「きりっ」とした姿勢を示して会話は終わる。同調と韻を踏むリズムのシークエンスで場と気持ちの共有感が増幅している。

　例 2 では、この直前に廊下ですれ違った 5 人が、久々に会ったために盛り上がって大騒ぎした。別れた直後、そのうちの 3 人が LINE に移行して盛り上がりを継続させている。

　グループ内では自分たちのことを「ゴリラ」と呼んでいる。まず、【名前 1】が、【名前 5】とその友達の【☆】（非メンバー）と【名前 2】に、直前の会話がだらだらしていたことを詫びている。それに対して【名前 5】が「ゴリラ感じた」と茶化すと、【名前 2】も「わろた」と同調。【名前 1】は「超ゴリってた w」と自らを振り返り、「☆ちゃんほんとごめんなさい」と再度謝っている。【名前 5】がそれを【☆】に伝えるというと、【名前 1】は「ウ

例3　17人グループ中の2人による実況的会話（大学生20〜21歳）

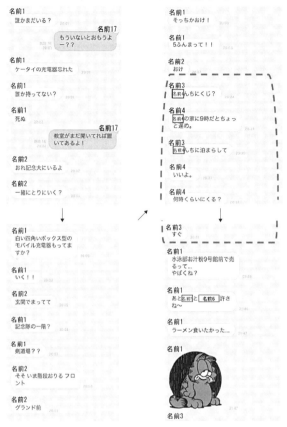

「ホゴリ」と感謝してシークエンスを終了している。ここでも直前のリアル空間でのやりとりを LINE のヴァーチャル空間に移行し、「ゴリラ」の韻を踏む遊びと「w」、「www」などのネットスラング、絵文字を絡ませながらコミュニケーションを続行させている。

　例3では、直前まで集まっていた教室に携帯電話の充電器を忘れてしまった【名前1】が、メンバーに対して教室に「誰かまだいる？」と呼びかけたところからシークエンスが始まる。【名前17】はそれに反応したのみだが、【名前2】は「おれ記念大にいるよ」といった後、いっしょに取りに行く申

し出をした。その後は互いの行動を実況中継的に報告しながら落ち合う場所に進んでいる。その会話が中断している間（点線部）、【名前3】と【名前4】の別な会話が開始された。【名前1】はその間恐らく充電器を取り戻して【名前2】と別れた後、最後に、食べ損なったラーメンを「食いたかった…」といってスタンプを送っている。ここでは非常に短い発話がポンポンと短時間に交わされ、17人にシェアされているLINE画面上で、主要ペアによるやりとりが、別のペアのやりとりに割り込まれながら進行していた。発話の短さと対照的なスタンプの大きさが、その表情と共に画面にアクセントを添えている。

例4　女7人のグループのおしゃべり（大学生21歳）

| 名前1
4291円フゥーーーーー
ーーー！！！！！！！！！
！！！！！

名前1
【名前7】

　　　　　　　　　　名前7
　　　　　　　4291円もそんなに食べ
　　　　　　　てるの？ｗｗｗｗ

名前1
ひとりじゃないよ私

名前1
4人で

名前2
4人全員分だよ | 名前1
そうそう

名前2
かなしい

名前1
笑

名前1
小さいい

名前2
さびしい

名前1
おいしい

名前2
さびしい | かなしい

名前2
。(´ω｀)。

名前2
ᕙ(ˇωˇ)ᕗ

名前2
.(💊)

名前2
(╬ ಠ益ಠ)＝✊

名前2
(╬ ಠ益ಠ)＝✊

名前2
(-_-#)

名前2
次の集まりは |

例4は、約束していた食事会に7人中3人が欠席したことに関するおしゃべりである。食事の店に4人がいる。まず【名前1】が食後の感想らしき発言をして、欠席した1人である【名前7】を名指ししたところから会話が始まる。【名前7】の反応に、【名前1】と【名前2】が皮肉をこめた調子で返答し、感情形容詞を交互に連呼して欠席者にプレッシャーをかけている。しばらくすると【名前2】の独壇場となり、絵文字・顔文字混じりのヴィジュアル・メッセージを立て続けに送った後、「次の集まりは」と話題転換をし

ている。ここも発話が短く、「－||||」、「wwwww」などのネットスラング、装飾的な顔文字や絵文字、感情形容詞の連呼といったさまざまな言語資源が使われている。店内の4人はリアル空間でもやりとりしながら、不在の3人に話しかけており、ここでもリアルとヴァーチャルが綯い交ぜになったコミュニケーションが展開している。

　以上の例で明らかなように、LINEチャットではリアル空間とヴァーチャル空間のコミュニケーションが連続的かつ融合的に行われ、〈いま・ここ〉を共有するかのようにつながっている。

　三村・倉又（2009: 97）は、デジタルネイティブ世代の2大特徴のひとつとして、「インターネットの世界と現実の世界を区別しない」ことをあげている。天笠（2016: 111）は「今日では日常的な、メディアの利用が対面的な相互行為の中に組み込まれた状態である」と指摘しており、吉田（2016: 164）も「現在では各種の情報発信や私信のやりとりといったさまざまな情報行動が、スマートフォンを介した各人の日常的な生活行動の一部として行われるようになっている」ことに注目している。本稿でここまで示してきた例は、これらメディア論や情報社会学における指摘を裏付けるものになっている。このような状況は、方言話者と共通語話者の「方言」の使用実態や使用意識にも影響を与えていると考えられる。

3.2　LINEに現れる方言－言語変種とヴィジュアル表現の混在

　ここでは、方言・エセ方言が混在し、他の言語変種（若者ことばやネットスラングなど）や、スタンプ、絵記号などのヴィジュアル表現と共に使用されている例を提示し、親密感やノリを生み出し、場や関係性を醸成する機能を果たしていることを指摘する。

　例5は方言話者（右）と共通語話者（左）間の会話である。前半は一緒に受けている授業の席の確保の依頼、後半はノートを貸してもらう依頼をしている。方言話者は共通語話者に対して、第1発話「ちょっと遅れるけ、私の分の席もとっちょって」と方言を用いている。が、他の発話には方言が見当たらず、使用はランダムである。会話の終わりには、感謝のことばの代わり

に大泣きする犬のスタンプが効果的に使われている。

例5（左20歳共通語話者）-（右19歳山口方言話者）　親しい女友達

例6　男（左20歳）- 女（右19歳）　山口方言話者・兄妹

例6は方言話者兄妹の会話である。妹が兄に対して、地元のイベントに参加する際の宿の提供をお願いしている。共に方言、エセ方言の使用がランダムにみられる。兄は「別にいい」「多分いい」では共通語を、「泊まればいいやん」「ええけど」では方言を使い、妹は「行きたいんやけどさ」「あれやったら」など方言を使う発話もあるが、使わない発話もある。また、「ういっす」「お願いしゃす」などの男性によく使われる若者ことばやエセ方言も使っている。

例7　女性（左21歳）－男性（右20歳）　共通語話者の恋人同士

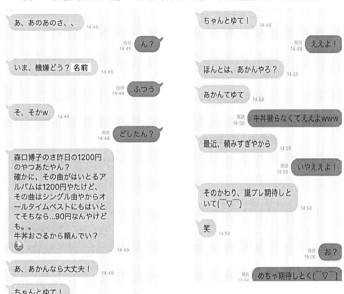

例7では、女性（左）が自分の代わりに曲を買ってほしいとお願いしている。この恋人間の会話では、エセ方言がネットスラングと共に親密コードとして機能している。ほぼ全部のフキダシに関西的エセ方言や促音、長音などを省略したネットスラングがみられる。枠内にその一部を示す。

```
ネットスラング・エセ方言例：
そか＝そうか              どしたん＝どうしたの
あたやん＝あったやん      はいとる＝はいっとる
1200円やたけど＝1200円やったけど
ちゃんとゆて＝ちゃんとゆうて
```

例8　男同士（左20歳、右21歳）共通語話者の親しい友人

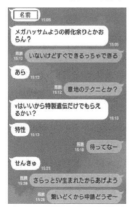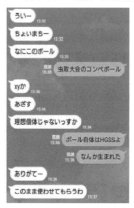

　例8は、共通語話者の親しい友人間の会話である。左の男性がポケモン世界の道具がほしいと依頼し、それを受けて右の男性が送り、ゲームを続けながら盛り上がっている。エセ方言、若者ことば、若者敬語を繰り出しながら、リアルとヴァーチャルな行動が進行している。以下にその一部を示す。

```
エセ方言例：　〜とかおらん？
若者ことば例：テクニ＝テクニック、ういー＝はい
　　　　　　　ちょいまちー＝ちょっと待って
若者敬語例：　あざす＝ありがとうございます
　　　　　　　〜じゃないっすか＝じゃないですか
```

いつどのようなときに、方言話者が自らの方言やエセ方言を使うのか、共通語話者がエセ方言を使うのか、明確な基準が見いだしにくい。若者はLINE 上で、方言・エセ方言、若者ことば・ネットスラングなどの言語変種や、絵記号、スタンプなどのヴィジュアル表現を適宜使用しながらコミュニケーションを行っている。方言を話す人や相手が固定されているわけではなく、同じ相手にも方言を使ったり使わなかったりもする。「方言」は LINE 上の多彩な言語変種の 1 つであり、それぞれの話者の言語レパートリーの言語資源の一部として、場や関係性の構築・保持・深化に利用されているといえそうだ。

　三宅（2018）の調査では、共通語話者の 8–9 割がエセ方言を使ったりもらったりしていた。「方言」は雰囲気の柔らかさや親しみ感を作り出す言語資源として使われ、方言のもつ地域性や地方性の感覚は薄まっているようだ。共通語とエセ方言、方言の間には確たる断絶があるのではなく、その場その場に合わせて適度に繰り出されているのではないだろうか。

　大野（2000: 82）の以下のコメントは、多様な言語変種やヴィジュアル表現が LINE 上で展開される予兆であったといえるのかもしれない。「かつてなかった中間ヴァラエティー」とは、文脈からは新方言やネオ方言を含む、話しことばのさまざまな言語変種をさしていると思われるが、LINE というヴァーチャルな「書きことば」の世界では、話しことばでは実現できないような「中間ヴァラエティー」をも生成させることが可能である。LINE の「方言」は、話しことばよりも自由で積極的な、新しいコミュニケーション表現の 1 つだということができる。

　　私たちの日常語は共通語か方言かの二者択一になっているのではない。共通語と方言の間に存在する無段階のヴァラエティー連続を、場面に即して行ったり来たりしている。ことに共通語に対してコンプレックスを持たない世代、あるいは地域においては、その中間段階においてかつてなかった中間ヴァラエティーを生成させることも大いにあり得ることである。

4. おわりに—LINE からみえるコミュニケーションの変化

　分析した LINE の中の「方言」は、小林 (2004) の「システム→スタイル→アクセサリー」という変遷の最終地点である「アクセサリー」や、方言コスプレの時代 (田中 2007) の着脱可能な「おもちゃ」という域をすでに超えているようにみえる。

　再びメディア論から引用しよう。伊藤・岡部 (2006) は、電子メディアが「特定の社会的境界を崩壊させる影響力をもつ」としたメイロウィッツ (2003) を引用しつつ、それに加えて「新たな社会的境界を構築し、具現化する影響力をも持ち合わせている」と考えた。LINE がもつさまざまな機能は、時と場所を選ばずにコミュニケーションを開始する機会を大きく広げた。このようなテクノロジーに支えられ、LINE チャットではリアル空間とヴァーチャル空間とを行き来し融合するコミュニケーションが展開する。方言・エセ方言、ネットスラング、若者ことばなどの言語変種や、スタンプや絵記号などのヴィジュアル表現が言語資源として利用され、リズムや親近感を作り出し、場と関係性を醸成している。

　21 世紀の若者たちは、常に身体と共に移動する高性能のモバイル・メディアを手に入れ、移動しても変わらないコミュニケーション空間でつながっている。移動することの意味は劇的に変わったのである。物理的な移動はもはや従来のようなことばの変化をもたらさない。モバイル・メディアによる「方言」の変容は、これまでの都市化や TV の普及などによってもたらされた方言の衰退とは異なる軌跡を描きながら、さらに急速に進んでいくのではないかと思われる。時空間の境界を超えたコミュニケーションから今後どのような言語実践が生まれてくるのかを注視していきたい。

注
1. ここでいう「言語資源 (リソース)」とは、個人の言語レパートリー (注 5 を参照) を形づくる言語的要素をさす。

2. LINE は韓国の IT 企業「NHN」の日本法人「LINE 株式会社」が提供しているコミュニケーション・アプリ。LINE チャットとは LINE のトーク機能を利用して行う文字によるやりとりをさす。
3. 本稿では、生育地方言ではない方言を「エセ方言」と総称し、ニセ方言とほぼ同義で使用する。
4. 本稿では、「方言」は地域方言をさし、「「方言」」とカッコ付けするときはエセ方言を含む方言の変種をさすこととする。
5. 「言語レパートリー」とは、従来的には特定の言語コミュニティーのメンバーに用いられる言語資源（リソース）の全体をさす概念（Gumperz (1972/1986)) とされてきた。しかし本稿では、新社会言語学（例えば Blommaert & Backus 2013）が提唱するように、個人の言語資源（リソース）全体をさすものとする。
6. ガラパゴス携帯の略。日本の携帯電話が世界から隔離されたような環境で独自の進化をとげたことを揶揄した表現。フィーチャーフォンということもある。
7. 2017 年 2 月に首都圏の T 大学で 18 〜 22 歳を対象に行った調査。標準語（共通語）話者 48 名と方言話者 9 名の計 57 名に、対面と SNS 上における方言使用状況や使用する相手などについて聞いている。
8. それぞれの発話者が 1 フキダシずつでやりとりをすると、2 フキダシで 1 往復ということになる。本データのフキダシの数と往復数の算定では、1 人の発話者が 1 ターンの間に発話を数回行っている例が多いことが分かる。また「1 往復半」とは、あるテーマを開始した発話者の発話でその談話が終わっていることを示している。

文献

天笠邦一 (2016)「子育て空間におけるつながりとメディア利用—社会的想像力の喚起装置としてのスマートフォン」富田英典編『ポスト・モバイル社会—セカンドオフラインの時代へ』pp.108–124. 世界思想社

伊藤瑞子・岡部大介 (2006)「テクノソーシャルな状況—ケータイ・メールによる場の構築」松田美佐他編 (2006)『ケータイのある風景—テクノロジーの日常化を考える』北王子書店

大野眞男 (2000)「学校教育と標準語・共通語・方言」佐藤和之・米田正人編著『どうなる日本のことば—方言と共通語のゆくえ』pp.75–82. 大修館書店

岡本能里子 (2016)「雑談のビジュアルコミュニケーション— LINE チャットの分析を通して」村田和代・井出里咲子『雑談の美学』pp.213–236. ひつじ書房

倉田芳弥他（2017）「LINE の会話における聞き手の行動―相づちの分析から―」『社会言語科学会第 39 回大会発表論文集』pp.58–61．社会言語科学会

小林隆（2004）「アクセサリーとしての現代方言」『社会言語科学』第 7 巻第 1 号 pp.105–107．社会言語科学会

須田康之他（2016）「LINE スタンプを用いたコミュニケーションの特質」『兵庫教育大学研究紀要』第 49 巻 pp.1–8　兵庫教育大学

創業手帳＠WEB（2016）「SNS 成功例に学ぶ！4 大ソーシャルメディアの特徴と活用術」http://sogyotecho.jp/sns-02/ 2017/2/16 参照

総務省情報通信政策研究所（2017）「平成 28 年情報通信メディアの利用時間と情報行動に関する調査：概要」http://www.soumu.go.jp/main_content/000492876.pdf 2017/7/30 参照

田中ゆかり（2005）「携帯メイルハードユーザーの「特有表現」意識」『表現と文体』pp.425–436．明治書院

田中ゆかり（2007）「「方言コスプレ」にみる「方言おもちゃ化」の時代」『文学』第 8 巻第 6 号　pp.123–133．岩波書店

種村剛（2015）「LINE の既読無視はなぜ非難されるのか―大学 1 年生へのアンケート調査を通じて―」『自然人間社会』Vol. 58, pp.73–105．関東学院大学経済学部教養学会

富田英典編（2016）『ポスト・モバイル社会―セカンドオフラインの時代へ』世界思想社

西川勇佑・中村雅子（2015）「LINE コミュニケーションの特性の分析」『東京都市大学横浜キャンパス情報メディアジャーナル』第 16 号 pp.1–16．東京都市大学

橋元良明他（2010）『ネオ・デジタルネイティブの誕生　日本独自の進化を遂げるネット世代』ダイヤモンド社

三村忠史・倉又俊夫（2009）『デジタルネイティブ―次世代を変える若者たちの肖像』生活人新書 278　NHK 出版

三宅和子（2001）「ポケベルからケータイ・メールへ―歴史的変遷と必然性―」『日本語学』第 20 巻 10 号　pp.6–22．明治書院

三宅和子（2005）「携帯メールの話しことばと書きことば―電子メディア時代のヴィジュアル・コミュニケーション」『メディアとことば』第 2 巻　pp.234–261．ひつじ書房

三宅和子（2006）「携帯メールに現れる方言―「親しさ志向」をキーワードに―」『日本語学』第 25 巻第 1 号　pp.18–31．明治書院

三宅和子（2016）「身近なやりとりからことばを見つめ直す」『日本語学』第 35 巻第 2 号 pp.40–51．明治書院

三宅和子（2018）「SNS における方言使用の実態―エセ方言はいつ、誰に使うのか―」『文学論藻』第 92 号　pp.42–62．東洋大学
宮嵜由美（2015）「LINE を用いた依頼場面における送受信者の言語行動―表現の担う機能と構造に着目して」西尾純二他編『言語メディアと日本語生活の研究』pp.5–20.
メイロウィッツ・J（2003）『場所間の喪失（上）電子メディアが社会的行動に及ぼす影響』新曜社（Meyrowitz, J. (1985)　*No Sense of Place: The Impact of Electronic Media on Social Behavior*, New York: Oxford University Press.）
森本祥一（2016）メッセージングアプリの機能がコミュニケーションにおいて果たす役割に関る一考察」『専修大学情報科学研究所所報』86 pp.19–24.
吉田達（2016）「スマートフォンの普及と日常の「電子」化―情報利活用とそのリスク」富田英典編『ポスト・モバイル社会―セカンドオフラインの時代へ』pp.159–175．世界思想社
Blommaert, J. & Ad Backus. (2013) 'Superdiverse Repertoires and the Individual' in Ingrid de Saint-Georges and Jean-Jacques Weber (eds.) *Multilingualism and Multimodality: Current Challenges for Educational Studies*. Rotterdam: Sense Publishers.
Gumperz, J. (1972/1986). Introduction. in J. Gumperz & D. Hymes (Eds.) *Directions in sociolinguistics: The ethnography of communication*. pp.1–25. London: Blackwell.

謝辞

　T 大学の 2016 年度『日本語学演習 II III』の受講生の皆さんには、データ収集や若者の LINE の使用傾向に関する情報をいただくなど、大変お世話になった。ここに記して感謝申し上げる。

Ⅳ　歴史の中のコミュニケーション

第 15 章
関西における掛け合い型談話の由来と展開
―漫才と日常会話の相互作用―

日高水穂

1. はじめに

　日本各地の地域別の「独自ルール」を紹介する「ルールシリーズ」(都会生活研究プロジェクト)[1]の『大阪ルール』(2007年)に、以下の記述がある。

　　大阪人同士の会話を聞くと、あたかも漫才のように聞こえることがある。
　　しかし、内容を聞くとさして面白いことを言っているわけではない。
　　そりゃそうだ。いくら大阪人でも、みんなが明石家さんまのように、オモロいことを言えるわけではない。
　　面白く聞こえるのには、会話のテンポや言葉の言い回しに秘密がある。
　　つまり、大阪人=「面白いことを言う」ことに命をかけている人、というイメージがあるが、正確には、「会話全体をいかにテンポよく、面白く盛り上げるか」に命をかけているというほうが近い。
　　大阪人との会話で重要なのはパス回しの妙技だ。
　　ふたりでいても、大人数でいても、自分がどのポジションにいて、どういう役割を期待されているのか(「ボケるのか」「ツッコむのか」)を瞬時に判断して行動しなければならない。
　　　　　　　　　　　　　　　　　(『大阪ルール』「言葉・人間関係編」:113)

比較のために、同シリーズの『東京ルール』(2006年)をみると、「東京人は、ズカズカ土足で踏み込まれるようなつき合いを好まない。(中略)つかず離れず、ビミョーな距離感。これが東京流交際術のコツだ。」(『東京ルール』「住宅編」:97)、「東京では、(他人が)何をしていても、どんな格好をしていても、個人の自由と割り切り、何があっても空気のように気にしない。」(『東京ルール』「会話・人間関係編」:131)といった記述がみられ、対人関係上の距離の取り方やコミュニケーションスタイルに、地域ごとの「独自ルール」があることが読み取れる。

「漫才のような大阪人の会話」とは、現在、メディアの喧伝もあって、「大阪人(の会話)」のステレオタイプ化したイメージともなっているが、「自分がどのポジションにいて、どういう役割を期待されているのか(「ボケるのか」「ツッコむのか」)を瞬時に判断して行動」することは、一定の世代以降の大阪人には自覚的に行われているものの、古くから伝統的に意識・継承されてきたものではないと思われる。少なくとも、現代的な漫才が創出されるのは昭和初期のことであり、また、「ボケ」「ツッコミ」という漫才固有の役割関係を表す用語が日常語として一般化するのも、1980年代初頭の「漫才ブーム」[2]を経たのちのこととみられる(日高水穂 2017a・b)。

本稿では、関西における日常会話と漫才の掛け合いの相互の影響関係を明らかにするために、まずは、日高(2017a・b)をもとに、漫才が掛け合い芸として確立していく過程をたどる。そのうえで、ボケ・ツッコミの会話を好む、現在の大阪若年層のコミュニケーション意識を、大阪高年層、関東若年層との比較によって分析し、あわせて掛け合い型談話として特徴づけられる大阪若年層の会話例を、関東(首都圏)若年層の会話例との比較によって分析する。

2. 寄席演芸としての漫才の成立過程

2.1 賢愚二役の名称と役割の変容

現在の関西の日常会話にみられるボケ・ツッコミの会話が、漫才の掛け合

いをモデルにしているとするならば、寄席演芸としての漫才の成立過程をみていくことは、ボケ・ツッコミの会話の由来を解明することにもつながるだろう。

　漫才は、明治末期から昭和初頭にかけて、門付け芸としての万歳が軽口（俄の冒頭で演じられる二人の演者による掛け合い）や音頭（江州音頭・河内音頭）などの諸芸と融合して寄席演芸化したものを始祖とする（大阪府立上方演芸資料館編 2008、前田勇 1975）。「万歳」から「漫才」に移行する過程において、唄や踊りなどを伴わず、会話だけで成立する「しゃべくり漫才」[3]が創出されたのは昭和初期のことであるが、漫才が賢役（かしこ役）と愚役（あほ役）の二人の演者による掛け合いの形をとるのは、こうした先行諸芸から引き継がれたものである。

　現在、漫才の賢愚二役は、賢役が「ツッコミ」、愚役が「ボケ」と呼ばれるが、この名称は、漫才が先行諸芸から分化・独立し、独自の芸の型を確立していくなかで、新たに選び取られたものである。日高（2017b）では、漫才に関する事典（辞典）・演芸書類[4]の記述を総合し、漫才と先行諸芸の賢愚役の名称の関係と変遷を、以下のように整理して示した。

（1）　門付け芸の万歳では、「太夫」（賢役）・「才蔵」（愚役）の名称が使用されていた。
（2）　軽口では、道化役を「ピン」または「ボケ」と呼んでいた。
（3）　講談・落語で一座の座長にふさわしい芸の持ち主を「シン」と呼ぶことから、寄席演芸化した当初の万才および軽口でも座長役（仕切り役）としての太夫を「シン」と呼ぶようになった。賢役の「シン」と対になる愚役の名称としては、軽口の道化役を意味する「ピン」「ボケ」が使用された。
（4）　万才・軽口から漫才が分化・独立していく過程で、愚役の名称はその芸の内容から「ボケ」に固定していったが、対になる賢役の名称は定まらなかった。一時的に語源意識が曖昧になった「ピン」をあてることがあったものの、漫才の賢役としての意味的な必然性が感じられな

い「ピン」は定着しなかった。
（5） 漫才が「愚役の「愚かな言動」（＝ボケ）に対して賢役が「鋭く指摘する」（＝ツッコミを入れる）ことにより笑いを生む芸」として認識されるようになり、愚役の「ボケ」と対になる賢役の名称として「ツッコミ」が定着した。（日高 2017b: 22）

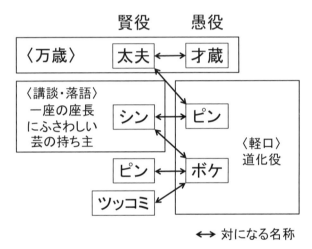

図1　漫才と先行諸芸の賢愚役の名称の関係（日高 2017b: 23）

　漫才の賢愚役の名称の変遷は、先行諸芸から漫才へと移行する際に生じた、演者の主従関係の変容に応じたものである。すなわち、門付け芸の万歳においては、祝福芸の中心は太夫（＝主）が担い、才蔵（＝従）は笑いを添える脇役であったのに対し、寄席演芸の漫才においては、笑いを生み出す芸の中心はボケ（＝主）が担い、ツッコミ（＝従）は「ボケの笑いを効果的にするためのひき立て役」（織田正吉 1968: 6）となったのである。
　日高（2017b）では、先行諸芸から漫才が分化・独立し、独自の芸の型を確立していく過程を、〈黎明期〉明治末期〜昭和初頭、〈創生期〉1930 〜 1950 年代、〈完成期〉1960 〜 1970 年代、〈発展期〉1980 年代以降の4期に区分[5]したが、民間芸能としての祝福芸から寄席演芸としての諸芸に移行した段階

が〈黎明期〉、諸芸から掛け合い芸に移行した段階が〈創生期〉、ボケ・ツッコミの掛け合いの型が確立した段階が〈完成期〉であり、さらに〈発展期〉は、掛け合いの内容が多様化した段階と見なせるのである。

2.2　賢愚二役の掛け合いの変容

　漫才が先行諸芸から分化・独立する過程においては、賢愚二役の名称、役割に段階的な変容が生じており、その変容は掛け合いのことばにも反映している。日高（2017a）では、〈創生期〉から〈発展期〉までの掛け合いの変容を、各期の代表的な漫才コンビ（表1参照）によって実際に演じられた漫才台本[6]を資料として調査・分析した。着目したのは、ボケへの応答の定型句である。ボケへの応答の定型句とは、愚役の「愚かな言動」（＝ボケ）に対する「鋭い指摘」（＝ツッコミ）として使用される定型句である。調査の結果、「あほ類」（「そんなアホな」「アホなこと言うな」等）、「むちゃ類」（「むちゃ言うたらいかんがな」「そんな無茶すな」等）、「ええかげん類」（「いい加減にしとけ」「ええかげんにせい」等）、「頼りない類」（「なにを頼りないことを言うてんね」「たよりない女やなあ」等）、「よう言わんわ」、「なんでやねん」の6種の定型句が、複数のコンビによって使用されていた。

　これらの6種の定型句は、その機能に基づき、打ち消し系（ボケを打ち消す働きをもつもの）と、評価系（ボケへの評価（蔑み・呆れ・戸惑い）を示すもの）に分類することができる（日高 2017a：左90）。

（Ⅰ）打ち消し系
　（a）あほ類：常識に反する言動の打ち消し
　（b）むちゃ類：理不尽な言動の打ち消し
　（c）ええかげん類：過剰に繰り返されるボケの打ち消し
（Ⅱ）評価系
　（d）頼りない類：無知な言動に対する軽い蔑み
　（e）よう言わんわ：奇想天外な言動に対する呆れ
　（f）なんでやねん：想定される「正解」からずれた言動に対する強い

戸惑い

　この分類をふまえ、これら6種の定型句の各漫才コンビの使用状況を整理すると、表1のようになった。

表1　ボケへの応答の定型句の使用状況（日高 2017a：左 91）

	漫才コンビ（コンビ結成年）	打ち消し系			評価系		
		あほ類	むちゃ類	ええかげん類	頼りない類	よう言わんわ	なんでやねん
創生期	秋山右楽・左楽（1926年）	◎	◎		◎		
	ミスワカナ・玉松一郎（1928年）	◎	◎		◎	◎	
	林田五郎・柳家雪江（1929年）	◎	◎	○	◎	◎	
	横山エンタツ・花菱アチャコ（1930年）	◎	◎	◎			
	芦乃家雁玉・林田十郎（1937年頃）	◎	◎				
完成期	ミスワカサ・島ひろし（1941年）	◎	◎			○	
	中田ダイマル・ラケット（1941年）	◎		◎			◎
	海原お浜・小浜（1943年）	◎			○	○	
	夢路いとし・喜味こいし（1948年）	◎	◎		◎	○	○
	上方柳次・柳太（1957年）	◎	◎	○			
発展期	横山やすし・西川きよし（1966年）	◎	○	◎			◎
	今いくよ・くるよ（1971年）	◎		◎			
	ザ・ぼんち（1972年）	◎		◎			
	オール阪神・巨人（1975年）	◎					◎
	西川のりお・上方よしお（1975年）	◎		◎			◎

◎：使用例が2回以上　　○：使用例が1回

　注目されるのは、打ち消し系の定型句のうち、「むちゃ類」から「ええかげん類」への移行がみられることと、評価系の定型句において「頼りない類」「よう言わんわ」から「なんでやねん」への移行がみられることである。

打ち消し系の定型句の変容については、日高（2017a）では以下のように述べた。

　「常識に反する言動」に対して、「理不尽な言動」は強烈さでそれを上回るものである。さらに、そうした「常識に反する言動」や「理不尽な言動」が繰り返された結果、「過剰に繰り返されるボケの打ち消し」の掛け合いが行われるという展開になる。
　〈創生期〉の漫才は、要所要所に「常識に反する言動の打ち消し」と「理不尽な言動の打ち消し」の掛け合いを差し込む形で展開していたのに対し、〈完成期〉以降は、個々の「愚かな言動」の強烈さよりも、「過剰なボケの繰り返し」の強烈さを際立たせるツッコミが常套化したものと言える。（日高 2017a：左 92）

また、評価系の定型句の変容に関しては、以下のように述べた。

　こうした評価系の掛け合いの変容は、賢愚二役の関係性の変容に対応するものと思われる。「無知な言動に対する軽い蔑み」や「奇想天外な言動に対する呆れ」は、賢役が愚役よりも上の立場に置かれることで生じる評価であるが、「想定される「正解」からずれた言動に対する強い戸惑い」は、賢役が愚役に振り回される立場に置かれることで生じる評価である。〈創生期〉の漫才の賢愚二役には、万歳（万才）時代の上下関係（主従関係）が色濃く残っており、その掛け合いにも賢役が愚役の「愚かさ」をたしなめる、という型が踏襲されていた。〈完成期〉以降の漫才では、愚役のボケは単なる「愚かさ」を表明するものではなく、常識を超えた発想、飛躍のある展開によって賢役を翻弄するものとなり、賢役はその創造的なボケを際立たせるツッコミを行うようになったのである。（日高 2017a：左 92）

要するに、打ち消し系の定型句の変容も評価系の定型句の変容も、漫才の

笑いが、ボケの「愚かさ」を笑うものから、ボケの奇想天外な発想とそれを的確に指摘するツッコミの掛け合いの妙を笑うものに変容したことを反映したものだと言えるのである。

以上でみてきた漫才の賢愚二役の名称・役割・掛け合いの変容をまとめると、表2のようになる。

寄席演芸の漫才は、掛け合いの会話を好む大阪の文化的土壌のなかで生み出されたものではあるが、〈創生期〉の当初から、現在みられるボケ・ツッコミの掛け合いが行われていたわけではない。漫才用語としてのボケ・ツッコミが確立するのは〈完成期〉であり、さらにこの用語が日常語として一般社会に浸透するのは、〈発展期〉以降のことであるとみられる。

大阪発の漫才が掛け合い芸として確立していき、メディアを通じて全国に受容されたことで、芸として練り上げられた漫才の掛け合いは、大阪人の会

表2　漫才の賢愚二役の名称・役割・掛け合いの変容（日高 2017a：左 93）

	主たる芸	賢愚二役の名称と役割	掛け合いの類別（ボケへの応答の定型句）
〈黎明期〉明治末期〜昭和初頭	祝福芸から諸芸へ	賢役：太夫、シン 愚役：才蔵、ピン、ボケ 賢役が主で愚役が従	常識に反する言動の打ち消し（あほ類）
〈創生期〉1930〜1950年代	諸芸から掛け合い芸へ		理不尽な言動の打ち消し（むちゃ類） 無知な言動に対する軽い蔑み（頼りない類） 奇想天外な言動に対する呆れ（よう言わんわ）
〈完成期〉1960〜1970年代	ボケ・ツッコミの掛け合いの型が確立	賢役：ツッコミ 愚役：ボケ 愚役が主で賢役が従	過剰に繰り返されるボケの打ち消し（ええかげん類） 想定される「正解」からずれた言動に対する強い戸惑い（なんでやねん）
〈発展期〉1980年代以降			

話のモデルとされるようになった。次節ではこの経緯をふまえ、ボケ・ツッコミの会話に対する志向性（コミュニケーション意識）の地域差と世代差をみていく。

3．コミュニケーション意識の世代差と地域差

　冒頭でふれた大阪人の「自分がどのポジションにいて、どういう役割を期待されているのか（「ボケるのか」「ツッコむのか」）を瞬時に判断して行動」するというコミュニケーション意識が、掛け合い芸としての漫才の変容と日常化の過程を経て、一般の大阪人に自覚されるようになったものであるとすると、こうした意識には地域差および世代差があると考えられる。

　大阪の高年層と若年層および関東の若年層に対して、ボケ・ツッコミの会話への志向性を問うアンケート調査[7]を行った。調査概要を以下に示す。

［回答者／調査時期］
　　大阪高年層：大阪府出身者（60–70 代）86 名／ 2012 年 5 月調査
　　大阪若年層：大阪府出身者（関西大学学生）130 名／ 2011 年 6 月・11 月
　　　調査
　　関東若年層：関東地方出身者（東洋大学・東京女子大学学生）165 名（内
　　　訳：東京都 51 名・埼玉県 40 名・神奈川県 29 名・千葉県 27 名・茨
　　　城県 10 名・群馬県 7 名・栃木県 1 名）／ 2014 年 11 月調査
［調査項目］次の（1）〜（4）について、あてはまるものを①〜③から 1 つ
　　選ぶ。
　　（1）　会話の中でボケることがある。
　　　　　①よくある　　②たまにある　　③ない
　　（2）　会話の相手がボケたらすかさずつっこむ。
　　　　　①よくある　　②たまにある　　③ない
　　（3）　会話にはオチが必要だと思う。
　　　　　①とても思う　　②やや思う　　③思わない

（4）　ちょっとした失敗は話のネタになると思う。
　　　　①とても思う　　②やや思う　　③思わない

　調査結果を図2に示す。
　図2により、まず、大阪府出身者の回答の世代差をみてみると、いずれの項目においても、大阪若年層の「よくある」「とても思う」の回答率は、大阪高年層を大幅に上回るものとなっている。大阪高年層においては、ボケ・ツッコミの会話に対する志向性は、若年層ほどには強く自覚されていないことがわかる。
　この調査の高年層は、2012年の調査時において60代以上、すなわち、ほぼ1950年以前の生まれであったことになるが、ここでの調査結果と、この世代が漫才のボケ・ツッコミの掛け合いが確立する以前に幼少期を過ごした世代であることとは合致するものであると言えよう[8]。
　次に地域差をみてみる。いずれの項目においても、大阪若年層の「よくある」「とても思う」の回答率は、関東若年層を大幅に上回っており、大阪若年層は関東若年層に比べて、ボケ・ツッコミの会話への志向性、「おもしろい会話」への志向性が格段に高いことがわかる。
　ここで注目したいのは、(1)「会話の中でボケることがある」と(2)「会話の相手がボケたらすかさずつっこむ」の「よくある」の回答率である。大阪若年層では、(1)よりも(2)のほうが倍近い高い回答率になっているのに対し、関東若年層では(1)と(2)の回答率はほとんど変わらず、わずかながら(1)よりも(2)のほうが低くなっている。ここで、大阪高年層の(1)と(2)の「よくある」の回答率をみてみると、(1)よりも(2)のほうが高いことから、傾向としては大阪若年層に近いと言える。
　このことは、漫才の笑いを日常会話に取り入れる際の観点が、関東と関西（大阪）で異なっていることを意味している。関東では漫才の笑いは「ボケのおもしろさ」として理解されており、それを日常会話に取り入れるとすれば、自らボケることに意識が向かう。それに対して、関西（大阪）では相手のボケをうまくひろって（＝ツッコんで）会話を盛り上げることが、漫才の

第15章　関西における掛け合い型談話の由来と展開　351

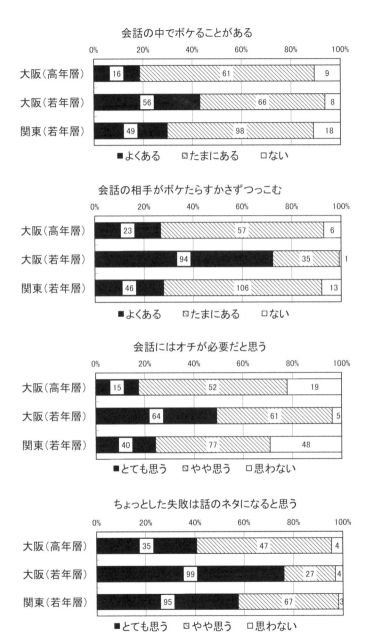

図2　コミュニケーション意識の世代差・地域差

笑いを日常会話に取り入れる際の醍醐味だと認識されている。

　冒頭の『大阪ルール』で、「大阪人＝「面白いことを言う」ことに命をかけている人、というイメージがあるが、正確には、「会話全体をいかにテンポよく、面白く盛り上げるか」に命をかけているというほうが近い」という指摘は、コミュニケーション意識の地域差として、確かに認められるものなのである。

4. 掛け合い型談話の特徴

　漫才のボケ・ツッコミの掛け合いが、日常会話に取り入れられるとき、どのような特徴をもつ談話が生み出されるだろうか。

　ここでは、関東（首都圏）と関西（大阪）の若年層話者の会話例を比較する。分析するのは、ウェブサイト「方言ロールプレイ会話データベース」に掲載されている「文句を言う（文句談話）」の男性ペアの会話である[9]。設定した場面（役割）は以下のものである。

> ［A役］ゼミ（サークル・親睦グループ等）の集まりがあり、メンバーが集合場所に集まっています。ところが、集合時間を30分過ぎてもBさんが来ません。Bさんに電話をかけて文句を言ってください。Bさんの言い分を聞いた上で、来るように促してください。
> ［B役］ゼミ（サークル・親睦グループ等）の集まりに出席する予定だったのですが、集合時間を30分過ぎてしまいました。すでに集合場所にいるAさんから電話がかかってくるので、言い訳をしてください。Aさんに来るように促されたら了解してください。

　文句談話は、その「主要部」（用件のやりとりが展開する部分）[10]において、〈事態共有のための談話〉から〈事態修復のための談話〉へと展開し（三井はるみ 2014 参照）、それぞれの談話には、以下のような状況把握のためのやりとり（話段）が現れる。

(a)〈事態共有のための談話〉を構成する状況把握の話段
　(a1) Bの居場所に関する状況把握
　　　A：今どこにいるの？［情報要求］
　　　B：家にいる。［陳述・表出］
　(a2) Bの遅刻の理由に関する状況把握
　　　A：どうしたの？［情報要求］
　　　B：寝坊した。［陳述・表出］
　(a3) A側の様子に関する状況把握
　　　B：みんな来てる？
　　　A：来てるよ。先輩が怒ってるよ。
(b)〈事態修復のための談話〉を構成する状況把握の話段
　(b1) 待ち時間に関する状況把握
　　　A：どれくらいで着く？［情報要求］
　　　B：30分くらいで着く。［陳述・表出］
　(b2) 移動手段に関する状況把握
　　　A：乗り換えできないの？［情報要求（行為要求）］
　　　B：調べてみる。［陳述・表出］

　上記のように、文句談話の状況把握の話段では、(a3)以外はAの質問にBが応答する形をとるため、Aが会話の流れを支配する（主導権をとる）展開になりやすい。
　以下では、文句談話の主要部を話段に区切り、各発話の行為的機能（熊谷智子1997参照）として「情報要求」「行為要求」「注目要求」「陳述・表出」「注目表示」「関係づくり」「儀礼」「宣言」をたて、話段、発話、行為的機能を併記する形で会話例を表示する（井上文子編2014参照）。
　まず、文句談話の典型的な展開を示す会話例として、首都圏・若年層・男性ペアの会話例をみてみる。

(1) 首都圏・若年層・男性ペア

話段		発話	行為的機能
01	状況把握：Bの居場所	6A：今どこにいんの。 7B：今、赤羽。	A：情報要求 B：陳述・表出
02	非難	8A：{笑}まったー？ 9B：だってしょうがないでしょー。 10A：おっそ。	A：情報要求 B：陳述・表出 A：陳述・表出
03	言い訳	11B：いや、だってさー、また、ほら、いつもの人身事故ですわ。	B：陳述・表出
04	非難	12A：出た。出たよ、さい、いやちゃ、だからさー、 13B：え？ 14A：え、それでも、 15B：申し訳ない。 16A：それを見越して出ろって毎回ゆってんのに。	A：陳述・表出 B：注目表示 A：注目表示 B：関係づくり、儀礼 A：陳述・表出
05	言い訳	17B：うん。{笑}いや、でもー、 18A：うん。 19B：え、ちょっと、じゅ、10分、20分早く出てるよ、それは。	B：注目表示 A：注目表示 B：陳述・表出
06	非難	20A：{笑}いや、それでそれじゃん。それでそれじゃん。 21B：うん。 22A：え、なに、あん、	A：陳述・表出 B：注目表示 A：注目表示
07	状況把握：A側の様子	23B：でもみんな来てんの？ 24A：う、い、全員いるよ。 25B：おー。{笑}	B：情報要求 A：陳述・表出 B：注目表示
08	状況把握：待ち時間	28A：で、なに、あと何分ぐらいで来んの。 29B：あとまあ20分ぐらいかかっちゃうか、あ、でも、わかんない。まだ、ちょっとなんかね、動きそうになんだよ。	A：情報要求 B：陳述・表出

09	状況把握：移動手段	30A：なるほど。あの、乗り換えもできないの。 31B：あ、ちょっと今、ん、だから、京浜東北線で1回、まあ、あ、秋葉原かどっか出て、 32A：うん。 33B：行くから、結構時間かかっちゃうんだけど。	A：情報要求 B：陳述・表出 A：注目表示 B：陳述・表出
10	状況把握：待ち時間	34A：ま、2、3、30分ぐらいあれば、来る。 35B：うんー、もうちょいかかるかもなー。	A：情報要求 B：陳述・表出
11	了承と謝罪	36A：うーん。ま、ん、了解でっす。 37B：うん、 38A：了解です。 39B：悪い、申し訳ない。	A：陳述・表出 B：注目表示 A：陳述・表出 B：関係づくり、儀礼
12	了承と謝罪	40A：まあ、一応、たぶん、時間、 41B：あの、急いで行きます。 42A：はい、お願いします。時間には間に合うだろうから。 43B：うん。うん、ごめんね。	A：陳述・表出 B：陳述・表出 A：行為要求／陳述・表出 B：関係づくり、儀礼

　01 〜 07 が〈事態共有のための談話〉、08 〜 12 が〈事態修復のための談話〉である。01・02・04・06・08・09・10・11・12 が A の発話からはじまっており、A がこの会話の主導権を取り続けていることがわかる。B の発話から開始されるのは、03・05 の「言い訳」と、07 の「A 側の様子に関する状況把握」であるが、03・05 の後には A の「非難」が展開し、07 についても A の「全員いるよ。」（24A）という発話に対して、B は「おー。{笑}」（25B）と応答するにとどまり、会話の主導権を取るには至っていない。

　前半の〈事態共有のための談話〉では、A の「非難」と B の「言い訳」が展開し、後半の〈事態修復のための談話〉では A の「了承」と B の「謝罪」が展開するなど、全般的に A が強い立場、B が弱い立場を維持し続ける展開となっている。

　次に、掛け合い（ボケ・ツッコミ）型のやりとりを含む、関西・若年層・

男性ペアの会話例をみてみる。破線部分がボケ、実線部分がツッコミである。

(2) 関西・若年層・男性ペア

話段		発話	行為的機能
01	用件確認	4A：今日、ゼミの親睦会やけどー、 5B：あっ、はい。 6A：えっ、B、来るゆってゆってたよなー。 7B：はい、行きます。	A：陳述・表出 B：注目表示 A：情報要求 B：陳述・表出
02	状況把握：Bの遅刻の理由	8A：え、もう、集合時間30分過ぎてるけど、わかってる？ 9B：あー、あのー、 10A：うん。 11B：や、今日、その、家出たときにさー、 12A：うん。 13B：あの、チャリンコの、か、かごにさー、 14A：うん。 15B：や、すっごいかわいい野良猫入っとってさー、 16A：うん。 17B：そんなん、見つめるほかないやん。 18A：いや、おまえ、{笑}も、大学生んなって、猫見つめてて30分遅刻とか、おまえ、Z先生、もう許してくれへんよ。 19B：{笑}	A：情報要求 B：注目要求 A：注目表示 B：陳述・表出 A：注目表示 B：陳述・表出 A：注目表示 B：陳述・表出 A：注目表示 B：陳述・表出 A：陳述・表出 B：注目表示
03	話題の派生	20A：{笑} あのー、 21B：やー、 22A：うんうん。 23B：案外あれやで、先生、猫好きかもしれへんで。 24A：いやいやいや、あの仏のZ先生も、顔が鬼、よ、これ、こんなん聞いたら。	A：注目要求 B：注目要求 A：注目表示 B：陳述・表出 A：陳述・表出

		25B：あーあー、や、さすが、鬼のような顔見てるだけあるな。	B：陳述・表出
		26A：いや、ほんますぐ、ま、それは置いといて。早く来てー、	A：陳述・表出／行為要求
04	状況把握：A側の様子	27B：あ、はい。	B：注目表示
		28A：みんな待ってるから。	A：陳述・表出
		29B：あ、も、はい、すいません。はいはい。	B：関係づくり、儀礼
		30A：ほんまに。	A：陳述・表出
05	状況把握：移動手段	31B：今、もう、めっちゃダッシュで走ってるとこやから。	B：陳述・表出
		32A：走って、うん、来てー、早く。	A：行為要求
06	話題の派生	33B：うん、あのー、なんでこんなときに電話してくんのかなー。	B：情報要求
		34A：えー。や、ちゃう、だって、	A：陳述・表出
		35B：{笑}	B：注目表示
		36A：し、し、もしかしたら交通事故あってないかな、とかさ。	A：陳述・表出
		37B：あー、もう優しい。	B：陳述・表出
07	了承と謝罪	38A：はよ来て、だか、も、ええから。{笑}	A：行為要求
		39B：{笑} すいません。ほんまにすいません。{笑}	B：関係づくり、儀礼
		40A：うん、はい。	A：注目表示
		41B：ほんまにごめんなさい。	B：関係づくり、儀礼
		42A：はよ来てねー。	A：行為要求
		43B：も、行きます、ダッシュで。はい。	B：宣言

　(1)の会話例のようには、典型的な展開をしていないため、談話の区切り目も示しにくいが、01～04が〈事態共有のための談話〉、05～07が〈事態修復のための談話〉とみておく。01・02・03・07がAの発話から開始されているが、02では9Bの発話以降、03では21Bの発話以降のやりとりが、Bの発話に対してAが応じるという展開になっており、いずれも会話の主導権をBが取っている。会話の主導権は、01がA、02～06がB、07がAというように、入れ替わりながら談話が展開していることになる。

会話の主導権がAからBに交替したのは9B以降であるが、その後に展開する11〜18の発話を抜き出してみてみる。

　　B：や、今日、その、家出たときにさー、(A：うん。)あの、チャリンコの、か、かごにさー、(A：うん。)や、すっごいかわいい野良猫入っとってさー、(A：うん。)そんなん、見つめるほかないやん。
　　A：いや、おまえ、{笑}も、大学生んなって、猫見つめてて30分遅刻とか、おまえ、Z先生、もう許してくれへんよ。

　遅刻の理由に猫を持ち出すナンセンスさ（異常さ）が「ボケ」となっているのだが、これをAはあいづちを打ちながら最後まで聞き終えたところで、その異常さをAの発話を要約（「猫見つめてて30分遅刻」）する形で指摘する。これがこのボケに対するツッコミになっている。19B・20Aで相互に生じた笑いは、共同でこのボケ・ツッコミを成立させたことへの達成感による笑いであろう。
　このやりとりのあとは、Bの繰り出すボケにAがツッコみ、あるいは、BがAをイジってAが困惑しながら（困惑する役を演じながら）応じる、という展開になっている[11]。
　関西（大阪）人の会話が、常にこうした展開をするわけではもちろんなく、関西出身者による文句談話のなかには、(1)でみた首都圏タイプのものもある。(2)の会話例からわかることは、「漫才のような大阪人の会話」が、漫才の賢愚関係（ボケ・ツッコミの関係）を、日常会話に取り入れたものであるということである。関西（大阪）若年層には、「自分がどのポジションにいて、どういう役割を期待されているのか（「ボケるのか」「ツッコむのか」）を瞬時に判断して行動」することが自覚されているからこそ、(2)のような会話が成立するのである。

5. おわりに

　本稿では、寄席演芸としての漫才の賢愚関係・掛け合いの型の変遷をたどり、コミュニケーション意識の地域差と世代差をみたうえで、日常会話における掛け合い型談話の特徴についてみてきた。

　掛け合い型談話は、会話の参加者の役割関係によって成立する。ボケ役、ツッコミ役が、それぞれ瞬時に自分の役割に応じた言動を行い、共同で会話を盛り上げる。そうした会話への参加意識は、漫才の〈発展期〉にあたる1980年代以降に関西（大阪）で生まれ育った世代に特に顕著にみとめられる。こうした環境におかれた若者たちのなかには芸人をめざし、次世代の漫才をになう者も現れる。今も確かに「漫才の話術と、それを育てた、あるいは漫才に育てられた上方の風土というものは、両者切っても切れない関係がある」（金水敏 1992：67）のである。

　寄席演芸としての漫才と関西（大阪）人の日常会話との間には、確かな相互作用があると言えよう。

注
1. 著者の都会生活研究プロジェクトは、「都会のルールや生活習慣、それぞれの地域性などを、衣・食・住・交通・街・遊・楽などあらゆる角度から調査・研究し、比較検討している」（『東京ルール』著者紹介より）という中経出版の編集部チーム。『東京ルール』（2006年）、『大阪ルール』（2007年）、『名古屋ルール』（2007年）、『沖縄ルール』（2009年）などが刊行されている。
2. 1980年1月放送の「激突！漫才新幹線」（フジテレビ系）の高視聴率を契機に、1980～1982年にかけて11回にわたり放送された「THE MANZAI」（フジテレビ系）によって牽引されたもので、寄席演芸とは異なるショーアップされた演出により、若者に熱狂的に受入れられた点で、かつてないブームとなった。
3. 「しゃべくり漫才」は、横山エンタツ・花菱アチャコ（コンビ期間 1930～1934年）がコンビを組んで大ブームを起こしたことにより、大阪の寄席演芸の中心を成すものとなる。大阪でのブームを受けて、東京で活動する漫才コンビも生まれたものの、東京の寄席演芸の中心は今に至るまで落語であり、東京の寄席のプロ

グラムでは、漫才は奇術や音曲などとともに、落語の合間に行われる「色物」として位置づけられる。
4. 『寄席楽屋事典』(花月亭九里丸編、2003 年復刊)、『上方演芸辞典』(前田勇編、1966 年)、『大衆芸能資料集成 8　舞台芸 I　俄・万作・神楽芝居』(西角井正大編、1981 年)、吉田留三郎 (1964)、織田正吉 (1968)、前田勇 (1975)、秋田実 (1975)、相羽秋夫 (2001) による。
5. 〈創生期〉・〈完成期〉・〈発展期〉の区分は、大阪府立上方演芸資料館 (編)(2008) の「漫才師名鑑」の前期・中期・後期の区分に対応させている。
6. 秋田実 (1973)、秋田実 (作)・藤田富美恵 (編・解説)(2008)、志磨八郎 (1974)、織田正吉 (1968)、中田明成 (1981)、足立克己 (1984)、花王名人劇場 (編)(1981) による。
7. 木部暢子ほか (2013) の「コミュニケーション意識の地域差」(第 3 章第 3 課)(執筆：三井はるみ) にも同じ調査項目による「大阪」と「東京」の若年層の調査結果を報告しているが、このときの「大阪」のデータ (日高が調査実施) は、大阪府以外の近畿地方出身者を含むものであり、「東京」のデータは 37 名 (三井氏が調査実施) で小規模であった。本稿で報告するものは、日高がその後行った追加調査により、大阪高年層のデータを新たに加え、大阪高年層・大阪若年層とも大阪府出身者に限るものとし、関東若年層の回答者数を増やした (三井氏のデータは含んでいない) ものである。なお、東洋大学での調査は三宅和子氏、東京女子大学での調査は熊谷智子氏の協力を得て実施した。
8. 陣内正敬 (編)(2003) に、「ボケ・ツッコミという関西流の会話は好きですか」という質問項目に対する、大阪市、広島市、高知市、福岡市、名古屋市、東京・首都圏の世代別のアンケート調査の結果が報告されている (調査時期は 2001〜2003 年)(陣内正敬 2010 参照)。表 3 に、この項目の大阪市と東京・首都圏の世代別の「好き」の回答率を抜粋して示す。

両地域とも若い世代のほうが高い回答率となっているが、特に 30 代以下と 40 代以上の間に境界があるように見受けられる。2001〜2003 年の調査時において、30 代以下は 1980 年代初頭の漫才ブーム以降に成人した世代であることを反映した結果だと思われる。また、表には示していないが、東京・首都圏の 60 代以上の回答は、「無回答」が 33.3% となっており (「嫌い」15.4%／「どちらとも

表 3　ボケ・ツッコミという関西流の会話が「好き」(陣内編 2003 より)

	10 代	20 代	30 代	40 代	50 代	60 代以上
大阪市	83.8%	74.1%	86.7%	65.4%	57.9%	45.4%
東京・首都圏	64.0%	62.7%	52.0%	33.3%	21.1%	6.4%

言えない」35.9％／「わからない」9.0％）、調査当時の東京・首都圏の 60 代以上（1940 年以前の生まれ）には、「ボケ・ツッコミという関西流の会話」の指すものが、理解できなかった可能性がある。ボケ・ツッコミという用語が一般化したのが、比較的最近であることの証左と言えよう。

　なお、陣内（編）(2003) には、「普段の会話で、自分の失敗談を披露して相手を笑わそうとすることはありますか」という質問項目の調査結果も報告されている。尾崎喜光（編）(2011) においても、「友達がつっ込んでくれるのを期待して、わざととぼけて間違ったことを言って話をおもしろくすることはあるか？」、「友達からちょっとした失敗談を聞かされたら "つっ込み" を入れる言葉を返すことがあるか？」という質問項目が設定されており、小林隆・澤村美幸 (2014) が調査結果を紹介している。

9. ウェブサイト「方言ロールプレイ会話データベース」は、井上文子氏（国立国語研究所）を研究代表者とする共同研究プロジェクトにより作成・運営されているサイトで、筆者も研究分担者としてデータ収集に携わっている。全国の各地点で高年層・男性ペア／高年層・女性ペア／若年層・男性ペア／若年層・女性ペアに電話による場面設定の会話を実演してもらい、音声収録・文字化したものである。本稿で分析する文句談話は、「首都圏・若年層・男性・ペア 1」と「関西圏・若年層・男性・ペア 4」のものである。

10. 電話の会話は「開始部」「主要部」「終了部」から構成される（ポリー・ザトラウスキー 1991)。「開始部」では相手確認、「終了部」では別れの挨拶が行われる。

11. 若年層の関西方言の談話の特徴を分析した久木田恵 (2005) は、「多人数による談笑場面では、関西方言特有のボケ・ツッコミによる笑いが生じるが、その笑いは、のべつまくなしに出るわけではなく、笑いが出る以前の文脈との間にある程度の落差があってこそ楽しめるものである。その落差に至るための伏線としての流れは、もちろん一人の話者によって作られる場合もあるが、会話に参加している人々全員によっても構築される」と述べている。(2) の会話例では、遅刻している側が待っている側を翻弄するという設定が「落差」となっており、その落差に至るまでの「伏線」は、B（遅刻している側）のズレた発話をA（待っている側）が遮らないで最後まで聞く、という形で成立している。掛け合い型談話とは、必ずしもボケの発話とツッコミの発話が交互に交わされて次々と笑いが生じるようなものではなく、「落差に至るための伏線としての流れ」を会話の参加者が共同で作り上げていくものを指す。

文献

相羽秋夫 (2001)『漫才入門百科』弘文出版
秋田実 (1973)『秋田実・名作漫才選集 1・2』日本実業出版社
秋田実 (1975)『私は漫才作者』文藝春秋社
秋田実 (作)・藤田富美恵 (編・解説) (2008)『昭和の漫才台本 1 〜 5』文研出版
足立克己 (1984)『じすいず漫才 愛すべき芸人たち』弘文出版
井上文子 (編) (2014)『方言談話の地域差と世代差に関する研究 成果報告書』国立国語研究所
大阪府立上方演芸資料館 (編) (2008)『上方演芸大全』創元社
尾崎喜光 (編) (2011)『国内地域間コミュニケーション・ギャップの研究─関西方言と他方言の対照研究─』科学研究費補助金研究成果報告書
織田正吉 (1968)『笑話の時代 立ち読み演芸館』のじぎく文庫
花王名人劇場 (編) (1981)『漫才・マンザイ・MANZAI』講談社
花月亭九里丸編 (2003)『寄席楽屋事典』東方出版 (1960 年に『大阪を土台とした寄席楽屋事典』として発行 (非売品))
木部暢子・竹田晃子・田中ゆかり・日高水穂・三井はるみ (2013)『方言学入門』三省堂
金水敏 (1992)「ボケとツッコミ─語用論による漫才の会話の分析─」大阪女子大学国文学研究室 (編)『上方の文化 上方ことばの今昔』pp.61–90. 和泉書院
久木田恵 (2005)「談話類型から見た関西方言」陣内正敬・友定賢治 (編)『関西方言の広がりとコミュニケーションの行方』pp.43–51. 和泉書院
熊谷智子 (1997)「はたらきかけのやりとりとしての会話─特徴の束という形でみた「発話機能」─」茂呂雄二 (編)『対話と知─談話の認知科学入門─』pp.21–46. 新曜社
小林隆・澤村美幸 (2014)『ものの言いかた西東』岩波書店
陣内正敬 (編) (2003)『コミュニケーションの地域性と関西方言の影響力についての広域的研究』科学研究費補助金研究成果報告書
陣内正敬 (2010)「ポライトネスの地域差」小林隆・篠崎晃一 (編)『方言の発見─知られざる地域差を知る─』pp.93–106. ひつじ書房
志磨八郎 (1974)『昭和爆笑漫才集』漫才作家協会
都市生活研究プロジェクト (2006)『東京ルール─快適なシティライフを送るための 47 のルール─』中経出版
都市生活研究プロジェクト［関西チーム］(2007)『大阪ルール─大阪サイコー！ライフを楽しむための 50 のルール─』中経出版
中田明成 (1981)『漫才ブームなのです』作品社

西角井正大（編）(1981)『大衆芸能資料集成8　舞台芸Ⅰ　俄・万作・神楽芝居』三一書房
日高水穂(2014)「談話の構成から見た現代語の配慮表現」野田尚史・高山善行・小林隆（編）『日本語の配慮表現の多様性―歴史的変化と地理的・社会的変異―』pp.261-278. くろしお出版
日高水穂(2017a)「漫才の賢愚二役の掛け合いの変容―ボケへの応答の定型句をめぐって―」『国文学』101　左 pp.79-96. 関西大学国文学会
日高水穂(2017b)「漫才の賢愚二役の名称と役割の変容―「ツッコミ」「ボケ」が定着するまで―」『近代大阪文化の多角的研究―文学・言語・映画・国際事情―』pp.17-32. 関西大学なにわ大阪研究研究センター
ポリー・ザトラウスキー(1991)「会話分析における「単位」について」『日本語学』10-10　pp.79-96. 明治書院
前田勇（編）(1966)『上方演芸辞典』東京堂
前田勇(1975)『上方まんざい　八百年史』杉本書店
三井はるみ(2014)「ペア入れ替え式ロールプレイ会話：場面1「文句談話」」井上文子（編）『方言談話の地域差と世代差に関する研究　成果報告書』pp.11-23. 国立国語研究所
吉田留三郎(1964)『かみがた演芸　漫才太平記』三和図書
「方言ロールプレイ会話データベース」　http://hougen-db.sakuraweb.com/index.html

付記

　本稿の一部は、関西大学創立130周年記念特別研究費（なにわ大阪研究）共同研究プロジェクト「近代大阪文化の多角的研究―文学・言語・映画・国際事情―」（研究代表者：笹川慶子）の研究成果である。JSPS科研費 26244024、16H01933、17K02801 の助成を受けている。

第16章
近世・近代における授受補助動詞表現の運用と東西差―申し出表現を中心に―

森　勇太

1. はじめに

　日本語において、「あげる」「くれる」等の授受表現や「～てあげる」「～てくれる」等の授受補助動詞表現の運用は、発話の丁寧さと密接に結びついている。例えば、話し手が上位者の聞き手に対して、聞き手の利益になる行為を行うことを申し出る際、「～てあげる」「～てさしあげる」(以下、与益表現)の使用は不適切である(守屋2001等)。

（1）［学生から先生への発話］
　　a　#先生、コーヒーを｛入れてあげます／入れてさしあげます｝。
　　b　#先生、かばんを｛持ってあげましょうか／持ってさしあげましょうか｝。

　聞き手に対して利益があることは事実であるにもかかわらず、敬語形「～てさしあげる」を用いても与益表現の使用は不適切と感じられる。
　しかし、日本語のさまざまな歴史的・地理的バリエーションを観察すると、このような授受表現の用い方は一様でないことがわかる。

（2）a　〔女房〕「ヲヲ、長ばなしで骸が乾くのも忘れた」〔おやす〕「私が［お湯を］汲(くん)で上(あげ)ませう」　　　　　（浮世風呂、二編下：128）

b ［『方言文法全国地図』320 図、京都府左京区の話者、"この土地の目上の人にむかって、ひじょうにていねいに"「その荷物は、私が持ちましょう」と言うときの回答］持たしてもらいます。

　(2a)で下女のおやすが女房に対して「〜てあげる」を用いているように、近世以前は、上位者に対する申し出表現で、与益表現を用いることができる（森 2011）。日本語諸方言を見ても、上位者に対する申し出表現で、「〜てあげる」を用いることができる方言は広く存在している。その一方で、近畿方言では(2b)のように「〜させてもらう」が用いられることもある。このような授受表現の運用のバリエーションはどのようにして成立したのだろうか。授受表現をはじめとした待遇表現の運用のあり方は、地域ごとのコミュニケーションの"発想法（小林・澤村 2014）"、あるいは"表現指向性（矢島 2016）"を映し出す興味深い問題である。本稿では、日本語史の中で一定量の資料があり、言語行動の観察が比較的容易な、近世後期から近・現代の上方・関西方言と江戸・東京方言を調査対象として、その地域差の形成過程について考えていきたい。

　本稿の構成は以下の通りである。2 節では、本稿で用いる発話行為の枠組みについて整理するとともに、授受表現の運用の歴史とバリエーションについて、先行研究をもとに整理する。3 節では、申し出表現における与益表現の運用に着目して、その歴史を考える。4 節では明治期における「〜させてもらう」「〜させていただく」に着目し、受益表現の運用のあり方について考察する。5 節ではこれらの変化の解釈について述べる。最後の 6 節はまとめである。

2. 先行研究

2.1 発話行為の枠組み

　まず、本節では、筆者が採用する発話行為の枠組みについて述べていきたい。森（2016）では、発話によって、話し手がその行動をすることを表明す

図 1　"行為拘束"の枠組み（森 2016: 26）

る言語表現を"行為拘束表現"とした。その行為拘束表現を利益が話し手にあるか、聞き手にあるか、また話し手が、聞き手の行為の実行に対する選択性が高い（聞き手の許可を要する）と想定しているか、低い（話し手の判断で実行できる）と想定しているかの観点から、図 1 の 4 つの発話行為を設定した。

　この分類はあくまで理念的なものであり、実際の発話意図には段階性が存在し、言語表現との対応も多様なものとなる。なお、本稿では、通告的申し出と選択的申し出の 2 つを特に区別せず、"申し出"とする。

2.2　授受表現の運用の歴史と多様性
2.2.1　授受表現テ形補助動詞の成立

　日本語の授受表現は「やる（あげる）」「くれる」「もらう」の 3 系列、およびその敬語形「さしあげる」「くださる」「いただく」からなる。これらの形式はすべてテ形を介した補助動詞（以下、授受補助動詞表現）を持つ。この授受補助動詞表現について、「〜てやる（てあげる）」「〜てさしあげる」は主語に視点があり、受益者は聞き手・第三者となる。一方、「〜てくれる」「〜てくださる」は補語に視点があり、受益者となる話し手に恩恵があることを示す。「〜てもらう」「〜ていただく」は主語に視点があり、主語の人物が受益者となることを示す。本稿では、「〜てやる」「〜てあげる」「〜てさしあげる」を与益表現、「〜てくれる」「〜てくださる」「〜てもらう」「〜ていただく」を受益表現と呼ぶ。森（2016）では山岡（2008）の記述に基本的に従い、（3）・（4）の構造を示した。

（3）［与益表現］

私が	花子を	助けてあげる。
〜ガ	〜obl[1]／ノタメニ	てあげる
動作主・視点	受益者	（森 2016: 32）

（4）［受益表現］

a

太郎が	私を	助けてくれた。
	〜obl／ノタメニ	てくれる
	受益者・視点	

b

私が	花子に	助けてもらった。
〜ガ	〜obl／ノタメニ	てもらう
受益者・視点	動作主	（森 2016: 32–33）

　現代語の授受補助動詞表現は、近世前期・17世紀中頃までに非敬語形の「〜てやる」「〜てくれる」「〜てもらう」が成立し、敬語形「〜てあげる」「〜てくださる」「〜ていただく」まで含めてすべて揃うのは19世紀中頃とされる（宮地 1981）。「あげる」は戦後の時期まで、規範的には敬語と捉えられていたが、現代では「やる」とともに非敬語の授与動詞として位置づけられることが多い（日高 2007 等）。

　ただし、歴史的には「〜て進ずる」などが「〜てあげる」と同様の機能を持つ与益表現である[2]。3節の調査ではこれらの形式も併せて調査している。

2.2.2　受益表現の運用の拡大・与益表現の運用の制限

　このように利益を表す表現が成立した後も、受益表現の運用範囲は拡大している。その一例として、行為指示表現（依頼・命令等、発話によって、聞き手に行動を求める表現）の運用が挙げられる。森（2016）では、行為指示表現における受益表現使用について、受益表現の尊敬語（受益型）と受益表現を含まない尊敬語（直接型）を対照させるかたちで調査したところ、近世以降受益型の使用範囲が拡大し、特に近代以降、上位者への依頼では、受益型の使用が運用上必須になっていることを述べた。

一方、与益表現については、近代以降運用に制限ができている。筆者は、森（2011、2016）において、申し出表現における与益表現の運用の歴史を調査した。近世期には、与益表現は、上位者に対する申し出表現で一定数用いられていたが、明治期以降、上位者に対する例は少なくなり、上位者への利益を表すことは抑制されるようになったと考えられる。このことは、滝浦（2014）によれば、"「あげる」の明示によって話し手が自己の負担を大きくしてしまうことの抑制（滝浦 2014: 98）"と捉えられる。

2.2.3　諸方言における授受表現の運用のバリエーション

　授受補助動詞表現の運用は、日本語諸方言において一律ではない。日高（2011）は授受補助動詞表現の定着度の地域差について、全国規模で対照可能な談話資料等を用いて検証している。日高（2011）は、その地域差を以下のように述べている。

（5）　ヤル・クレル・モラウ自体はほぼ全国的に用いられており、それぞれの補助動詞用法も確立しているが、授受補助動詞表現の定着度には地域差がある。おおむね、授与動詞使用の〈周辺部〉では定着度が低く、〈中央部〉では高い。　　　　　　　　　　（日高 2011: 25）

　日高（2011）の検証の範囲では、授受補助動詞表現が見られる地域は近畿地方と四国地方に集中している。今回の調査地域でいえば、上方・関西方言は授受補助動詞表現の定着度が高い〈中央部〉であるのに対し、江戸・東京方言は、〈周辺部〉に位置する方言と捉えられる[3]。

　本稿の調査に直接関係するものとして、『方言文法全国地図』における申し出表現の調査も見ておきたい。『方言文法全国地図』320 図では、上位者に対する申し出表現の調査がなされている（調査文は (2b) 参照）。沖（2009）はこの調査結果について以下のように述べている。

（6）　全国的に「持ちましょう、お持ちしましょう類」が分布するととも

に、地域的にまとまりを見せる分布があることも分かる。[中略] また、「持ってあげます類・持ってあげましょう類」が九州・中国・四国と東関東東北地域という本土方言の東西の両端に広く分布することが注目される。
　東京都を含む関東南部には、「お持ちいたしましょう類」が微弱ではあるがまとまった分布をみせている。特異なのは、近畿圏を中心として、「持たしてもらいます類」が分布することである。また、「持たせてくれ類」「持たせてつかあさい類」という授受を含んだ表現は、その周辺に広く点在している。　　　　　　　　　　（沖 2009: 21）

　この結果の解釈として、小林・澤村（2014）は近畿地方を他の地域と比較して"言葉による配慮に神経質なまでに気を遣う（同：127）"地域と位置づけている。小林・澤村（2014）では、このような運用の地域差は、尊敬語形式のバリエーションや命令表現のバリエーションの地域差にも通底している、"言語的発想法"の地域差と捉えられている。

2.3　調査の観点と資料
2.3.1　研究上の課題
　このように、授受補助動詞表現の地域差は、大要はつかめてきているといえるが、まだ課題がないわけではない。特に歴史的な観点で、授受補助動詞表現の運用がどのように変化してきたか、という研究はまだ不十分である。筆者も、前稿（森 2011、2016）では、近世前期は上方、後期は江戸の資料のみを調査しており、地域差を考察の観点に含めていなかった。
　また、前稿では「〜てあげる」等与益表現の運用のみに注目していたが、授受表現補助動詞の運用の地域差を考えたとき、受益表現にも目を向けるべきであろう。近代において、「〜させてもらう」「〜させていただく」といった受益表現はどのように運用されていたか、その位置づけを考える必要がある。
　本稿では、これらの問題点をもとに、申し出・行為拘束場面における授受

補助動詞表現の運用について、以下の2点を明らかにしたい。

1) 近世・近代の申し出場面で、与益表現「～てあげる」がどのように用いられるか、またその東西差はどのようか。[3節]
2) 近代の行為拘束場面で、受益表現「～させてもらう」「～させていただく」がどのように用いられるか、またその東西差はどのようか。[4節]

2.3.2　調査の概要

本稿では、行為拘束表現の調査を行うため、口語を反映している度合いが高いとされている以下の資料を用いた[4]。

表1　本稿の調査資料

		上方・関西	江戸・東京
近世前期	噺本	『噺本大系』所収作品(～1750年)	『噺本大系』所収作品(～1750年)
	浄瑠璃	近松世話物・14作品(森2011)	―
近世後期	噺本	『噺本大系』所収作品(1750年～)	『噺本大系』所収作品(1750年～)
	洒落本	『洒落本大成』所収20作品	『遊子方言』(森2011)、『玉菊全伝花街鑑』(CHJ「洒落本コーパス」)
	滑稽本	―	『東海道中膝栗毛』『浮世風呂』(森2011)
	人情本	―	『春色梅児誉美』、『春色辰巳園』(森2011)、『比翼連理花廼志満台』(CHJ「人情本コーパス」)
近代	小説	関西方言が使用されている小説作品	『CD-ROM版 明治の文豪』収録作品のうち、森鷗外・夏目漱石・二葉亭四迷・尾崎紅葉作品
	落語	真田信治・金沢裕之(編)(1991)、金沢(1998)、五代目笑福亭松鶴(編)(1936–1940)所収作品	『口演速記明治大正落語集成』所収作品

3. 申し出表現における与益表現の使用

3.1 上方・関西

上方・関西方言の申し出表現における与益表現使用の状況を表2に示す。用例数は多くないものの、近世から与益表現を使用した上位者に対する申し出表現は一定数見られる。上位者に対して用いている割合は一定数あり、近代に入って若干減少するものの、目立った待遇価値の低下はあまり見られないといえる。

表2 与益表現を用いた申し出表現の用例数（上方・関西方言）

		与益表現用例数				申し出		
		全数	進ずる	あげる	てさしあげる	全数	対上位者	
近世前期	噺本	22	17	5	—	17	11	(50.0%)
	浄瑠璃	11	6	5	—	4	2	(50.0%)
近世後期	噺本	29	6	23	—	20	5	(25.0%)
	洒落本	24	—	24	—	10	3	(30.0%)
近代	小説	66	—	66	—	20	7	(35.0%)
	落語	80	1	78	1	36	8	(22.2%)

近世後期の例を（7）、近代の例を（8）に挙げる。

（7）a ［庭で御寮人・腰元衆が羽をついている］〔奉公人→御寮人〕「申々、私が柳の木にのぼつてゐて、はねのとまるたびにふり落してあげませう」【もしもし、私が柳の木に登っていて、羽のとまるたびに振り落としてあげましょう】　　（噺本、夕涼新話集：⑩ 317［1776］）

b ［浄瑠璃芝居に行くという田舎者に対して］手代、「御案内致したふ御座りますれども、御らむの通り店がいそがしひによつて、教へて上ましよ。是から二筋西が心斎橋、夫を南へ御出なされませ」といひけれバ、【ご案内いたしとうございますが、ご覧の通り店が忙しいので、教えてあげましょう。ここから2筋西が心斎橋で、そこ

を南へおいでください。】　　　　（噺本、笑の友：⑭ 10 ［1801］）
　　c 〔らん（遊女）→巴調（客）〕早うあふてゑろふゑろふ言てこまそとおもふて居たけれど、そんならもふかんにんしてあげるわいナ【早く会っていろいろ言ってやろうと思っていたけれど、それならもう勘弁してあげますよ】　　　　（洒落本、粋の曙：㉖ 299 ［1820］）
（8）a 「そんな大きな声で云うたら人に聞えるがな。」と松岡さんは周章てて掩ひかぶせるやうにその言葉を抑へる。「人に聞えたかて宜しいやないか。」と、小菊は可愛い唇をつぼめて笑ひながら、「もつと大きな声で云うてあげまへうか。　　　（雛勇、長田幹彦：775 ［1913］）
　　b ［川のほうから、源太郎に鰻の注文があった］漸く合点の行つた源太郎は、小さい声でかうお文に答へて、「へえ、今直きに拵へて上げます。」と、黒い水の上に向つて叫んだ。
　　　　　　　　　　　　　　　　　　　（鱧の皮、上司小剣：226 ［1914］）

　近世期の洒落本の3例は、すべて（7c）のように遊女から客へ申し出たものである。現代語でもある程度親しい間柄であれば、不適切さは緩和されるので、この点は留意されるが、洒落本にこのような例しか見られないのは、舞台が遊郭で、登場人物の関係性が偏っているためと考えておく。噺本の(7a)(7b)のような上下関係では、現代語において与益表現の使用は不適切だと解釈されるであろう。
　近代においても、上位者に対する申し出表現は特定の関係のみで用いられているというわけではなく、与益表現を用いた申し出表現は、上位者に対して用いることも許容されていたと考えられる。近代も女性が用いる例が多いが、（8b）のように男性からの例もないわけではない。

3.2 江戸・東京

　江戸・東京方言の申し出表現における与益表現使用の状況を表3に示す。森（2011）から資料を追加して調査しているが、近世後期までは、上位者に対する申し出の例は一定数あるといえる。ただし、人情本の様相は近代まで

の中間的な様相とみることができるかもしれない[5]。

表3　与益表現を用いた申し出表現の用例数（江戸・東京方言）

		与益表現用例数				申し出	
		全数	進ずる	あげる	てさしあげる	全数	対上位者
近世前期	噺本	1	—	1	—	1	1（100.0%）
近世後期	噺本	71	25	45	1	56	25（44.6%）
	洒落本	9	—	9	—	5	3（60.0%）
	滑稽本	51	2	49	—	36	17（47.2%）
	人情本	30	—	30	—	16	5（31.3%）
近代	小説	228	—	227	1	95	6（6.3%）
	落語	10	—	8	2	6	0（0.0%）

　近世後期の例を（9）に挙げる。近世後期までは、上位者に与益表現を用いる例は一定数存在する。

(9) a 〔玉章（遊女）→幸之助（客）〕きつとで、おざりいすよ。ヲヤぬしの膝ッこぞうは、いつそ冷ふおざりいすねへ。温補（あつため）ておあげ申しいすから。マァかふしてお出なんし　　　　　（洒落本、花街鑑［1822］)
　　 b 三把ならバ八文にしてあげませう
　　　　　　　　　　　　　　　　　　　　（噺本、ますおとし：⑮248［1826］)

　近代の例を(10)に挙げる。小説では上位者への用例が見られたものの、落語では上位者へ与益表現を用いた例はなかった。小説の例も少なく、(10a)のように、同年代の遊戯的な使用、あるいは、(10b)の例は小倉に在住している"婆さん"の使用であり、東京方言話者の典型的な使用とは言えない。

(10) a 〔昇、お勢、文三が三人で話している。〕〔昇〕「これだもの……大切なお客様を置去りにしておいて」〔お勢〕「だって貴君があんな事を

なさるもの」〔昇〕「どんな事を」〔...〕〔お勢〕「そんなら云ってもよう御座んすか」〔昇〕「宜しいとも」〔お勢〕「ヨーシ宜しいと仰しゃったネ、そんなら云ってしまうから宜い。アノネ文さん、今ネ、本田さんが……」ト言懸けて昇の顔を凝視めて、〔お勢〕「オホホホ、マアかにして上げましょう」

(浮雲、第 10 回、二葉亭四迷［1887］)

b 〔石田→婆さん〕「どうするのだ。」〔婆さん→石田〕「旦那さんに玉子を見せて上ぎょうと思いまして。」〔石田→婆さん〕「廃せ。見んでも好い。」

(鶏、森鷗外［1909］)

4.「〜させてもらう」「〜させていただく」の運用

4.1 「〜させてもらう」「〜させていただく」の表現価値

　次に本節では、「〜させてもらう」「〜させていただく」の運用と、その東西差について考える。「〜させてもらう」が用いられやすいのは、その語彙的意味から"許可求め"、つまり上位者への許可が必要となり、かつ自身に利益がある場面だと考えられる。現に「〜させてもらう」の例が多い関西方言の資料でも、聞き手の許可を得ることを想定できるような例が多い。

(11)　「旦さん、もう飲めまへん。若い時は家倉も飲んだおやぢだが、もうあかん。」といひながら、ずるずると滑るやうに横に足を投出し、「ひつれいさせて貰ひましよ。」とぐつたり倒れると、まるまるとはちきれさうに盛上つた女の膝を枕に寝てしまつた。

(大阪の宿、水上瀧太郎：59［1925］)

　「〜させてもらう」「〜させていただく」の使用を考える上では、申し出の例に絞るのではなく、許可求めや前置きも含めた"行為拘束"の発話行為全体に広げて運用を考察していく必要がある。以下、「〜させてもらう」「〜させていただく」が行為拘束の発話として、聞き手に対する丁寧さを示す上で

どのような位置づけにあるのかを考えていく。

表 4 に「〜させてもらう」「〜させていただく」の用例数を示す。なお、東京の表現について、本節で示すのは、『新潮文庫の 100 冊』収録作品のうち、言語形成期を東京で過ごした経験のある作家の作品を用いて示す。以下、関西の状況について 4.2 節で、東京の状況について 4.3 節で述べる。

表 4　行為拘束表現に用いられる「〜させてもらう」「〜させていただく」

	関西		東京		
	させてもらう	させていただく		させてもらう	させていただく
落語	21 / 41	3 / 3	落語	0 / 2	1 / 1
戦前小説	12 / 32	0 / 1	明治の文豪 新潮100：戦前	0 / 24 0 / 6	2 / 12 0 / 3
戦後小説	68 / 118	23 / 59	新潮100：戦後	0 / 56	5 / 21

数字は、行為拘束の用例数／全数

4.2　関西

　関西で「〜させてもらう」と「〜させていただく」を比較すると、すべての資料で「〜させてもらう」のほうが多く用例が見られる。この中で、明治期関西の小説では、数は少ないものの、聞き手利益の申し出と見られる例がある。

(12) a　［"私"は母と口論になり、隣の越前屋の親方のところを訪ねる］〔越前屋の親方→私〕「まあ、ほんなら、兄さん一寸私の処へ往とくれやす。私が引受けて一応お話をしてみますよつて。〔越前屋の親方→母〕お母はんも、もう、ちよつと静かにしてとくれやす。隣家が近うおすよつて。その事は私が、後でよう<u>聴かしてもらひます</u>。」と、いつて、双方を宥めようとする。

(霜凍る宵、近松秋江：194［1921］)

　　b　何事につけても、他人に強ひられる事の嫌ひな性分で、<u>お酌をして</u>

貰ふのを窮屈がるのも、彼にとつては切なるものであつた。しかし相手は全く冗談だと思つてゐて、黙つて引さがりはしない。〔米→三田〕「まあ、そないな事云はんと、もひとつお酌させて貰ひまつさ。」さういはれると、口数が少なく、且同じ事を繰返していふ事をしない三田は、つがれるままに飲む外は無かつた。

(大阪の宿、水上瀧太郎：9［1925］)

(12b)は、三田が"窮屈がる"のを見て、あえて話し手利益として表現したストラテジーと見るべきかと思われる。

戦前の「〜させていただく」は3例あり、いずれも落語「上方はなし」に見られるものである。

(13) a 〔番頭〕「何や勿体ない、妙な事云うな。何時も燈りが点いたら居眠ってるやないか、寝られんのなら恰度好えワ、安治川へ荷出しに住きなはれ。」〔藤七〕「滅相な事、寝まして戴きます。」

(上方はなし、口入屋［1936–1940］)

b 〔番頭→若旦那〕「アア左様で。ヘエ。そんなら甚い失礼でごわすが、御免蒙りまして、帳附けしながら承らして戴きます。」

(上方はなし、菊江仏壇［1936–1940］)

しかし、小説作品には用いられておらず、用例数を考慮すると、全体として戦前期には「〜させていただく」の使用があまり活発でなかったと考えられる。ただ、「させてもらう」という非敬語形が多いことは、日常の行為拘束の発話の中で、授受補助動詞表現の使用が定着していると見ることができる。

4.3 東京

東京では、「〜させていただく」による行為拘束表現が落語に1例、小説に2例見られた。(14a)は宿の主人が宿泊客の荷物を改めるという場面で、日常的な場面というよりも聞き手の心理的負担が非常に大きいということが

想定される。

「〜させてもらう」については行為拘束表現と判断したものはなかった。(14b)は、行為拘束ととることもできるが、発話の後に聞き手が"手拭いをかぶらせる"動作をしており、結果的には間接的な行為指示として機能している。そのため、ここでは行為指示として分類し、行為拘束の用例とは見なかった。馬士は丁寧語「でがす」を用いており、位相の上でも一般的な言葉遣いとは考えにくい。

(14) a 主「成程」宿「確かに賊が当家に泊つて居ることと存じて………然し斯様な商売、成丈けお客様に御迷惑は掛けたく無いと存じて色々心配を為て、手代家内とも相談をいたしましたが、別に手段も無いに由り、一番のお座敷から順にお荷物を念晴しの為に<u>改めさして頂きたく</u>出ました。誠に恐れ入りましたが、何卒お聞済を………」主「成程」　　　（東京落語、③柳家小さん、神酒徳利［1896］）
　　b 馬士「イヤお正月でもなけりやア新しい手拭被らねえでがす、馬追ひをして居て、却々平常新しい手拭なぞ持つてるもんでねえ。日にやけるなら構アねえが、日に照らされて、暑くつてならねえから<u>被らして貰ひてえでがす</u>。」○「さうか、乃公も江戸の宗匠だ手拭を一本やらう。」　　（東京落語、③柳家小さん、猿丸太夫［1924］）

その後、東京でも「〜させていただく」は用いられるようになるが、調査範囲では、「〜させてもらう」が行為拘束の表現として用いられている例は見られなかった。用例数を見ても、近代以降の東京で、行為拘束表現に受益表現を使用することは定着していないと考えられる。

5. 行為拘束表現の東西差とその解釈

5.1　指向性の東西差

ここまでの考察では、上方・関西方言において、与益表現が近代以降も上

位者に対して用いることができ、受益表現「〜させてもらう」も行為拘束表現として定着しているのに対し、江戸・東京方言においては、近代以降、与益表現は上位者に対して用いず、行為拘束表現の範囲でも受益表現の使用は活発でないという地域差があることを述べた。

このような授受表現の運用は、待遇表現の東西差と並行的であると考えられる。加藤 (1973) 等では日本語諸方言における敬語体系のありようとして、西日本では敬語が用いられる地点が多く、特に近畿地方は運用が複雑な地域であるのに対し、東日本はそれほど敬語が用いられないことが指摘されている。近世期に江戸では敬語が用いられるようになるが、これは江戸が政治・経済の中心地となる中で上方の敬語を取り入れたものであり、基層としては単純な待遇表現体系の地域であると考えられる。

他の待遇表現でも同様の傾向があり、森 (近刊) では、上方・関西の行為指示表現において、近世後期から近代にかけて、否定疑問形に由来する「連用形＋んか」「〜てんか」等の直接的な行為指示表現が形成されており、江戸・東京に比べて形式が多いことを述べた。また、小林・澤村 (2014) も、依頼の際に恐縮 (「申し訳ない」「すまない」等) や感謝 (「ありがとう」等) を示すことが西日本に多いこと、お店の人に感謝することが西日本に多いことなどをもって、"気づかいを口にしやすい傾向"、つまり "配慮性 (同：168)" は西日本に見られる傾向と位置づける。本稿の結果もこれらの現象と並行的に捉えられる。

5.2 待遇表現の変化のありかた

さて、現代、「〜させていただく」の使用は、少なくとも標準語のフォーマルなスピーチスタイルとしては一般的となっており、地域性も感じられにくい。このことは、本稿で述べた、近世・近代における授受補助動詞表現の運用の歴史からはどのように位置づけられるだろうか。

注目されるのは上方・関西において、「〜させていただく」よりも早く「させてもらう」の頻度が高くなっていることである。非敬語の「させてもらう」が先に形成されているということは、このような複雑な承接も比較的

日常的な発話の中で形成され、用いられているということが想定される。一方、江戸・東京において、受益表現の運用の頻度は低い。その後「〜させていただく」は行為拘束の表現として用いるようになっているが、「〜させてもらう」を一緒に用いるようになっているわけではない。

　さて、ここで現代語の申し出で使われる謙譲語「お〜申す(いたす・する)」(以下、オ型謙譲語)に注目してみたい。オ型謙譲語は、近世期に「お〜申す(いたす)」が形成されており、明治期になって「お〜する」も用いられるようになった。このオ型謙譲語は上位者に対する働きかけがあるときに用いられやすいということが言われている(伊藤 2015)。この形式は江戸・東京でも上方・関西でも用いられているものである。つまり「お〜申す(いたす)」は近世後期以降、地域性の薄い敬語、いわば標準語の敬語として用いられていたと考えられる。

(15) a 　で、私共から、これは五百文お引き申して置きまする、三貫五百文に、どうぞお買求め願います、

（上方はなし、人形買［1936–1940］）

　　 b 　為損じの無いやうに、私好い刃物をお貸し申しませう。さあ、間さん、これをお持ち遊ばせ」　　　（金色夜叉、尾崎紅葉［1897］)

　このような標準語としてのオ型謙譲語、および授受表現の定着度は、両者の待遇表現の差異を顕著なものにしたと考えられる。近世後期以降、標準語のあり方が変化し、それまで中央語であった上方・関西のことばは、その標準的な地位から外れ、地域語へと性格を変えていく(矢島 2013)。その中で、条件表現で「〜たら」が頻用されるようになる(矢島 2013)、敬語「なさる」から「はる」が形成される(金沢 1998)など、独自の変化が起こるようになる。

　江戸・東京においてオ型謙譲語は、地域の中での敬語としても用いられていたと考えられる。江戸・東京方言で「〜させていただく」が用いられるようになったのは、オ型謙譲語よりもさらに迂言的な形式として、単なる謙譲

語使用では足りなくなった敬意を補完しようとして形成されてきていると説明できる（菊地 1997）。

　一方、上方・関西では事情が異なる。オ型謙譲語は標準語であり、気を遣う、あるいは距離のある相手に対して用いるものであったと考えられる。一方「〜させてもらう」の定着は早かった。また、親しい相手に対して、自分が負担してでも相手の利益をもたらす「〜てあげる」も親しみのある表現として保持された。聞き手と距離をとるための表現も、聞き手と距離を近づけるための表現もともに維持して、適切な距離となるよう調整しているものと説明できる。

　矢島（2016）によれば、近世後期以降の上方・大阪方言には"共有指向性／説明・打診型"、江戸・東京方言には"一方向性／主張・提示型"の指向性があり、両地域で好まれる言語表現にはこのような傾向が反映しているという。本稿の結果をこの指向性に位置づけるのであれば、上方・関西方言の指向性は聞き手の利益になる事象であっても、話し手が「〜させてもらう」を使うことによって、聞き手と話し手が同じ利益があるように示す、という意味で"共有指向"的であり、江戸・東京のほうは、授受表現を用いず、ただ、上位者に対する働きかけの事態を述べ立てるという意味で"一方向"的と言えるかもしれない。

6．まとめ

　本稿では、以下のことを述べた。

1) 与益表現を用いた申し出表現について、近世後期までは両地域で、上位者に用いた例が一定数見られていたが、江戸・東京方言では、近代に入ると上位者に用いた例が極端に少なくなり、「〜てあげる」の運用に制限が見られる。一方、西日本では、上位者に用いた割合はそれほど少なくなっておらず、上位者にも一定程度用いられる表現であった。［3 節］

2) 「〜させてもらう」「〜させていただく」を使った行為拘束表現は、上方・関西では、「〜させてもらう」が多く用いられているのに対し江戸・東京ではどちらも少ない。上方・関西では日常語として「〜させてもらう」が定着していたのに対し、江戸・東京では、行為拘束表現として、受益表現の使用があまり見られなかった。[4 節]

3) この結果は、授受表現の定着度の差、および標準語との距離を反映している。江戸・東京方言では、「お〜申す（いたす）」が謙譲語として一般的に使用され、それより迂言的な形式として「〜させていただく」を導入したが、上方・関西方言では、標準語の「お〜申す（いたす）」に対して、授受表現「〜させてもらう」「〜てあげる」は方言としての表現であることから、聞き手に対して親しみを示す効果を生み、待遇表現体系が豊かな上方・関西方言内では維持された。[5 節]

このような言語行動のバリエーションの研究は、その時代や地域のコミュニケーションのあり方を理解する上で重要な研究である。一方で、コミュニケーションのあり方は、場面差・地域差・個人差など、さまざまな背景を考慮に入れる必要がある。本稿では主に文学作品等のテキストを用いた研究手法を採ったが、研究の手法を超えて多角的に明らかにしていくことが必要だと考える。

注

1. obl とは、"前項動詞の斜格で、有生名詞句のうちの任意の一つ" のこと（山岡 2008: 130）である。
2. 他に、「参らす」由来の「〜てまいらす」「〜ておまらす」等が与益表現といえるが、本稿の調査範囲には見られなかった。
3. ただし、日高（2011）の調査でも東京都に授受補助動詞表現を使用するというデータのある地域がある。このことは東京が都市化の進んだ地域であり、上方・関西と同様、配慮表現の言語化が先んじている可能性がある。これを考慮に入れると、東京において授受補助動詞表現が定着していなかったとするのは躊躇される

が、地域のレベルで関西よりも関東のほうが、授受補助動詞表現の定着度は低
　　く、成立も遅かったことが予測される。
4. なお、森(2011)に調査したデータも集計には含めている。なお、調査資料の選
　　定には、木村(1981)、藤本(1981)、工藤(2003)を参照している。近世期の噺本
　　は、『噺本大系』から該当する用例を集めたが、刊記、奥付、成立に関わった人
　　物(著者や編集者等)話の内容(地域等)から京都・大阪、または江戸の地域の作
　　品と判断できないものは用例数に含めていない。
5. 矢島(2016)は江戸語の歴史について、小松(1985)の言及をふまえつつ、"寛政
　　期ころまでの江戸の言語文化は、上方語などの影響を大きく受けながら形成され
　　ていたものであったが、化政期以降は「下層民の言葉」が江戸語の性格を特色付
　　けるものとして顕在化していく(同：205)"とまとめている。本稿で調査した人
　　情本は『春色梅児誉美』(1832(天保3)年)、『春色辰巳園』(1833(天保4)年)、
　　『比翼連理花廼志満台』(1836(天保7)年)であり、すべて化政期以降の文献であ
　　る。

文献

伊藤博美(2015)「近代以降の謙譲表現における受影性配慮について―「お／ご～申
　　す」「お／ご～する」「させていただく」―」『近代語研究』18：pp.165–185、武蔵
　　野書院
沖裕子(2009)「発想と表現の地域差」『月刊 言語』38(4)：pp.16–23、大修館書店
加藤正信(1973)「全国方言の敬語概観」林四郎・南不二男(編)『敬語講座6 現代の敬
　　語』pp.25–83、明治書院
金沢裕之(1998)『近代大阪語変遷の研究』和泉書院
菊地康人(1997)「変わりゆく「させていただく」」『月刊言語』26(6)：pp.40–47、大
　　修館書店
木村東吉(1981)「近代文学に現れた全国方言　近畿(一)」藤原与一先生古稀御健寿祝
　　賀論集刊行委員会(編)『藤原与一先生古稀記念論集II―方言研究の射程―』
　　pp.406–419、三省堂
工藤真由美(2003)『方言における動詞の文法的カテゴリーの類型論的研究』平成14
　　年度科学研究費補助金(基盤研究(B)(1))成果報告書No.5(大阪編)
小林隆・澤村美幸(2014)『ものの言いかた西東』岩波新書新赤版1496
小松寿夫(1985)『江戸時代の国語 江戸語―その形成と階層―』東京堂出版
滝浦真人(2013)『日本語は親しさを伝えられるか』岩波書店

滝浦真人 (2014)「書評論文　金水敏・高田博之・椎名美智 (編)『歴史語用論の世界 文法化・待遇表現・発話行為』」『語用論研究』16: pp.89–100、日本語用論学会

日高水穂 (2007)『授与動詞の対照方言学的研究』ひつじ書房

日高水穂 (2011)「やりもらい表現の発達段階と地理的分布」『日本語学』30 (11)：pp.16–27、明治書院

藤本千鶴子 (1981)「近代文学に現れた全国方言　近畿 (二)」藤原与一先生古稀御健寿祝賀論集刊行委員会 (編)『藤原与一先生古稀記念論集 II—方言研究の射程—』pp.419–31、三省堂

宮地裕 (1981)「敬語史論」宮地裕 (他) (編)『講座日本語学 9 敬語史』pp.1–25、明治書院

森勇太 (2011)「申し出表現の歴史的変遷—謙譲語と与益表現の相互関係の観点から—」『日本語の研究』7 (2)：pp.17–31、日本語学会

森勇太 (2016)『発話行為から見た日本語授受表現の歴史的研究』ひつじ書房

森勇太 (近刊)「近代落語資料の行為指示表現—上方・大阪と江戸・東京の対照から—」金澤裕之・矢島正浩 (編)『SP 盤落語レコードが拓く近代日本語研究』笠間書院

守屋三千代 (2001)「必須成分としての授受形式」『日本語日本文学』13：pp.1–14、創価大学

矢島正浩 (2013)『上方・大阪語における条件表現の史的展開』笠間書院

矢島正浩 (2016)「否定疑問文の検討を通じて考える近世語文法史研究」大木一夫・多門靖容 (編)『日本語史叙述の方法』pp.187–214、ひつじ書房

山岡政紀 (2008)『発話機能論』くろしお出版

資料

読みやすさのため、句読点・仮名遣い等、本文を改めたところがある。

仮名草子・噺本　武藤禎夫・岡雅彦 (編) (1975–1976)『噺本大系』、東京堂出版。国文学研究資料館「噺本大系本文データベース」を利用した。http://base1.nijl.ac.jp/infolib/meta_pub/CsvSearch.cgi

近松世話物浄瑠璃 [1703–1722]　鳥越文蔵・山根為雄・長友千代治・大橋正叔・阪口弘之 (校注) (1997、1998)『近松門左衛門集』新編日本古典文学全集 74・75、小学館。

上方洒落本 [1756–1827]　洒落本大成編集委員会 (編) (1978–1988)『洒落本大成』中央公論社。対象とする作品の選定には矢野 (1976、1978)、金沢 (2000) を参照。対象とした作品は以下の通り。『穿当珍society』『聖遊郭』『月花余情』『陽台遺編』『姚閣秘言』『新月花余情』『郭中奇譚 (異本)』『風流裸人形』『見脈医術虚辞先生

穴賢』『短華蘂葉』『北華通情』『睟のすじ書』『十界和尚話』『三睟一致うかれ草紙』『南遊記』『当世嘘の川』『滑稽粋言竊潜妻』『当世粋の曙』『河東方言箱枕』『北川蜆殻』

浮世風呂［1809］　神保五彌（校注）（1989）『浮世風呂　戯場粋言幕の外　大千世界楽屋探』新日本古典大学大系 86、岩波書店

玉菊全伝花街鑑［1822］　国立国語研究所（2015）『ひまわり版「洒落本コーパス」（日本語歴史コーパス江戸時代編）』http://pj.ninjal.ac.jp/corpus_center/chj/edo.html#share（Ver. 0.5）

比翼連理花廼志満台［1836］　国立国語研究所（2015）『ひまわり版「人情本コーパス」（日本語歴史コーパス江戸時代編）』http://pj.ninjal.ac.jp/corpus_center/chj/edo.html#ninjou（Ver. 0.1）

江戸・東京落語［1889–1924］　③三遊亭円遊『成田小僧（上下）』『乾物箱』『鼻毛』『鰍沢雪の酒宴』『思案の外蒟蒻間の当込み』、②禽語楼小さん『親の無筆』、③柳家小さん『無筆』『粗忽長屋』『三人無筆』『神酒徳利』『位牌屋』『二人癖』『閉込み』『猿丸太夫』『唐茄子屋』、④橘家円喬『蒟蒻問答』『たらちめ』『三保の松原』『朝友』『法華長屋』『鼻無し』『狸』、②三遊亭金馬『自動車の布団』、②柳家つばめ『ちりとてちん』、③古今亭今輔『雷飛行』（『口演速記明治大正落語集成』1・3・7、講談社）

上方・大阪落語　真田信治・金沢裕之（編）（1991）『二十世紀初頭大阪口語の実態』科研費成果報告書、金沢裕之（1998）『二代目桂春団治「十三夜」録音文字化資料』科研費成果報告書、五代目笑福亭松鶴（編）（1971–1972）『上方はなし』三一書房、復刻版（時代・場所等に問題のない 28 作品））

明治の文豪　新潮社（1997）『CD−ROM 版 明治の文豪』

新潮文庫の 100 冊　新潮社（1995）『CD−ROM 版 新潮文庫の 100 冊』4 節の調査では以下の作品を使用した。［戦前］夏目漱石『こころ』、芥川龍之介『羅生門』、有島武郎『小さき者へ・生まれ出ずる悩み』、武者小路実篤『友情』、谷崎潤一郎『痴人の愛』、堀辰雄『風立ちぬ・美しい村』、［戦後］石川淳『焼け跡のイエス・処女懐胎』、小林秀雄『モオツアルト・無常という事』、大岡昇平『野火』、三島由紀夫『金閣寺』、吉村昭『戦艦武蔵』、星新一『人民は弱し官吏は強し』、曽野綾子『太郎物語』、沢木耕太郎『一瞬の夏』、塩野七生『コンスタンティノーブルの陥落』

近代関西弁小説　［戦前］高濱虚子『風流懺法』『続風流懺法』（以上、筑摩書房）、長田幹彦『蜘蛛』『雛勇』（以上、日本図書センター）、高濱虚子『風流懺法後日談』（筑摩書房）、近松秋江『黒髪』『狂乱』『霜凍る宵』（以上、八木書店）、佐々木茂索『兄との関係』『父子一面』（以上、筑摩書房）、真下五一『暖簾』（ぎょうせ

い)、高濱虚子『大内旅宿』、岩野泡鳴『ぼんち』、上司小剣『鱧の皮』『天満宮』、宇野浩二『長い恋仲』、里見弴『父親』(以上、筑摩書房)、川端康成『十六歳の日記』(新潮社)、武田麟太郎『釜ヶ崎』、水上瀧太郎『大阪の宿』、藤沢桓夫『大阪の話』(以上、筑摩書房)、織田作之助『わが町』(文泉堂書店)、［戦後］水上勉『越前竹人形』、山崎豊子『船場狂い』『花のれん』(以上、新潮社)『ぼんち』(新潮文庫)、宮本輝『泥の河』(新潮社)、岩阪恵子『淀川にちかい町から』(講談社文庫)、東野圭吾『あの頃ぼくらはアホでした』(集英社文庫)、東野圭吾『浪速少年探偵団』(講談社文庫)、佐藤愛子『結構なファミリー』(集英社文庫)

付記

本稿は JSPS 科研費(26244024、17k13467)による研究成果の一部である。

V　将来のための資料論

第 17 章

ロールプレイ会話による
参加型方言データベース構築の試み

井上文子

1．はじめに

　異なる出身地の人と話をしていると、語彙やアクセントではなく、話し方そのものに違いを感じることがある。たとえば、物言いがストレートすぎる、きつい言い方に聞こえる、冷たい感じを受ける、おしつけがましい印象がある、回りくどくて言いたいことがはっきりしない、冗談ばかりで真剣に聞いていない感じがする、予想していないような受け答えが返ってくる、などの違和感を覚えるような場合である。特に、大阪人の話し方については、いわゆる「ボケ・ツッコミ」の会話パターンがよく話題にのぼるように、独特であると意識する人は多い。ただ、大阪だけではなく、それぞれの地域に特有の話の進め方がありそうだということを漠然と感じている人は少なくないであろう。もちろん個人差はあるにしても、それを超える地域的な特徴が存在するという直観があるのではないだろうか。
　会話の地域差については、方言によって談話構造や談話展開にどのような違いがあるのか、方言談話に地域の類型があるのかなど興味をひかれるところである。しかし、方言談話に現れる言語形式のバリエーション研究は活発におこなわれていても、方言談話の構造や展開に焦点をあてた研究はまだ少数に過ぎない。方言談話の地域差については、久木田（1990）、琴（2005）、沖（2006）などいくつかの先行研究があるものの、まだわかっていないことも多い。

そこで、方言談話の特徴を明らかにするためのパイロット調査として、ロールプレイの手法を用いて、各地の方言における場面設定の会話を収録し、方言談話の地域差・世代差・性差・場面差・メディア差などを考察して、各地方言の談話構造や談話展開についての枠組みや仮説を立てることにした。

本稿では、方言ロールプレイ会話の収録調査の概要、データ化、分析方法などについて説明し、ロールプレイ会話データを対象とした具体的な分析事例を紹介する。また、より多くの地域・世代を対象とした共通のフォーマットによる調査結果を、複数の研究者が共有のプラットフォームに蓄積していく「参加型方言データベース」を連携して構築していくを提案したい。

2. 方言ロールプレイ会話の収録とデータベース化

2.1 ロールプレイ会話の設定

方言談話を分析する場合、方言での自然な会話の実態という観点では、自由会話を対象とするのが理想的であるかもしれない。ただし、自由会話は、話者の属性がある程度統一できても、場面や話題がさまざまであり、単純には比較することが難しい場合が多い。一方、場面設定会話は、役割を演じるという仮想の会話ではあるが、使用する表現や話の展開を話者自身が考えるため、実際の言語運用に近い会話が得られると考えられる。

そこで、できるだけ同じ条件で会話を比較できることを最優先として、場面をそろえることが可能であり、発話の意図が明確で、話の流れがとらえやすい、ロールプレイ会話を利用することにした。会話の場面は、「ロールプレイ会話データベース」(http://hougen.sakura.ne.jp/hidaka/kaiwa/)[1]を発展させて、「文句を言う」「依頼する」「慰める」「誘う」「出欠を確認する」「手伝いを申し出る」「本を持っているか尋ねる」といった場面を設定した。いずれの場面でも、ある程度の会話の展開を指定している[2]。たとえば、「依頼する」場面であれば、「依頼をする→断る→再度依頼をする→受諾する」のように、話者双方の複数の行動を含んでいる。

会話は、電話をかけるという方法で、それぞれの場面設定の会話を親しい同性の友人同士で実演してもらった（ペア入れ替え式ロールプレイ会話）。また、先輩にあたる同性の人にも参加してもらい、同輩同士の会話のほかに先輩と後輩の電話での会話も収録した（リーグ戦式ロールプレイ会話）。話者は、高年層（60〜70歳代）の女性同士・男性同士、若年層（大学生〜20歳代）の女性同士・男性同士を対象としている。

2.2　ペア入れ替え式ロールプレイ会話の調査概要

　ペア入れ替え式ロールプレイ会話とは、同性の親しい友人同士2名（話者A、話者B）がペアとなり、電話で会話をおこなうというものである。話者A、話者Bのそれぞれに、相手に伝える内容を指示し、話者Aが電話のかけ手、話者Bが受け手の会話を実施したのち、役割を入れ替えて、異なる場面設定の会話を実施する。設定した場面は、以下の4場面である。若年層の場面設定をあげる[3]。

　　場面1［A→B］文句を言う
　　【Aへの指示内容】ゼミ（サークル・親睦グループ等）の集まりがあり、メンバーが集合場所に集まっています。ところが、集合時間を30分過ぎてもBさんが来ません。Bさんに電話をかけて文句を言ってください。Bさんの言い分を聞いた上で、来るように促してください。
　　【Bへの指示内容】ゼミ（サークル・親睦グループ等）の集まりに出席する予定だったのですが、集合時間を30分過ぎてしまいました。すでに集合場所にいるAさんから電話がかかってくるので、言い訳をしてください。Aさんに来るように促されたら了解してください。

　　場面2［A→B］頼む
　　【Aへの指示内容】日曜日にゼミ（サークル・親睦グループ等）のボランティア活動があるのですが、所用で参加できなくなりました。Bさんに電話をかけ、代わりに参加してくれるよう頼んでください。断られても

説得してください。
【Bへの指示内容】Aさんから電話がかかってきます。Aさんの持ちかける用件をいったんは断ってください。Aさんは説得してくるので、適度なところで了解してください。

場面3［B→A］慰める
【Aへの指示内容】ゼミ（サークル・親睦グループ等）の先輩（＝Dさん）を怒らせてしまい、落ち込んでいるところに、Bさんから電話がかかってきます。Bさんと話をし、前向きな気持ちになったら了解してください。
【Bへの指示内容】Aさんがゼミ（サークル・親睦グループ等）の先輩（＝Dさん）を怒らせてしまい、落ち込んでいると聞きました。Aさんに電話をかけ、Aさんが前向きな気持ちになるよう話をしてください。

場面4［B→A］誘う
【Aへの指示内容】Bさんから電話がかかってきます。Bさんの持ちかける用件をいったんは断ってください。Bさんは説得してくるので、適度なところで了解してください。
【Bへの指示内容】日曜日にゼミ（サークル・親睦グループ等）の親睦会（飲み会、日帰り旅行等）があります。Aさんに電話をかけ、誘ってください。断られても説得してください。

2.3　リーグ戦式ロールプレイ会話の調査概要

　リーグ戦式ロールプレイ会話とは、同性の同輩2名（話者A、話者B）＋先輩1名（話者C）を1グループとし、うち2名がペア（甲、乙）となり、電話で会話をおこなうというものである。話者A、話者B、話者Cのそれぞれに、相手に伝える内容を指示し、話者のすべての組み合わせが得られるよう総当たりで会話をおこなう。さらに、電話のかけ手・受け手を入れ替えて会話をおこなう。設定した場面は、以下の3場面である。場面1において

は、話者の組み合わせが同輩同士の場合は場面 1-1、先輩と後輩の場合は場面 1-2 の設定とする。若年層の場面設定をあげる[3]。

場面 1-1　出欠を確認する（同輩同士の会話）
【かけ手への指示内容】あなた（甲）は来月行くゼミ（サークル・親睦グループ等）の旅行の幹事です。旅行の打ち合わせ会を欠席していた乙さんに旅行に行くかどうかを尋ねてください。乙さんが旅行に（先輩の）C さんが来るかを尋ねてくるので、来ることを伝えてください。乙さんの出欠が確認できたら適当なところで電話を終えてください。
【受け手への指示内容】甲さんから電話がかかってきます。甲さんがゼミ（サークル・親睦グループ等）の旅行に行くかどうか尋ねてくるので、（先輩の）C さんが来るかを尋ねたうえで行くと返事をしてください。

場面 1-2　出欠を確認する（先輩・後輩の会話）
【かけ手への指示内容】あなた（甲）は来月行くゼミ（サークル・親睦グループ等）の旅行の幹事です。旅行の打ち合わせ会を欠席していた乙さんに旅行に行くかどうかを尋ねてください。乙さんが旅行に E 先生（両者にとっての目上の人物、先生等）が来るかを尋ねてくるので、来ることを伝えてください。乙さんの出欠が確認できたら適当なところで電話を終えてください。
【受け手への指示内容】甲さんから電話がかかってきます。甲さんがゼミ（サークル・親睦グループ等）の旅行に行くかどうか尋ねてくるので、E 先生（両者にとっての目上の人物、先生等）が来るかを尋ねたうえで行くと返事をしてください。

場面 2　手伝いを申し出る
【かけ手への指示内容】乙さんがゼミ（サークル・親睦グループ等）の行事の準備をしているのですが、準備に手間取っていると聞きました。乙さんに電話をかけて、乙さんの準備を手伝うことを申し出てください。

断られてもさらに申し出を続けてください。
【受け手への指示内容】あなたは今ゼミ（サークル・親睦グループ等）の行事の準備をしているのですが、少し手間取っています。そこに甲さんから電話がかかってきます。甲さんから申し出があるのですが、いったん断ってください。その後、適当なところでその申し出を了承してください。

場面3　本を持っているか尋ねる
【かけ手への指示内容】あなた（甲）は今、ある本を探しています。乙さんに電話をかけて乙さんがそれを持っているかを尋ねてください。
【受け手への指示内容】甲さんから電話がかかってきます。甲さんはある本を探していて、あなたがその本を持っているかどうかを尋ねてきます。あなたはその本を持っているので、そのことを伝え、甲さんのところに本を持っていくことを提案してください。話がまとまったら電話を切ってください。

2.4　収録データのデータベース化

　収集した方言ロールプレイ会話の録音・録画をもとに、言語データとして利用できるように、文字化、音声、話者情報、場面設定、調査概要、凡例を整備し、ペア入れ替え式ロールプレイ会話とリーグ戦式ロールプレイ会話を「方言ロールプレイ会話データベース」(http://hougen-db.sakuraweb.com/)として、WEBで公開している。
　公開にあたっては、個人情報やプライバシーへの配慮も含め、下記のような処理をおこなっている。

　　文字化
　　・漢字かなまじり文によって表記する。
　　・ペア入れ替え式の話者はA・Bで示す。
　　・リーグ戦式の話者はA・B・Cで示す。
　　・発話中の個人名は、会話の当事者を指す場合はA・B・Cの記号に置

き換える。
- ペア入れ替え式の場面3の先輩Dにあたる個人名はDの記号に置き換える。
- リーグ戦式の場面1-2の先生Eにあたる個人名はEの記号に置き換える。
- その他の第三者はZ・Y・X…等の記号に置き換える。
- ／／：直後の発話が次の発話者の発話と同時に始まったことを示す。
- ＊＊＊：聞き取り不能の箇所。
- ↑：上昇のイントネーションを表す。
- ↓：下降のイントネーションを表す。
- {間}：発話がとぎれて不自然な沈黙が生じている箇所。
- {笑}：笑い声が生じた箇所。

音声
- 音声については、個人名を伏せ音に加工している。
- 個人名と重なっている発話の音声は、消去されている部分がある。
- 原則として、電話のかけ手側の音声を使用。ただし、録音状態によっては、受け手側の音声を使用している場合がある。

現時点では、2011年11月から収録してきた、首都圏、関西、秋田、愛知、相生、広島、熊本、大分、人吉、鹿児島、沖縄における会話を掲載している。現在も調査を継続しており、今後もデータを追加していく予定である。

3. 方言ロールプレイ会話の分析

3.1 分析の指標

井上編（2014）、井上・松田・酒井・白坂（2014、2015）においては、収集したロールプレイ会話について、「話段」「行為的機能」「機能的要素」を各場面共通の指標として用い、談話構造と談話機能を整理した。

談話構造や発話機能をとらえるための指標に関しては、各場面の特徴を比

較できるように、全体を通して共通の概念を用いて分析した。ザトラウスキー(1991、1993、2011)の「話段」、熊谷(1994、1997)の「行為的機能」、熊谷・篠崎(2006)の「機能的要素」を参考にしている。

「話段」は、分析単位のひとつで、やりとりにおける参加者の談話上の目的によって区分がなされる。2人以上の参加者が雑談等で話す場合、「情報提供者：情報を提供することと関係する「発話機能」を用いる」と「協力者：協力して話段を作り上げる」の2つの役割があり、役割が交代するところで「話段」が変わるとする。

「行為的機能」は、個々の発話を、多角的に、特徴の束としてとらえようとする際の、発話内容・発話姿勢についての分析項目のひとつである。「相手へのはたらきかけの姿勢」との組み合わせで発話機能を記述することを前提としている。「行為的機能」は、発話によって遂行される行為としての機能を考えるものであり、「情報要求」「行為要求」「注目要求」「陳述・表出」「注目表示」「関係づくり、儀礼」「宣言」がある。

「機能的要素」は、発話を、呼びかけ・説明など、相手に対する働きかけの機能を担う最小部分と考えられる単位に分割したものである。依頼発話に現れたものとして、《注目喚起》《事情》《緊急性》《依頼の念押し》《恐縮の表明》などが挙げられている。個々の「機能的要素」を、言語行動においてどのような役割を担っているかという観点からグループにまとめたものに「コミュニケーション機能」があり、対人行動を構成し得る要素として、依頼場面では、話を始める「きりだし」、相手に事情を知らせ、依頼の必要性などの状況認識を共有してもらう「状況説明」、相手の承諾を引き出すような働きかけをする「効果的補強」、依頼の意を表明する「行動の促し」、相手の負担に対する恐縮や遠慮の気持ちを表明する「対人配慮」などが示されている。

なお、発話機能の付与に関しては、すべてのバリエーションを見渡してからでないと、適切なカテゴリー設定や分類の枠組みは決められない。今後収録するものも含め、あらためてすべての発話を確認し、発話機能を検討する必要があるが、分析のひとつの試みとして実施した。

3.2 ペア入れ替え式ロールプレイ会話の分析事例

ペア入れ替え式ロールプレイ会話データを対象とした具体的な分析事例としては、松田(2014)がある。首都圏の高年層女性・若年層女性の依頼談話の談話構造と発話機能の特徴について考察したものである。

表1は、首都圏高年層女性ペア・首都圏若年層女性ペアの依頼談話の構造である。数字は発話番号、A・Bは話者、（　）は会話の主導権を持つ話者を表す[4]。

表1　首都圏女性ペアにおける依頼談話の構造

井上・松田・酒井・白坂(2014)

	高年層ペア	若年層ペア
開始部	0001〜0003　相手確認(A)	0001〜0003　相手確認(A)
主要部	0004〜0010　事情説明と依頼(A) 0011〜0022–1　細部の確認と感想：断り(B) 0022-2〜0028　事情説明(A) 0029〜0043　不都合の表明と報酬要求(B) 0044〜0052　事情説明と報酬の約束：依頼(A) 0053〜0059　都合変更の約束：受諾(B) 0060〜0067　念押し(A)と了承(B) 0068〜0075　謝辞(A)	0004〜0015–1　事情説明と依頼(A) 0015–2〜0020–1　詳細確認と不都合の表明：断り(B) 0020–2〜0025–1　依頼(A) 0025–2〜0025–4　受諾(A) 0026〜0029–2　謝辞と報酬の提案(A) 0029–3〜0031–2　詳細確認(B) 0031–3〜0033–1　念押し(A)と了承(B)
終了部	0075〜0082　別れの挨拶(B)	0033–2〜0034　別れの挨拶(B)

（　）：会話の主導権を持つ側

依頼談話の主要部は、依頼→断り→再度の依頼→受諾という流れで展開する。この主要部について、実際の会話を示しつつ、依頼の要素の出現状況を詳しく見たものが、表2、表3である。表2は首都圏高年層女性ペア、表3は首都圏若年層女性ペアにおける依頼談話となっている。＜　＞はコミュニケーション機能を、≪　≫は機能的要素を表す。それぞれの依頼談話において特徴的な、＜対人配慮＞のコミュニケーション機能は▼で、＜効果的補強＞

のコミュニケーション機能は■で示している。

表2 首都圏高年層女性ペアにおける依頼の要素の出現

井上・松田・酒井・白坂（2014）

	高年層ペア
依頼1	0004A：B（あだ名）ちゃん↑、あのさー、{笑}《注目喚起》 ▼0006–1A：悪いんだけど、《恐縮の表明》 0006–2A：日曜日に会があるじゃない。《依頼条件の確認》 0008A：で、そん、それ、ちょっとわたしさー、あのー、都合悪くなっちゃったのよねー。《事情》 ▼0010–2A：悪いんだけど、《恐縮の表明》 0010–3A：B（あだ名）ちゃん、出てくれる↑《交代の依頼》
依頼応答1断り	0012–2A：立川なんだってー。《依頼内容の詳細伝達》 0014A：立川の国立ー《依頼内容の詳細伝達》（1/2） 0016A：研究所ってーゆってねー。《依頼内容の詳細伝達》（1/2） 0018–1A：確か1時間か2時間だと思うんだー。《依頼内容の詳細伝達》 ■0022–1A：長いね、《感想への同意》
依頼2	▼0022–2A：悪い。《恐縮の表明》 ▼0022–3A：ごめん。《恐縮の表明》 ■0022–4A：忙しいのは十分わかんだけどさー。《相手事情の理解》 0024A：ちょっと、あったしねー、そのときほら、お店があるじゃない。《事情》 0026A：予約が入っちゃったのよー。《事情》
依頼応答2受話	■0034A：なんかあんの↑。《理由説明の要求》 ▼0036A：悪い。《恐縮の表明》 ▼0042A：ごめんねー。《恐縮の表明》 0044A：こっちもさ、もうほーんとに困っちゃっててねー。《事情》 0046–2A：予約のお客様でもあるしー、《事情》 ■0048A：それ断ると、あとあとがちょっと出てくるじゃない↑。《事情の同意要求》 0050–1A：だからどうしよかなーと思って、《事情》 ▼0050–3A：申し訳ない、《恐縮の表明》 ■0050–4A：B（あだ名）ちゃんなら、なんとかしてくれっかなーと思って。《依頼の理由》 ■0052A：かわりに今度さ、ランチごちそうするから。《相手利益の補強》 0054–2A：{笑}《関係のやわらげ》 0056A：{笑}《関係のやわらげ》 ■0070A：そん、今度なんかで返すからねー。《相手利益の補強》

	▼ 0060–2A：悪い。≪恐縮の表明≫ 0062A：じゃ、そうしてもらえる↑。≪意向の確認≫ ▼ 0068–1A：ありがとー。≪謝意の表明≫ ▼ 0068–2A：感謝します。≪謝意の表明≫ ■ 0070A：そん、今度なんかで返すからねー。≪相手利益の補強≫
別れの挨拶	0076A：よろしくねー。≪依頼の念押し≫ ▼ 0078–2A：どうもー。≪謝意の表明≫

▼：＜対人配慮＞　　■：＜効果的補強＞

表3　首都圏若年層女性ペアにおける依頼の要素の出現

井上・松田・酒井・白坂（2014）

	若年層ペア
依頼1	0004–1A：えっとさー、≪注目喚起≫ 0004–2A：ちょっと一つお願いがあって電話したんだけどさー。≪用件≫ 0006A：あの、あさってー、今週の日曜日なんだけどー。≪依頼条件の確認≫ 0008–1A：ボランティアがあってー、≪事情≫ 0008–2A：あるじゃん、≪事情の説明要求≫ 0010A：あるじゃん。≪事情の説明要求≫ 0012–1A：それ、法事で行けなくなっちゃったんだよね。≪事情≫ 0012–2A：あたしが行くことになってたんだけどー。≪事情≫ 0014–1A：でさー、お願い。≪用件≫ 0014–2A：それ、代わりに参加してくれないかなー。≪交代の依頼≫
依頼応答1断り	0016–2A：あの、ごみ拾い、なんだけど。≪依頼内容の詳細伝達≫ 0018–2A：朝の10時に恵比寿駅西口に集合。≪依頼内容の詳細伝達≫ ■ 0020–2A：でもさー、それ、≪理由説明の要求≫（中断） ■ 0022A：うんうん、そうなの。≪事情詳細確認への同意≫
依頼2	▼ 0024–1A：ごめん。≪恐縮の表明≫ 0024–2A：お願いー、でき／／るー↑。≪意向の確認≫
依頼応答2受諾	▼ 0026–2A：ありがと。≪謝意の表明≫ ■ 0028–1A：じゃあ今度ランチでもおごるんで。≪相手利益の補強≫ 0028–2A：{笑}≪関係のやわらげ≫ ■ 0030–2A：そう／／そうそう。≪事情詳細確認への同意≫ 0032–1A：じゃあ、お願ーい／／しまーす。≪依頼の念押し≫ ▼ 0032–2A：ありがとねー。≪謝意の表明≫

▼：＜対人配慮＞　　■：＜効果的補強＞

首都圏女性ペアの依頼談話は、若年層が比較的単純な談話構造であるのに対して、高年層はやや複雑な構造となっている。明示的な「断り」「受諾」がないが、相手の反応から「断り」を察知し、この後、明示的な「依頼」を避け、≪感想への同意≫≪恐縮の表明≫≪相手事情の理解≫などを次々におこない、≪事情≫説明を続けている。再度の「依頼」も直接的ではない。依頼行為自体を目立たせず、相手の承諾を引き出すような働きかけをする＜効果的補強＞と相手の負担に対する恐縮や遠慮の気持ちを表明する＜対人配慮＞を繰り返すことで、被依頼者を納得させ、好意的な気持ちを抱かせるストラテジーを用いている。

松田（2014）による首都圏の依頼談話の分析を受けて、松田（2014、2015）においては、「相手が断った後」の「依頼2」以降に注目し、依頼者が一度断られた後、どのようなストラテジーを用いて受諾まで到達するかを中心に、大分談話と首都圏談話を比較し、地域差・世代差・性差を見出そうとした。

大分談話（ただし若年層男性除く）では、B（被依頼者）から一度断られた後、その理由（不都合）に対処して、A（依頼者）は「相手都合の変更提案」や「交替のための対策指示」など相手に踏み込んでいく発話が見られる。具体的には、「グラウンドゴルフ出場の交替」「図書館返却期限を破る」「稲刈りの延期」などで、次のようなやりとりがなされている。

大分高年層女性
・0034-1〜0034-6：そやけんな、あんた、ま、グランドゴルフー あんた、んー、まあ、あんたが行かんと困るじゃろうけど、＜効果的補強＞≪相手都合の理解≫
・0034-7：なんとかしちくれんかなー。＜行動の促し＞≪依頼の念押し≫
・0046〜0050-4：あー、ほんと。ほんとなら あんた。ほんなー、あんた、なんとか あのー、あの、代わりに、あのー、出てもらって、あんた行っちくれよー。＜行動の促し＞≪直接的依頼≫

大分若年層女性
・0030 〜 0032：ちょっと、どうかなー、んー。図書館は今度でもいいと思うんよ。{笑} 今度でも。＜効果的補強＞≪相手都合の変更提案≫
・0038：今度、今度一緒に怒られに行くけん。{笑}＜効果的補強＞≪相手の不利益のリカバー約束≫
・0040 〜 0042–1：わたしも延滞しちょんけん、怒られ行くけんさー、＜効果的補強＞≪相手の不利益のリカバー約束≫
・0042–2：ちょっと出てくれんかなー？＜行動の促し＞≪直接的依頼≫

　大分高年層談話では、依頼者側（A）の発話において、「あんた」「おまえ」などのフィラーが盛んにさしはさまれる。松田・日高（1996）によれば、大分県東部方言の「あんた」は、「なくても全体の意味に違いはない」「相手を常に意識し、強調している」「親しみを込めて呼びかけている」もので、文意に直接関係はしないが、話し手が相手への注意喚起をおこなうのが主な役割だとされる。松田（2015）においても分析しているが、大分高年層談話には、「あんた」「おまえ」で相手を引き付け、依頼内容を達成するために相手の領域に入っていく積極性があるという特徴が見出せる。
　一方、首都圏談話では、高年層女性 B（被依頼者）が不都合を理由にして断ると、その後 A（依頼者）は自分の事情を説明し、窮状を訴えるのみで、それ以上の提案・指示などはしない。首都圏の若年層女性・高年層男性・若年層男性も同様である。相手の都合に対して、その内容変更を提案・指示する傾向のある大分に対し、首都圏談話においては、そのような状況は現れない。地域によるコミュニケーション上の心理的距離が反映されているようである。
　以上のまとめとして、依頼談話の中で機能を発揮して目的を達成する言語要素を分析・抽出すると、表 4 のようになる。

3.3　リーグ戦式ロールプレイ会話の分析事例
　リーグ戦式ロールプレイ会話データを対象とした具体的な分析事例として

表4 依頼談話のコミュニケーション機能＜効果的補強＞の機能的要素の比較

松田（2014）

大分	女性	高年層	経済性、相手都合の理解、交替のための対策指示、費用負担の申し出、無念の表明
		若年層	必然性、相手都合の変更提案、相手の不利益のリカバー約束、相手利益の補強、確認後の連絡約束
	男性	高年層	相手都合の理解、相手提案の理解、負担情報の修正、相手負担の軽減
		若年層	必然性
首都圏	女性	高年層	感想への同意、相手事情の理解、事情の同意要求、依頼の理由、相手利益の補強
		若年層	事情の確認要求、相手利益の補強、事情詳細確認への同意
	男性	高年層	必然性、話題の指示、費用負担の申し出
		若年層	必然性、相手事情の理解、相手利益の補強

は、酒井（2014）がある。6地域（首都圏・愛知・関西・広島・熊本・沖縄）の若年層15グループについて、出欠確認談話における敬語運用の特徴を整理し、類型化を試みたものである。

　会話に現れた尊敬語・丁寧語の使用状況をグループごとにまとめ、特に、尊敬語については、下記の（i）～（iii）の《理由発話》《質問発話》《応答発話》にあたる発話に焦点をあてた。

（i）　「電話の受け手が旅行の打ち合わせ会議に欠席したため連絡をした」というように電話を掛けた理由を述べる発話【理由発話】

（ii）　あらかじめ設定した第三者は旅行に来るかを尋ねる電話の受け手の発話【質問発話】

（iii）　受け手の質問に対する電話の掛け手の応答の発話【応答発話】

たとえば、実際の会話は次のような感じである。

熊本若年層女性　　A→C（先輩）
　01C：もしもーし。

02A：お疲れさまです。A（姓）です。
03C：お疲れさまー。
04A：今、お時間大丈夫ですか。
05C：うん、いいよー。
06A：あのですね、来月一行く、あの、ゼミの旅行の、
07C：はいはい。
08A：出席をお伺いしたいんですよね。あの、前回の打ち合わせのときに、先輩欠席されてたんで、どうされるのか／／なーと思ってですね。【理由発話】
09C：あー、そっかそっか。ごめんごめん。えっとー、E先生もいらっしゃるのかな。【質問発話】
10A：はい、いらっしゃいます。【応答発話】
11C：あー、良かった、良かった。わたしも、じゃ、行きます。
12A：はい、じゃあ、わかりました。もろもろ、あと詳細出たら、またご連絡するんで。
13C：あー、ありがとー。お手数おかけします。
14A：はーい。それではまた、よろしくお願いします。
15C：はーい、じゃあねー。
16A：はーい、失礼しまーす。

尊敬語の運用については、
　（Ⅰ）　対者待遇では理由発話で尊敬語形式が用いられているかどうか
　（Ⅱ）　第三者待遇のうち、質問発話で尊敬語形式を用いるのかどうか
　（Ⅲ）　第三者待遇のうち、応答発話で尊敬語形式を用いるのかどうか
　（Ⅳ）　尊敬語を使用する場合、どのような尊敬語形式を用いるか
という観点から分析をおこなったところ、「会話の相手に関わらず尊敬語を用い、使用が第三者待遇に偏る（熊本・関西）」「尊敬語の使用が第三者に偏るが、会話の相手によって尊敬語を使用するかどうかが決まる傾向もみられ、かつ、会話の相手によって尊敬語形式を切り換えない（愛知・広島）」

「会話の相手によって尊敬語を使用するかどうかが決まる（首都圏）」対者待遇・第三者待遇に関わらず尊敬語を使用しない（沖縄）」といった地域差があることが明らかとなった。

なお、使用する形式に注目すると、首都圏・愛知・広島では標準語形式のイラッシャル・ミエル・（ラ）レルのみの使用であるのに対して、熊本・関西では標準語形式に加えて、ラス・ハルといった方言形式も使用される。標準語形式を使用する地域では、基本的に同じ待遇相手には同じ形式を使用するのに対して、方言形を使用する地域（熊本・関西）では、会話内・会話間で使用する形式を切り替えるという運用が観察される。

丁寧語の運用については、酒井（2014、2015）でも言及しているように、目立った地域差はみられないが、いずれの地域においても、①話し手・聞き手の関係に関わりなく、電話による会話の開始部と終了部において丁寧語が使用される「談話標識的使用」と、②通常丁寧語を使用しない関係性でも、ある立場に則った発話においては丁寧語が使用される「立場的使用」という機能の異なる状況が観察された。丁寧語の「談話標識的使用」については、電話会話について分析を行った藤原（1998）や、教室談話を扱った岡本（1997）などでも指摘されている特徴である。

以上のように、丁寧語の使用・不使用と尊敬語の使用・不使用など、各方言における敬語運用のあり方をまとめて類型化すると、表5のようになる。

　　第三者型：会話の相手にかかわらず尊敬語を用い、使用が第三者待遇に
　　　　　　偏る運用。（熊本・関西）
　　中間型：尊敬語の使用が第三者に偏るが、会話の相手によって尊敬語を
　　　　　　使用するかどうかが決まる傾向もみられ、かつ、会話の相手に
　　　　　　よって尊敬語形式を切り換えない運用。（愛知・広島）
　　丁寧語型：会話の相手によって尊敬語を使用するかどうかが決まる運
　　　　　　用。（首都圏）
　　乖離型：対者待遇・第三者待遇にかかわらず尊敬語を使用しない。（沖
　　　　　　縄）

表5　会話データにみられた敬語の運用

酒井（2014）

			熊本	関西	広島	愛知	首都圏	沖縄
丁寧語		同輩同士	□	□	□	□	□	□
		先輩→後輩	□	□	□	□	□	□
		後輩→先輩	○	○	○	○	○	○
尊敬語	対者	同輩同士	×	×	×	×	×	×
		先輩→後輩	×	×	×	×	×	×
		後輩→先輩	○	○●	△	△	△	×
	第三者	同輩同士	●	●	△	×	×	×
		先輩→後輩	○	▲	○	○	×	×
		後輩→先輩	○	●	○	△	○	×
敬語運用の類型			第三者型	第三者型	中間型	中間型	丁寧語型	乖離型

［凡例］

丁寧語　○：使用　　□：慣習的、立場による使用のみ

尊敬語　○：標準語形を使用　　△：標準語形を使用する場合あり
　　　　●：方言形を使用　　　▲：方言形を使用する場合あり
　　　　×：不使用

4. 参加型方言データベースの構築に向けて

　方言ロールプレイ会話は、談話構造や発話機能の特徴、フィラーの出現状況、会話の中で用いられる敬語形式や敬語運用など、内省や面接調査のみでは把握するのが困難である言語現象について、実際の発話における運用を確認できる点で有効である。発話の意図が明確で、話の流れがとらえやすいという利点もある。1地点の記述・分析をおこなうのにも、多地点を比較するのにも扱いやすいデータであると言えよう。しかし、さらに、記述・分析のためにはある地点の多量の資料が必要であり、比較のためには同じ条件で収録された複数の地点の十分な量の資料が必要である。

　方言談話資料については、全国規模のものがいくつかあるが、以前から各

地域の研究者や有志の人々は個人で調査・収録をおこない、記録・保存してきた。個人の資料は、大規模な調査とは異なり、限定された地域のものが多いが、貴重なデータである。ただ、同様の内容の調査がそれぞれ独自におこなわれることも多く、あわせれば大きなデータになるのだが、作成された資料が個別に存在しているのが惜しまれる。また、調査方法や項目が微妙に違っている場合もあり、ほかの地域のデータとあわせて分析したくても、単純には比較できないという問題もある。

そこで、従来別々に調査・記録がおこなわれていた資料をひとつのデータベースに集約することができるように、共通のフォーマットに基づいて複数の研究者がそれぞれのフィールドで調査・収録を実施し、その結果を共有のデータベースに登録して、データを共同で継続的に蓄積しつつ利用できる「参加型方言データベース」を計画している。

なお、場面設定会話の組織的で継続的な収録・蓄積については、東北大学方言研究センターの積極的な取り組みがある。東北大学方言研究センターでは、東日本大震災を受け、方言による会話を収集する調査をおこない、東北大学方言研究センター編（2013、2014、2015、2016、2017）など被災地の方言会話集を作成している。日常生活の場面を切り取り、小道具を用いて会話をリアルに再現し、録音・録画・文字化したものである。「東日本大震災と方言ネット」（https://www.sinsaihougen.jp/）において文字化、音声、動画が公開されている。

参加型方言データベースの内容としては、まずは、方言ロールプレイ会話を含め、場面設定会話、自由会話など、音声や映像を伴う収録調査によるものを中心に考えており、方言談話の実態を明らかにするためのデータとなることを目指している。椎名・小林（2017）には、具体的な場面設定には、言語行動の目的を分類・網羅する試案「目的別言語行動の枠組み」を指針とし、「『生活を伝える被災地方言会話集1～3』の設定場面リスト」が示されている。あわせて、全国規模の談話資料『全国方言資料』『方言録音資料シリーズ』『方言談話資料』『全国方言談話データベース 日本のふるさとことば集成』の「方言談話資料（自由会話）の話題一覧」、『全国方言資料』『方言

録音資料シリーズ』『方言談話資料』の「方言談話資料（場面設定会話）の話題一覧」が詳細ににまとめられ、今後の談話収録のためには非常に利用価値が高い。このような枠組みを活用して、記録する談話データを充実させていくことができると思われる。

　音声を主体とした収録調査の候補としては、談話のほかにも、基本例文の読み上げや昔話の語りなど、幅広いものが想定できるであろう。

　また、収録調査と質問調査とはお互い補い合うものであるので、方言形式、表現法、言語意識、言語行動などのアンケート調査・面接調査によるものも計画している。収録調査と質問調査の補完・総合については、中西（2017）が、アンケート調査とロールプレイ調査を組み合わせることで、個々の調査のメリット・デメリットを昇華した、価値の高い資料を得られることに言及している。日本全国をカバーする 2000 市町村における、東北大学方言研究センター「話し方の全国調査」(2015) の調査票は、東北大学方言研究センター編 (2014、2015、2016、2017) の設定場面と対応させたものであり、アンケート調査と同場面のロールプレイ調査を組み合わせた意欲的な活動が実践されている。これら一連の調査・研究により、特に、宮城県気仙沼市・名取市の言語行動の実態が明らかになってきた。同様の取り組みが全国規模で広がることを期待している。

　参加型方言データベースの構築を前提として、音声が得られる収録調査方式、目的の事象が得やすい質問調査方式、それぞれの特性を考慮して、質問調査・収録調査の調査方法・調査項目などの共通のフォーマットやマニュアルを提供する。それに基づいて、複数の研究者がそれぞれのフィールドで質問方言・収録調査を実施する。自分の関心のあるテーマにより新たな調査項目を提案し、各地での調査の実施を依頼することもできる。トップダウン方式では、自分のテーマを調査に組み込むのは難しいが、共同調査方式であれば可能である。調査の参加者は、得られた調査結果を、データ共有のプラットフォームに登録し、継続的に蓄積し、研究・教育に利用する。参加する人が増えるごとに、収録時間・話者・調査項目・地点などが増え、データが充実し、大量で多様なデータが入手可能となる。より多くの地域・世代などを

対象とした共同調査を呼びかけ、参加者が共有できる「参加型方言データベース」を連携して構築していきたいと考えている。

注
1. 日高水穂氏作成「ロールプレイ会話データベース」(http://hougen.sakura.ne.jp/hidaka/kaiwa/)
日高(2012、2014)などは、このデータを用いた分析である。
2. 椎名・小林(2017)では、方言ロールプレイ会話の展開指定型の場面設定について「筋書きまで指定してしまうと、表現法的な研究には向いているものの、談話研究にとって重要な部分が見落とされてしまう恐れがある。」「この方式では、会話の進め方のバリエーション、言い換えれば談話展開における地域的な違いが見えにくくなってしまうのではないか」「場面設定会話において、「展開指定型」の性格をどこまで強く打ち出すかはその意味で慎重に考えていく必要があろう。」という指摘もある。
3. 若年層の場面設定で「ゼミ(サークル・親睦グループ等)」としたところは、高年層の場面設定では、「自治会(職場・親睦グループ等)」としている。
4. 以下、引用した表については、内容を変えない範囲で、見出し・項目などに一部加筆・修正をおこなっている。

文献
井上文子編(2014)『国立国語研究所共同研究報告 13–04 方言談話の地域差と世代差に関する研究　成果報告書』国立国語研究所
井上文子・松田美香・酒井雅史・白坂千里(2014)「ロールプレイ会話による方言談話対照研究の試み―地域差・世代差・性差・メディア差に注目して―」『社会言語科学会 第34回大会発表論文集』　社会言語科学会
井上文子・松田美香・酒井雅史・白坂千里(2015)「第34回研究大会ワークショップ ロールプレイ会話による方言談話対照研究の試み―地域差・世代差・性差・メディア差に注目して―」社会言語科学会学会誌編集委員会編『社会言語科学』17–2　社会言語科学会
岡本能里子(1997)「教室談話における文体シフトの指標的機能―丁寧体と普通体の使い分け―」『日本語学』16–3　明治書院

沖裕子(2006)『日本語談話論』和泉書院
久木田恵(1990)「東京方言の談話展開の方法」『国語学』162　国語学会
熊谷智子(1994)「発話機能一覧表」国立国語研究所編『日本語教育映像教材中級編関連教材 伝えあうことば4 機能一覧表』大蔵省印刷局
熊谷智子(1997)「はたらきかけのやりとりとしての会話―特徴の束という形でみた「発話機能」―」茂呂雄二編『対話と知―談話の認知科学入門』新曜社
熊谷智子・篠崎晃一(2006)「依頼場面での働きかけ方における世代差・地域差」国立国語研究所編『国立国語研究所報告 123 言語行動における「配慮」の諸相』くろしお出版
琴鍾愛(2005)「日本語方言における談話標識の出現傾向―東京方言、大阪方言、仙台方言の比較―」『日本語の研究』1–2　日本語学会
酒井雅史(2014)「若年層の敬語運用の類型化の試み―ロールプレイ会話データを用いて―」大学共同利用機関法人国立国語研究所時空間変異研究系編『国立国語研究所 時空間変異研究系 合同研究発表会 JLVC2014 予稿集』大学共同利用機関法人国立国語研究所時空間変異研究系
酒井雅史(2015)「ロールプレイ会話に見る敬語運用の世代差・性差・地域差―丁寧語使用を中心に―」井上文子・松田美香・酒井雅史・白坂千里「第34回研究大会ワークショップ　ロールプレイ会話による方言談話対照研究の試み―地域差・世代差・性差・メディア差に注目して―」社会言語科学会学会誌編集委員会編『社会言語科学』17–2　社会言語科学会
ザトラウスキー、ポリー(1991)「会話分析における「単位」について―「話段」の提案―」『日本語学』10–10　明治書院
ザトラウスキー、ポリー(1993)『日本語研究叢書 5 日本語の談話の構造分析―勧誘のストラテジーの考察―』くろしお出版
ザトラウスキー、ポリー(2011)「談話」益岡隆志編『はじめて学ぶ日本語学―ことばの奥深さを知る15章―』ミネルヴァ書房
椎名渉子・小林隆(2017)「談話の方言学」小林隆・川﨑めぐみ・澤村美幸・椎名渉子・中西太郎『方言学の未来をひらく―オノマトペ・感動詞・談話・言語行動』ひつじ書房
東北大学方言研究センター編(2013)『伝える、励ます、学ぶ、被災地方言会話集 宮城県沿岸一五市町』(東北大学大学院文学研究科国語学研究室)(https://www.sinsaihougen.jp/ センターの取り組み/伝える―励ます―学ぶ―被災地方言会話集/)
東北大学方言研究センター編(2014)『生活を伝える被災地方言会話集 宮城県気仙沼市・名取市の100場面会話』(東北大学大学院文学研究科国語学研究室)(https://

www.sinsaihougen.jp/ センターの取り組み / 生活を伝える被災地方言会話集 1/）
東北大学方言研究センター編（2015）『生活を伝える被災地方言会話集―宮城県気仙沼市・名取市の 100 場面会話― 2』（東北大学大学院文学研究科国語学研究室）（https://www.sinsaihougen.jp/ センターの取り組み / 生活を伝える被災地方言会話集 2/）
東北大学方言研究センター編（2016）『生活を伝える被災地方言会話集―宮城県気仙沼市・名取市の 100 場面会話― 3』（東北大学大学院文学研究科国語学研究室）（https://www.sinsaihougen.jp/ センターの取り組み / 生活を伝える被災地方言会話集 3/）
東北大学方言研究センター編（2017）『生活を伝える被災地方言会話集―宮城県気仙沼市・名取市の 100 場面会話― 4』（東北大学大学院文学研究科国語学研究室）（https://www.sinsaihougen.jp/ センターの取り組み / 生活を伝える被災地方言会話集 4/）
中西太郎（2017）「言語行動の方言学」小林隆、川﨑めぐみ、澤村美幸、椎名渉子、中西太郎『方言学の未来をひらく―オノマトペ・感動詞・談話・言語行動』ひつじ書房
日高水穂（2012）「「察し合い」の談話展開に見られる日本語の配慮言語行動」三宅和子・野田尚史・生越直樹編『「配慮」はどのように示されるか』ひつじ書房
日高水穂（2014）「談話の構成から見た現代語の配慮表現」野田尚史・高山善行・小林隆編『日本語の配慮表現の多様性―歴史的変化と地理的・社会的変異―』くろしお出版
藤原智栄美（1998）「電話会話における終結部構造の日米比較」『大阪大学留学生センター研究論集 多文化社会と留学生交流』2　大阪大学留学生センター
松田正義・日高貢一郎（1996）『大分方言 30 年の変容』明治書院
松田美香（2014）「ペア入れ替え式ロールプレイ会話：場面 2「依頼談話」」井上文子編『国立国語研究所共同研究報告 13-04 方言談話の地域差と世代差に関する研究　成果報告書』国立国語研究所
松田美香（2015）「大分と首都圏の依頼談話比較―大分方言の「アンタ」「オマエ」のフィラー的使用―」『別府大学紀要』56　別府大学会

付記

　本稿の一部は、国立国語研究所萌芽・発掘型共同研究プロジェクト「方言談話の地域差と世代差に関する研究」（平成 22 年 11 月～平成 25 年 10 月）の研究成果である。また、JSPS 科研費 25370539、17K02801 の助成を受けている。

索　引

A〜Z
FTA（face threatening act）　9
LINE　320, 321
LINE チャット　320
turn　212
turn-taking　212

あ
あいさつ　37
あいさつ研究　38
あいづち　205, 208, 213
あげる　365
朝のあいさつ　48, 50, 133
朝の出会い時のあいさつ　54
アンケート　13
アンケート調査　5, 96, 112
アンタ　161

い
一方向性／主張・提示型　381
意味公式（semantic formula）　6, 97
依頼　95, 324
依頼確認　131
依頼受諾　155
依頼談話　116, 397
依頼に対する断り　96
依頼の談話　115
依頼表現　123
依頼補強　127
依頼予告　129

祝いのあいさつ　9
引用の「ト」の省略　297
引用の「ト」の直後の動詞　308
引用の「ト」の直前の品詞　310

う
ヴィジュアル表現　329

え
エスノグラフィー的記述　13
エセ方言　320, 329, 332
江戸・東京方言　366, 373, 379
演出性　11

お
お〜する　380
お〜申す（いたす）　380
大阪と東京　217, 225
大阪方言　229, 237
オ型謙譲語　380
おしゃべり（雑談）　324
おはよう　40

か
拡充　275, 288
掛け合い（ボケ・ツッコミ）型　355
加工性　8
加工的　89
加工的な表現　77

畏まりと寛ぎ 265
仮定条件 275
上方・関西方言 366, 372, 378
間接性 22, 24

き

機能的要素 6, 122, 170, 396
逆接 275, 286
客観性 8
客観的説明 230
共有指向性／説明・打診型 381
儀礼性 66
儀礼対応 70

く

くれる 365

け

敬意 251
敬意終助詞 252, 257, 259, 260, 263
敬語運用 402
敬語体系 253, 255, 257, 259, 265
携帯電話 319
経年差 146
経年比較 115
賢愚二役 342, 345
言語運用 65
言語的発想法 3, 7, 23, 65, 370

こ

行為拘束表現 367
行為拘束表現の東西差 378
行為的機能 396
高関与スタイル（high-involvement style) 11, 16

高配慮スタイル（high-considerateness style) 11
断り 95, 96
断る理由 100
コミュニケーション機能 170, 396
コミュニケーション力 153, 173
ごめん 111

さ

催促する 32
〜させていただく 370, 375
〜させてもらう 366, 370, 375
雑談 195
参加型方言データベース 390, 405

し

自然談話資料 179
自然談話データ 5
親しさ 251
親しさ志向 319
親しみと改まり 265
若年層 229
若年層話者 232, 237
周圏的 88
受益表現 367
主観的説明 230
授受表現 8, 365
授受表現テ形補助動詞 367
授受表現の運用 369
授受補助動詞表現 365, 368
出欠確認談話 402
出現間隔 217, 218, 222
順接 275, 285
順接仮定 284
状況 275, 279, 287
上下 265
食事前の場面 26

叙述型の接続詞　287
シン　343
心情性　66
心情表明　70
親疎　265

す

スタンプ機能　322
スマートフォン　319
すみません　106

せ

性差　25
世代間の比較　115
世代差　146, 229
積極性　22
接続詞　271
接続詞の語形変化　281
接続詞の語構成　282
接続表現　271
絶対敬語　253
先行発話　129

そ

相対敬語　253
ソーシャル・ネットワーキング・サービス（SNS）　319

た

ターン構成単位（TCU）　212
待遇的観点　40, 45, 49
対人調整機能　257, 263
談話　231
談話展開　229
談話展開のパターン　243

談話展開の方法　231
談話標識　8, 229, 231, 232, 237
談話標識の出現頻度　244
談話標識の枠組み　243

ち

「中央」対「周辺」　91
中間ヴァラエティー　333
調査票（ロールカード）　167
弔問の会話　66

つ

ツッコミ　343

て

〜てあげる　365, 370
定型化　56
定型句　345
定型性　7, 22, 25
定型的　66, 89
定型的な表現　76
〜てくれる　365
〜てさしあげる　365
テレビのアナウンサーと会話をする場面　294
テレビ番組のインタビューに答える場面　296
添加　275, 288
転換　275, 288

と

東京方言　229, 232
東西差　103, 104
東西対立的　88
動作顕示性　22, 27, 31

当事者離れ 15
都市化 56, 80
都市規模 31
都市的地域 90
都市的な社会 80

に
「西」対「東」 91

ね
ネガティブ・フェイス 9
ネガティブ・ポライトネス 9
ネットスラング 332
年代差 28

の
農村的地域 90
農村的な社会 80

は
配慮性 7, 8, 9, 22, 25, 379
配慮的 81, 89
配慮表現 155
発言性 7, 22, 27
発想法 366
発話意図 69
発話機能 70, 122, 169
発話機能的単位 6
発話行為の枠組み 366
発話の機能 115, 122
発話要素 69, 87
場面差 98
場面設定会話 406
場面設定資料 180
番組アーカイブ 295

ひ
東日本大震災と方言ネット 406
表現指向性 366
ピン 343

ふ
フィラー 161, 165
文体形成機能 263

へ
ペア入れ替え式ロールプレイ会話 391, 397

ほ
方言 376, 377
方言コスプレ 319
方言のアクセサリー化 319
方言のおもちゃ化 319
ボケ 343
ボケ・ツッコミ 342
ボケ・ツッコミの会話への志向性 349
ボケとツッコミ 16
ボケへの応答の定型句 345
ポジティブ・フェイス 9
ポジティブ・ポライトネス 9, 16
ポライトネス理論 8

ま
前置き表現 98
漫才 343

め
目上 99

メール 319
目下 99
面接調査 5

も

申し出 166, 367
申し出表現 366, 372, 373
申し訳ありません 106
申し訳ない 109
目的別言語行動 46
目的別言語行動の枠組み 406
モノローグ場面 206, 211
モバイル・メディア 320
モバイル・メディア時代 320
モバイル機器 319
文句を言う（文句談話） 352

ゆ

ユニット 115, 135
ユニットの連鎖 145

よ

与益表現 365, 367, 372, 373
寄席演芸 342
呼びかけ 23, 30

り

リーグ戦式ロールプレイ会話 392, 401

れ

列記 275, 279, 287

ろ

ロールプレイ 5
ロールプレイ会話 390
ロールプレイ会話データベース 390
ロールプレイ調査 46
論理型接続詞 284
論理関係 275
論理の接続詞 277, 278, 284

わ

若者敬語 332
若者ことば 332
別れの場面 25
話者交替（turn-taking） 179, 205
話段 396
詫び 133
詫び表現 99, 104, 111
わるい 109

執筆者紹介（論文掲載順。＊は編者）

熊谷智子（くまがい ともこ）
東京女子大学現代教養学部教授
出身地は東京都。専門分野は言語行動研究、談話分析。
主な著書・論文に『三者面接調査におけるコミュニケーション―相互行為と参加の枠組み』（くろしお出版 2010、共著）、「日本語の「謝罪」をめぐるフェイスワーク―言語行動の対照研究から」（『東京女子大学比較文化研究所紀要』74、2013）等がある。

篠崎晃一（しのざき こういち）
東京女子大学現代教養学部教授
出身地は千葉県。専門分野は方言学、社会言語学。
主な著書に『出身地がわかる！気づかない方言』（毎日新聞社 2008）、『東京のきつねが大阪でたぬきにばける　誤解されやすい方言小辞典』（三省堂 2017）等がある。

中西太郎（なかにし たろう）
目白大学社会学部メディア表現学科講師
出身地は茨城県。専門分野は方言学、社会言語学。
主な著書・論文に『方言学の未来をひらく』（ひつじ書房 2017、共著）、「言語行動の地理的・社会的研究―言語行動学的研究としてのあいさつ表現研究を例として」（『方言の研究』1、ひつじ書房 2015）等がある。

小林隆（こばやし たかし）＊
東北大学大学院文学研究科教授
出身地は新潟県。専門分野は方言学、日本語史。
主な著書に『方言学的日本語史の方法』（ひつじ書房 2004）、『ものの言いかた西東』（岩波書店 2014、共著）等がある。

岸江信介（きしえ しんすけ）
徳島大学大学院社会産業理工学研究部教授
出身地は三重県。専門分野は方言学、日本語学。
主な著書に『都市と周縁のことば―紀伊半島沿岸グロットグラム 』（和泉書院 2013、共編著）、『テキストマイニングによる言語研究』（ひつじ書房 2014、共編著）等がある。

杉村孝夫（すぎむら たかお）
福岡教育大学名誉教授
出身地は群馬県。専門分野は方言学、音声学。
主な著書に『これが九州方言の底力！』（大修館書店 2009、共編著）、『現代日本語方言大辞典』（明治書院 1992–1994、共編著）等がある。

松田美香（まつだ みか）
別府大学文学部教授
出身地は千葉県。専門分野は方言学。
主な論文に「大分と首都圏の依頼談話―大分方言の『アンタ』『オマエ』のフィラー的使用について」（『別府大学紀要』56、2015）、「九州地方の可能表現」（『空間と時間の中の方言』朝倉書店 2017）等がある。

久木田恵（くきた めぐみ）
名古屋短期大学非常勤講師
出身地は兵庫県。専門分野は方言学、社会言語学。
主な著書・論文に「談話展開の地域差」（『方言の発見』ひつじ書房 2010）、『日本語口語表現辞典』（研究社 2013、共著）等がある。

太田有紀（おおた ゆうき）
東北大学大学院文学研究科大学院生。
出身地は宮城県。専門分野は会話分析、方言学。
主な論文に、「turn-taking と重複から見る会話の地域差―実質的発話と非実質的発話を用いて」（『言語科学論集』19、2015）、「地域によるあいづちの差異―floor との関係から」（『国語学研究』55、2016）等がある。

琴鍾愛（クン ジョン エ）
韓国忠南大学副教授
専門分野は社会言語学、話用論。
主な論文に「日本語方言における談話標識の出現傾向」（『日本語の研究』1-2、2005）、「日本語における談話展開の方法の世代差」（『言語研究』30-4、2015、韓国）等がある。

沖裕子（おき ひろこ）
信州大学学術研究院人文科学系教授
出身地は長野県。専門分野は現代日本語学、日本語教育学。
主な著書に『日本語談話論』（和泉書院 2006）、『朝倉日本語講座 4　言語行動』（朝倉書店 2003、共著）等がある。

甲田直美（こうだ なおみ）
東北大学文学研究科准教授
出身地は青森県。専門分野は文章・会話の研究。
主な著書に『談話・テクストの展開のメカニズム―接続表現と談話標識の認知的考察』（風間書房 2001）、『文章を理解するとは―認知の仕組みから読解教育への応用まで』（スリーエーネットワーク 2009）等がある。

尾崎喜光（おざき よしみつ）
ノートルダム清心女子大学文学部教授
出身地は長野県。専門分野は社会言語学。
主な著書・論文に『対人行動の日韓対照研究―言語行動の基底にあるもの』（ひつじ書房 2008、編著）、「現代日本語における親族呼称の時代変化と加齢変化」（『ノートルダム清心女子大学紀要』42-1、2018）等がある。

三宅和子（みやけ かずこ）
東洋大学文学部教授
出身地は福岡県。専門分野は社会言語学、語用論。
主な著書に『日本語の対人関係把握と配慮言語行動』（ひつじ書房 2011）、『メディアとことば』（1、2、4巻、ひつじ書房 2004、2005、2009、共編著）等がある。

日高水穂（ひだか みずほ）
関西大学文学部教授
出身地は山口県。専門分野は方言学、日本語学。
主な著書に『授与動詞の対照方言学的研究』（ひつじ書房 2007）、『方言学入門』（三省堂 2013、共編著）等がある。

森勇太（もり ゆうた）
関西大学文学部准教授
出身地は静岡県。専門分野は日本語史、歴史語用論。
主な著書・論文に『発話行為から見た日本語授受表現の歴史的研究』（ひつじ書房 2016）、「行為指示表現としての否定疑問形の歴史―上方・関西と江戸・東京の対照から―」（『日本語文法史研究』2、ひつじ書房 2014）等がある。

井上文子（いのうえ ふみこ）
国立国語研究所言語変異研究領域准教授
出身地は大阪府。専門分野は方言学、社会言語学。
著書に『日本語方言アスペクトの動態―存在型表現形式に焦点をあてて』（秋山書店 1998）、『シリーズ方言学 4 方言学の技法』（岩波書店 2007、共著）等がある。

コミュニケーションの方言学

The Dialectology of Communication
Edited by Takashi Kobayashi

発行	2018 年 5 月 10 日　初版 1 刷
定価	5800 円＋税
編者	© 小林隆
装幀	大崎善治
発行者	松本功
印刷・製本所	亜細亜印刷株式会社
発行所	株式会社 ひつじ書房
	〒 112-0011 東京都文京区千石 2-1-2　大和ビル 2 階
	Tel.03-5319-4916　Fax.03-5319-4917
	郵便振替 00120-8-142852
	toiawase@hituzi.co.jp　http://www.hituzi.co.jp/

ISBN978-4-89476-897-0

造本には充分注意しておりますが、落丁・乱丁などがございましたら、小社かお買上げ書店にておとりかえいたします。ご意見、ご感想など、小社までお寄せ下されば幸いです。

[刊行のご案内]

感性の方言学
小林隆編　定価 5,200 円＋税

「ノロラノロラ」「ジェジェジェ」など、方言はオノマトペや感動詞などの宝庫であり、その機構や発想法にも地域差が見られる。現代語や日本語史の専門家も加わり、感性の方言学に迫る。

方言学の未来をひらく　オノマトペ・感動詞・談話・言語行動
小林隆・川﨑めぐみ・澤村美幸・椎名渉子・中西太郎著　定価 5,800 円＋税

方言学の新分野（オノマトペ、感動詞、談話、言語行動）に初めて触れる人たちのために、先行研究の概観や課題の整理を行い、方法論や資料論を検討しながら実践例を示す。

関西弁事典
真田信治監修　定価 6,200 円＋税

関西弁の全容を示す初の総合的な解説書であり、多彩な項目立てで関西弁の姿を解き明かす本格的な事典。学術的な記述を含みつつ、誰もが手軽に利用できる 1 冊。

標準語史と方言　真田信治著作選集　シリーズ日本語の動態　第 1 巻
真田信治著　定価 1,800 円＋税

近代日本語における標準語の成立過程やそれをめぐる地域社会の葛藤などに焦点を当てた選りすぐりの論稿 15 本。著者の長年の研究から日本語の動態をみつめるシリーズ第 1 巻。